De Mandalay à Momien

Un récit des deux expéditions vers l'ouest de la Chine de 1868 et 1875 sous les ordres du colonel Edward B. Sladen et du colonel Horace Browne.

John Anderson

Writat

Cette édition parue en 2023

ISBN : 9789359257877

Publié par
Writat
email : info@writat.com

Contenu

PRÉFACE.

Sept années se sont écoulées depuis la date de l'expédition qui fournit le sujet de la plus grande partie de cet ouvrage. Ses résultats ont été consignés, mais on peut difficilement dire qu'ils ont été publiés, dans les rapports officiels de plusieurs membres, imprimés en Inde et inaccessibles au grand public.

L'intérêt du public pour la question de la route terrestre de la Birmanie à la Chine, suscité par l'échec de la récente mission et la tragédie qui l'a accompagnée, a suggéré la présente publication. On espère qu'un récit succinct et populaire de l'expédition de 1868 sera acceptable, ne serait-ce que comme introduction au simple récit de la mission de cette année, commandée par le colonel Horace Browne. L'exposé des difficultés qui ont assailli notre avance en 1868 préparera le lecteur à évaluer l'opposition qui, dans un contexte politique changé dans le pays, a contraint la mission dirigée par le colonel Browne à revenir sans atteindre son objectif.

Le récit de nos expériences du pays frontalier entre Bhamô et Yunnan, et de sa population hétéroclite, a été complété à partir de matériaux rassemblés par le colonel Sladen , y compris un catalogue de divinités Kakhyen obtenu par lui, et qui se trouvera en annexe, avec un récit Panthay de l'origine des mahométans chinois. Envers lui, ainsi qu'envers mes compagnons de voyage , le capitaine Bowers et M. Gordon, je témoigne volontiers de mes obligations pour les informations qui en ont découlé.

Pour de nombreux détails illustrant l'état du Yunnan et la révolte mahométane dans cette province, je suis redevable aux volumes publiés par le gouvernement français, qui contiennent les résultats de l'expédition française de Saigon au Yunnan, sous Lagrée, Garnier et Carné . dont leur pays doit déplorer la perte prématurée, et aux voyages de cet entreprenant pionnier du commerce, MTT Cooper.

Personne ne peut traiter des terres frontalières de Cathay sans tirer l'aide des réserves de connaissances rassemblées et organisées par l'érudit rédacteur de « Marco Polo », le colonel Yule, à qui j'adresse mon hommage d'admiration et de dette.

Mes observations sur les Kakhyens sont confirmées par le savant Monsig. Bigandet , l'annotateur de la « Vie de Gaudama », qui fut le premier Européen à visiter ces tribus montagnardes et qui communiqua ses expériences dans les colonnes du principal journal de Rangoon. Le lecteur trouvera parmi les annexes une précieuse note du même auteur, sur les cloches birmanes, notamment celles de Rangoon et Mengoon .

La liste des divinités chinoises donnée en annexe a été traduite de l'original par le célèbre érudit chinois, le professeur Douglas, du British Museum, qui a aimablement ajouté une note explicative. Les vocabulaires annexés peuvent s'avérer intéressants pour les philologues.

Les illustrations du pays et de ses habitants jusqu'à Ponsee ont été réalisées à partir de photographies prises par le major Williams et moi-même, tandis que les vues du pays à l'est sont des reproductions de croquis qui revendiquent à juste titre le mérite d'une délimitation précise de ses caractéristiques.

La carte illustrant la topographie du district parcouru a été basée sur des relevés effectués au cours de l'expédition par M. Gordon et un géomètre birman, et une seconde a été ajoutée pour montrer les relations générales de notre empire indien avec la Chine occidentale, avec les différentes routes. qui ont été explorées ou projetées, y compris celles suivies par l'expédition française, et par Margary depuis le terminus du voyage en bateau vers Bhamô
.

Le journal de notre infortuné compagnon, récemment publié en Chine, et reçu dans ce pays une fois ces travaux terminés, ne le transporte malheureusement pas à Tali-fu, mais ses impressions du pays au-delà de ce point ont été brièvement résumées dans ces pages.

Le lecteur scientifique sera peut-être enclin à se plaindre de ce que les pages suivantes ne contiennent pas davantage les résultats d'un véritable travail de naturaliste. Parmi ceux-ci, un rapport complet et illustré, inévitablement retardé par l'absence de ce pays, est en préparation active. Ceci sera publié grâce à l'aide du gouvernement indien, donnée à la demande du commissaire en chef de la Birmanie britannique, l'hon. Ashley Eden, par qui l'ouverture de la route terrestre vers la Chine, comme mesure bénéfique à la province qu'il administre, a toujours été fortement préconisée.

JA

6 ROYAL TERRACE, ÉDIMBOURG ,
 31 décembre 1875 .

CHAPITRE I.
MANDALAY À BHAMÔ.

Commerce terrestre de la Birmanie et de la Chine — Premiers avis — Voyageurs anglais — Traité birman de 1862 — Dr. Williams — Objets de l'expédition — Sa constitution — Arrivée à Mandalay — Deuxième couronnement du roi — Les faubourgs — Les bazars — Mengoon — Navigation birmane — Shienpagah — Mines de charbon — Le troisième défilé — Poisson sacré — Tagoung et Old Pagan — Ngapé — Katha — Batterie magnétique — Les premiers Kakhyens — Les pagodes Shuaybaw — Le deuxième défilé — Vue de Bhamô .

Depuis quelques années, avant la date de l'expédition dont les progrès sont relatés dans ces pages, l'attention des marchands britanniques au pays et en Inde était tournée vers la perspective d'un commerce terrestre avec la Chine occidentale. Cela intéressait tout particulièrement la communauté commerciale de Rangoon, capitale de la Birmanie britannique, et port de la grande route fluviale de l' Irawady , vantant un commerce dont la valeur annuelle s'était élevée en quinze ans à 2 500 000 £. Éviter le long et dangereux voyage par les détroits et l'archipel indien et échanger directement nos produits manufacturés contre les produits des riches provinces du Yunnan et du Sz-chuen pourraient bien sembler être des avantages qui récompenseraient largement presque tous les efforts déployés pour y parvenir. but.

Un projet, alors comme aujourd'hui, sur lequel son promoteur, le capitaine Sprye , insistait avec zèle, était la construction d'un chemin de fer reliant la Birmanie britannique et la Chine via Kiang-Hung, sur le fleuve Cambodge, et la position frontière ou ville réputée d' Esmok .

Mais comme il était et est encore nécessaire d'envoyer au préalable une expédition d'arpentage sur un pays inconnu et étranger, ce projet, chimérique ou non, ne pouvait rivaliser avec la possibilité immédiate d'ouvrir un commerce par voie fluviale. Irawady et la ville royale de Mandalay.

Bien qu'avant 1867, seuls quatre paquebots anglais transportant du fret avaient remonté le fleuve jusqu'à la capitale, annonciateurs des nombreuses flottilles qui sillonnaient désormais l' Irawady , on savait qu'un trafic régulier existait entre Mandalay et la Chine, notamment pour l'approvisionnement en coton de l'intérieur. , qui était réservé comme monopole royal.

Ce commerce serait principalement exercé par des caravanes traversant la route terrestre via Theinnee jusqu'au Yunnan. D'après les itinéraires de l'ambassade de Birmanie en 1787, la distance est de six cent vingt milles, et quarante-six collines et montagnes, cinq grandes rivières et vingt-quatre plus petites, ont dû être parcourues au cours du fastidieux voyage de deux mois. Mais une chaîne ininterrompue de tradition et d'histoire indiquait que l'entrepôt naturel du commerce entre la Birmanie et la Chine se trouvait à ou près de Bhamô , [1] sur la rive gauche du haut Irawady , et près de la frontière du Yunnan.

Les annales birmanes témoignent que pendant plusieurs siècles, ce fut le passage de la Chine vers la Birmanie soit pour les armées d'invasion, soit pour les caravanes pacifiques. La dernière guerre entre la Birmanie et la Chine était née des griefs des marchands chinois de Bhamô , et le traité de paix signé à Bhamô en 1769 stipulait que la « route de l'or et de l'argent » entre les deux pays devait être rouverte. Des ambassades mutuelles avaient donc voyagé entre Pékin et Ava, et presque toutes avaient procédé par l' Irawady et le Bhamô .

Les voyageurs et les commerçants européens avaient très tôt compris l'importance de cette voie de communication, à laquelle semble avoir été évoquée le grand Vénitien Marco Polo, sous le nom de Zardandan .

Les anciens documents du fort Saint-Georges rapportent que les Anglais et les Hollandais possédaient des usines au début du XVIIe siècle à Syriem , Prome et Ava, ainsi qu'à un endroit aux frontières de la Chine que Dalrymple suppose être Bhamô . Selon cette autorité, un différend s'éleva entre les Néerlandais et les Birmans, et les premiers menaçant de faire appel aux Chinois, les Anglais et les Néerlandais furent expulsés de Birmanie. En 1680, la réputation de ce domaine pour les entreprises commerciales semble avoir de nouveau attiré l'attention des autorités de Fort St. George, et quatre ans plus tard, un certain Dod , faisant du commerce avec Ava, fut chargé d'enquêter sur le commerce du pays et de demander qu'un règlement soit sanctionné à Prammoo , aux frontières de la Chine. Cette mission a échoué et Prammoo ne peut pas être identifié avec certitude, mais la forte similitude du nom semble indiquer Pan-mho ou Bhamô .

En revenant à des données plus récentes et plus sûres, nous constatons que le colonel Symes, envoyé de HEIC à Ava en 1795 (et qui était accompagné de ce géographe compétent, le Dr Buchanan), déclare qu'un commerce étendu, principalement de coton, existait entre Ava et Yunnan. « Cette marchandise était transportée sur l' Irawady jusqu'à Bhamô , où elle était vendue aux marchands chinois, et transportée en partie par terre et en partie par eau dans les domaines chinois. L'ambre, l'ivoire, les pierres précieuses, la noix de bétel et les nids d'oiseaux comestibles de l'archipel oriental étaient également des articles de commerce. En échange, les Birmans se procuraient des soies brutes et ouvrées, des velours, des feuilles d'or, des conserves, du papier et des ustensiles de quincaillerie. Les recherches de Wilcox et le journal de l'ambassade de Crawford à Ava en 1826 faisaient référence au commerce et aux routes de Bhamô , et le gouvernement du Bengale publia en 1827 une carte contenant les meilleures informations disponibles sur la frontière birmo-chinoise.

Le colonel Burney, qui résidait à la cour d'Ava en 1830, publia un grand nombre de contributions précieuses sur l'histoire, la géographie et les ressources de la Haute-Birmanie, ainsi que des itinéraires précis des routes Theinnee et Bhamô vers la Chine . Notre expérience a démontré l'exactitude de cette dernière jusqu'à Momien , et on peut en déduire que le reste se trouvera également exact. Pemberton [2] semble avoir été le premier à se rendre pleinement compte que – pour reprendre ses propres mots – « la province du Yunnan, dont les frontières nord-est de notre empire indien se rapprochent maintenant si étroitement, est devenue de ce fait et nos relations amicales existantes avec la cour d'Ava sont un objet d'un intérêt particulier pour nous. La même année, le capitaine Hannay accompagna une mission birmane à Mogoung et, pour la première fois, Bhamô fut décrit avec précision par un témoin oculaire et de nombreuses informations précieuses furent obtenues sur le commerce alors pratiqué entre Ava et la Chine. Sa description de l'importance de la ville différait cependant considérablement de celle des Drs. Griffiths et Bayfield, qui l'ont visité deux ans plus tard. [3]

Hannay donne le nombre rapporté de maisons à mille cinq cents, tandis que ces derniers voyageurs estimaient que la ville et les faubourgs contenaient cinq cent quatre-vingt-dix-huit maisons, « ni bonnes ni grandes », cette dernière description étant plus conforme à l'état actuel de la ville. la ville.

En 1848, le baron Otto des Granges publia une brève étude des pays situés entre le Bengale et la Chine, montrant la grande importance commerciale et politique de Bhamô et la praticabilité d'un commerce terrestre direct entre Calcutta et la Chine.

Dans cet article, l'auteur prévoyant préconisait l'organisation d'une petite expédition pour vérifier les relations commerciales du pays autour de Bhamô , examiner les richesses minières du Yunnan et entamer des négociations avec les marchands chinois.

En 1862, le gouvernement indien, dans la perspective d'un traité en cours de négociation avec le roi de Birmanie, ordonna à son commissaire en chef, Sir A. Phayre , d'y inclure, si possible, la réouverture de la route des caravanes en provenance de la Chine occidentale par le gouvernement indien. ville de Bhamô , et la concession de facilités aux marchands britanniques pour résider à cet endroit, ou pour se rendre au Yunnan, et aux Chinois du Yunnan d'avoir libre accès au territoire britannique, y compris l'Assam. Le premier de ces objectifs devait être atteint en obtenant l'approbation du roi pour une mission conjointe birmane et britannique en Chine. Un traité fut conclu par lequel les gouvernements britannique et birman furent déclarés amis et le commerce dans et à travers la Haute-Birmanie fut librement ouvert à l'entreprise britannique. Il était en outre stipulé qu'un commerce direct avec la Chine pourrait s'effectuer à travers la Haute-Birmanie, sous réserve d'un droit de transit de 1 pour cent. *ad valorem* sur les exportations chinoises et *nul* sur les importations. Toutefois, la proposition relative à la mission conjointe n'a pas abouti.

L'année suivante, le docteur Williams, ancien résident de la cour de Mandalay, obtint la permission royale de se rendre jusqu'à Bhamô, où il arriva en février, après un voyage de vingt-deux jours. Son objectif était de tester la praticabilité d'une route passant par la Birmanie jusqu'à la Chine occidentale, et les résultats de son expérience l'ont amené à préconiser fortement les routes Bhamô comme étant politiquement, physiquement et commercialement les plus avantageuses.

Son engagement énergique a amené la communauté marchande de Rangoon à apprécier l'importance de sa propre position, qui domine la plus ancienne route menant à la Chine occidentale. Cependant, sa prétention d'avoir été le premier à suggérer cette route commerciale doit céder le pas à celle d'Otto des Granges ; et l'affirmation selon laquelle il était le premier Anglais à visiter Bhamô ne pouvait être faite que dans l'ignorance ou l'oubli des travaux de Hannay, Bayfield et Griffiths.

Lorsque l'acuité commerciale des marchands était ainsi orientée vers les possibilités du commerce terrestre, il pouvait sembler à première vue que le ruisseau pouvait être exploité à Mandalay sans le suivre jusqu'aux frontières du Yunnan.

Mais nos relations croissantes avec la capitale de la Birmanie faisaient savoir que depuis douze ans le commerce birmo-chinois via Bhamô, qui représentait en 1855 500 000 £ par an, avait presque entièrement cessé. On ne sait pas avec certitude si cela était dû aux effets de la rébellion mahométan au Yunnan ou, comme certains l'ont prétendu, à la politique birmane. C'était un problème supplémentaire, et le commissaire en chef de l'époque, le général Fytche, insista anxieusement sur le gouvernement indien sur l'importance de le résoudre et, dans le cadre du traité de 1862, d'examiner en profondeur la possibilité et les résultats probables de la réouverture de la route commerciale du Bhamô.

Cette entreprise pourrait être considérée comme présentant un intérêt héréditaire pour le descendant de ce voyageur-marchand entreprenant, M. Fitch, qui a laissé un récit de sa visite à Pegu en 1586. L'expédition proposée fut approuvée par le gouvernement de l'Inde en septembre 1867. et le consentement du roi de Birmanie ayant été dûment obtenu, des dispositions furent prises pour le départ de la mission de Mandalay en janvier 1868. Les principaux objectifs de l'expédition étaient, pour reprendre les mots du général Fytche, « de découvrir la cause de la cessation du commerce existant autrefois par ces routes, la position exacte occupée par les Kakhyens , Shans et Panthays , par rapport à ce trafic, et leur disposition, ou non, à le ressusciter, ainsi qu'à examiner les conditions physiques de ces routes .»

Ainsi, les tâches à accomplir étaient multiples et concernaient la diplomatie, l'ingénierie, les sciences naturelles et le commerce. Ceux-ci étaient donc tous représentés parmi les membres de la mission, qui se composait du capitaine Williams, comme ingénieur ; Dr Anderson, à titre de médecin et naturaliste ; avec le capitaine Bowers et MM. Stewart et Burn comme délégués de la communauté commerciale de Rangoon. [4] Une garde de cinquante policiers armés, avec leur inspecteur et médecin indigène, formait une escorte, tandis que le commandement de l'ensemble était confié au major Sladen , résident politique à Mandalay. Ce n'est pas assez dire que d'ajouter que la prévoyance, le tact et la patience résolue dont il a fait preuve en tant que chef étaient dus à la mesure du succès obtenu. Il avait déjà obtenu non seulement le consentement mais la coopération du roi. Des ordres écrits avaient été envoyés au *woon* , ou gouverneur, de Bhamô et à d'autres endroits, pour leur apporter toute l'aide possible. Outre ces aides verbales, le roi mit à sa disposition un bateau à vapeur royal, nommé le *Yaynan-Sekia* , plus connu sous le nom de « L'honnêteté », pour transporter la fête jusqu'à Bhamô . Jamais auparavant il n'avait été jugé prudent pour les bateaux à vapeur de monter sauf à quelques milles au-dessus de Mandalay ; et de grandes divergences d'opinion existaient quant à la navigabilité du haut Irawady pendant la saison sèche par un bateau à vapeur, bien que tirant seulement trois pieds d'eau.

Dans la matinée du 6 janvier 1868, le paquebot *Nerbudda* , qui avait transporté le groupe depuis Rangoon, accosta le débarcadère de l'actuelle capitale de la Birmanie, à trois milles de la ville, dont on ne voyait que les flèches dorées. au-dessus des arbres. Comme notre séjour ne devait pas excéder trois ou quatre jours, tout le monde resta à bord jusqu'à ce qu'il soit temps d'embarquer sur le *Yaynan-Sekia* . Au-delà d'une jetée utilisée par les Birmans lors des inondations, se trouvait le bateau à vapeur royal en cours de peinture et de nettoyage en profondeur pour notre réception. Elle était amarrée dans une crique, dépôt naval royal, où sont amarrés ordinairement de nombreux bateaux de guerre du passé et la flotte actuelle de paquebots royaux. Sur près de trois milles, les berges de la rivière présentaient un spectacle animé. Des bateaux indigènes chargeaient ou déchargeaient des marchandises ; les maisons s'étendaient sur toute la distance, celles les plus proches de la rivière étant occupées par des pêcheurs. Une grande banlieue s'étendait vers l'intérieur des terres à partir du rivage ; chaque maison était entourée d'un potager entouré d'une clôture en bambou de huit à dix pieds de haut, tandis que toutes étaient entourées de magnifiques tamarins, plantains et palmiers. Les femmes étaient occupées à tisser des putzos et des tameins en soie selon divers motifs. [5] Au-delà de ce faubourg s'étendait une vaste plaine de terres alluviales, consacrées aux rizières, certaines en chaume, dont le grain venait d'être récolté ; dans d'autres, des hommes et des femmes irriguaient les jeunes récoltes, qui atteignent maintenant environ six pouces de haut, trois récoltes par an étant récoltées sur ces terres, qui formaient pour ainsi dire un îlot de culture entouré de maisons.

Le chef de l'expédition, le major Sladen , est venu nous accueillir, et nous sommes allés avec lui à la Résidence, située au bord d'un canal parallèle au fleuve et à mi-chemin entre celui-ci et la ville. La rive du canal est bordée de maisons, et de larges rues mènent à la ville, par de nombreux ponts en bois solidement construits, dont le seul défaut est que les berges alluviales du canal cèdent fréquemment, entraînant la destruction des ponts et l'interruption. du trafic. Notre route traversait une banlieue peuplée de maisons construites en teck et soutenues par des pilotis. A droite se trouvait un quartier occupé par le *demi-monde* ; à gauche, de nombreux khyoungs , ou monastères, élevaient leurs gracieux toits triples concaves. Les Phoongyees , ou moines bouddhistes, abondaient ; il en était de même pour les cochons et les chiens, tous deux nourris quotidiennement grâce à une allocation du roi, qui, en pieux bouddhiste, constitue une réserve de bonnes œuvres en préservant ainsi la vie animale. Ces cochons omniprésents ont donné naissance à un dicton bien connu, qui exprime de manière laconique la première impression que produit l'enceinte de la capitale sur le visiteur européen. Notre séjour fut trop court pour admettre plus qu'une visite éclair de Mandalay, de son palais et de ses innombrables pagodes.

La ville proprement dite se trouve à environ trois milles de l' Irawady , sur une colline au-dessous de la colline Mandalé . Elle fut fondée, dès son avènement en 1853, par le roi actuel ; et l'une des raisons pour lesquelles il quitta Ava et choisit le nouveau site était de soustraire son palais à la vue et au bruit des paquebots britanniques. La ville est construite sur le même plan que l'ancienne capitale, décrite par Yule, et se compose de deux places fortifiées concentriques. L'extérieur est défendu par de hauts murs de briques massifs, avec des terrassements érigés à l'intérieur. Il y a quatre portes, sur chacune desquelles s'élève une tour aux sept toits dorés. Des tours plus petites similaires ornent le mur à intervalles réguliers. Un fossé profond de cinquante mètres de large a été creusé depuis la date de notre visite et entoure maintenant les murs. Pendant la nuit, des bateaux de garde, au son des gongs, patrouillent dans ses eaux. Lorsque le roi, conformément à une prophétie, fut couronné une seconde fois en 1874, il fit le tour de la ville sur un magnifique bateau de guerre, dont la splendeur éclipse la gloire traditionnelle de la barge du lord-maire . La cérémonie proprement dite du recouronnement eut lieu le 4 juin, à 20 HEURES , heure jugée propice par la cour des brahmanes. [6] Le capitaine Strover décrit la cérémonie comme étant dans une large mesure privée, seuls les différents ministres d'État et environ quatre-vingts brahmanes étant présents. Les incantations et l'aspersion d'eau bénite apportée du Gange constituaient la partie principale de la cérémonie, après laquelle Sa Majesté était censée être devenue un nouveau roi, sauf difficulté des années. Sept jours après, le roi procédait à la cérémonie de prise en charge de la ville royale. A neuf heures du matin, un coup de fusil annonça qu'il avait quitté le palais, et à une heure et demie un autre coup de feu annonça qu'il était entré dans la barge royale. La procession autour des douves de la ville partait de la porte est et était conduite par les deux principaux magistrats de Mandalay sur des bateaux de guerre dorés ; Puis suivirent tous les princes en ligne, un peu en avant de la barge de l'État, et derrière le roi venaient les ministres et les fonctionnaires. Des troupes alignaient les murs tout autour de la ville et des canons étaient placés çà et là aux coins des rues. Des groupes de musique jouaient au passage du cortège, et, en tout ; la vue était la plus efficace et la plus unique. Après avoir fait le tour de la ville, il quitta la barque royale par la porte est, et un salut annonça qu'il était rentré dans le palais, et la cérémonie était terminée. Selon les propres déclarations de Sa Majesté, la cérémonie était un acte purement religieux.

La première place est habitée par les fonctionnaires civils et militaires et les soldats de l'armée royale. Toutes les maisons sont dans des enclos séparés, bordant des rues larges et bien entretenues ; le long des fronts est portée la clôture du roi, palissade grillagée derrière laquelle les sujets se cachent au passage de sa majesté. Pendant la journée, des étals sont installés dans les rues et les divers produits birmans nécessaires, jusqu'aux vêtements, sont vendus, mais la nuit, tout est vidé et les portes fermées. La place centrale ou royale est entourée d'une palissade extérieure en bois de teck de douze pieds de hauteur et d'un mur intérieur. L'entrée est donnée par deux portes opposées l'une à l'autre, ouvrant sur une large place, contenant d'un côté les bureaux du gouvernement et la Monnaie royale ; de l'autre, un mur le traverse, et une grande porte, ouverte uniquement pour le roi, et une petite poterne donnent accès à l'enceinte du palais. Tous les Birmans qui entrent enlèvent leurs chaussures. À l'intérieur se trouve un grand espace ouvert, aussi grand qu'une place de Londres. Du côté opposé s'élève un édifice couronné de neuf toits richement dorés et surmonté d'un parapluie d'or *avec* son couronnement de cloches. Ceci marque la salle d'audience. Tous ceux qui y entrent doivent enlever leurs chaussures, car la demeure royale est sacrée. La même règle s'applique à tous les temples, et ce déboîtage est en réalité une marque de respect religieux, dû autant au khyoung le plus méchant qu'à la résidence du roi. Ce fait, s'il était gardé à l'esprit, pourrait peut-être apaiser les sentiments froissés de ceux qui voient dans ce déchaussement une marque d'hommage dégradant. À gauche se trouve la demeure de l'éléphant blanc, qui, peut-on dire, se distingue à peine des autres éléphants, si ce n'est par la teinte plus pâle de la peau de la tête. À droite se trouve l'arsenal royal, à l'extérieur duquel le visiteur serait désormais surpris par la vue du pont d'un navire entièrement armé et équipé, qui sert d'école d'artillerie navale.

Nous n'avons pas été admis à une audience et nous n'avons pas non plus vu les jardins royaux qui, avec les autres bâtiments du palais, se trouvent à l'arrière de la salle centrale. Le Dr Dawson, cité dans « Burmah » de Mason, décrit les jardins dans un langage élogieux, comme « vraiment beaux et aussi pittoresques que grandioses ». Hors des murs de la ville, les faubourgs, ou ville sans muraille, s'étendent vers le sud en larges rues qui convergent vers la pagode d'Arracan ; et au loin les flèches des pagodes marquent le site d' Amarapura .

Il est impossible d'estimer la population, mais elle doit dépasser cent mille, à en juger par l'étendue du terrain couvert par les maisons. Entre la ville et la colline de Mandalay, de nombreux khyoungs ont été érigés par les reines et d'autres membres de la famille royale, dont les piliers en teck et les charpentes sont magnifiquement sculptés et richement dorés.

En traversant les enceintes de ces monastères, il est nécessaire que les cavaliers mettent pied à terre et marchent lentement dans l'enceinte sacrée. De ce côté se trouve également une grande enceinte palissade, à laquelle les caravanes Shan ont toujours recours. Ici, leurs marchandises, principalement *le hlepét* , une sorte de thé salé, mais non fabriqué à partir du véritable théier [7], sont écoulées par l'intermédiaire de courtiers. Au pied de la colline de Mandalay se trouve un temple avec une grande statue de Bouddha assis, taillée dans le marbre blanc des collines de Tsagain . La colline elle-même est couronnée par une pagode dorée et une statue de Bouddha. Le Roi d'Or se tient debout, le doigt tendu vers le ciel d'or qui marque la demeure royale, le centre de la ville et du royaume birman.

Sur la colline se trouve une vaste colonie de volailles, dont un grand nombre est acheté chaque matin par la piété royale et entretenu aux frais du roi. La partie orientale de la ville est bordée par un long marais qui forme une lagune sous les pluies. On peut dire que la rivière Myit- ngé , à six milles au sud, achève d'isoler les environs de la capitale. Non loin de la Résidence, mais de l'autre côté du canal, se trouve un grand bazar, entouré de murs de briques, qui offre un spectacle des plus animés. On peut dire que c'est le principal marché fermé ; mais il existe d'autres bazars aux tissus plus petits ; et plusieurs quartiers ou rues sont occupés par des métiers spéciaux, un quartier très bruyant étant celui des batteurs d'or. Le penchant pour la dorure qui caractérise les Birmans provoque une immense demande de feuilles d'or, l'or utilisé étant principalement apporté par les caravanes du Yunnan. Un autre quart est occupé par des Chinois. Par une curieuse coïncidence, le jour de notre arrivée, une caravane chinoise de deux cents mulets arriva de Tali-fu. Ils étaient venus par la longue route terrestre de Theinnee , apportant des jambons, des noix, des pistaches, du miel, de l'opium, des pots de fer, de l'orpiment jaune, etc. Nous avons remarqué de nombreux Surates parmi les habitants de la ville. Ces commerçants avisés et entreprenants viennent en grand nombre en Birmanie et se trouvent partout occupés à gagner de l'argent. Les aventuriers européens de diverses nationalités forment un élément de la population, petit mais espiègle ; il n'est guère étonnant que la noblesse et la noblesse birmanes aient une mauvaise impression des *kalas* [8], à en juger par la conduite de certains de ces étrangers ; tandis qu'une fois de plus, ils répandent des rapports monstrueux sur le roi, ses habitudes et ses idées sociales et politiques, qui trouvent leur chemin dans la presse indienne et anglaise.

Le transbordement de nous-mêmes, de nos compagnons et de nos bagages fut dûment effectué, et dans l'après-midi du 18 janvier, le *Yaynan-Sekia* quitta ses amarres. Nous n'allâmes que jusqu'à Mengoon , sur la rive droite, à quelques kilomètres de la capitale. Jusqu'à présent, nous avions la compagnie de M. Manouk, un gentleman arménien, qui occupait le poste de *kala woon* , ou ministre des Affaires étrangères. Nous avons dûment visité l'immense ruine en maçonnerie massive qui, comme le dit le colonel Yule, représente l'extraordinaire folie du roi Mentaragyi , fondateur d' Amarapura en 1787.

Destinée à une pagode gigantesque, elle fut laissée inachevée, à la suite d'une prédiction selon laquelle son achèvement serait fatal au fondateur royal ; le tremblement de terre de 1839 a brisé l'immense cube de maçonnerie solide, et c'est aujourd'hui une ruine fantastique.

Yule donne les dimensions de la plus basse des cinq terrasses environnantes à quatre cents pieds carrés ; s'il était achevé, l'édifice tout entier aurait atteint cinq cents pieds de haut. Près de là se trouve la grande cloche, haute de douze pieds, large de seize au niveau des lèvres et pesant quatre-vingt-dix tonnes. [9]

L'objet le plus intéressant est la pagode Seebyo , construite par le petit-fils et successeur de Mentaragyi en 1816, et nommée en l'honneur de son épouse. La sous-structure à partir de laquelle s'élève la pagode est circulaire et se compose de six terrasses concentriques successives. Chaque terrasse est de cinq pieds au-dessus de celle du dessous et de six pieds de largeur, et est entourée d'un parapet de pierre à dessin ondulé. Dans les niches de chaque terrasse se trouvent des images de dragons fabuleux, d'oiseaux et *de beloos* , ou monstres. D'après une mesure grossière, l'enceinte fortifiée a quatre cents mètres de circonférence, mais un espace ouvert de trente-cinq mètres de profondeur s'interpose entre le mur et la première terrasse. La conception de la pagode est destinée à représenter le mythique Myen Mhoo Doung, ou Montagne Meru, le pilier central de l'univers, et les sept chaînes de montagnes qui l'entourent, ou les six continents, dont chacun est gardé par un monstre, le premier par le dragon, le second par l'oiseau Kalon. On pourrait également suggérer que ces terrasses pourraient représenter les six demeures heureuses des nats qui forment des Élysées successifs sous le siège de Brahma.

Depuis les hauteurs au-dessus de Mengoon , un magnifique panorama se dévoile : la vallée s'étend depuis les collines sèches et sans arbres de Tsagain , quelques milles en arrière, s'étendant sur quinze milles de largeur jusqu'à la ligne orientale de montagnes qui, émergeant de la rive nord. du Myit- ngé , s'étend à perte de vue vers le nord-est. Le long tracé fluide de ces sommets contraste singulièrement avec le contour irrégulier des collines de Myait-loung , au sud du Myit- ngé . Immédiatement sous le spectateur, l' Irawady , courbé sous les collines occidentales, s'élargit jusqu'à ce qu'en face de la capitale, ses principales rives soient distantes de près de trois milles et demi.

Le fleuve est divisé en canaux par de grandes îles, sur l'une desquelles sont situés les jardins royaux, et par de nombreux bancs de sable, exposés pendant la saison sèche, et cultivés en tabac et autres cultures. Au premier plan, les différents canaux de la splendide rivière offrent un spectacle animé de nombreux canoës, radeaux de bois et bateaux de toutes formes et de toutes tailles. Au loin, les toits dorés des portes de la ville et des nombreux monastères regroupés à l'extérieur des murs rouges de la ville renvoient les rayons du soleil. Les formes fantastiques des nombreuses flèches couvertes des zayats et des maisons de repos, et les hauteurs étincelantes des pagodes, partout embarrassent et plaisent à l'œil, qui regarde depuis la colline pittoresque au nord, couronnée par le temple doré, jusqu'aux contours irréguliers. du bazar, s'étendant jusqu'à la ligne successive des chapiteaux abandonnés. Une image glorieuse, surtout lorsque les teintes orange vif du coucher de soleil sont soulagées par le riche violet des collines lointaines semblables à des nuages !

De Mengoon, le bateau à vapeur fit un chemin inhabituel sous la rive droite, passant devant des bancs de sable couverts de nombreux troupeaux de courlis corlieu, de pluvier doré et d'oiseaux serpents. Bien qu'à l'heure actuelle des paquebots royaux et privés fassent régulièrement la navette entre Mandalay et Bhamô , à la saison sèche, de fréquents retards, causés par les échouages sur les bancs de sable, rendent le voyage ascendant d'une durée très incertaine. En tant que pionniers, nous avons dû tâtonner avec la plus grande prudence, car l'eau était très basse. Notre équipage, du capitaine aux pompiers, était essentiellement birman, et notre admiration pour le sang-froid et l'habileté dont le capitaine faisait preuve dans la navigation dans les canaux étroits était grande ; il semblait avoir une intuition presque instinctive de la profondeur de l'eau. Ce n'était pas une œuvre d'amour de sa part, car il ne prenait aucune peine à dissimuler son aversion pour les *kalas* , ou étrangers, et était dépourvu de l'ouverture joviale généralement caractéristique des Birmans. Une riche illustration du caractère de l'équipage birman nous a été fournie par le chef de file, qui a quitté son poste sans être remarqué par le capitaine. Il pourvoyait cependant à la navigation en disant à un de ses compagnons de chanter pour lui en son absence, et des profondeurs imaginaires, variant de plusieurs pieds, étaient en conséquence criées à intervalles réguliers au capitaine inconscient, qui gouvernait en conséquence, heureusement sans incident. Un fonctionnaire du tribunal nous a accompagnés pour veiller à ce que les ordres de fourniture de bois de chauffage soient dûment respectés et pour fournir des bateaux au cas où la rivière s'avérerait non navigable ; mais comme aucune difficulté ne survint, il n'eut rien d'autre à faire que de montrer un jour son zèle en infligeant une raclée impitoyable à un chef de village qui ne lui fournissait pas de lait.

Les rives de la rivière présentaient une succession de promontoires pittoresques, hauts de cinquante à soixante pieds, séparés par des vallons luxuriants, contenant chacun un village. Entre deux de ces hauteurs, couvertes de pagodes accessibles uniquement par des volées de marches, se trouvait Shienpagah , une ville prospère de quelque quatre cents maisons. On y fait un commerce dynamique de poisson et de bois de chauffage pour la capitale, ainsi que de sel provenant des marécages situés derrière les collines stériles de Tsagain . [10] Au-dessus de Shienpagah, nous avons changé notre route vers l'autre côté. Les villages de la rive orientale semblaient petits et peu nombreux, chacun entouré de grands arbres et de bosquets de palmiers, mêlés à quelques cocotiers, rehaussés par le vert tropical clair et pâle du plantain . Un large plat alluvial s'étendait jusqu'aux basses chaînes accidentées des collines Sagyen et Thubyo -budo, de la première desquelles provient presque tout le marbre utilisé à Mandalay. Les lointaines montagnes Shan s'élevaient au-delà d'une autre plaine peu couverte d'arbres élevés et richement cultivée.

Notre route traçait un canal, longeant la longue île et la ville d' Alékyoung , jusqu'à ce que la colline arrondie de Kethung , parsemée de pagodes blanches, s'élève au-dessus de la verdure dense dans laquelle se niche le village ainsi appelé. Sur la rive opposée se trouvait Hteezeh , le village des marchands de pétrole. Une ceinture de sable jaune vif, puis une fine prairie verte, remontaient de la rivière au village, ombragée par de nobles palmyres et de gigantesques bambous, qui formaient le fond d'une scène fluviale d' une beauté et d' une couleur exquises. A un mile ou deux au-dessus d'Alékyoung , la rivière se rétrécissait, coulant en un ruisseau sans îles ni bancs de sable. Bientôt, les courtes collines bien boisées de Nâttoung aboutissaient sur la rive droite, dans un promontoire couronné de pagode, avec le village de

Makouk à sa base. De l'autre côté, la petite ville de Tsingu , autrefois fortifiée et montrant encore des fragments des anciennes murailles, occupait un autre promontoire, marquant l'entrée du troisième défilé de l' Irawady .

De ce point, sur trente milles, jusqu'à Malé et Tsampenago , le pays des deux rives est vallonné et couvert jusqu'au bord de l'eau d'une forêt luxuriante. Serpentant en une succession de longs tronçons, la rivière présente une série de jolis paysages lacustres. Le ruisseau, large de mille à mille cinq cents mètres, coule calmement et sans interruption, sauf par les gambades des dauphins à tête ronde. Tandis que, précédés de longues files de ces créatures, nous avancions lentement, chaque tronçon successif semblait barré par des falaises boisées. Les réminiscences des paysages lacustres du vieux pays se sont vivement réveillées alors que nous passions d'une scène de beauté apparemment enclavée à une autre. Les hautes collines irrégulières étaient recouvertes d'arbres forestiers presque cachés par de brillantes orchidées et de gigantesques plantes grimpantes pendantes. Des palmiers de toutes sortes ornaient le bord de l'eau. Çà et là, des villages de pêcheurs apparaissaient, et partout de gracieuses pagodes et des maisons de prêtres brillaient au milieu du feuillage. Les perroquets s'élançaient et les calaos effectuaient leur vol lourd à travers le ruisseau, tandis que des troupes bavardes de singes noirs à longue queue escortaient les visiteurs inhabituels le long des berges.

Le principal objet d'intérêt est la petite île rocheuse de Theehadaw , qui abrite la seule pagode de pierre de Birmanie et est fréquentée par de nombreux pèlerins lors de la grande fête bouddhiste de mars. La pagode n'est pas de grande taille, mais elle est essentiellement construite en grès grisâtre admirablement taillé et posé dans du mortier. Le bâtiment s'élève sur une base quadrangulaire, avec une chambre orientée à l'est et fermée par des portes massives. Les trois autres faces ont de fausses portes, et les côtés de toutes, ainsi que les angles, sont ornés de pilastres quasi doriques. Notre attention, comme celle de la plupart des pèlerins, était principalement portée sur le fameux poisson apprivoisé. Après s'être approvisionnés en riz et en plantains, les bateliers appelèrent « Tit-tit-tit ». Bientôt les poissons apparurent à une cinquantaine de mètres, et après des cris répétés, ils se retrouvèrent à côté, dévorant avidement l'offrande de nourriture. Dans leur empressement, ils montrèrent leurs têtes grossières et une grande partie de leur dos, auxquels adhéraient encore des taches de feuilles d'or, posées par de récents dévots. Ils étaient si apprivoisés qu'ils se laissaient caresser et semblaient apprécier qu'on leur tire leurs longues antennes. Un type à qui on lança une peau de plantain la rejeta avec indignation et plongea de dégoût.

A trois milles au-dessus et trois au-dessous de l'île, la pêche est interdite par arrêté royal, et les prêtres, qui les nourrissent quotidiennement, nous ont assuré que les poissons ne s'éloignent jamais des limites de leur sanctuaire. Une offre de cinquante roupies n'a pas permis d'obtenir un seul spécimen, mais on peut raconter ici qu'à une autre occasion, sous le couvert de la nuit et sans observation birmane, l'un d'eux a été accroché et, bien que difficilement, débarqué, photographié et dûment préservé. . À deux milles au-dessus de l'île, nous nous sommes arrêtés à Thingadaw pour charbonner. Il s'agit d'un dépôt des produits des mines de charbon, qui, découvertes par hasard par des chasseurs, étaient exploitées par le roi.

Nous avons entrepris de visiter une mine récemment ouverte, distante de trois kilomètres, mais nous n'avons pas réussi à la trouver après une marche de deux heures à travers un pays vallonné et accidenté, couvert d'arbres denses et de jungle de bambous. Le sol est pauvre et sablonneux, sauf dans les creux, qui offrent un bon pâturage aux poneys et au bétail. Le bois fossilisé abonde sur toute la surface, et des grès tendres, blancs et rougeâtres, affleurent, si mous que les roues des charrettes les creusent en ornières profondes. Dans ces endroits, la surface présentait un aspect remarquable, étant recouverte de piliers symétriques de sable doux rougeâtre, hauts de deux pouces, et coiffés d'un sommet dur gris cendré, ayant la consistance de la pierre, et aussi grand qu'une pièce de sou. En de nombreux endroits, les petits piliers s'étaient effondrés et le sol était jonché de petits chapeaux, lui donnant l'apparence d'un tas de cendres. Lors d'une visite ultérieure dans la région charbonnière, effectuée depuis Kabyuet , un peu au sud de Theehadaw , nous avons eu l'aide du chef des mines, qui était très soucieux de tout nous montrer et d'obtenir un bon rapport au roi.

A la première mine, appelée Lek-ope-bin, à cinq milles de la rivière, le gisement de charbon, épais de six pieds, affleure dans un creux et plonge vers le sud-ouest selon un angle de trente-cinq degrés. Un peu au nord-est se trouve la mine de Ket- zu -bin, réputée produire le meilleur charbon. Au cours de notre visite, quelques hommes extrayaient le charbon avec des haches en bois ordinaires et des ciseaux à manche en bois, de sorte qu'ils ne pouvaient récupérer qu'une petite quantité de charbon brisé. Si elles sont bien gérées, ces mines pourraient fournir une réserve abondante de combustible utile. Nous avons appris que le sable d'un ruisseau adjacent est lavé pour obtenir de l'or et qu'un seul ouvrier peut fabriquer 303 *yuey* = 3 *s.* par jour.

Le sable noir du Pon-nah, un ruisseau se jetant dans l' Irawady , est également lavé pour l'or, qu'on dit donner en grande quantité à un endroit situé à deux jours de route en amont du ruisseau.

Le 17 janvier, nous atteignîmes l'entrée nord du défilé, marquée par deux promontoires saillants, celui de l'ouest couronné par la pagode de Malé , ou Man- lé , anciennement Muanglé , et celui de l'est par celles de l'ancien Shan. ville de Tsampenago , au-dessus de laquelle seuls les Chinois pouvaient autrefois faire du commerce. [11]

Malé compte environ trois cents maisons et est le port de douane pour les bateaux à destination de Bhamô à Mandalay, et le centre d'un commerce considérable de nattes de bambou, d'huile de sésame et de jaggery. De là, nous vîmes s'élever vers l'est les belles montagnes de Shuay-toung , hautes d'environ six mille pieds, sur lesquelles on dit qu'il y a de la neige en hiver.

Au-dessus de Malé, le fleuve s'élargit sur une grande largeur, avec de nombreuses îles, jusqu'à Khyan- Nhyat . De là, il se contracte en un ruisseau ininterrompu d'environ cent mètres de large, s'écoulant sur vingt-deux milles entre de hautes berges bien boisées.

Après nous être arrêtés à Tsinuhat , petit village au sud d'un long promontoire, sur lequel se trouvent les ruines de Tagoung et du Vieux Pagan, nous fîmes une courte excursion sur les sites de ces anciennes capitales. D'après les chroniques birmanes, Tagoung fut fondée par Abhirája — des rois Shakya de Kappilawot — qui s'enfuit devant l'invasion de son pays par le roi de Kauthala ou Oudh. Après la mort d'Abhirája, la succession fut contestée par ses deux fils. Ils convinrent que chacun s'efforcerait de construire un grand édifice en une nuit, et que la couronne appartiendrait à celui dont l'édifice serait trouvé achevé au matin. Comme d'habitude dans les légendes, le plus jeune fils a déjoué l'aîné. Il a astucieusement mis en place une charpente de bambous et de planches, recouvertes de tissu et blanchies à la chaux, de manière à présenter l'apparence d'un bâtiment achevé. Le frère aîné, se croyant vaincu grâce à l'aide de nats ou de démons, émigre à Pegu, et s'installe finalement dans la ville d' Arracan (Diniawadee).

Le fils cadet monta sur le trône à Tagoung et trente-trois rois lui succédèrent. Une incursion de Tartares et de Chinois, venus vraisemblablement de Kandahar [12], détruisit la ville et expulsa le dernier de la dynastie, qui avait épousé Nagazein , dont le nom indique un membre de la race mythique des serpents. Cet événement peut être rapporté au siècle précédant l'ère chrétienne et, selon le regretté Dr Mason, doit avoir eu lieu après la conquête tatare de la Bactriane. [13]

Après la mort du roi Tagoung , une partie de son peuple émigre vers l'est et fonde les États Shan. Un autre, sous la reine veuve Nagazein , s'installa sur la rivière Malé . Après l'avènement de Gaudama et le second renversement des villes des rois Shakya, un de leur race , nommé Daza- Yázá , émigra à Malé et, après y avoir trouvé et épousé Nagazein , fonda le Haut ou Vieux Païen. Une forêt dense de bois magnifiques et de milliers de semis Des arbres entourent et recouvrent les sites et les ruines des anciennes villes, dont il ne reste plus que des lignes basses et des masses informes de maçonnerie. Près d'eux se dressent des pagodes plus récentes, encore assez bien conservées. Des plus anciens murs du Vieux Pagan, il ne restait qu'un seul mur, derrière un Bouddha assis de huit pieds de haut. Du premier, nous avons obtenu de petites images métalliques du Bouddha, et de la pagode en briques anciennes païennes portant en relief une image de Gaudama comme le Bouddha précédent. L'un d'eux était exactement le même que celui décrit par le capitaine Hannay. Chacune porte une inscription en vieux caractère Devanagari, commençant par « Ye Dhammá ».

L'ancien nom de Tagoung est aujourd'hui porté par un petit village de pêcheurs d'une quarantaine de maisons. Au moment de notre passage, les villageois étaient installés dans des huttes temporaires sur un long banc de sable et étaient occupés à préparer du ngapé ou purée de poisson salé. Les piquets de pêche étaient fixés dans un canal profond et étroit séparant le banc de sable du village. Ces postes de pêche sont nombreux tout le long du fleuve. Chaque matin, de grandes quantités de poissons sont prélevées et vendues au poids aux fabricants de ngapé . Les poissons, une fois nettoyés, sont emballés entre des couches de sel et foulés aux pieds dans de longs paniers tapissés de feuilles d' eng . Tandis que ce récit était préparé pour la presse, une suggestion fut faite dans les colonnes d'un hebdomadaire des plus compétents, selon laquelle, en cas de difficultés avec la Birmanie, le vice-roi des Indes devrait interdire l'exportation de la Birmanie britannique du ngapé, « qui doit être importé » . du bord de mer. » Il y a sans doute une grande exportation de nos territoires, mais les poissons composant ce curieux condiment birman, qui, comme le dit Yule, ressemble à de la « pâte de crevettes pourries », sont pêchés dans l' Irawady . Le cours supérieur du fleuve regorge de poissons ; quatorze espèces [14] furent achetées par nous à Tagoung , et les nombreux villages de pêcheurs pourraient probablement rendre la capitale indépendante de l'approvisionnement de la Birmanie britannique.

Les collines de Shuay-mein-toung , sur la rive droite ou occidentale, en face de Tagoung , sont très élevées et boisées jusqu'à leurs sommets, avec des pagodes blanches jaillissant au milieu du feuillage dense. A quelques milles au nord, ils s'éloignent de la rivière, où, sur la rive orientale, la chaîne isolée du Tagoung-toung-daw , longue d'environ vingt milles et haute de mille pieds, s'étend presque parallèlement à la rivière, dans son intervalle. vallée de six milles de large. L' Irawady est ici parsemé de grandes îles, couvertes d'herbes hautes et d'arbres forestiers ; pendant les pluies, ils sont submergés et deviennent très dangereux pour les bateaux qui descendent. Un parcours serpentin, suivant un large chenal profond à l'est de la grande île de Chowkyoung , nous amène à la ville de Thigyain sur la rive droite, en face du village de Myadoung sur la gauche. Ce dernier donne son nom au quartier au sud de Bhamô . Ici, nous avons été surpris par la nouvelle que le Woon de Bhamô , auprès duquel nous étions accrédités, avait été tué lors d'une émeute à Momeit , à environ trente-six milles au sud-est de Myadoung . Les Woon s'y étaient rendus avec une force de trois cents hommes pour percevoir les impôts, lorsque les Shans et les Kkahyens se révoltèrent et encerclèrent les troupes royales, dont beaucoup, avec leur chef, avaient été tués. Il était impossible de ne pas pressentir que cet événement fâcheux serait une source de retard, en nous obligeant à avoir affaire à des subordonnés timides, même s'ils étaient bien disposés à aider. Nous passâmes, cachée par une île, l'embouchure du Shuaylee , à trois milles au-dessus de Myadoung , et nous arrêtâmes à Katha, sur la rive droite, le plus grand endroit rencontré depuis Shienpagah . C'est une ville longue, renfermant au moins deux cents maisons de bois bien bâties, disposées dans deux rues parallèles et entourées de palissades de bambous à trois portes. C'est le quartier général du woon d'un district considérable, habité par des Shan-Birmese. De longs creux d'alluvions riches cultivés pour le riz et fermés par des terres vallonnées couvertes d'arbres forestiers précieux, dont le teck, séparent la ville des collines de l'ouest. Un peu de coton est cultivé et le tabac est largement cultivé sur les îles et les bancs de sable. Au moment de notre visite, un certain nombre de marchands Shan étaient arrivés avec des feuilles de thé salées et d'autres denrées. Quelques Chinois du Yunnan, probablement descendus par la Shuaylee , se trouvaient également dans la ville. Les gens semblaient bien vêtus et aisés, et les femmes étaient occupées à tisser et à préparer des fils de coton colorés pour la fabrication de putzos et de tameins .

Un épais brouillard matinal retarda notre départ de Katha, et toute la population de la ville se pressa à bord du bateau à vapeur. Après avoir satisfait leur curiosité par les nouveautés des machines, etc., nous songeâmes à les amuser avec une pile magnétique. Au début, tous se sont retenus, mais quelques esprits plus aventureux ouvrant la voie, les opérateurs ont été rapidement assiégés par des candidats avides d'un choc. Les grimaces de chaque patient provoquaient des éclats de rire. Les gens de bonne humeur Shans découvrit ou crut que le choc était bon pour les futurs parents ; certaines persuadaient leurs timides épouses de partir au front, tandis que les matrones élevaient leurs jolies jeunes filles pour obtenir une part des bénéfices. Au-dessus de Katha, la rivière est divisée en grandes îles en canaux tortueux, profonds et étroits. De grands troupeaux d'oies passèrent devant nous pendant près d'une heure, et les bancs de sable et les rivages des îles étaient couverts de variétés de canards sauvages. À la fin du soir, à Shuaygoo-myo , d'immenses troupeaux d' *Hérodias garzetta* , ou l'aigrette garce, se perchaient dans les hautes herbes et sur les grands arbres, qui semblaient illuminés par leurs formes blanches.

Dans ce quartier nous avons vu plusieurs villages désertés par peur des Kakhyens , qui avaient occupé certaines des maisons abandonnées.

Deux membres de notre groupe sont partis visiter et faire leur première connaissance avec ces montagnards sauvages, qui leur rappelaient les Karens de l'Est ; ils étaient civils, mais déclinèrent une invitation à monter sur le bateau à vapeur, plaidant qu'ils devaient rejoindre leur chef, mais craignant en réalité les représailles des Birmans. De leurs habitudes d'enlèvement, plusieurs preuves ont été données, l'une étant en la personne d'un garçon d'origine chinoise, qu'ils avaient vendu au chef du village pour vingt-cinq roupies. Lors de notre départ le matin, des jeunes femmes et des garçons ont couru le long de la rivière, nous suivant, pour s'assurer une protection contre les montagnards en route vers leurs villages. Nous avons également été informés que les élèves des prêtres qui ramassaient la nourriture de village en village étaient obligés de se faufiler sous les hautes berges pour échapper aux ravisseurs. L'expérience ultérieure a montré que les villageois de la rive orientale, jusqu'à Bhamô , ont l'habitude de dormir dans des bateaux amarrés dans le fleuve ; ce n'est qu'ainsi qu'ils pourront être à l'abri des incursions nocturnes de leurs dangereux voisins .

En quittant Shuaygoo-myo , nous passâmes devant la grande île de Shuaybaw , avec ses mille pagodes, leurs reflets dorés contrastant de manière frappante avec le riche feuillage vert massif au-dessus duquel elles s'élevaient. La grande pagode mesure environ soixante pieds de haut, entourée sur deux côtés par un zayat en teck richement sculpté avec un toit richement décoré et une corniche de petites niches contenant des bouddhas de marbre assis. Deux larges voies pavées, l'une connue sous le nom de Shuaygoo-myo et l'autre sous le nom d' entrée Bhamô , s'approchent de la pagode, située à trois quarts de mille de la rivière. De nombreux zayats se regroupent autour du sanctuaire central, remplis jusqu'au plafond de figures bouddhiques en métal, bois et marbre blanc, offertes par les fidèles qui se pressent chaque année dans ce lieu saint sanctifié par l'empreinte de Gaudama .

A trois milles au-dessus de l'île se trouve l'entrée du deuxième défilé, où l' Irawady coule à travers une magnifique gorge perçant une chaîne de collines à angle droit. Sur cinq milles, le profond courant vert foncé, rétréci à trois cents mètres, mais s'approfondissant jusqu'à cent quatre-vingts pieds et plus, est surplombé de gigantesques précipices. Leurs sommets sont pour la plupart couverts de rares arbres rabougris, mais certains s'élèvent dénudés, avec des pics éclatés et des escarpements rocheux rouges ; plus bas, leurs côtés audacieux sont recouverts d'une forêt vert foncé, soulignée ici et là du vert plus frais de touffes festonnées de bambous, de palmiers et de musées luxuriants . De petits villages de pêcheurs enfermés dans des palissades de bambou se nichent confortablement dans les creux. En entrant dans le défilé, nous contournâmes sur la rive gauche une colline aux multiples pics qui s'élevait précipitamment de quatre cents pieds, dont le contour était brisé par d'énormes rochers noirs se détachant sur le ciel bleu. La petite pagode blanche de Yethaycoo , située devant une grotte et dominant un précipice de calcaire gris de cent cinquante pieds de hauteur, regardait de l'autre côté de la gorge la maison d'un phoongyee perchée en hauteur et accessible uniquement par des échelles de bambou. L'élément le plus frappant était le grand précipice calcaire qui s'élevait comme un gigantesque mur à huit cents pieds du bord de l'eau. Il s'agit de la falaise à face Deva célébrée dans l'histoire mythique de Tsampenago . A sa base, la petite pagode de Sessoungan était perchée sur une pyramide détachée de calcaire ornée de beaux arbres. Pendant le festival de mars, de nombreux fidèles escaladent les longues échelles de bambou qui constituent le seul accès au sanctuaire. L'amour bouddhiste pour la préservation de la vie animale se manifeste ici envers les grands singes (*Macacus assamensis* , M'Lelland) qui, comme les poissons apprivoisés, viennent lorsqu'on les appelle et dévorent les offrandes des fidèles. Du précipice se projetait et pendait d'énormes masses de formation de stalagmites, apparemment susceptibles de tomber à tout moment. L'eau coulait sur eux, et les indigènes disent que pendant les pluies, l'eau se déverse sur la face du précipice en une formidable cascade dont le rugissement est assourdissant. Il se pourrait bien qu'il en soit ainsi, car les échos dans le défilé sont des plus merveilleux, se répercutant et se répercutant dans des réverbérations presque harmonieuses. Au petit matin, les cris bruyants des singes hoolock dans la forêt faisaient résonner l'air tout entier, alors qu'ils étaient repris par une autre troupe sur la rive opposée, et résonnaient le long des collines et de falaise en falaise dans une onde sonore constante. curieusement mélangé avec lequel résonnait le chant aigu des coqs de la jungle. À mesure que le soleil se levait, une basse profonde était fournie par le bourdonnement d'innombrables abeilles, dont les nids pendants parsemaient les saillies rocheuses du précipice. Au détour suivant de la rivière, une autre pagode, avec à ses côtés un beau zayat aux nombreux toits , haut sur les collines occidentales, marquait l'entrée nord du défilé, et nous dépassâmes bientôt l'ancien marché de Kaungtoung , célèbre pour le rejet de l'armée d'invasion chinoise en 1769 et le traité qui garantit désormais la paix et le commerce entre la Birmanie et la Chine. Par la suite, elle devint un rival de Bhamô en tant qu'emporium du commerce chinois par la vallée de la Shuaylee et la route de Muangmow . La rivière s'étendait alors en un large cours d'eau, divisé par des îles et des bancs de sable, mais en certains endroits, la largeur n'était pas inférieure à un mille et demi entre les rives principales. Devant le village de Sawady , une longue étendue de sable était occupée par un grand campement de Shan, de Chinois et d'autres commerçants, une grande flotte de bateaux étant prête à transporter les marchandises sur la rivière.

LA FALAISE À FACE DEVA, DEUXIÈME DÉFILÉ DE L'IRAWADY.

Ici, nous avons aperçu Bhamô au loin, situé sur une rive surélevée surplombant la rivière, les toits de ses quelques pagodes scintillant au soleil couchant. À droite, on voyait la haute chaîne de collines de Kakhyen s'étendre en une ligne ininterrompue vers l'est-nord-est, et à gauche une chaîne basse de collines ondulantes couvertes d'arbres, courbées pour rejoindre les hauteurs occidentales du défilé .

Le territoire presque plat, large d'environ vingt-cinq milles entre ces limites, était fermé, à environ dix milles au nord, par une autre chaîne basse, marquant le khyoukdwen supérieur, *ou* premier défilé, de l' Irawady .

[1] Prononcé « Bhamaw ».

[2] « Rapport sur la frontière orientale de l'Inde britannique », 1835.

[3] *Voir* « Sélection d'articles sur les collines entre l'Assam et la Birmanie », Calcutta, 1873.

[4] La Chambre de Commerce, sous la direction du président compétent, M. M'Call, avait été très active en insistant sur l' envoi de la mission et avait souscrit 3 000 £ pour toutes les dépenses de leurs représentants et pour l'achat de spécimens de fabrique.

[5] Le *putzo* est un tissu de soie long et étroit à motif à carreaux , qu'un Birman enroule autour de lui pour former un costume.

Le *tamein* est l'équivalent féminin, en partie en tissu, en partie en soie, avec un motif en zigzag, les parties en soie formant la jupe qui, selon une ancienne coutume, expose presque complètement une jambe en marchant.

[6] Ces brahmanes agissent comme des astrologues royaux, consultés dans toutes les grandes occasions. Les prêtres bouddhistes ne participaient pas au cérémonial.

[7] Il semble être fabriqué à partir des feuilles d' *Elæodendron persicum* , Persoön .

[8] *Kalas* , mot birman signifiant «étrangers».

[9] Voir l' annexe I.

[10] À cette époque, environ un million de visses de sel étaient exportés chaque année en amont du fleuve depuis Shienpagah , se dirigeant principalement vers Bhamô et Tsitkaw , pour l'approvisionnement des Kakhyens et des Shans . Dernièrement, cependant, le sel anglais commence à prendre sa place, et lors de mon dernier voyage sur l' Irawady , un appartement de Mandalay ne transportait que du sel. Pour se rendre à Tsitkaw , on le transborde à Bhamô dans de petits bateaux qui ne transportent que cinq mille viss chacun, car le Tapeng est une rivière rapide et assez peu profonde par temps sec. Sur le sel de Shienpagah , un droit est perçu à Malé , Yuathét et Bhamô , en plus d'une taxe de bateau, et lorsqu'il remonte le Tapeng , un impôt supplémentaire doit être payé à Tsitkaw , et une taxe de bateau à Haylone et Tsitgna . . (Un *viss* = environ 3 livres.)

[11] Hannay, « Sélection d'articles », Calcutta, 1873.

[12] Dans la traduction ecclésiastique des localités classiques du bouddhisme indien vers l'Indochine, courante en Birmanie, le Yunnan est représenté par Gandhara ou Kandahár . « Marco Polo » de Noël, ii. p. 59, édition de 1874.

[13] Le colonel Yule remarque que « les Tartares de la frontière indienne au cours de ces siècles doivent sûrement être classés avec les Français que Brennus conduisit à Rome » (« Marco Polo », i . p. 12).

[14] *Wallago attu* , Bloch et Schn.; *Callichrous bimaculatus* , M'Lelland ; *Macrones cavasius* , HB; *Macrones corsula* , HB; *Labeo calbasu* , HB; *Labeo churchius* , HB ; *Cirrhina mrigala* , HB ; *Barbus sarana* , HB ; *Barbus apogon* , C. et V. ; *Carassius auratus* , Linn.;

Catla Buchanani , C. et V. ; *Rhotee cotio* , HB; *Rhotee microlépis* , Blyth ; *Notopterus kapirat* , Bonn.

CHAPITRE II.
BHAMÔ.

Arrivée à Bhamô — Nos quartiers — La ville — La maison de Woon — Les Shan-Birmans — Vol d'hommes Kakhyen — Les environs — Vieux Tsampenago — Histoire légendaire — Les pagodes Shuaykeenah — La rivière Molay — Le premier défilé — Retards et intrigues — Sala —Le nouveau Woon —Notre départ— Tsitkaw — Muletiers des montagnes—Le lac Manloung —Les adieux du phoongyee .

Nous avons eu quelques difficultés à diriger le long bateau à vapeur à travers les canaux, mais nous avons jeté l'ancre vers 17 HEURES le 22 janvier au large du fleuve Bhamô , dans un chenal très profond et large. Notre arrivée a attiré des foules, mais le sifflement et le courant de vapeur en ont poussé beaucoup à une retraite précipitée. Nous avions désormais atteint notre véritable point de départ. Quelles qu'aient été les incertitudes de la navigation inédite sur le fleuve, les véritables dangers et difficultés de la tentative de pénétration de la Chine occidentale allaient maintenant commencer. Nous avons porté la proclamation du roi ordonnant à tous les sujets birmans de nous aider. Mais il n'y avait pas de gouverneur de Bhamô pour exécuter les ordres royaux, et les intentions ou inclinations secrètes des Birmans restaient encore à tester. Les difficultés de la route inconnue à travers les montagnes Kakhyen , l'hostilité ou l'amitié des montagnards et de la population Shan entre eux et le Yunnan, n'avaient pas non plus été éprouvées. De plus, même si nos propres responsables britanniques n'en avaient guère pris conscience dans toutes leurs dimensions, le Yunnan n'était plus une province bien ordonnée de l'empire chinois ; elle fut désorganisée par la rébellion réussie des Chinois mahométans, appelés Panthays par les Birmans, qui avaient établi une souveraineté partielle, s'étendant de Momien à Tali-fu. Le commerce frontalier avait été matériellement interrompu, en partie par la désolation causée par la guerre intestine, et en partie par les déprédations des partisans impériaux chinois. Parmi eux, le chef le plus redouté était un Chinois birman, connu sous le nom de Li- sieh -tai, fidèle officier de l'ancien *régime* , qui s'était établi aux confins du Yunnan et menait une guérilla contre les Panthays et leurs amis. Son nom est Li, et son soi-disant petit nom est Chunkwo , tandis que sa mère étant birmane, il est également connu sous le nom de Li- haon - mien, ou Li le Birman. Ayant été élevé au grade de Sieh-tai dans l'armée chinoise, il s'appelait Li- sieh -tai ou brigadier Li. [15]

À Bhamô même, il y avait un certain nombre de marchands chinois qui ne seraient probablement pas favorables à un projet qui menacerait d'admettre les barbares détestés à une part de leur monopole et de leurs bénéfices. Ceci peut donner une idée de l'état des choses que nous avons trouvé à notre arrivée. Nos illusions quant à un progrès rapide ou facile furent bientôt dissipées, et après une visite formelle des deux tsitkays , ou magistrats, dirigeant les divisions nord et sud de la ville, il devint évident que nous devions nous préparer à un long séjour à Bhamô . L'ordre royal d'assurer le transport n'avait été reçu par le Woon qu'à la veille de son départ pour sa fatale expédition vers Momeit . Rien n'avait donc été fait ; ils ne pouvaient pas non plus oser agir jusqu'à l'arrivée du nouveau gouverneur. Le mieux était d'insister pour qu'ils exécutent l'ordre royal de nous construire une maison, ce qui n'avait pas été fait. Ils le firent à contrecœur, et en quelques jours un édifice en bambou fut construit près de la maison des Woon , composé d'un hall central, avec trois chambres de chaque côté et une véranda à chaque extrémité de la maison. Une petite dépendance abritait les domestiques et les bagages, et la garde était cantonnée dans une zayat adjacente ; une tente dressée devant la maison servait de réfectoire. En attendant que ces quartiers fussent préparés, nous restâmes à bord du bateau à vapeur, recevant des foules de visiteurs. Dans la presse, une lourde bûche de bois est tombée sur une petite fille et lui a fracturé la cuisse ; elle fut aussitôt portée à bord et le membre cassé dûment réparé. Cet incident établit rapidement la réputation du médecin étranger, et pendant le reste de notre séjour, les patients affluaient chaque jour, certains venant de loin, aveugles et boiteux attendant avec impatience d'être rajeunis et guéris. Une grande partie de la cécité était due à la variole. L'ophtalmie était également répandue. Une affection courante était une forme d'inflammation ulcéreuse, principalement sur les jambes, chez ceux dont l'occupation les conduisait dans les jungles. C'était si insoluble qu'on était enclin à l'attribuer à des épines venimeuses ; mais l'expérience personnelle ultérieure a prouvé que de légères contusions et écorchures sont plus susceptibles dans ce pays de devenir douloureuses et fastidieuses. Pendant tout ce temps, aucun cas de fièvre ne fut traité, et aucun cas ne se produisit parmi notre groupe de cent hommes. Cela en dit long sur la salubrité des lieux pendant la saison sèche. La température la plus élevée enregistrée était de 80° Fahrenheit, le maximum moyen ne dépassant pas 66° Fahrenheit, tandis que les nuits étaient très agréables, se refroidissant, si l'on peut dire, jusqu'à cinquante ou quarante-cinq degrés. La fièvre est un peu plus répandue pendant les pluies, lorsque l' Irawady dévale un énorme volume d'eau, large d'un mille et demi, et que les basses terres sont submergées de douze à quinze pieds. [16]

Mais il s'agit là d'une digression quelque peu professionnelle, et il est nécessaire de revenir au récit et d'essayer de donner au lecteur une idée de notre environnement et de notre déroulement jusqu'à ce que nous puissions partir en bonne voie.

Bhamô , connu par les Chinois sous le nom de Tsing-gai, et en pali appelé Tsin-ting, est une ville étroite d'environ un mile de long, occupant une haute importance sur la rive gauche de l' Irawady . Au lieu de murs, il y a une palissade d'environ neuf pieds de haut, composée d'arbres fendus enfoncés côte à côte dans le sol et renforcés par des traverses au-dessus et au-dessous. Cette palissade est en outre défendue à l'extérieur par une forêt de piquets de bambous fixés dans le sol et faisant saillie à un angle aigu. Si redoutables que soient les indigènes aux pieds nus, les palissades n'excluent pas toujours les tigres, qui nous rendent visite occasionnellement et qui, pendant notre séjour, tuèrent une femme alors qu'elle était assise avec ses compagnons. Il y a quatre portes, une à chaque extrémité et deux du côté est, qui sont fermées immédiatement après le coucher du soleil ; une garde est postée aux portes nord et sud, tandis que plusieurs cabanes de guet perchées de temps en temps sur la palissade sont tenues lorsqu'une attaque des Kakhyens est attendue. La population compte environ deux mille cinq cents âmes, occupant environ cinq cents maisons qui forment trois rues principales. Il existe de nombreux sentiers densément boisés et des ponts sur un marais au centre de la ville, menant à des maisons dispersées, des pagodes délabrées, des zayats et des monastères.

La rue qui suit le cours de la berge, avec de hauts escaliers qui montent depuis la rivière, a une rangée de maisons de chaque côté, avec une rangée de planches de teck posées au milieu pour permettre d'avoir les pieds secs pendant les pluies. Les maisons de la partie centrale sont toutes de petites maisons à un étage, construites en briques séchées au soleil, avec des toits concaves en tuiles et de profonds avant-toits en saillie. Par une fenêtre ouverte, on peut voir le propriétaire fumer tranquillement derrière un petit comptoir, car c'est le quartier chinois, et la colonie d'environ deux cents Célestes ici propose à la vente des marchandises de Manchester, des fils chinois, du thé en boule, de l'opium, des pommes de terre du Yunnan, du plomb. , et vermillon, etc. Ils régulent également le marché du coton, et le trafic de ce produit, importé aussi bien du sud que du nord, se poursuit même pendant les pluies. Le chef chinois, chargé de l'ordre parmi ses compatriotes, est un homme d'une grande influence. Lui et ses confrères marchands, professant une grande amitié, nous invitèrent à un grand festin et à une représentation théâtrale donnée dans le temple chinois, ou plutôt dans le théâtre qui en faisait partie. Nous entrâmes par ce qui était pour nous une nouveauté dans ce pays, une porte circulaire, dans une cour pavée. La partie théâtrale du bâtiment se trouvait au-dessus de l'entrée d'une seconde cour, face au sanctuaire, qui se trouve à un niveau plus élevé. Une terrasse couverte entourait le lieu saint sur trois côtés, avec des niches abritant des personnages assis presque grandeur nature, aux visages rubicondes et aux redoutables barbes et moustaches noires. Chacun d'eux était soigneusement protégé de la poussière en étant enchâssé dans une boîte carrée fermée devant par un filet de gaze. Outre les divertissements théâtraux, qui furent interminables, nous nous régalâmes de fruits confits et de confiseries, de thé et de *samshu* , ou alcool de riz, suivis de nombreux plats de porc, de volaille, etc. Le point central de la conversation était les dangers et les impossibilités de parvenir au Yunnan ; tous les arguments auxquels ils purent penser pour nous inciter à abandonner l'idée de progrès furent alors et ensuite employés. On peut facilement imaginer que les commerçants chinois Bhamô considéraient avec une totale consternation la perspective de voir les Européens partager leur commerce ; nous reviendrons à nouveau sur leurs projets d' entrave .

Le reste de la population est exclusivement Shan-Birman, vivant dans de petites maisons construites en teck et en bambou, toutes isolées et élevées sur pilotis. La maison des Woon , située sur un promontoire bas s'avançant dans le marais derrière le quartier chinois, était une grande structure en bois et en bambou effondrée ; mais son double toit et sa haute palissade recouverte de nattes de bambou marquaient la dignité de son occupant. Un petit jardin envahi par les mauvaises herbes renfermait les restes d'une rocaille et d'un étang à poissons, et un canon de cuivre négligé, sous un hangar bas au toit de chaume, gardait les deux côtés de la porte ; dans un grand espace adjacent se trouvait le palais de justice. Tous les édifices publics étaient alors dans un état de délabrement et de délabrement ; c'est ce que les habitants attribuaient aux raids des Kakhyen , aux incendies destructeurs, au déclin du commerce depuis les guerres de Panthay et à une mauvaise gestion. Les preuves ne manquaient pas dans les nombreuses pagodes et ponts en bois négligés, et dans les restes en ruine et calcinés de ce qui devait être de beaux zayats , que Bhamô , à l'époque des palmiers, méritait les éloges qui lui étaient transmis par Hannay et d'autres voyageurs .

Les Shan-Birmans semblaient appartenir à une classe paisible et travailleuse. Dans chaque maison, un métier à tisser se trouve dans la véranda et les filles apprennent à tisser dès leur plus jeune âge. Les femmes sont toujours occupées à tisser des putzos et des tameins de soie ou de coton , à préparer des fils, à décortiquer le riz ou à nourrir et soigner les buffles, en plus de s'acquitter de leurs tâches ménagères. Les hommes cultivent les champs, mais ne sont pas aussi travailleurs que le sexe plus doux. Quelques-uns sont employés à la fusion du plomb, et d'autres travaillent l'or ou fondent l'argent utilisé comme monnaie. A six tickals [117] d'argent pur achetés chez les Kakhyens , on ajoute à un tickal huit annas de fil de cuivre, et fondu avec un alliage d'autant de plomb qu'il porte le tout au poids de dix tickals . L'opération est menée dans des soucoupes d'argile séchée au soleil, recouvertes de balles de paddy et recouvertes de charbon de bois. Le soufflet est vigoureusement actionné, et dès que la masse est à feu rouge, le charbon de bois est retiré, et un bouton rond et plat de brique préalablement recouvert d'une couche d'argile humide est posé sur l'amalgame, qui forme un anneau épais autour du soufflet. bord, auquel du plomb est librement ajouté pour compenser le poids. En refroidissant, il en résulte un disque blanc d'argent entouré d'un anneau brunâtre. L'argent est nettoyé et parsemé de cutch, puis pesé et prêt à être découpé. Une autre industrie est réservée aux femmes, qui fabriquent de grosses chatteries avec une argile jaune tenace, qui recouvre cette partie de la vallée fluviale, et qui a par endroits quarante pieds d'épaisseur ; la faïence est colorée en rouge avec une substance ferrugineuse présente dans des nodules incrustés dans l'argile.

A partir de la même argile, un certain nombre de Chinois Shan de Hotha et Latha fabriquent des briques séchées au soleil en dehors de la ville, et une colonie du même peuple séjourne chaque hiver à Bhamô, fabriquant des dahs, ou longs *couteaux* , très demandés. On voit souvent près de la ville un certain nombre de Kakhyens , apportant du riz, de l'opium, de l'argent et des porcs à vendre. Leur objet principal est de se procurer du sel, pour lequel ils dépendent de la Birmanie. Ils ne sont pas autorisés à camper à l'intérieur de la ville, mais sont obligés de s'abriter devant les portes, dans de misérables wigwams. Les Birmans ont invoqué comme raison de leur exclusion leur crainte de la propension des Kakhyen à kidnapper des enfants et même des hommes, et aussi parce qu'un petit groupe pourrait être le précurseur d'un raid. [18] Quelques jours après notre arrivée, quatre enfants volés ont été retrouvés. L'une d'elles avait été amenée par sa mère, pour montrer les grands trous ronds percés à l'arrière des oreilles en signe de servitude. Les trois autres étaient de petits gros enfants chinois, et adoptés par le chef tsitkay . Une curieuse illustration de leurs habitudes de vol d'hommes nous a également été offerte.

L'interprète birman trouva parmi les Kakhyens , hors de la ville, un homme qui lui dit en privé qu'il était un *kala* , ou étranger, qui avait été dix ans en esclavage ; ayant appris l'arrivée des kalas , il désirait anxieusement une entrevue. Ses traits montraient qu'il était originaire de l'Inde, et son histoire, racontée dans un mélange de birmans, de kakhyens et d'hindoustanais , était la suivante. Deen Mahomed, un petit commerçant de Midnapore, était venu en Birmanie avec neuf autres dix ans auparavant. Ils restèrent un an à Tongoo , remontant de là jusqu'à Bhamô . Dans ce quartier , lors d'une halte pour cuisiner, tous étaient allés chercher du bois de chauffage sauf Deen Mahomed et un autre, qui s'occupaient des marchandises. Un groupe de Kakhyens s'est précipité hors de la brousse et s'est emparé des hommes et des biens. Son camarade fut emmené on ne sait où, et il fut emmené comme esclave. Une bûche de bois était attachée à l'une de ses jambes, et il était en outre attaché par des cordes attachées à celle-ci et soutenues sur ses épaules. Il le porta pendant deux mois, période pendant laquelle il n'était pas obligé de travailler, mais était gardé par un Kakhyen . Il a ensuite été libéré sous promesse de rester. Quelques jours après, le village fut pillé par une tribu hostile, mais lui et son maître s'enfuirent dans un autre village, où il fut troqué contre un buffle à un autre homme. Son nouveau maître le traita bien, mais ne lui permit pas de quitter les collines et, au bout de deux ou trois ans, lui donna une épouse Kakhyen . Il avait presque oublié sa langue maternelle, mais pas son pays natal. Dès qu'il apprit notre arrivée, il résolut de demander notre aide pour sa délivrance. Nous l'envoyâmes parmi ses compatriotes de la garde, qui l'habillèrent, et il fut installé comme palefrenier, et emmené avec nous comme interprète. Que son histoire était vraie, nous en avons eu la confirmation, car son ancien maître préférait demander une indemnisation pour sa perte.

Le pays derrière Bhamô s'étend jusqu'à la base du mur de la montagne en ondulations de manière à présenter l'aspect général d'une pente plate, couverte d' arbres et d'herbes hautes. Sur environ un mile à l'extérieur de la palissade, la surface est découpée par de nombreux jheels profonds , évidemment d'anciens marigots de l' Irawady , qui coulaient autrefois selon une longue courbe, marquée par une ancienne berge de rivière, au sud-est de la ville. Le sol, surtout dans les creux, est très riche, donnant deux récoltes de riz par an. De nombreuses légumineuses, ignames et melons, ainsi qu'un peu de coton, sont cultivés, et les îles sablonneuses des rivières produisent un tabac capital.

Les fruits comestibles que l'on peut se procurer sont les carangues, les tamarins, les citrons, les cédrats, les pêches, etc., et les plantains sont abondants.

A environ un mille au nord de la ville, la rivière Tapeng débouche dans l' Irawady , après avoir parcouru vingt milles à travers la plaine comme un ruisseau navigable tranquille, à peine reconnaissable comme le torrent furieux qui s'engouffre dans la gorge voisine . Pendant la saison sèche, il a cent cinquante à deux cents mètres de large et n'est navigable que par bateaux, qui assurent un trafic constant entre l' Irawady et Tsitkaw , où les marchandises sont transférées à destination et en provenance des mulets. Pendant les pluies, le Tapeng a au moins cinq cents mètres de large et est navigable pour les petits bateaux à vapeur jusqu'à cet endroit.

Occupant l'angle entre les deux rivières, les vestiges d'une ville ancienne sont encore visibles, bien que complètement envahis par de magnifiques arbres et des bosquets de bambous et d'herbe à éléphant. Le large mur, composé de briques et de galets, peut être suivi depuis les berges de la rivière à ses extrémités nord et sud, distantes d'un mile l'une de l'autre. Nous avons suivi une section pendant trois quarts de mille et l'avons trouvée par endroits à trente pieds de hauteur du fond des douves, qui est encore traçable. Les ruines, qui, à en juger par les apparences, sont contemporaines de celles de

Tagoung , marquent l'emplacement du plus ancien Tsampenago . Cette ville, selon la tradition citée par le vieux phoongyee à Bhamô , prospéra au temps de Gaudama . Il existe encore une autre ville en ruine du même nom de l'autre côté du Tapeng , qui ne présente pas le même aspect de grande antiquité. A douze milles à l'est de Bhamô se trouvent les ruines d'une autre ville nommée Kuttha , tandis que Bhamô lui-même a un prédécesseur dans le village appelé Old Bhamô , près du pied des collines de Kakhyen , dont l'importance ancienne est attestée par ses pagodes en ruine. Ici aussi se trouve ce vieux bâtiment en brique mentionné par le Dr Bayfield comme étant probablement un vestige de l'ancienne usine anglaise érigée au début du XVIIe siècle. Nous n'avons que des conjectures pour nous guider quant aux vicissitudes de ces anciennes villes du royaume Shan de Pong. Comme ailleurs en Birmanie, chaque nouveau fondateur d'une dynastie semble avoir transféré le siège du pouvoir vers un nouveau site. Mais la légende de l'origine de Tsampenago , dont l'histoire de Bhamô est une continuation, est peut-être plus intéressante que les détails secs de l'Antiquité. [19]

Tsampenago est la forme birmane d'un nom pali, Champa-nagara, de *nagam* , ville, et Champa, siège d'un puissant royaume, florissant à l'époque de Gaudama , dont les ruines sont encore visibles près de Bhaugulpore , sur le Gange. Tsampenago signifie donc la ville de Champa.

Le fondateur et premier roi de Tsampenago était Tsitta et le nom de sa reine était Wattee . Ils n'avaient pas d'enfants, ce qui était une cause de grand chagrin, et la reine priait sincèrement pour un héritier. Un fils lui fut promis par un rêve dans lequel le roi des Dévas lui présenta une pierre précieuse. Peu de temps après , Kuttha, le frère du roi , se rebella et attaqua la ville avec une grande armée. Le roi et la reine ont fui pour sauver leur vie à Wela, une montagne de trois mille pieds de haut, à une journée de voyage au nord de Tsampenago . Ils furent poursuivis, mais la reine s'échappa et fut préservée par les nats , sur la montagne, où naquit son fils nommé Welatha . Le roi fut fait prisonnier et enchaîné. Quand Welatha avait six ans, il vit sa mère en larmes et, en l'interrogeant, apprit qu'il était prince et son père captif. Quand il eut sept ans, sa mère céda à ses importunités et l'envoya, avec ses ornements royaux, rendre visite à son père. En approchant de Tsampenago , il rencontra son père qu'on conduisait à l'exécution. Le brave garçon arrêta le cortège et se révéla, proposant de mourir à la place de son père. Kuttha a ordonné qu'il soit jeté dans l' Irawady . Mais le fleuve monta en vagues terribles, la terre trembla et les bourreaux ne purent, par terreur, obéir à l'ordre royal. Ceci étant rapporté à Kuttha , il ordonna que le prince soit foulé à mort par des éléphants sauvages, mais les bêtes ne purent être incitées à l'attaquer. Une fosse profonde fut creusée et remplie de combustible brûlant, dans laquelle le prince fut jeté, mais les flammes tombèrent sur lui comme de l'eau fraîche, et les fagots brûlants devinrent des lis. Lorsque Kuttha entendit cela, dans sa fureur, il fit descendre le jeune prince sur la montagne à face de Deva (deuxième défilé) et le jeta du grand précipice dans la rivière, mais il fut rattrapé par un naga et emporté vers le pays naga . La terre trembla, de nombreux éclairs tombèrent, l' Irawady enroula ses vagues et brisa ses berges. Kuttha fut saisi de terreur et alors qu'il s'enfuyait par la porte de la ville, la terre s'ouvrit et l'engloutit. Alors les Nagas ramenèrent le jeune prince et son père, et ils régnèrent ensemble. Leur premier soin fut de chercher la reine, mais en approchant de la montagne de Wela, les fleurs étaient rares et leur parfum disparu, et la reine fut retrouvée morte. L'histoire ne dit rien de leur règne ultérieur, mais rapporte qu'au cours de la 218e année de l'ère sacrée bouddhiste, en obéissance au commandement du monarque universel, quatre pagodes furent construites dans le royaume de Tsampenago : la Shuaykeenah , la Bhamô . Shuay -za-tee; Koung-ting et deux autres. L'élément suivant de l'histoire déclare qu'en l'an 400 de l'ère (probablement l'ère vulgaire de 638 APRÈS JC), la succession des rois étant détruite et la gloire des anciens dirigeants étant partie, le tsawbwa Tholyen n'osait pas vivre en ville ; il en fonda donc un nouveau au village de Manmau et en fit sa capitale. Maintenant, *man* est Shan pour village et *mau* pour pot ; ainsi Bhamô , ou Manmau , signifie Village des Potiers, nom encore justifié par les poteries qui y étaient fabriquées. La façon dont Tsampenago a été détruit n'est pas historiquement certaine, mais une tradition existe parmi les Shans , selon laquelle elle a été renversée par une armée de Singphos venus du nord-ouest. Après Tholyen , vingt-trois tsawbwas auraient régné successivement à Bhamô sur un district comprenant cent trente-six villages. La succession fut alors rompue et le pays fut dirigé par des députés Shan. Après cela, les tsawbwas furent obtenus de Momeit , qui régna sur Bhamô jusqu'à ce qu'Oo-Myat-bung et sa famille soient réduits en esclavage par le grand Alompra vers 1760. Depuis, le district est gouverné par des myowoons nommés par le roi de Birmanie. . Le premier, Thoonain , fixa les limites du district, ne comprenant que quatre-vingt-huit villages, les limites est et nord-est étant données pour la Chine.

La légende de Tsampenago rapporte l'érection de la pagode Shuaykeenah , dont le nom au moins est conservé jusqu'à nos jours par le groupe de pagodes situées sur une éminence au nord de Tsampenago . Ce sont toujours les lieux saints du quartier et sont remplis de pèlerins à la fête de mars. La grande pagode dorée a été réédifiée grâce à la générosité royale et aux offrandes populaires, mais d'autres sont de temps en temps ajoutées par des fidèles privés. Nous avons donc eu la chance d'assister à la pose des fondations d'une pagode votive à Shuaykeenah . Un petit carré de terrain, de la taille exacte de la base de la pagode projetée, était entouré d'une fantastique clôture en bambou, haute de deux pieds, décorée de fleurs et de drapeaux en papier. Une épingle en bois, recouverte de guirlandes d'argent et portant un cône jaune allumé, était fixée au centre , et une autre à environ deux pieds du coin sud-est de la parcelle plane ; autour du premier, une tranchée quadrangulaire et un trou profond à côté de l'autre furent creusés et aspergés d'eau. Huit briques, chacune ayant la taille exacte d'un côté de la tranchée, ont été préparées. Sur quatre, le nom de Gaudama était inscrit à la peinture noire ; sur les autres, une feuille d'or était placée au centre de l'une, d'argent sur la seconde, un carré de peinture verte sur la troisième et rouge sur la quatrième, chacune ayant une bordure verte. Un vase rond en terre contenant de l'or, de l'argent et des pierres précieuses, outre du riz et des friandises, était fermé avec de la cire dans laquelle était enfoncé un cierge allumé, et déposé dans le trou sud-est, par le constructeur de la pagode, qui répétait un long prière, tandis que la terre était remplie et aspergée d'eau. Il s'agissait d'une offrande au grand serpent de terre, vers la direction duquel le coin sud-est indiquait la demeure. Il s'agit d'une relique intéressante du culte du serpent autrefois si répandu parmi la race Shan du sud et qui, comme le culte nat , a été incorporé dans le bouddhisme. Un autre exemple nous est offert dans certains sanctuaires du Yunnan, où le dais au-dessus de Bouddha est soutenu par des serpents à plusieurs têtes, comme cela se produit dans certains temples indiens. Dans la partie suivante de la cérémonie, le dépôt des briques dans la tranchée, le Shan était assisté de sa grand-mère, de sa femme et de sa fille ; il s'agenouillait au nord, face à sa femme, sa fille à sa droite et la grand-mère à gauche. La brique argentée, sur laquelle était allumée une bougie, fut remise à la vieille femme, qui la leva au-dessus de sa tête, et, murmurant dévotement une longue prière, la plaça dans la tranchée ; la femme fit de même avec la brique rouge et son cierge, et la fille suivit avec la brique verte, tandis que son père prit celle en or. La jeune fille, en soulevant sa brique, éclata de rire, amusée, nous dit-on, d'avoir oublié ses prières. Les quatre briques ayant été convenablement déposées, les autres furent ensuite mises en ordre, le nom sacré vers le bas, et une couche de tissu étalée sur le tout. La terre fut ensuite jetée et aspergée d'eau, et le trou étant comblé, la cérémonie était terminée.

Quatre milles au-dessus de Shuaykeenah et de l'embouchure du Tapeng , l' Irawady reçoit les eaux du Molay. C'est un ruisseau étroit, prenant sa source dans les collines de Kakhyen , avec un cours de quatre-vingt-seize milles, sur trente desquels il est navigable pendant les pluies, et il existe un petit trafic de bateaux, principalement pour le transport du sel.

Pendant que notre chef préparait notre départ avec les officiels, trois d'entre nous firent une excursion précipitée vers le premier *khyoukdwen* , ou défilé. Cette partie de la rivière commence à quelques milles au-dessus de Bhamô et s'étend sur vingt-cinq milles, presque jusqu'à Tsenbo .

Entre ces deux points, la rivière coule sous de hautes berges boisées. A l'entrée inférieure, le canal a mille mètres de large, mais se rétrécit graduellement jusqu'à cinq cents, deux cents et même soixante-dix mètres, à mesure que les chaînes parallèles se rapprochent. À mesure que nous montions, les collines s'élevaient et se resserraient, s'élevant brusquement du ruisseau et projetant une succession de grands promontoires rocheux. Nous avons amarré pour la nuit au large d'un village Phwon situé sur une falaise de vingt-cinq mètres de haut, juste au-dessus des premiers soi-disant rapides. Le lendemain, après avoir parcouru environ sept milles, nous arrivâmes à un bief dans lequel la rivière coulait lentement entre deux hautes collines coniques qui semblaient ne présenter aucun débouché. Le mouvement silencieux et la teinte noir olive profond de l'eau suggéraient une grande profondeur. [20]

BARRIÈRE ROCHEUSE SUR LE PREMIER DÉFILÉ OU SUPÉRIEUR DE L'IRAWADY.

Ce tronçon s'étendait sur environ un mille et demi, avec une largeur de deux cent cinquante mètres, se fermant à l'extrémité supérieure, là où le canal est brisé par des rochers saillant hardiment et se rapprochant à moins de quatre-vingts mètres. Une pagode, en apparence très ancienne, perchée sur un petit rocher isolé, s'élevant à environ quarante-cinq pieds du ruisseau, semblait indiquer la limite de la montée des eaux, car elle n'aurait pas pu résister au déluge. Ce tronçon rocheux s'étend sur un mile dans une direction nord-nord-ouest et se termine brusquement par un coude, à partir duquel un autre tronçon dégagé, surplombé de collines escarpées mais herbeuses, s'étend à l'est-nord-est.

Ce coude de la rivière est une des parties les plus dangereuses, à cause des nombreuses roches de pierre verte isolées qui s'étendent à travers elle, exposées à vingt pieds et plus en février. En raison de ce virage brusque, le courant s'engouffre entre eux avec une grande violence, mais nous n'avons trouvé aucune difficulté à faire passer nos bateaux. Les preuves révélatrices ne manquaient pas dans la ligne des hautes eaux, à vingt-cinq pieds au-dessus du niveau d'alors, et dans les troncs fracassés de grands arbres et les débris de branches entassés dans une confusion sauvage parmi les rochers, que le plan d'eau s'écoulant à travers l'étroit la gorge doit, sous les pluies, être énorme et d'une puissance terrible. La navigation, avec les obstacles actuels non supprimés, serait impossible pour les bateaux à vapeur fluviaux, mais les compétences en ingénierie pourraient rapidement rendre la voie navigable praticable si on le souhaite pour le trafic. Nous n'eûmes pas le temps de remonter jusqu'à l'entrée nord du défilé, où la rivière, libérée des collines, est à nouveau un ruisseau majestueux d'un demi-mille de largeur. Nous ne pouvions que regarder et espérer une occasion d'explorer son cours vers les régions inconnues d'où il déverse son puissant flot. Le problème de la source et du cap de l'Irawady n'a pas encore été résolu ; mais nous devions retourner à Bhamô , attendant la solution de nos perplexités quant à savoir comment et quand nous devrions atteindre le Yunnan.

Notre chef avait maintenant passé quatre semaines à tenter en vain d'obtenir l'aide des tsitkays pour prendre les dispositions nécessaires. Entre la nouveauté de leur première introduction auprès d'Anglais entreprenants, leur peur d'agir jusqu'à l'arrivée du Woon , et enfin, mais non des moindres, leur peur d'offenser les Chinois influents, ils ne pouvaient rien faire ni donner aucune information. Comme l'a prouvé l'arrivée de grandes caravanes Shan et de compagnies de commerçants Kakhyens , toutes les routes n'étaient pas fermées. Les magistrats reconnurent qu'il existait un petit commerce par la route Tapeng et Ponline ; par cette route, il fut décidé que nous devrions y aller. Notre chef apprit bientôt que les marchands chinois, ne parvenant pas à nous dissuader d'aller de l'avant, avaient pris des mesures plus actives. Ils avaient écrit aux Kakhyen tsawbwas , leur demandant de refuser leur aide, et ils intriguèrent en outre avec l'officier impérialiste Li- sieh -tai, qui menaçait à ce moment-là la route de Momien et de Tali-fu, le suppliant d'interrompre l'expédition *en cours de route* . Le tournant de notre fortune était maintenant arrivé. Nous ne pouvions obtenir aucune information exacte sur les relations politiques des Shans et savions seulement que le gouvernement Panthay s'étendait à Momien , qui était considérée comme la résidence de chefs mahométans importants.

Le major Sladen , avec promptitude et décision, résolut, à l'insu de tous, de déjouer les Chinois. Il envoya des lettres aux chefs de Momien , expliquant les buts pacifiques de la mission, l'approbation que lui avait donnée le gouvernement birman en vertu de notre traité, et soulignant les avantages d'ouvrir le commerce direct. Ces lettres, accompagnées de copies du traité et de la proclamation, furent envoyées secrètement par trois Kakhyens des collines du sud, qui s'étaient attachés à nos intérêts.

Le personnage suivant qui a retenu notre attention était Sala, le chef Kakhyen de Ponline , venu à Bhamô à la demande de Sladen , après avoir refusé d'obéir à l'ordre des tsitkays . Il nous rendit visite, habillé en mandarin au bouton bleu, et accompagné de six ou huit partisans armés. Il portait un parapluie en or, qu'il avait reçu du roi de Birmanie, avec le titre de *papada raza* , ou roi de la montagne. Il n'y avait rien de royal dans son aspect ou son allure. C'était un homme grand et mince, avec une poitrine contractée, un long cou, un front très petit et fuyant, tandis que son visage ovale et repoussant était orné de pommettes saillantes, d'yeux obliques et d'une dépression au lieu d'un nez. Lors de l'entretien, alors que tous les responsables birmans étaient présents, il était assis mal à l'aise, les yeux baissés vers le sol. Nous l'avons reçu en chef indépendant, avec l'escorte dressée sous les armes en son honneur . Mais peu d'informations ont été obtenues, car l'interprète, un tamone du village , n'a pas pu être persuadé de donner des versions correctes des réponses courtes et presque monosyllabiques du chef. Sladen a donc clôturé agréablement l'entretien en offrant une amicale tasse d' *eau de vie* . Cela parut convenir au chef, et lui et sa suite finirent une bouteille de cognac et en redemandèrent. Ses mots d'adieu furent : « Souvenez-vous du cognac et envoyez-le-moi rapidement. »

Le lendemain, lors d'un entretien privé, le chef se débarrassa de son ancienne réserve, qui, selon lui, lui avait été imposée, car il ne pouvait pas se permettre d'offenser les Chinois Bhamô . C'était son propre souhait d'aider la mission, mais il a stipulé une petite escorte birmane, pour montrer que nous avions le plein soutien du roi. Il s'engagea à rassembler une centaine de mulets à Tsitkaw , village sur la rive droite du Tapeng distant de vingt et un milles ; de là, il entreprit de nous conduire en toute sécurité à Manwyne , la première ville chinoise Shan, et se vanta d'être le plus grand chef de la route et en bons termes avec tous les tsawbwas .

Le nouveau Woon est arrivé le 20 février, mais a refusé d'atterrir pendant trois jours, car il était *dies nefasti* . Entre- temps , il fit savoir que nous pourrions avoir des bateaux pour transporter les bagages à Tsitkaw , mais nous conseilla d'attendre qu'il ait tiré avec ses fusils et fit venir les différents chefs Kakhyen . Le lendemain de son débarquement, Sladen et Sala lui rendirent visite et le chef Ponline demanda une garde birmane, alléguant comme précédent qu'une garde avait été envoyée avec le coton du roi. Le Woon , cependant, a déclaré que cela était tout à fait inutile et injustifié, et a dit au chef que les cas étaient tout à fait différents. Le tsawbwa consentit alors à nous accueillir sans garde, mais dit au Woon qu'il avait reçu des lettres de menaces des Chinois. Le Woon a admis qu'il connaissait l'opposition chinoise et a promis d'avertir le chef chinois de Bhamô qu'il serait tenu responsable de notre sécurité. Le lendemain de l'arrivée du Woon , il se rendit solennellement au palais de justice, escorté par deux cents hommes. Il portait la robe fantastique d'un prince birman, un manteau court et serré, richement coloré, recouvert de guirlandes d'or, avec deux énormes épaulettes en forme d'ailes, et un grand chapeau doré semblable à un casque de pompier, surmonté d'une flèche en forme de pagode . Son rendez-vous fut lu, et les coups de feu furent tirés, après qu'une heure eut été consacrée à ramener chez lui la poudre et la cartouche de feuille de plantain verte. Nos bagages furent expédiés le lendemain, mais deux difficultés subsistaient. Nous n'avions pas d'interprètes Kakhyen , et les roupies, réputées inutiles en pays Shan, n'avaient pas été changées, car aucun argent de pays n'était trouvé à Bhamô , fait mystérieux et suggestif. Mais celles-ci ne furent pas suffisamment tenues pour retarder notre départ, qui eut lieu le 26 février au matin. Notre besoin de guide a été supprimé par une rencontre fortuite dans la rue avec le geôlier en chef, un Shan de bonne humeur, que Sladen a incité à nous guider jusqu'à Tsitkaw , promettant de le protéger de tout mécontentement des autorités. Bien que la distance ne soit que de vingt et un milles, la perte de temps causée par le transport de notre groupe de cent hommes sur le Tapeng nous obligea à nous arrêter au village de Tahmeylon , où nous nous arrêtâmes dans un petit monastère. Tôt le lendemain matin, nous avons commencé, longeant le Tapeng à travers des herbes hautes, avec des clairières de riz occasionnelles. A la jonction de la rivière Manloung avec la rivière Tapeng , de nombreuses pagodes en ruine marquaient l'emplacement de la deuxième ville de Tsampenago , construite bien plus tard que celle proche de Bhamô .

À midi, nous atteignîmes Tsitkaw et fûmes reçus à l'intérieur de la palissade basse par les fonctionnaires birmans et un misérable garde armé de mousquets en silex rouillés, qui en garnissèrent comme poste de douane. Nous avons été conduits dans un petit zayat ressemblant à une grange , qui avait été nettoyé pour notre usage. Les indigènes curieux cherchèrent rapidement à pénétrer par force et durent être tenus à distance par des sentinelles armées, mais avec prudence. Et il nous fut demandé d'avoir une garde sous les armes toute la nuit, pour protéger nos biens contre les voleurs, et peut-être nous-mêmes contre les tigres qui, de temps à autre, franchissent la palissade. Le matin, le Kakhyen *Les tsawbwas* , ou chefs, et *les Pawmines* , ou chefs, de Ponline , Tahlone , Ponsee et Seray, à travers les terres desquels passe la route de Manwyne , semblaient prendre en charge nous-mêmes et nos bagages. Comme les Shan-Birmans de Tsitkaw et d'autres villages proches des collines entretiennent de bonnes relations avec les montagnards, les chefs n'ont montré aucune timidité envers les fonctionnaires birmans ; ils s'installèrent tout à fait chez eux et demandèrent de l'eau-de-vie ; sous son influence géniale, un accord formel fut bientôt donné à notre passage à travers leurs territoires.

Le premier processus fut de rassembler tous nos bagages, afin qu'ils puissent être passés en revue et divisés en petits chargements. A l'extérieur de Tsitkaw , nous avions dépassé une enceinte dans laquelle se trouvaient une centaine d'hommes, principalement des Shans , avec quelques Kakhyens . Ces gens-là s'étaient moqués de nous en passant, et il n'était nullement rassurant d'apprendre que cette foule inconvenante était composée de propriétaires de mulets, aussi rétifs et intraitables que leurs bêtes. Chaque homme possédait une à une douzaine de mules et veillait à ses propres intérêts sans se soucier ni de ceux de son employeur ni du reste de la caravane. Les cris, les disputes et presque les combats qui ont suivi alors que chacun se servait des paquets qui semblaient souhaitables déroutaient la description. Enfin , tous les bagages furent distribués en petits tas, et chaque homme nota le nombre de mules nécessaires sur un tableau primitif, formé d'un morceau de bambou, qu'il cassa en un nombre correspondant de joints et plaça soigneusement contre le sol. jour de reconnaissance.

Le lendemain matin, nouvelle scène de confusion et de disputes, car on apportait les sacoches ou les bâts pour régler les charges. Les paquets sont fixés sur des traverses qui s'insèrent dans des pièces de bois transversales, fixées dans les selles ; et une bande passée devant les épaules du mulet maintient le tout fermement en place. Lorsque les fardeaux furent disposés, il parut qu'il y avait plus de mules que de charges, et les propriétaires déçus disputèrent furieusement la possession de leurs lots à leurs concurrents plus heureux ; les mains furent posées à plusieurs reprises sur la garde du dah, mais tout se termina par des fanfaronnades, et finalement les chargements furent disposés. Lorsque tout parut prêt pour le départ du lendemain, le *choung-oke* , ou bailli de la rivière, apparut sur les lieux, accompagné de plusieurs Kakhyens , et nous informa que le 1er mars, étant le 9 d'un mois Kakhyen , était un tout à fait mauvais. jour prédit pour commencer toute entreprise. Ce fonctionnaire birman informa en outre confidentiellement Sladen qu'une querelle couvait entre les muletiers et les chefs, et qu'elle allait éclater sous peu ; mais il fut déconcerté par l'action prompte du chef, qui fit appeler les chefs et, les assurant de sa confiance, leur dit qu'il se conformerait à leurs dispositions pour le transport. A cela ils répondirent que nous étions leurs frères et qu'ils nous seraient fidèles pour toujours . Le retard forcé à cet endroit nous permit de faire une courte excursion au lac Manloung , distant d'environ un mille et demi. J'en ai fait le tour dans une petite pirogue qui contenait difficilement trois personnes. La rive ouest est haute et boisée, mais divisée par deux canaux, par lesquels débouche le ruisseau Manloung , se réunissant au-dessous d'une petite île sur laquelle s'élève un village Shan du même nom. En plus de cela, il y a une autre île et un village nommé Moungpoo . La haute rive se continue au nord, au-delà du lac, comme une crête saillante couverte de grands arbres, s'étendant en un tracé audacieux jusqu'au pied des collines ; il semblait évidemment s'agir d'une ancienne rive de rivière, et que le lac marque ce qui était autrefois le cours du Tapeng . Le ruisseau Manloung se jette dans un rameau remarquable du fleuve principal, qui rejoint ensuite le Tapeng par plusieurs canaux. Ce ruisseau est profond et rapide et alimente plusieurs roues hydrauliques d'irrigation. Le lac a deux milles de long et un mille de large et, selon les récits indigènes, il est très profond. A l'est s'étendait une succession de marécages, cachés sous une végétation luxuriante d'herbes hautes ; Une recherche minutieuse n'a révélé aucune source ou ruisseau comme source d'approvisionnement, bien que les premières existent sans aucun doute, car il y a un écoulement constant d'eau. C'est probablement aussi un réservoir, rempli chaque année par le débordement du Tapeng , qui, pendant la saison des pluies, inonde fréquemment la plaine jusqu'à une profondeur de deux pieds pendant quelques jours à la fois, la crue augmentant soudainement et diminuant tout aussi soudainement.

Manloung comptait environ quatre-vingts maisons, et les femmes à cette époque étaient toutes occupées à tisser du tissu à partir du coton acheté auprès des Kakhyens , qui le cultivent sur les collines. Le village se vantait d'un monastère grand et florissant, bien supérieur à tous ceux que l'on peut voir à Bhamô , et avec un grand nombre d'élèves résidents. Le dortoir était exposé avec fierté par le chef phoongyee ; les lits étaient soigneusement disposés le long d'un côté de la pièce, chacun possédant un joli matelas et un couvre-lit propres et des rideaux anti-moustiques de qualité supérieure.

De là nous retournâmes à Tsitkaw , où le mépris crasseux de la décence manifesté par les chefs des hauts plateaux ivres, et que nous étions obligés de tolérer, rendit notre séjour forcé encore plus insupportable ; et une source supplémentaire d'inquiétude fut fournie par l'information, donnée par Sala, que Moung Shuay Yah, notre interprète chinois, était en réalité de connivence avec les Chinois hostiles.

Le jour du 2 mars nous vit tous sur le *qui vive* dans l'attente d'un départ matinal, mais les muletiers, à neuf heures, n'avaient pas mangé leur riz, et alors vint une demande d'avance pour la location des mulets ; une précédente demande de distribution de sel aux habitants des villages *en route* avait été satisfaite, mais à peine les paniers qui en contenaient avaient-ils été amenés devant la maison que les hommes se servaient à discrétion, et on n'en a plus entendu parler. . Une heure fut maintenant consacrée à la distribution de cinq cents roupies, qui étaient disposées sur une natte, tandis que l'empressement avec lequel les destinataires se rassemblaient et manipulaient l'argent en disait long sur leur avidité de monnaie. L'un des tsawbwas avait été vu surveillant avec impatience la caisse privée de Sladen et demandait de la manière la plus pressante d'être autorisé à en prendre la charge, tandis qu'un autre suivait les traces du domestique du capitaine Bowers, s'efforçant de l'amadouer pour qu'il confie les affaires de son maître. pièce de chasse à ses soins.

Dans la matinée, le phoongyee d'un khyoung voisin est arrivé pour lui dire adieu. Il avait été un visiteur constant, et l'accueil aimable qui lui avait été réservé et la tolérance de sa curiosité, qui se manifestait en errant et en fouillant tout, avaient tout à fait gagné son cœur. Il était de loin supérieur à la race habituelle des phoongyees Shan , qui, selon le bouddhisme birman, sont laxistes et peu orthodoxes dans leur pratique et leur doctrine. Il passait une grande partie de son temps en visites missionnaires dans les villages les plus rustiques, dont il espérait convertir les habitants à des règles religieuses plus strictes. En guise de cadeau d'adieu, il offrit à chacun de nous une poudre douce et parfumée et quelques graines ou pastilles odorantes, qu'il déclarait être un remède souverain contre les maux de tête ou la fièvre, « contractés par l'odorat des opérations culinaires ! » Ses conseils à Sladen au moment de se séparer étaient si astucieux et si caractéristiques qu'ils méritaient d'être cités. « Nous nous sommes déjà rencontrés dans une existence antérieure, et c'est grâce aux actes méritoires accomplis là-bas que j'ai le privilège de vous revoir dans la vie présente et de vous conseiller pour votre bien-être. La sagesse et la prudence sont nécessaires dans toutes les entreprises du monde ; faites donc preuve d'un soin et d'une circonspection particuliers dans votre expédition actuelle ; vos ennemis sont nombreux et puissants. Nous saluons tous la réouverture du commerce terrestre avec la Chine. La prospérité du sacerdoce dépend de la condition du pays et du peuple ; ce qui est bon pour eux l'est aussi pour la religion.

[15] Un éminent érudit chinois continental m'a informé que ce titre est un titre civil, désignant un commissaire. En l'absence des caractères chinois, le titre exact de ce fonctionnaire ne peut être donné.

[16] Les registres météorologiques tenus à la résidence britannique montrent que les précipitations annuelles à Bhamô sont de 65 pouces.

[17] Un *tickal* = un peu plus d'une demi-once troy.

[18] Depuis la date de cette visite, des maisons de repos ont été érigées pour les Kakhyens par les autorités birmanes, ainsi que par le résident britannique ; et on y trouve toujours quelques-uns de ces indigènes qui les occupent temporairement.

[19] Pour cela, l'auteur est redevable au savoir et à l'industrie du regretté révérend Dr. Mason.

[20] Bayfield n'a trouvé aucun fond à vingt-cinq brasses.

CHAPITRE III.
COLLINES DE KAKHYEN.

Départ de Tsitkaw —Notre cavalcade—Les collines—Une fausse alerte—Talone—Première nuit dans les collines—Le tsawbwagadaw — Le village de Ponline —Une danse de la mort—La divination—Un chemin de rencontre — Les gorges de Nampoung —Une route dangereuse— Bivouac de Lakong— Arrivée à Ponsée — Une coquette Kakhyen .

Presque au dernier moment avant le départ, tandis qu'on dressait les listes des muletiers, afin de connaître leurs chefs respectifs, afin de savoir qui devait être tenu responsable, en cas de manquement ou de vol, les tsawbwas de Ponsee et Talone découvrirent que Sala, lorsqu'il était à Bhamô , avait reçu un mousquet en cadeau. Leur informateur était le perfide Moung Shuay Yah, qui les a incités à défendre leur dignité et à exiger un cadeau similaire. Comme il était impossible de s'y conformer, ils refusèrent leurs services et rôdèrent dans un silence sournois, prenant ostensiblement nos listes et celles de nos bagages. À deux heures, le départ était assez bien effectué, même si nos dispositions n'étaient en aucun cas aussi complètes qu'elles auraient pu l'être ; mais comme il était convenu que nous n'avancerions que jusqu'au village de Ponline , distant d'environ douze milles, il valait mieux partir que de risquer davantage de retard. Il y avait quelque chose d'outrageusement sauvage dans la confusion irrégulière de notre exode de Tsitkaw , qui, bien que peut-être ordonné selon les idées de Kakhyen , ne présentait aucune trace de système à nos esprits non informés. Les trois chefs Kakhyen ouvraient la marche, suivis de la caisse encombrante, portée par huit hommes et gardée par quatre cipayes ; puis vint la longue caravane dispersée de cent vingt mulets, voyageant selon les particularités de chaque bête et de son conducteur. Notre escorte de police marchait d'un pas régulier, dirigée par le jemadar, à côté duquel apparaissait sa femme, ressemblant à une vraie *vivandière* , sa silhouette élancée convenablement vêtue d'une doudoune de soie bleue et d'un pantalon remonté jusqu'aux genoux, avec un mouchoir de soie rouge. pour la coiffure; avec un dah birman et un sac en bandoulière, et ses chaussures attachées derrière le dos, elle était évidemment préparée à tous les dangers et à toutes les fatigues.

Nous montâmes sur nos poneys et traversâmes la plaine plate devant nous ; s'étendant au nord-est et au sud-ouest, s'élevait le long contour ondulé des montagnes Kakhyen , interrompu çà et là par d'immenses dômes ou des pics pointus, s'élevant jusqu'à cinq ou six mille pieds. Sur notre droite coulait le Tapeng , calmant peu à peu ses eaux en un ruisseau placide, après avoir émergé comme un torrent écumant de la barrière montagneuse. Au village de Hentha , la route s'écartait de la rivière et, 800 mètres plus loin, nous dépassions le village long, dispersé mais peuplé de Old Bhamô , enchâssé dans un bosquet dense de bambous et d'arbres forestiers. En dehors du village se dressait une pagode solitaire et presque en ruine, avant-poste avancé, de ce côté du fleuve, du bouddhisme birman, car aucun de ces édifices religieux ne se trouve parmi les collines de Kakhyen .

Un trajet de quatre milles à travers une succession de parcelles marécageuses et plates de clairières de rizières et de champs herbeux entrecoupés de profonds nullahs nous a amenés au village de Tsihet , sur un terrain légèrement vallonné. À ce stade, la route tournait presque à angle droit pour gravir les collines, et ici les trois tsawbwas étaient assis en consultation profonde et excitée, nous attendant apparemment. Nous avions devancé la majeure partie du convoi et, alors que Sladen arrivait, Sala s'est exclamé en désignant le sentier de la colline : « Très bien, continuez et n'ayez pas peur. Ses propos étaient moins intelligibles que ceux du tsawbwa Talone , qui demandait d'un ton blessé : « Quand vas-tu me donner ce fusil ?

Nous gravissions environ cinq cents pieds, au-dessus d'une série de collines arrondies, distinctes de la chaîne principale, mais reliées à elle par des éperons, sur la pente de l'une desquelles nous gravissions lentement, lorsqu'un coup de feu se fit entendre devant nous. Sladen , dont les pouvoirs supérieurs du poney l'avaient pris en tête, attendit que les autres le rejoignent, et un autre coup de feu puis quatre détonations ensemble furent entendus, mais aucune balle ne siffla à proximité. Une lance fut ramassée sur le chemin, et un agent birman prétendit qu'elle avait été lancée depuis la jungle sur les voyageurs qui passaient ; mais son témoignage était douteux.

Nous avons tous fait comme si de rien n'était, mais nos Kakhyens , une cinquantaine en tête, se sont rassemblés, brandissant leurs dahs et criant comme des démons, pour nous assurer de leur détermination à nous protéger. Un peu plus loin, nous rencontrâmes deux Kakhyens de notre groupe, debout dans un espace découvert au bord de la route, l'un armé d'une arbalète et de flèches empoisonnées, l'autre d'un fusil en silex. Par des signes, ils essayèrent de nous faire comprendre que des montagnards mal intentionnés s'étaient cachés à cet endroit et avaient tiré sur eux, mais qu'en ripostant, l'ennemi s'était « précipité » vers le bas de la colline. Nous avions notre propre opinion que l'attaque supposée était une ruse ingénieuse pour mettre notre courage à l'épreuve, et que la plupart des coups de feu étaient tirés par nos muletiers à moitié ivres , qui ne manifestaient aucune sorte de peur ou d'inquiétude. L'un d'eux, monté sur une mule et armé d'un long dah et d'une mèche à mèche, se montra plus dangereux en tant qu'ami que tous les ennemis supposés. Il courait d'avant en arrière sur un chemin à peine assez large par endroits pour un seul poney ; maintenant, il brandissait sa longue épée d'une manière imprudente, puis tirait avec sa mèche au-dessus de la tête de Sladen , qui était devant, rechargeant et tirant par-dessus son épaule avec une rapidité merveilleuse chez un homme tellement ivre qu'il était au-delà de la raison. Il fallait des éloges judicieux de sa dextérité et la promesse de remplir sa corne à poudre au prochain village pour éviter qu'il ne devienne soudain querelleur et dangereux.

Du sommet de l'éperon haut de quinze cents pieds, nous sommes descendus par un sentier accidenté et glissant, le lit d'un cours d'eau asséché, jusqu'à un vallon plat de riches terres alluviales, et de là nous avons escaladé un autre éperon jusqu'à une hauteur de deux mille pieds. , d'où une légère descente nous conduisit à une longue crête sur laquelle étaient situés les villages de Talone et Ponline . En approchant du premier nommé, on nous demanda de descendre de cheval, car l'étiquette Kakhyen n'autorise pas le passage devant un village. Nous avons conduit nos poneys à travers une clairière herbeuse, entourée de grands arbres et sacrée pour les nats . D'un côté se trouvait une rangée de poteaux de bambou, variant en hauteur de six à vingt pieds, divisés au sommet en quatre morceaux, supportant de petites étagères servant d'autels pour les offrandes de riz cuit, de volaille et de sheroo, avec lesquels les démons sont favorisé. Devant chaque autel étaient placés de grosses bottes d'herbe, et quelques vieillards étaient agenouillés et marmonnaient un chant sourd.

Laissant Talone sur une éminence à notre gauche, nous remontâmes et descendîmes un peu de distance à travers de profonds ravins, dans des contreforts secondaires, et, après une courte montée, traversâmes un sentier assez plat, et une autre courte montée nous amena à notre halte, le village de Ponline , situé à deux mille trois cents pieds au-dessus de la mer. Les roches exposées étaient toutes métamorphiques, constituées principalement d'un gneiss gris ou de granite rouge et d'un micaschiste à hornblende, d'énormes rochers arrondis dont ces derniers étaient éparpillés sur les flancs des collines. Les collines étaient couvertes d'une forêt dense d'arbres, en grande partie mêlée de bambous. C'était déjà le crépuscule quand nous arrivâmes, mais la lune brillait fort et une mine de patte nous conduisit à une maison, balayée et préparée pour nous. Comme toutes les maisons Kakhyen , c'était une structure oblongue en bambou, aux côtés étroitement emmêlés, élevée sur pilotis à trois pieds du sol. Le toit de chaume recouvert d'herbe s'inclinait jusqu'à quatre pieds du sol ; les avant-toits, soutenus par des poteaux de bambou, formaient un portique, utilisé la nuit comme écurie pour les poneys, les cochons et les volailles, et comme salon général le jour. Des rondins crantés servaient d'escaliers pour monter jusqu'à la porte du pignon. D'un côté de l'intérieur se trouvait une salle commune, qui s'étendait sur toute la longueur du bâtiment. De l'autre, une série de petites pièces séparées les unes des autres par des cloisons de bambou ; une deuxième porte ou ouverture à l'extrémité la plus éloignée était, comme nous l'avons appris par la suite, réservée à l'usage des membres de la famille ou de la maison, personne d'autre n'étant autorisé à y entrer, sous peine d'offenser les membres de la maison . Il n'y avait ni cheminées ni fenêtres, et les murs et les toits étaient noircis par la fumée. Dans la salle commune et dans chaque pièce , il y avait un foyer ouvert un peu en dessous du plancher, les bambous étroitement posés étant recouverts d'une couche de terre durement pressée.

Seule une partie des bagages des mulets était arrivée et la literie de plusieurs membres du groupe figurait parmi les biens disparus. Des rumeurs circulaient également selon lesquelles des voleurs avaient réussi à chasser huit mules, sinon plus, et dans l'ensemble, la première nuit en terre Kakhyen parut de mauvais augure à certains membres du groupe ; mais nous en tirâmes le meilleur parti et, ayant pris possession de nos étranges quartiers, nous fûmes bientôt rejoints par Williams, qui avait été retenu en prenant les altitudes. Il a annoncé qu'après avoir quitté Talone, un coup de feu avait été tiré sur Sala, qui se trouvait devant lui. Nous nous sommes promenés dans l'air agréable de la nuit et avons admiré un groupe animé de belles Kakhyens , occupées à piler le riz au clair de lune. Le paddy était placé dans un mortier grossier, ou plutôt dans une cavité creusée dans un rondin, et deux jeunes filles se faisaient face, brandissant de lourdes perches de quatre pieds de long. Ceux-ci étaient joués alternativement, le bruit sourd et lourd du pilon formant une basse aux aigus d'un cri musical grave, émis à chaque coup par les opérateurs de la foire, tandis que leurs ceintures de cloches tintaient un accompagnement agréable. Ces ceintures marquaient leur rang, seules les filles des chefs étant autorisées à porter ces ornements musicaux.

Une vieille femme fit signe à Sladen de la suivre et le conduisit dans une maison qui se révéla être celle de Sala, qui le reçut très hospitalièrement, lui faisant partager son tapis, tandis que son guide, la femme du tsawbwa et sa famille se relayaient successivement . de seaux en bambou, remplis de *sheroo* ou de bière Kakhyen .

Enfin, après avoir divisé ce qu'il y avait de literie, nous nous installâmes pour dormir, laissant au lendemain le soin de confirmer ou de dissiper les craintes excitées par la non-arrivée du garde, du coffre et des bagages.

Notre sommeil était cependant troublé par de grands cris, répétés de hauteur en hauteur, qui semblaient être des « Tout va bien ! » de gardes indigènes, postés autour du village pour veiller à notre sécurité.

Le matin, un grand chapon et une provision de bière arrivèrent, comme cadeau de la chefferie, et plus tard, elle-même, avec ses filles et sa suite, vint en grande pompe. C'était une petite femme d'apparence matrone, avec une expression intelligente et de bons traits, à l'exception de ses pommettes saillantes et de ses yeux légèrement chinois. Son costume était bien sûr la perfection de la grande tenue des Highlands et, bien que singulier, en aucun cas inconvenant. La coiffure en était la partie la plus frappante, composée de drap bleu, enroulé en rond dans une sorte de turban, de manière à former un cône inversé, s'élevant d'au moins dix-huit pouces au-dessus de sa tête. Son vêtement supérieur était une veste sans manches en velours noir, ornée d'une rangée de gros boutons argentés en relief courant autour du cou et se prolongeant sur le devant ; en outre, des plaques circulaires d'argent ciselé et émaillé , de trois pouces de diamètre, disposées en rangées le long des coutures du devant et du dos et autour de la jupe, faisaient ressembler le vêtement presque à une cuirasse. La robe était complétée par un seul jupon en forme de kilt, composé d'un drap de coton bleu foncé, avec une large bordure de laine rouge , enroulée autour des hanches et arrivant un peu au-dessous du genou. Une extrémité était travaillée avec goût avec de profondes broderies de soie et soigneusement disposée, de manière à pendre gracieusement d'un côté. Une profusion de fines ceintures en rotin autour de la taille soutenait le kilt et comblait le vide entre celui-ci et la veste ; et, en guise de bas, une série d'anneaux en rotin noir bien ajustés encerclait ses jambes au-dessous du genou. Son rang était marqué par deux grands cerceaux d'argent autour de son cou et par un collier de courts cylindres d'une matière argileuse rouge, entremêlés de perles d'ambre et d'ivoire. Ces ornements encombrants ne sont autorisés qu'aux épouses et filles des tsawbwas et des Pawmines . Deux bracelets en argent sur chaque bras et de longs tubes d'argent portés dans les lobes des oreilles complétaient sa splendeur . Ses petites filles, outre les ceintures distinctives de perles noires et les cloches d'argent, chacune contenant une petite boulette gratuite, qui tintait agréablement à chaque mouvement de celui qui la portait, portaient de larges ceintures ornées de plusieurs rangées de cauris. Notre visiteur nous a apporté des œufs d'oie et du sheroo , et s'est excusé de ne pas avoir plus à offrir, mais a promis de nous envoyer chaque jour quelque chose à manger. Sa bonne volonté fut récompensée par des cadeaux de mouchoirs de soie, de draps rouges et d'une magnifique nappe dont la splendeur et sa joie, lorsque Sladen la lui présenta, la laissèrent parfaitement sans voix.

FEMMES KAKHYEN.

Pendant la journée, les mules et les bagages disparus ont commencé à arriver, les chauffeurs ayant campé pour la nuit en divers endroits du quartier , et au début de l'après-midi, la garde est entrée, mais sans la caisse. Le jemadar rapporta qu'il en était resté responsable à Talone, où il avait été obligé de le laisser avec les huit mulets disparus et leurs chargements. Le tsawbwa , qui avec son peuple et l'interprète chinois Moung Shuay Yah, qui avait passé la nuit à boire, a refusé de laisser passer ni l'argent liquide ni les bagages. La garde n'avait pu obtenir de nourriture qu'avant de partir ce matin, et l'un des cipayes qui s'était laissé aller imprudemment à des verres d'eau excessifs avait été pris de maladie et est mort en deux heures.

A la réception de cette nouvelle de la conduite inexplicable du chef Talone et de Moung Shuay Yah, Sala a envoyé son propre fils avec des ordres positifs pour la libération immédiate des porteurs et des chauffeurs, et en attendant leur arrivée, nous sommes sortis pour visiter le village et ses environs. Les maisons étaient situées à de courtes distances les unes des autres dans un creux profond, densément boisé de chênes magnifiques et de quelques palmiers (Corypha), et de très beaux pins à vis, ou *pandani* , une tige tombée du premier mesurant soixante pieds de longueur. . Immédiatement au-dessus du village se dressait un sommet arrondi et audacieux de la chaîne principale, à deux mille pieds au-dessus de nous, à mi-hauteur duquel une grande tombe conique de Khakyen formait un objet proéminent ; sa forme ressemblait tellement à une pagode birmane qu'elle suggérait une imitation. Dans le village, de très beaux plantains étaient cultivés et les côtés des contreforts en contrebas étaient largement défrichés pour le riz et d'autres cultures. Du terrain situé derrière la maison du tsawbwa , nous obtenions une vue splendide sur les hautes collines du côté sud de la vallée de Tapeng , dont beaucoup semblaient s'élever à une hauteur de six mille pieds au-dessus de la rivière, cultivées et parsemées de villages presque aussi hauts. les sommets mêmes.

Au cours de notre promenade, nous fûmes attirés vers une maison par le bruit des tambours ; à l'extérieur du portique, des hommes étaient assis en train de faire cuire des poulets simplement déplumés, mais non nettoyés autrement. Après avoir demandé et obtenu la permission, nous entrâmes dans la salle commune, autour de laquelle hommes, femmes et enfants dansaient, chacun portant un petit bâton avec lequel ils battaient la mesure, en tournant à pas mesurés, combinant curieusement une caracole et un côté. mélanger. Les instrumentistes étaient un homme et une fille qui frappaient vigoureusement une paire de tambours, tandis que de temps en temps les danseurs poussaient de grands cris et accéléraient la vitesse de leurs évolutions. Nous nous assîmes d'abord gravement sur les bûches, amenées par une jeune fille souriante, mais nous fûmes bientôt invités par des signes à prendre place dans la danse ; en conséquence, nous nous levâmes et fîmes le tour, mais à peine avions-nous fait deux tours que tout le groupe se précipita hors de la maison en criant fort, le chef brandissant sauvagement son bâton, comme pour ouvrir le passage. Très perplexes, nous rentrâmes dans la maison et trouvâmes le cadavre d'un enfant, déposé dans un coin soigneusement protégé, et la pauvre mère pleurant amèrement à ses côtés. La fête s'est avérée être une danse de la mort, pour chasser l'esprit du défunt de planer près de son dernier immeuble, et on pensait que nos efforts avaient principalement contribué au résultat rapide et heureux ; c'est du moins ce que nous ont fait comprendre nos hôtes, qui se sont empressés de nous rafraîchir avec du sheroo , servi dans des tasses ingénieusement improvisées avec des feuilles de plantain. Nous payâmes notre pied en argent et partîmes avec le sentiment que même l' *entente cordiale* que nous désirions établir avec les Kakhyens n'exigeait guère une participation active aux danses de mort.

Le lendemain, le fils de Sala arriva avec la caisse et les mules disparues de Talone ; mais les caisses avaient été ouvertes, Sladen et Bowers avaient chacun perdu une gourde bien garnie de couteaux et de fourchettes, et les muletiers s'étaient en outre servis de tous les aliments. Ils avaient cependant fait preuve d'une considération louable, car dans l'une des caisses de Stewart se trouvait une bouteille de porto, qu'ils avaient ouverte en enfonçant le bouchon ; n'appréciant pas le contenu, ils l'avaient soigneusement découpé et fixé dans un bouchon en bois pour éviter le gaspillage !

Sladen rassembla Sala et les autres chefs et distribua du sel, du tissu et quelques mouchoirs de soie jaune, très prisés. Sala a prononcé une exhortation publique, enjoignant à tous la fidélité ; en privé, il communiqua la nécessité de apaiser les nats et demanda notre présence à une cérémonie qui devait avoir lieu cette nuit-là, dans le but de s'assurer de la volonté des démons, par l'intermédiaire d'un *rencontre* ou d'un devin.

En conséquence, après le dîner, nous nous rendîmes tous dans le hall de la nouvelle maison du tsawbwa et, allongés sur des nattes apportées par sa femme, nous discutâmes pendant quelque temps avec les chefs et les notables rassemblés autour du feu.

Le Meetway entra alors et s'assit sur un petit tabouret, dans un coin, qui avait été fraîchement aspergé d'eau ; il souffla alors à travers un petit tube et, le jetant loin de lui avec un profond gémissement, tomba aussitôt dans un état de tremblement extraordinaire, tous ses membres frémirent et ses pieds marquèrent un véritable « tatouage du diable » sur le parquet en bambou. Il gémissait comme s'il avait mal, s'arrachait les cheveux, passait ses mains avec des gestes maniaques sur sa tête et son visage, puis se lançait dans un court chant sauvage entrecoupé de soupirs et de gémissements, ses traits paraissant déformés par la folie ou la rage, tandis que le ton de son la voix s'est transformée en une expression de colère et de fureur. Au cours de cette scène extraordinaire, qui réalisait tout ce qu'on avait lu sur la possession démoniaque, le tsawbwa et ses Pawmines s'adressaient parfois à lui à voix basse, comme pour l'apaiser ou déprécier la colère de l'esprit dominant ; et finalement le tsawbwa informa Sladen qu'il fallait apaiser les nats avec une offrande. Quinze roupies et du tissu ont été produits. L'argenterie, sur un bambou arrosé d'eau, et le drap, sur un plat de feuilles de plantain, étaient humblement déposés aux pieds du devin ; mais d'un seul coup convulsif des jambes, les roupies et les tissus furent immédiatement repoussés, et le médium, par des convulsions et des gémissements accrus, laissa entendre le mécontentement des nats à l'égard de l'offrande. Les tsawbwa supplièrent en vain qu'elle soit acceptée, puis signifièrent à Sladen qu'il fallait davantage de roupies et que les nats en mentionnaient soixante comme somme propitiatoire. Sladen en proposa cinq autres avec l'assurance qu'aucun autre ne serait donné. L'offrande modifiée fut de nouveau repoussée, mais plus doucement, sans qu'on y prête attention. Au bout d'un autre quart d'heure, pendant lequel les convulsions et les gémissements devinrent peu à peu moins violents, une feuille séchée, roulée en cône et remplie de riz, fut remise à la passerelle . Il le porta plusieurs fois à son front, puis le jeta par terre ; on lui tendit ensuite un dah soigneusement lavé et on le traita de la même manière, et après quelques doux soupirs il se leva de son siège et, en riant, nous fit signe de regarder ses jambes et ses bras, qui étaient très fatigués. . L'oracle était en notre faveur , et les prédictions de toutes sortes de succès nous étaient interprétées comme les paroles du devin inspiré.

Il ne faut pas croire qu'il s'agissait d'une farce solennelle, mise en scène pour faire sortir des roupies des poches européennes ; les Kakhyens n'entreprennent jamais aucune affaire ou voyage sans consulter la volonté des nats révélée par une rencontre , sous l'influence d'une frénésie passagère ou, selon eux, de la possession. Le voyant dans la vie ordinaire n'est rien ; le médium dont dépendait la possibilité de notre avance était un cooly, qui portait une de nos caisses en marche, mais c'était un rencontre dûment qualifié , appartenant au village de Ponsee . Lorsqu'un jeune montre des signes de ce que les spiritualistes appelleraient un « rapport » ou une connexion avec le monde des esprits, il doit subir une épreuve suffisamment éprouvante pour tester la réalité de ses pouvoirs. Une échelle est préparée, dont les marches sont constituées de lames d'épée, avec les bords tranchants tournés vers le haut, et celle-ci est dressée contre une plate-forme épaisse sertie de pointes acérées. Le novice, pieds nus, gravit ce chemin périlleux vers la gloire, et s'assoit sur les pointes sans aucun inconvénient apparent ; il descend ensuite par la même échelle, et si, après avoir été soigneusement examiné, il est déclaré indemne de toute trace de blessure, il est dès lors accepté comme un véritable devin. Sala a amélioré l'occasion en avertissant Sladen qu'une puissante combinaison s'était formée pour s'opposer à notre avance et que de nombreux bruits malveillants avaient circulé, mais il a conclu en disant qu'une dépense généreuse d'argent éliminerait de nombreux obstacles, sinon tous. L'application pratique en fut faite le lendemain matin. Quand tout fut prêt pour le départ, le tsawbwa ne parut pas : Sladen lui rendit visite et fut informé que six cents roupies devaient être payées nominalement à titre d'avance pour les muletiers, sinon il ferait mieux de repartir. Cette demande exorbitante fut réduite après quelques débats à trois cents, qui furent payées, puis une somme supplémentaire de trois cents roupies fut exigée pour le transport du coffre-fort gênant et tentant. Une offre d'une roupie journalière par personne à vingt porteurs fut refusée, et nous décidâmes alors de diviser l'argent en paquets de trois cents roupies qui seraient transportés par les hommes de l'escorte. De cette manière, on évitait le risque de « pressions » continuelles de la part des chefs ou de vols par les porteurs. Enfin, nous partîmes de Ponline et, après avoir parcouru un mile sur une route facile le long des hauteurs, commençâmes la descente vers la gorge, dans laquelle, quinze cents pieds plus bas, le Nampoung se jetait dans le Tapeng , divisant les collines en deux. crêtes parallèles. La descente, d'abord facile, devint peu à peu plus raide, et enfin abrupte ; le sentier était découpé en zigzags, mais s'écartait aussi légèrement de la ligne droite que le permettait la raideur de la pente. La surface altérée et désintégrée de la roche métamorphique avait été usée par la circulation et les torrents, de sorte qu'il s'agissait souvent d'une profonde rainure en forme de **V avec seulement neuf ou dix pouces de trottoir, et les mules chargées avaient du mal à contourner les virages abrupts de ces roches.** boutures profondes; d'énormes rochers, des pierres et des masses pointues de quartz exposé rendaient le voyage encore plus blessant et dangereux pour l'homme et la bête. Les lits des ruisseaux étaient remplis de granite fin, et dans le plus grand cours d'eau traversé, on observait une petite section montrant une masse de schiste micacé grisâtre, avec de grosses veines de quartz ; il était incliné verticalement et il y avait des indications distinctes de litage dans une direction presque nord et sud. Le Nampoung , dont la source se trouve parmi les collines au nord-est, est la limite entre les districts de Ponline et de Ponsee , et était autrefois, et doit être considéré encore, la frontière entre la Birmanie et la province chinoise du Yunnan, la frontière en ruine fort étant signalé sur une hauteur dominant le gué. Nous traversâmes à gué le Nampoung sur nos poneys, où le ruisseau avait cent pieds de large et trois pieds de profondeur. Les bêtes pouvaient à peine endiguer le courant rapide qui, en cas de chute, aurait rapidement entraîné cheval et cavalier dans le Tapeng écumant . La route serpentait au bord d'un précipice au-dessous duquel le Tapeng dévalait une succession de rapides, avec un rugissement assourdissant et une force à laquelle rien ne pouvait résister, sauf les prodigieuses masses de granit qui encombraient son lit, tandis que d'autres se penchaient du bord du précipice. banques comme si elles étaient prêtes à basculer dans le torrent déchaîné.

Les aperçus occasionnels du paysage lointain étaient glorieux ; de chaque côté, les collines s'élevaient en montagnes, et les étendues se succédaient jusqu'à se perdre dans le lointain bleu. Notre appréciation de la grandeur du paysage montagneux était cependant quelque peu gâchée par la difficulté du sentier, qui nous obligeait fréquemment à mettre pied à terre et à laisser les poneys ressemblant à des chèvres grimper du mieux qu'ils pouvaient sur les tranchées profondes et étroites. La route contournait le flanc de la colline, creusait la paroi rocheuse sur une distance d'environ dix pieds, présentant de temps en temps des virages à angle aigu. Au bord d'un précipice de mille pieds de profondeur, le bord extérieur céda sous les sabots postérieurs du poney de Williams, et il ne fut sauvé de la destruction que par le poney qui se releva au prix d'un effort vigoureux. Les routes de Kakhyen semblent avoir été délibérément dessinées en vue d'atteindre les points les plus élevés de l'itinéraire donné, et après avoir quitté les berges de la rivière, nous montâmes et descendîmes ainsi sur une succession de contreforts élevés aboutissant à la rivière depuis la chaîne principale ; des crêtes escarpées, les reliant à angle droit, présentaient un terrain assez plat, mais avec une surface si étroite que le voyageur regardait vers les gorges profondes des deux côtés. Des parcelles de sol riche et limoneux dans les vallées et sur les pentes des contreforts étaient défrichées pour le riz, et dans chaque clairière, une petite hutte au toit de chaume et élevée sur des poteaux servait de tour de guet. Près de certains villages perchés sur les hauteurs, des efforts limités de culture en terrasses étaient visibles et, à un endroit, un petit ruisseau avait été détourné pour l'irrigation. De magnifiques pins à vis et de grandes fougères arborescentes affichaient leur feuillage exquis, rehaussé par les fleurs de divers arbres à fleurs.

Vers deux heures, les mulets chargés des bagages étaient si blasés que, bien que nous n'ayons pas parcouru plus de huit ou dix milles, il devint nécessaire de s'arrêter dans la jungle. Derrière notre bivouac se dressait un énorme épaulement de montagne, s'élevant à quatre mille pieds au-dessus de nous, et appelé Lakong . L'air était doux et tempéré, le thermomètre indiquait soixante-trois à 21 HEURES et, avec nos lampes accrochées aux bambous, nos disciples et serviteurs entourant le bivouac, nous dînions et dormions confortablement et en toute sécurité *en plein air* , pendant que les chauffeurs piquetaient leurs piquets. mules dessus et dessous. Près de notre camp se trouvaient d'anciens lieux de sépulture Kakhyen sur une colline arrondie. Chacune consistait en une tranchée circulaire de trente-huit pieds de diamètre et d'environ deux pieds de profondeur, entourant un monticule bas, contenant un seul corps. Le haut toit de chaume conique qui recouvrait les tombes les plus récentes, observé ailleurs, avait disparu, mais certains des supports en bambou étaient toujours debout. Les tranchées de certaines autres tombes étaient construites autour de dalles de pierre, la forme de la tombe et le mode d'inhumation rappelant involontairement les structures funéraires mégalithiques.

Avant de reprendre notre marche vers Ponsee , Sala a laissé entendre que la prudence serait de mise, car le Ponsee tsawbwa était très indigné de n'avoir pas reçu le mousquet désiré. Les nats avaient également fait savoir à travers le passage qu'avant de démarrer, le garde devait tirer une volée, et le tsawbwa a ajouté une recommandation d'utiliser des doubles charges de poudre, afin que les nats soient doublement satisfaits. La route se trouvait sur un terrain assez facile, car nous étions maintenant presque au niveau de l'origine des principaux contreforts, et le 6 mars à midi, nous avions atteint le village de Ponsee , à trois mille cent quatre-vingt-sept pieds au-dessus de la mer. -level, et à quarante-trois milles de Bhamô . Comme le tsawbwa n'était pas apparu et n'avait fait aucune préparation pour accueillir notre groupe, le camp fut installé sous un bosquet de bambous, dans un creux en contrebas du village. Ponsee , avec ses vingt maisons dispersées et ses pentes en terrasses de terrain cultivé, occupait un flanc d'une montagne recouverte jusqu'à son sommet, à deux mille pieds au-dessus, d'une jungle et d'une forêt denses, sauf là où des clairières annonçaient le voisinage d'autres villages bien au-dessus de nous.

Nos muletiers se dispersaient avec leurs mules sur la terrasse supérieure d'une butte en forme de tumulus dominant la route, et cultivaient d'un côté en une succession de terrasses régulières et équidistantes. Dans l'après-midi, nous avons reçu la visite d'un Pawmine , accompagné de sa femme et de plusieurs femmes de sa famille, qui ont apporté des cadeaux de sheroo et de légumes. L'une des jeunes dames avait tendance à être joyeuse et communicative, afin d'attirer l'attention et de s'assurer un cadeau de perles. Bien qu'elle fût une épouse, ses cheveux étaient coupés droit sur son front et pendaient derrière elle en mèches ébouriffées , découvertes par la coiffure que Kakhyen portait. les femmes portent. L'offre d'un puggery pour suppléer au défaut fut accueillie par un éclat de rire, dont le Pawmine parut surpris et scandalisé , et il réprimanda sa belle cousine d'une manière qui la fit se replier dans un silence confus. Au cours de la soirée, le caractère dangereux des Kakhyen s'est manifesté par une attaque non provoquée lancée par l'un des Ponsee. Les partisans de tsawbwa s'en prirent à un serviteur birman, mais Sala intervint immédiatement pour protéger notre homme et déclara qu'il serait mécontent d'une insulte offerte à l'un des nôtres comme si elle s'était adressée à lui-même. Ainsi, comme dans d'autres domaines, il s'est montré honnête jusqu'à présent, même si ses demandes constantes d'argent ont commencé à faire croire au chef que son amitié pourrait être trop chèrement achetée.

CHAPITRE IV.
CAMP DE PONSÉE.

Désertion des muletiers. — Notre campement. — Visite des chefs de colline. — Exigences de Sala. — Une excursion en montagne. — Des messagers de Momien . — Les Shans refusent les cadeaux. — Arrêt des approvisionnements. Fête de la Saint-Patrick - Retraite de Sala - Les Pawmines de Ponsee - Un cimetière - Visite du Tapeng - Les mines d'argent - Approche des pluies - Hostilité de Ponsee - Menace d'attaque - Réconciliation - Un faux départ - Lettres de Momien - Une tempête de grêle — Circulaire aux membres de la mission — Perles et belles — Relations amicales avec les Kakhyens — Leur importance.

La première nuit de notre séjour à Ponsee , nous fûmes tirés de nos lits en plein air par un violent orage, qui menaça d'être trempé, mais heureusement nous laissa tomber avec seulement quelques fortes gouttes. L'un des membres du groupe a tiré son lit sous un petit hangar au toit de chaume à proximité et a dormi profondément, pour se réveiller le matin et découvrir qu'il avait partagé son abri avec un Kakhyen décédé , sur la tombe duquel il reposait. De bonne heure, Sala vint informer Sladen qu'une petite armée de Shans et de Kakhyens s'était rassemblée pour s'opposer à notre progression, mais que deux mille roupies pourraient acheter leur bonne volonté. Lorsqu'on l'informa que les fonds disponibles ne permettraient pas de voyages aussi coûteux, il remarqua de manière significative que les Panthays étaient riches et seraient heureux de nous aider. Cet obstacle pouvait être imaginaire, mais une difficulté bien réelle ne nous laissait pas le temps d'y réfléchir, car au lieu de se préparer au départ, les muletiers, sans un mot de plainte ni même aucune communication avec nous, se mirent à déballer leurs chargements. jetant tous les bagages par terre. Je suis allé soigner mes cartons, mais j'ai été averti par un Kakhyen , qui a brandi son dah et s'est mis dans une telle fureur que la retraite m'a semblé la solution la plus sage. Peu de temps après , les mules et les conducteurs s'éloignèrent, prenant la route de Manwyne , nous laissant ainsi que nos bagages sans aucun moyen de transport. Il restait quelques bêtes appartenant à Ponline , mais trop peu nombreuses pour être prises en compte. Il s'agissait là d'un dilemme inattendu, qui aurait ravi Sir Samuel Baker, qui dit qu'il « trouve du plaisir dans une solution pure et simple ». Sladen partit pour découvrir, si possible, le sens de tout cela auprès de Sala, qui était assis confortablement ivre dans la maison du chef. Il a déclaré que les muletiers avaient été influencés par les messages des tsawbwas Shan de Sanda et Muangla , les menaçant de mort s'ils nous faisaient venir. Il conseilla de menacer d'exclure les Shans des foires birmanes en guise de représailles, mais Sladen lui dit avec indignation qu'il était venu promouvoir la paix et non la dissension, et qu'il écrirait des lettres conciliantes expliquant l'objet de l'expédition à ces chefs. qui avait été induit en erreur. Sala devint alors confidentiel et laissa échapper ce qui semblait certainement être la vérité, *in vino veritas* , sur notre interprète disparu Moung . Shuay Yah, qui avait été vu ou entendu parler pour la dernière fois à Ponline . Il apparut que ce scélérat à moitié chinois avait finalement tenté de persuader Sala, et suite à son refus, le tsawbwa Talone , d'assassiner Sladen et de piller la caisse. Contrarié dans ses projets crapuleux, il était retourné à Bhamô , ce dernier fait étant confirmé quelques jours plus tard. Les choses semblaient peu prometteuses ; on murmurait que les muletiers s'étaient rendu compte que notre détention à Ponsee était certaine et qu'ils ne voulaient pas risquer un retard dont les bénéfices iraient dans les poches avides du chef Ponline . Outre l'aspect sombre des choses, l'atmosphère naturelle était couverte, de gros nuages annonçant un orage, et pour nous préparer à toutes les conséquences, nous avons déménagé sur le plateau libéré par les muletiers, où les trois cipayes, ou petites tentes, abritaient les invités. Les Européens, tandis que les cipayes et leurs partisans se mirent au travail pour construire des tentes en bambou, recouvertes de feuilles et d'herbe pour leur protection, et rapidement un camp régulier fut établi dans une position favorable . Sala s'est montré sous un jour nouveau, plus tard dans la journée, lorsqu'il est descendu très ivre et vêtu d'un tissu de soie jaune qu'il avait volé au serviteur de Sladen . Il se montra d'abord d'une affection gênante et, saisissant Sladen à deux mains, lui jura une amitié éternelle ; il devint alors curieux de connaître nos fusils et nos revolvers et demanda à Sladen de montrer son adresse au tir en fendant un bambou à quarante mètres de distance. Un refus de le satisfaire le transforma aussitôt en un sauvage violent, déversant un flot des injures les plus ignobles en Birman. Avec tact et patience, il parvint à retenir toute violence, mais la véritable nature perfide de l'animal s'était révélée sans équivoque. Il assura finalement à Sladen qu'il se déciderait peut-être à ne pas quitter Ponsee avant d'avoir payé deux boisseaux de roupies. Des visiteurs plus agréables arrivèrent, en la personne des chefs Kakhyen de Nyoungen , Wacheoon et Ponwah , petits districts montagneux sur la route de Manwyne . Ces tsawbwas apportaient tous des cadeaux de volailles et de riz, pour lesquels ils recevaient du tissu en échange. Le chef de Ponwah était un petit montagnard nerveux, aux yeux obliques, aux traits fortement marqués de type tartare, orné de deux rares touffes en guise de moustache, et d'une barbe clairsemée soigneusement limitée au devant du menton. Sa tenue vestimentaire était différente de celle des autres tsawbwas , et témoignait d'une condition sociale supérieure. Il se composait d'un turban bleu, d'une veste en laine matelassée bleue , d'un kilt de la même matière et de la même couleur , avec une bordure rouge et bleue, terminé par des leggings richement brodés et des bas courts en laine bleue à semelles épaisses. Un croc de léopard ornait son dah, et un sac en tissu contenait sa pipe en métal et sa flasque de samshu en bambou, qui se retrouvaient fréquemment jusqu'à ses lèvres assoiffées ; avant chaque gorgée, il trempait son doigt dans la liqueur et en versait quelques gouttes sur le sol en libation aux terrestres . La mère du jeune Ponsee des tsawbwa sont également descendus, accompagnés d'un certain nombre de filles, apportant *du sheroo* , ou bière, du riz cuit, des œufs et des légumes. Des perles ont été distribuées, mais ils ont mendié des roupies ; et quelques pièces de quatre anna ne les contentaient guère. L'une de nous présenta galamment à une demoiselle importune un joli petit flacon de parfum, et pour lui faire apprécier, elle en versa un peu sur sa main et lui fit signe de se le frotter sur le visage, mais ce faisant, elle manifesta son dégoût. par des grimaces ironiques, crachant et maltraitant la donneuse, comme s'il l'avait insultée, à son extrême confusion.

NOTRE CAMP À PONSEE.

La journée d'anxiété fut suivie d'une nuit de pluie et d'orage. De fortes rafales de vent, balayant le haut épaulement de la montagne, menaçaient d'emporter les tentes légères, et il fallut tous nos efforts pour empêcher cette catastrophe en nous tenant fermement aux poteaux des tentes. L'intérieur était bien sûr inondé et les lits et la literie saturés d'eau, mais certains des adeptes étaient dans une situation pire, n'ayant aucun abri d'aucune sorte. Mais nos ennuis ne faisaient que commencer. Le Nanlyaw Tamone , [21] qui avait reçu l'ordre de nous accompagner comme interprète, et qui n'avait pas réussi à le faire, arriva avec l'ordre du Woon de Bhamô aux tsawbwas de Ponsee et Ponline de se rendre immédiatement à Bhamô et d'aider à une enquête sur réouverture des mines d'argent. Le message et le messager étaient tous deux suspects, et une certaine influence obstructive s'est rapidement manifestée.

Une demande a été présentée pour trois cents roupies, compensation pour cinq maisons qui auraient été détruites par un incendie de jungle, provenant des braises de notre feu de camp à Lakong . Sala pensait évidemment que toutes les exigences seraient satisfaites pour l'empêcher de nous abandonner et parlait beaucoup des ordres impératifs du gouverneur. Pour soulager la discussion, nous fîmes une excursion jusqu'à une hauteur d'environ six cents pieds au-dessus de notre camp, d'où se déroulait un splendide panorama sur la plaine birmane jusqu'à Bhamô , et la jonction du Tapeng avec le majestueux Irawady . Nous passâmes devant de nombreux chênes et un bosquet d'arbres portant des noix exactement comme nos noisetiers. Au point culminant atteint, un village Kakhyen a été découvert, confortablement niché dans un creux magnifiquement frais, avec un petit ruisseau coulant à flanc de colline.

Notre apparition fit sursauter trois femmes, qui commençaient à remplir les bambous, qui servent de cruches à eau, portés dans un panier en osier au fond ; ils s'élancèrent dans un creux au-dessous de la route et, nous tournant le dos, attendirent que nous fussions passés. A mille pieds au-dessous de nous, un profond ravin résonnait du cri des singes hoolock, hurlant à pleine hauteur de leur voix. Le tir, que ce soit à des fins sportives ou scientifiques, était rendu extrêmement difficile à cause de la jungle dense et des flancs abrupts des gorges profondes, où se trouvent la plupart des oiseaux, car un oiseau, une fois abattu, tombait sur une pente raide, dans les hautes herbes. ou un arbuste enchevêtré, où la recherche était inutile.

A notre retour, un coq et une poule perdrix, d'une espèce nouvelle, appartenant au genre Bambusicola , furent abattus dans le terrain défriché, et dans les bois le cri d'un loriot se faisait souvent entendre, mais les oiseaux étaient invisibles. En descendant par un autre itinéraire, passant devant les rizières, où les fraises des bois tapissaient le sol de fleurs et de fruits, et où deux sortes de violettes et diverses ronces étaient également en fleurs, nous arrivâmes au camp, et nous fûmes bientôt replongés dans le débat avec Sala. Le gars était boudeur et en colère, exigeant six cents roupies de chantage et trois cents comme compensation pour l'incendie du village, menaçant comme alternative de nous laisser «perdre dans les collines et de ne plus jamais entendre parler». Sladen refusa tempérément de se soumettre à des demandes aussi exorbitantes, mais, pour prouver ses intentions amicales, proposa de compenser tout dommage réel et d'envoyer des cadeaux aux chefs *en route* . Ses arguments ont eu un tel effet sur Sala qu'il s'est contenté de demander cent roupies pour éteindre « l'incendie ».

A ce stade de l'entretien, tous furent surpris par l'apparition soudaine de trois inconnus, vêtus de magnifiques costumes chinois, et accompagnés d'une demi-douzaine d'autres personnes ; deux de leurs visages étaient familiers et ils saluèrent Sladen d'un air de reconnaissance, mais Sala et lui furent d'abord également perplexes quant à leur identité. Les deux premiers portaient des calottes de satin bleu brodées d'or, des vestes matelassées et brodées de fin drap bleu et de larges pantalons de soie jaune. Ils portaient de nouveaux larges chapeaux de canne et des chaussures chinoises brodées d'or. Les poignées de leurs dahs étaient chacune ornées de la moitié de la mâchoire inférieure d'un léopard, et, suspendue à leurs boutonnières, était suspendue une décoration composée d'un carré de tissu rose et bleu, avec un chiffre brodé dans le coin. Il s'agissait d'un uniforme complet de Panthay , dont l'un d'eux s'est débarrassé et a montré son costume de Kakhyen en lambeaux en dessous, puis Sladen reconnu Lawloo , l'éclaireur qu'il envoya de Bhamô au gouverneur de Momien . Il sortit, soigneusement enroulé, un paquet adressé en arabe sur une bande de papier rouge, qui contenait une enveloppe timbrée de hiéroglyphes chinois en rouge, et une lettre écrite en arabe et timbrée de signes chinois en rouge et bleu ; à cela était jointe une autre lettre en chinois. Ce dernier, personne ne pouvait le lire, et une tentative combinée du médecin indigène et du jemadar pour déchiffrer le premier échoua également, mais Lawloo nous assura que le gouverneur de Momien était très amical. Il avait reçu les messagers avec tout le respect et les avait équipés de robes magnifiques qui les avaient déguisés de notre reconnaissance. Il avait également envoyé avec eux Shatoodoo , un officier du service mahométan, un homme grand, à la peau claire, bien bâti, vêtu d'un uniforme bleu, avec un beau visage intelligent et la calme assurance d'un gentleman bien élevé. Nos courriers, hommes appartenant à la tribu Cowlie , portèrent leurs nouveaux honneurs avec beaucoup de sang-froid ; ils ont complètement ignoré la présence du Ponline tsawbwa , tandis qu'ils racontaient leur aimable accueil et expliquaient le sens des lettres. Le gouverneur nous avait attendus par la route des « ambassadeurs » qui mène de Bhamô à Hotha, où il nous avait donné rendez-vous. Ils dirent que nous ne devions pas avancer pour le moment via Manwyne , à moins que nous ne soyons assez forts pour nous frayer un chemin au-delà du fort de Mawphoo , la forteresse de Li- sieh -tai. Les messagers, à leur retour, bien que remarquables par leur uniforme Panthay , avaient voyagé ouvertement et sans être inquiétés à travers les États Shan, déclarés hostiles à notre avance. L'effet immédiat fut de forcer Sala et les Pawmines à se retirer de nos tentes, ce qui fut un grand soulagement, car ils les avaient infestées, restant accroupis sur les lits pendant des heures ensemble, fumant et chiquant du tabac et du bétel, tandis que toute remontrance était immédiatement levée. répondit avec un air renfrogné de colère et un fioriture du dah nu. Mais la paix n'a pas duré longtemps. Le tsawbwa recommença bientôt ses revendications et, jour après jour, la question de l'incendie fut discutée et les termes du règlement convenus, pour ensuite être insolemment répudiés la première fois.

Le lendemain, des préparatifs plus pratiques pour l'ouverture de la route furent faits par l' envoi de lettres et de cadeaux au chef Kakhyen de Seray et aux chefs ou chefs Shan de Manwyne et Manhleo . Deux des Ponline

Pawmines et l'interprète Moung Mo, le tamone du village de Hentha , dont nous avions assuré les services et la bonne volonté, se chargeèrent des cadeaux, et l' écrivain birman de Sladen fut également envoyé, en guise de contrôle des Pawmines . Ils revinrent quelques jours plus tard avec les cadeaux que les chefs avaient refusé d'accepter, car le tsawbwa de Sanda avait refusé son consentement à notre passage, et le peuple de Manwyne , bien que favorablement disposé, avait peur du *poogain* , ou chef, de Manhleo , ville située sur la rive sud du Tapeng , en face de Manwyne . Ce fonctionnaire était un ennemi invétéré des Panthays et avait massacré quelques années auparavant une caravane de marchands pacifiques du Panthay . Le caractère et les intentions de l'expédition avaient été tellement déformés par les commerçants chinois de Bhamô que les Shans étaient naturellement indisposés à courir le moindre risque de notre présence parmi eux.

Le refus des cadeaux a amené Sala à augmenter ses exigences ; « Tout le peuple, Birmans, Chinois et Shans », déclara-t-il, était ligué contre nous, et si nous n'assurions pas sa protection, nous aurions la tête coupée. C'était son argument habituel, illustré en tenant une tête imaginaire avec sa main gauche et en faisant le mouvement de scier le cou supposé avec sa droite.

Un résultat plus pratique de l'opposition secrète fut l'arrêt des approvisionnements. Peu après notre arrivée, les Shans du district de Manwyne avaient découvert qu'il existait un marché sûr pour leurs provisions, et un bazar régulier avait été établi dans nos lignes. Les villageois Kakhyen ainsi que les Shans apportaient de la volaille, du riz, du sel, des légumes, etc., et la concurrence avait maintenu les prix bas ; Les bouteilles de bière vides étaient très prisées et une bouteille valait douze mesures de riz. Entre autres choses, le Manwyne Shans apportait du sucre candi et du lait conservé sous forme de minces gâteaux de pâte semblables à une pellicule de crème coagulée, qui, placés dans une tasse d'eau pendant la nuit, fournissaient une tasse d'excellent lait le matin. Nous n'avons pas pu apprendre la méthode de préparation, mais le résultat a été indéniablement réussi. La fréquentation des Shans , cependant, diminua, en raison des mauvais traitements reçus par beaucoup d'entre eux de la part des Kakhyens , qui se servaient de leurs biens et les payaient avec des injures et des coups. Par conséquent, les approvisionnements ont diminué et les prix ont augmenté en conséquence, et il est devenu dangereux de s'éloigner du camp. Un jour, l'un de nous fut tenté de prendre un bain dans le petit ruisseau qui coulait juste en contrebas. Il y avait une douche des plus parfaites, où l'eau sautait par-dessus un énorme rocher, entouré de bambous gigantesques et de fougères splendides, comme si elle avait été conçue pour le bain secret d'une nymphe des forêts Kakhyen : mais le malheureux envahisseur européen jouissait à peine de la pleine jouissance de l'eau rafraîchissante . connard qu'il fut salué d'une pluie de pierres et de branches cassées de la part de certains villageois qui l'avaient observé. C'était un aspect ridicule de l'hostilité populaire, mais tandis que la question du « feu » continuait à être discutée, des avertissements presque quotidiens nous étaient signalés que des Kakhyens mal intentionnés étaient rassemblés sur les hauteurs, avec l'intention d'attaquer le camp sous le couvert de la nuit.

Un léger changement dans les affaires fut opéré par l'arrivée du tsawbwa de Seray, un village éloigné de quatre milles, qui fit son apparition le 13, accompagné de ses Pawmines et d'une nombreuse suite. C'était un homme corpulent, plutôt petit, d'environ quarante-cinq ans, vêtu de bleu, du turban jusqu'aux chaussures ; ses manières étaient sérieuses et respectueuses, et ses remarques sensées, mais témoignaient d'une grande curiosité pour toutes les nouveautés qui se présentaient. Lorsqu'il trouva le loisir de discuter d'affaires, il nous demanda les détails de la question de l'incendie, disant que si elle était réglée, il se chargerait de nous guider par une route de colline jusqu'à Momien, afin d'éviter la nécessité de passer par Sanda . Sladen lui expliqua que, bien que la question de l'incendie ait été réglée à trois reprises, il la soumettrait maintenant définitivement à son arbitrage, et que la demande, qui s'était élevée à cinq cents roupies, était par sa sentence satisfaite par une promesse de deux cent soixante. Malgré cet accord, ce soir-là, les deux tsawbwas sont descendus pour nous demander de maintenir le feu allumé et de maintenir une surveillance attentive toute la nuit, car plus d'une centaine d'hommes s'étaient rassemblés sur le flanc de la colline commandant le camp, avec l'intention de tenter leur chance lors d'une attaque nocturne. , selon leur tactique habituelle. Sala s'était efforcé , dit-il, de les dissuader et leur avait finalement dit qu'il les observerait pendant qu'ils seraient abattus par nos hommes. La nuit cependant se passa plus tranquillement que les journées occupées en discussions incessantes ; la question de la location des mules étant à nouveau en débat. Sala avança la demande saugrenue de vingt roupies pièce pour cent soixante mules, celles dont les propriétaires avaient déserté à cet endroit. Cette demande était étayée par des décomptes fictifs, et son dégoût de découvrir que nous avions tenu un compte précis était grand, tandis que sa fureur face aux rires avec lesquels ses tentatives d'extorsion étaient accueillies se manifestait dans la prophétie pantomime habituelle de notre décapitation. Le groupe des tsawbwas s'accrut avec l'arrivée du chef de Wacheoon , qui apporta en cadeau du riz et du sheroo ; le but de sa visite étant de faire l'enquête pertinente sur ce qui nous retenait encore à Ponsee .

Le jour de la Saint-Patrick, la situation a atteint une crise. Toute la matinée, les tsawbwas et les Pawmines furent rassemblés dans notre tente, discutant à propos de la location des mules ; même le respectable chef de Seray avait attrapé le virus de la convoitise et exigeait vingt roupies par mulet pour un voyage de quelques heures. Le chef Seray était accompagné d'un Chinois qui avait été à son emploi dès sa jeunesse et qui lui servait désormais de principal commerçant. Il avait interprété les lettres de Momien et semblait désirer être utile, mais il était clair qu'il considérait l'expédition comme une expédition militaire, destinée à aider les Panthays . Il déclara que les Sanda étaient disposés à nous recevoir, mais qu'ils étaient retenus par la peur de Li- sieh - tai. Sladen offrit cinq cents roupies, en plus de l'argent déjà payé, pour un transport suffisant jusqu'à Manwyne , où il attendrait la réponse à ses lettres expédiées la veille par les anciens messagers à Momien et au tsawbwa de Sanda, comme il était déterminé. ne pas avancer sans le plein consentement de tous les chefs Shan. Il raconta alors, par une pensée heureuse, aux tsawbwas assemblés les sommes d'argent et les cadeaux que le grand voleur Sala avait reçus de lui pour les distribuer. A cette révélation surprenante, le chef de Ponsee était visiblement exaspéré, et une tempête se préparait, quand soudain un coup de feu fut tiré depuis une maison sur la colline au-dessus de nous, et une balle, ou une balle, siffla sur la tente dans laquelle nous étions assis. , et bientôt un autre a frappé la tête d'un lit de camp à l'intérieur. Tous furent naturellement surpris, mais personne ne crut que le premier coup de feu avait été intentionnellement visé jusqu'à ce que le second soit tiré après quelques minutes. Sala et les Pawmines surgirent et vocifèrent frénétiquement auprès des gens du village au-dessus. Le chef de Seray resta silencieux et annonça bientôt qu'il devait retourner chez lui, et la réunion fut immédiatement dissoute.

Fidèle à sa parole, le chef Seray partit le lendemain, laissant le message qu'il reviendrait dès que nous serions débarrassés de Ponline ; et la nouvelle suivante était que le chef Ponsee avait menacé Sala de vengeance immédiate, et que notre ami et protecteur avait décampé vers son propre village, emportant avec lui tous les cadeaux qui lui étaient confiés pour les fonctionnaires de Manwyne , etc., et emportant de force de notre interprète birman Moung Mo.

Les tsawbwa et les Pawmines de Ponsee , qui sont désormais arrivés au front, comme arbitres autoproclamés de nos destinées, en ce qui concerne le progrès, n'ont pas encore été introduits.

Le tsawbwa était un jeune de dix-huit ans sans aucune influence. L'intelligence naturelle qu'il pouvait posséder était obscurcie par ses habitudes d'ivresse et de débauche continuelles, en compagnie d'un certain nombre de jeunes Kakhyens « rapides » . Il avait jusqu'ici conservé une sorte de neutralité maussade, nous transmettant parfois d'utiles avertissements, mais n'agissant ni pour ni contre nous. Le véritable pouvoir semblait être exercé par ses Pawmines , quatre frères qui s'étaient généralement montrés amicaux. L'aîné était un joyeux andré bon à rien, en état d'ébriété chronique. Le suivant était un homme calme et sensé, qui semblait pleinement apprécier les avantages que son peuple retirerait de la réouverture du commerce entre le Yunnan et la Birmanie, et il déclarait fréquemment qu'il était prêt à nous apporter toute son aide pour résoudre ce problème. son pouvoir. Il était surnommé par nous le « Red Pawmine » ; et son prochain frère et compagnon constant, un petit homme simple, aux pommettes saillantes, aux yeux profondément enfoncés et aux traits aiguisés et usés par une mauvaise santé, était à juste titre appelé « Tête de mort ». Il était de loin le plus doué, mais son tempérament vif, nerveux et violent en faisait un homme difficile à gérer. Le plus jeune, comme excitable, mais beaucoup moins intelligent, était regardé avec des yeux jaloux par ses trois frères aînés.

le jeune tsawbwa se déclara notre ami, et quelques jours d'attente tranquille et presque patiente s'ensuivirent, pendant lesquels nous nous efforçâmes d'étendre notre connaissance avec la région montagneuse qui nous entourait, dont nous avions jusqu'alors été témoin. nous ne pouvons voir que les abords de notre camp ou plutôt de notre prison.

En conséquence, Stewart et moi sommes partis sur nos poneys pour gravir la montagne, prenant Deen Mahomed comme interprète et un garçon indigène pour servir de guide. A peine le groupe eut-il dépassé la maison du tsawbwa qu'un cri fut élevé par l'un des Pawmines , qui cria l'ordre au garçon de revenir immédiatement. Sans tenir compte des cris, nous avons continué le long d'un étroit sentier cavalière, mais avons été retardés par l'obstination d'un poney qui a refusé d'affronter un bout de route difficile, et les villageois nous ont dépassés, le guide a été entraîné par la Pawmine . On fit appel au tsawbwa , mais il déclara qu'il n'était pas prudent de monter, car il y avait un village de « mauvais Kakhyens » sur la montagne, et Deen Mahomed fut prévenu par un geste symbolique d'égorgement de ce qui lui arriverait. s'il avait un autre guide. Nous nous consolâmes de cet échec par une visite à un cimetière, au sommet d'une hauteur très boisée, qui s'étendait à l'est du camp. Le chemin qui y conduisait était parsemé de temps en temps de riz moulu, en offrande aux nats , et sur deux des tombes, toutes récentes, gisaient un peu de tabac et une petite boîte cylindrique contenant des piments , tandis qu'à l'extérieur de la tranchée environnante, les un crâne de cochon, avec un peu plus de tabac, avait été placé. Le toit conique de bambous et d'herbes était orné d'un fleuron de bois découpé en deux bras en forme de drapeau, peints de rosaces noires et rouges, qui ressemblaient ridiculement à des poteaux de guidage.

Le tsawbwa se montra plus obligeant un jour ou deux après, lorsqu'on lui demanda un guide pour nous conduire à la rivière Tapeng . Le sentier longeait les longs contreforts qui descendaient vers la vallée, et le climat à mesure que nous descendions passait de tempéré à tropical ; la forêt supérieure était composée de chênes, de cerisiers, de pommiers et de pêchers, surtout dans un vallon magnifiquement boisé, tandis qu'un grand ruisseau de montagne coulait sur un canal rocheux, formant à un endroit une splendide cascade sur une falaise de gneiss perpendiculaire. Au sommet des arbres fruitiers, une grande troupe de singes *(Presbytis albocinereus)* errait tranquillement.

En descendant, nous ne pouvions garder notre équilibre qu'en nous agrippant aux branches en surplomb, tandis que nos pieds glissaient sur les feuilles mortes et les spathes de bambou qui s'entassaient dans le sentier escarpé et étroit. Les racines qui projetaient de temps en temps constituaient un autre obstacle, encore pire. Là où, comme cela arrivait souvent, le sentier tournait en angle aigu sur les crêtes des contreforts escarpés, il fallait faire preuve d'une grande prudence, car si l'on avait perdu l'équilibre dans un tel endroit, il aurait certainement envoyé tous ceux qui se trouvaient devant lui dans le presque pente perpendiculaire. À mesure que l'on atteignait le niveau inférieur, les arbres devenaient essentiellement tropicaux, mêlés de musæ , de bambous, de ratans et de fougères splendides, tandis que d'énormes plantes grimpantes en forme de câbles entrelaçaient leurs cordages feuillus, et que des orchidées d'espèces diverses et nouvelles déployaient leurs beautés fantastiques et chargeaient l'air avec du parfum.

Après une longue descente, nous avons escaladé un éperon secondaire et atteint à son pied une plage de sable ombragée par un magnifique banian couvert de fleurs odorantes d'une grande orchidée jaune (Dendrobium andersoni, Scott) . Devant nous, le Tapeng rugissant se précipitait dans un torrent de quarante mètres de large, sur un lit rocheux, dans une succession de rapides écumants et de tronçons profonds et lisses. À ce stade, son lit se trouvait à environ treize à quatorze cents pieds au-dessus des plaines de Tsitkaw , distantes de vingt milles, de sorte que sa descente est de près de soixante-dix pieds par mille, la ligne d'eau indiquant la plus haute montée de l'inondation étant de douze pieds au-dessus de son niveau. niveau actuel.

Les seuls oiseaux visibles étaient deux bergeronnettes aquatiques qui voltigeaient de rocher en rocher au milieu du torrent. Les roches en place étaient du gneiss, avec des veines et de gros morceaux oblongs de quartzite incrustés ; le quartz ressortait souvent en relief marqué là où la surface du gneiss avait été usée par l'action de l'eau. D'énormes rochers de la même roche et du marbre cristallin d'un blanc pur étaient éparpillés le long du lit de la rivière. Le long de la rive, un sentier menait à un endroit où un radeau gisait prêt, dans les eaux profondes et lisses au-dessus d'un rapide, à transporter des passagers vers les mines d'argent. Le radeau était attaché par une boucle à une corde d'écorce tendue sur la rivière. Notre guide s'est déclaré prêt à nous conduire « moyennant contrepartie », mais pas « ce jour-là » ; nous reprenâmes donc le chemin du retour, et si la descente avait été difficile, on peut imaginer combien le voyage de retour l'était encore plus, qui cependant s'effectua en toute sécurité.

Quelques jours après ce voyage, nous partions, accompagnés de deux des Ponsee Pawmines , pour une visite des mines d'argent. Nous atteignîmes la rivière par l'éperon suivant, à l'ouest du sentier suivi lors de la première excursion, et, laissant les domestiques préparer le déjeuner sous le banian, nous nous dirigeâmes vers le radeau. La corde de guidage était attachée à un arbre tombé, à six pieds au-dessus de la rivière sur la rive opposée, tandis que de notre côté elle était portée sur des branches fourchues, solidement fixées dans le sol et arrimées à un énorme rocher. Le radeau s'est avéré être de l'autre côté, et l'un des partisans birmans a saisi la corde et, main après main, a réussi à traverser le fort courant. Il était suivi par l'un des Pawmines , qui faisait preuve d'une dextérité prudente qui démontrait qu'il était bien habitué à ce qui semblait une tâche dangereuse. Le radeau a ensuite été amené à travers, un homme devant faisant courir la boucle le long de la corde, et l'autre assis derrière avec une pagaie pour le maintenir endigué le ruisseau. C'était une simple plate-forme en forme de coin, faite de bambous attachés ensemble, présentant une sorte de proue qui se maintient contre le courant du courant. Des bambous de chaque côté supportaient des sièges en bambou fendu, et lorsque le radeau, qui transportait six personnes, était chargé, le « pont » se trouvait à quelques centimètres sous l'eau.

Arrivés de l'autre côté, nous fûmes frappés par la prédominance du marbre blanc et par les plis extraordinairement contorsionnés d'une falaise abrupte de roche de quartzite cristalline bleue, haute d'une cinquantaine de pieds, surplombant le ferry. Un sentier étroit au nord-est de cette falaise menait à une crête de marbre cristallin blanc pur, de même structure que le marbre des collines Tsagain . La crête, dépourvue d'arbres, s'élevait à environ six cents pieds au-dessus du niveau de la rivière et s'étendait presque parallèlement à son cours sur environ un mille. Un petit cours d'eau séparant la crête d'une colline arrondie couverte de rochers de quartzite rongés par l'eau marquait les limites du marbre, qui se terminait si brusquement qu'on le remarquait immédiatement , et le Pawmine disait qu'il n'y avait pas d'argent au-delà de cette limite. Nous marchâmes le long du sommet presque plat de la crête dépourvue d'arbres et trouvâmes du côté est une vallée agréable, où les terrasses cultivées montraient des signes du voisinage d'un village, et un Bauhinia en pleine floraison de fleurs blanches à centre violet se présentait en grand nombre. profusion.

Les mines consistaient en une série de galeries d'environ quatre pieds de diamètre, s'étendant horizontalement dans la pente de la crête faisant face à la rivière. Nos conducteurs nous conduisirent le long du flanc de la colline escarpée, parsemée de grandes masses de pyrites de fer et envahie par l'herbe et la jungle basse, si épaisse que chaque homme devait se frayer un chemin avec un dah. Nous passâmes une trentaine de ces galeries , qui pénétraient dans le flanc de la colline sur deux ou trois cents pieds, en légère pente vers le bas et avec des passages s'ouvrant à angle droit. Je me glissai dans l'un d'eux, précédé d'un guide muni d'une lanterne, et parcourus une distance considérable le long du tunnel dont les parois montraient de la terre rouge mêlée de masses de marbre et de quartzite, mais ma progression fut arrêtée par la découverte du passage bloqué par le toit effondré, les étais en bambou utilisés lors de l'exploitation de la mine ayant cédé. Aucune information détaillée sur la productivité de ces mines n'a pu être obtenue et depuis le déclenchement de la guerre civile au Yunnan, elles n'ont pas été exploitées, sauf dans une mesure très petite et intermittente par les Kakhyens . Les tas de scories dans le vallon près des petits cours d'eau, où toutes les opérations de fusion avaient eu lieu, montraient qu'une quantité très considérable de minerai était extraite. Des échantillons du minerai analysé par le professeur Oldham contenaient 0,191 pour cent. d'argent dans la galène. Les mines sont d'accès facile et, du fait de leur proximité avec les frontières de la Chine, il serait peu ou pas difficile de trouver des ouvriers pour les exploiter. On dit aussi qu'on trouve de l'argent sur la rive droite de la rivière, à une grande altitude sur les coteaux à l'ouest de Ponsee ; et l'on prétend que l'or se trouve à proximité de la même localité, et des spécimens m'ont été montrés à Bhamô en grains dont certains étaient aussi gros que de petits pois.

Des mines, nous avons traversé la rivière et avons déjeuné sur la rive du Tapeng , offrant à nos compagnons Kakhyen quelques-uns des aliments dont leur approbation était indiquée par des secousses de poing avec le pouce tendu, ce qui signifie avec insistance que tout est très bon. bien. L'index est tenu droit pour indiquer qu'un homme est bon, et courbé pour désigner celui à qui on ne peut pas faire confiance.

donc à Ponsee , où nous devons reprendre le fil enchevêtré des événements qui pèsent sur notre progression. Un mois s'était écoulé depuis notre arrivée, et l'avancée de la saison était marquée par le chant du coucou, qu'on entendait souvent dans les bois de l'Est. La jungle avait été entièrement abattue dans les nouvelles clairières, et des incendies nocturnes illuminaient les collines opposées, provoqués par l'incendie de la jungle sur des hectares de terrain. De fortes averses d'orage presque chaque nuit n'ajoutaient rien à notre confort et annonçaient l'installation rapide de la mousson du sud-ouest.

Mais nous étions apparemment aussi loin que jamais de pouvoir sortir de notre détention.

les tsawbwa de Seray étaient revenus avec la nouvelle qu'un responsable du Panthay était arrivé à Sanda et que le pays était jusqu'à présent ouvert. Il produisit également une lettre adressée à lui-même par le gouverneur de Momien , lui demandant de nous prêter toute l'aide en son pouvoir, et promettant de rembourser toutes les dépenses qu'il pourrait faire à notre service. Le chef parut tout à fait disposé à aider et partit pour son propre village se procurer des mulets, avec lesquels il promit de revenir dans deux jours, laissant son commis chinois nous aider comme interprète.

C'était agréable, et l'amélioration de l'humeur des gens fut démontrée par l'arrivée de messagers de la veuve d'un tsawbwa dirigeant un district sur la route de Manwyne , avec un cadeau de volailles, d'œufs et un composé peu attrayant de farine et de piments ; accompagné d'un message selon lequel elle et son peuple viendraient nous escorter à Manwyne . La douairière du défunt chef de cette ville envoya également à Sladen deux sacs de Kakhyen et un curieux instrument formant une brosse à dents et un gratte-langue combinés.

Le chef Seray, cependant, ne s'est pas présenté comme promis, et une semaine après son départ, la nouvelle arriva que deux Chinois étaient arrivés de Bhamô , avec un groupe de cinquante Birmans armés. Ces hommes ont laissé entendre qu'ils avaient été envoyés pour reprendre les opérations minières aux mines d'argent. Le résultat immédiat fut que le chef Seray, d'abord par un messager, puis en personne, répudia son engagement de se procurer des mulets, alléguant que le chef Ponsee avait menacé de le tuer s'il nous aidait à quitter le territoire Ponsee . Les arguments et les protestations étaient inutiles, et il acquiesça lorsque Sladen attribua son changement d'objectif aux instructions privées reçues de Bhamô . Il partit après nous avoir avertis de nous méfier du chef Ponsee , qui avait résolu d'attaquer le camp.

L'hostilité du chef Ponsee se manifesta bientôt, car le lendemain de l'arrivée des Birmans, ses Kakhyens chassèrent tous les Shans de notre petit bazar ; le chef lui-même descendit avec son dah tiré et abattit l'un des commerçants, ce qui l'obligea à payer une indemnité au peuple de Manwyne . Ses Pawmines vinrent ensuite avec l'information qu'il avait convoqué deux voisins . tsawbwas à son aide, que deux buffles avaient été abattus, et qu'un grand festin sacrificiel devait avoir lieu cette nuit-là, après quoi les nats seraient consultés sur notre sort, lorsque, si l'oracle le félicitait, les Kakhyens , ivres de sheroo et samshu, attaqueraient le camp. L'un des buffles avait été fourni par les Birmans, et le cadeau symbolique d'une livre de chair, dont l'acceptation signifiait le consentement, avait été offert et accepté par le *tsare-daw-gyee* , ou secrétaire royal birman, chargé de la fête. La livre de chair avait également été envoyée aux Pawmines , mais rejetée par eux, et ils dénoncèrent haut et fort leur chef comme un fou incontrôlable.

Une crainte salutaire à l'égard des étrangers européens s'était progressivement développée ; on croyait qu'ils possédaient des pouvoirs surnaturels. Les fusils et les revolvers à chargement par la culasse, ainsi que les « allumettes de Bryant et May », qui s'enflammaient uniquement sur la boîte et défiaient le vent et la pluie, plaidaient en faveur d'une alliance étroite avec les naturels des éléments ; tandis que les appareils photographiques apparaissaient aux yeux des Kakhyen comme des instruments de prestidigitateurs, capables de contrôler eux-mêmes le soleil. Ainsi, peu de Kakhyens rejoignirent le chef, qu'ils considéraient déterminé à sa propre destruction. Pendant que les conspirateurs se réjouissaient et se consultaient, notre escorte de police était déployée et exercée, et le bruit inquiétant de trois volées de cinquante fusils, qui, à leur étonnement et à leur crainte universelles, se déclenchèrent toutes en même temps, les terrifia et donna un indice significatif que les assaillants recevraient un accueil chaleureux. Les Pawmines priaient pour qu'eux et leurs maisons fussent épargnés dans la destruction générale qui devait s'abattre sur nos ennemis, et la nouvelle nous parvint bientôt que le Meetway , qui était secrètement à notre solde, avait annoncé que les Nats désapprouvaient la conspiration.

Les Pawmines demandèrent alors la permission d'introduire les deux tsawbwas hostiles , qui arrivèrent en conséquence ; leurs visages naturellement méchants n'étaient pas améliorés par une expression de peur penaude, mais ils s'allégèrent lorsque Sladen les reçut gentiment et, sans leur faire de reproches, expliqua les avantages qui résulteraient pour tous si nos plans étaient exécutés. Le cadeau d'une boîte à biscuits vide et d'une bouteille de bière a conquis leur cœur et les a transformés en amis rapides. Les Pawmines représentaient alors que le jeune chef, avec qui, sur son repentir, ils s'étaient liés d'amitié, désirait être pardonné et reçu en faveur . On a fait valoir qu'il se sentait très mal parce que Ponline l'avait fraudé de ses gains légitimes, et il a été convenu qu'en guise de compensation pour toute négligence, il recevrait cent roupies ! Il a juré une amitié éternelle et a juré que nous étions désormais ses parents. Sladen lui a demandé pourquoi il avait omis ses proches lors de la distribution tardive de bœuf, ce à quoi il a souri et est parti assez maladroitement, mais toujours de bonne humeur .

Au cours des premiers jours d'avril, la situation était pleine d'espoir et passionnante, mais le tsawbwa et ses Pawmines , bien qu'apparemment réconciliés, montrèrent bientôt que leurs intérêts respectifs étaient trop contradictoires pour une action unie. Le chef se porta volontaire pour aller se procurer des mulets, les Pawmines proposèrent de fournir un nombre illimité de coolies. La somme à payer à notre arrivée à Manwyne était fixée à cinq cents roupies, et cette somme était ardemment convoitée par les rivaux ; chacun à son tour dénonça l'autre comme projetant de piller les bagages, et les Pawmines déclarèrent que le chef n'osait pas se montrer à Manwyne en raison d'une querelle privée.

Sladen refusa d'accepter les services séparés du chef ou de ses subordonnés, et cette politique directe obligea à une apparente réconciliation. Le tsawbwa Seray envoya ses Pawmines avec soixante hommes et six mules, bien trop peu pour le bagage du groupe ; ses hommes, cependant, déclarèrent qu'ils pourraient tout transporter, et nous conseillèrent facétieusement de construire des maisons de résidence permanente à Ponsee , car ce dernier chef ne pourrait jamais se procurer de mulets.

Un intermède amusant a été offert par l'arrivée d'un métis, prétendant être l'un des principaux hommes de la *tsawbwa-gadaw* , ou cheffe douairière, de Manwyne . Il arriva, essoufflé, et annonça qu'il avait réussi à louer deux cents mulets, mais que la caravane avait été arrêtée par les chefs Kakhyen sur la route, qui l'avaient envoyé dire qu'ils les laisseraient passer pour cent roupies, et comme gage de leur sincérité, ils lui avaient confié une chaîne d'ambre valant cette somme. Cet homme devait avoir une haute opinion de notre crédulité, car la chaîne, une fois produite, était évaluée à environ huit annas, et il fut renvoyé sans préavis.

Enfin, les conditions furent fixées ; les Pawmines devaient ravitailler les coolies, tandis que les tsawbwa devaient trouver le transport de quarante chargements de mulets, et le 7 avril fut fixé pour le départ. Nous nous levâmes à la lumière du jour, les tentes furent rapidement dressées et les bagages préparés pour la marche. Les coolies se rassemblèrent bientôt, et la zone de notre petit camp était couverte de Kakhyens à l'air sauvage, armés jusqu'aux dents de fusils à mèche, de lances et de dahs, ressemblant bien plus à une horde de bandits qu'à de paisibles porteurs. Leur attitude était conforme à leur apparence et leur intention malhonnête était mise en évidence par la rivalité affichée par les différentes parties pour s'emparer des colis qui semblaient les plus précieux, quels que soient leur taille et leur poids. La précaution avait été prise de disperser l'escorte en groupes, avec l'ordre strict d'empêcher la sortie de tout bagage jusqu'à ce que tous soient prêts à partir. La crise a été provoquée par les caisses en fer-blanc de Sladen . Le plus jeune Pawmine , qui était le premier sur le terrain, les avait appropriés pour ses coolies, mais quand son frère, « Tête de Mort », apparut, très excité, bien tôt, à l'idée de boire, il les réclama pour ses hommes. Suite au refus de son frère de les abandonner, il perdit tout contrôle sur lui-même. Après un violent accès de passion, il se précipita sur l'épée d'or que le roi avait présentée à Sladen et l'arracha au serviteur birman responsable. Cette tentative fut contrecarrée par Williams, qui, avec un arrachement vigoureux, sauva l'épée de l'emprise de « Death's Head ». Ainsi déjoué, il s'en prend au commis birman qui notait les noms des coolies et menace de l'abattre. Un brouhaha général s'ensuivit, au cours duquel il se précipita vers un feu de camp, alluma son allumette lente et avança en amorçant sa mèche, jusqu'à ce qu'il soit près de Sladen , lorsqu'il tira sa pièce en l'air. La consternation qui s'ensuivit atteignit son paroxysme lorsqu'un assistant géomètre, dans une folle panique, tira avec son revolver. Les Kakhyens montrèrent qu'ils n'avaient aucun goût pour le combat et, jetant leurs chargements, se précipitèrent dans toutes les directions. Bien entendu, nous restâmes silencieux, tandis que les tsawbwa se montrèrent plus sensés qu'on aurait pu s'y attendre, appelant les Kakhyens à ne pas voler, et après un certain temps, l'ordre fut rétabli. L'un de nous suivit « Tête de Mort », qui s'était assis à l'extrémité du camp pour recharger son fusil, et, par un peu de persuasion, il le poussa à envoyer son fusil au village et à retourner à ses fonctions. Les chargements étaient tous disposés, et l'escorte avait été répartie de telle sorte que chaque groupe de coolies pouvait être sous surveillance, avec une chaîne de communication entre la camionnette et l'arrière-garde, tandis que les coolies transportant les caisses en fer-blanc japonais étaient placés sous la surveillance immédiate. de partisans armés, afin qu'ils ne puissent pas « s'enfuir » sans déclencher l'alarme. Il était midi quand tout fut prêt, et alors les tsawbwa et les Pawmines , peut-être dégoûtés de ces précautions salutaires, annoncèrent que, comme Manwyne ne pouvait être atteint ce jour-là, notre départ devait être remis au lendemain. C'était agréable après six heures de labeur sous un soleil brûlant, mais nous n'avions rien à opposer au caprice indigène qu'une patience, fortement tempérée de craintes, qui se révéla juste. Le lendemain matin, aucun coolie ne parut et les Pawmines descendirent pour dire qu'ils ne pouvaient pas tenir leur promesse, le tsawbwa ayant refusé sa coopération. Le chef lui-même est arrivé peu après pour faire porter la responsabilité de l'échec aux Pawmines . L'instigateur probable de tout ce projet était le Nanlyaw. Tamone , qui, après une longue absence, se présenta brusquement dans notre camp, et que Sladen , ayant eu des preuves répétées de ses machinations, arrêta aussitôt comme espion ; mais à l'intercession pressante de ses amis, les Pawmines , il fut congédié avec la plus grande prudence de ne plus se montrer dans notre voisinage.

A ce moment-là, alors que tout espoir de sortir de notre prison de Ponsee semblait s'être évanoui, des lettres arrivèrent du gouverneur de Momien , informant Sladen qu'il était sur le point de prendre le terrain en personne, avec une force importante, pour attaquer Li- sieh . Tai, et chassez-le de sa forteresse de Mawphoo . Les lettres nous recommandaient en outre de ne pas tenter d'avancer au-delà de Manwyne jusqu'à ce que nous soyons informés de la défaite du partisan chinois. Une seconde lettre était une circulaire adressée aux chefs Kakhyen , les exhortant à apporter toute l'aide possible à l'expédition. Cela a immédiatement fourni un terrain d'observation idéal pour traiter avec nos amis des hautes terres, et il a été amélioré par Sladen . Les Kakhyens , les Birmans et les Shans avaient tous deux conçu des idées extravagantes sur la valeur de nos bagages, et montraient sans aucun doute que l'espoir d'en prendre possession en tout ou en partie était un motif puissant de leur action ou de leur inaction. Le chef commença donc à proclamer de tous côtés que, même si nous avions supporté allègrement les privations et les retards, dans l'espoir de nous concilier complètement avec les indigènes, ils ne devaient pas croire que notre patience était inépuisable . Si nous étions obligés d'abandonner tout ou partie de nos bagages, ils seraient entassés et brûlés avant notre départ ; ils perdraient ainsi le butin attendu et encourraient le risque de représailles futures ou de demandes de compensation et, surtout, s'aliéneraient certainement ceux qui cherchaient à être leurs amis. A cela les chefs répondirent en substance ainsi : « Ne nous blâmez pas pour vos malheurs ; nous avons toujours douté de la façon d'agir, à cause des nombreux avertissements que nous avons reçus contre le fait de vous aider à progresser. *Maintenant,* nous vous connaissons. Vous avez toujours été gentils avec nous et vous êtes un peuple puissant.

Aussi vexatoire et pénible qu'ait été notre détention à Ponsee , il est certain qu'avant cette période il aurait été tout à fait impossible de sortir de Manwyne , et notre résidence parmi ces tribus semi-sauvages servait à convertir leurs premiers soupçons en confiance et à impressionner. eux avec la valeur de notre amitié. La bonté uniforme avec laquelle tous les justes services étaient récompensés, contrastant avec le traitement auquel ils avaient été jusqu'ici soumis dans leurs relations avec les autres races, en particulier avec les Birmans, produisit progressivement son effet.

A cette époque, des lettres étaient reçues par l'intermédiaire d'une agence birmane, provenant de rien moins que Moung . Shuay Yah, dont on n'avait plus entendu parler depuis sa traîtresse désertion. Tout à coup , son nom fut prononcé *ad nauseam* par les partisans birmans, et deux Kakhyens arrivèrent avec des lettres prétendument écrites dans quelque halte du pays Shan ; mais les porteurs se contredisaient et ne savaient pas dire quand ni de qui ils avaient reçu les lettres. Le lendemain, une autre lettre fut apportée par l'un des membres du groupe des mineurs d'argent , qui, dit-il, Moung Shuay Yah lui avait donné quatorze jours auparavant, mais il avait *oublié* de le remettre. Le fait était que l'interprète était parti pour Momien , ayant entendu parler du changement de nos perspectives et de notre probable avancée vers cette ville. Comme il fallait, si possible, sauver les apparences, Moung Shuay Yah dans sa lettre a déclaré qu'il avait été obligé de fuir pour sauver sa vie de la colère de Sala. Heureusement, sa place était alors bien fournie par Moung Mo, que, on s'en souvient, Sala avait emmené avec lui, mais qui était revenu et s'était mis à la disposition de Sladen . Il a largement corroboré tout ce qui avait été dit auparavant sur les efforts du peuple Bhamô pour entraver notre progression. Des ordres avaient été reçus de Mandalay, faisant part du mécontentement du roi face à notre détention à Ponsee , et autorisant Sala à nous emmener à Manwyne , mais il avait répondu qu'après avoir été incité par les Birmans de Bhamô à se compromettre avec nous, il n'aurait plus rien à faire. à voir avec ça.

Notre chef supposait que le but exprès du stationnement des mineurs armés à Ponsée était de dissuader les Kakhyens de nous aider. Moung Mo, en outre, nous assura qu'il avait vérifié que Li- sieh -tai avait juré de s'opposer à toute tentative de notre part de pénétrer dans les États Shan, et il nous conseilla en aucun cas de nous rendre à Manwyne sans une insinuation des Panthays . que la route était ouverte. Une circonstance importante se produisit à cette époque : l'arrivée de messagers et d'un interprète chinois de Momien . Ils n'apportèrent aucune lettre, mais furent chargés par le Tah- sa - kon [22] de s'enquérir personnellement des véritables objectifs de la mission et de notre situation à Ponsee . Il s'est avéré que des lettres de Bhamô avaient informé le gouverneur que nous représentions une nation puissante alliée aux Chinois et ennemis des mahométans du monde entier, et que notre véritable objectif était de détruire la domination Panthay au Yunnan.

Sladen dissipa complètement ces soupçons et renvoya les envoyés complètement satisfaits de l'authenticité de nos intentions pacifiques. Les probabilités d'une avancée étaient cependant encore lointaines et incertaines, et la saison des pluies s'était plutôt installée, marquée par une succession constante d'orages et de fortes pluies. Des masses denses de brume roulaient sur la vallée comme de vastes rideaux qui s'avançaient, enveloppant les montagnes de leurs plis gigantesques et produisant un crépuscule artificiel, et des torrents de pluie descendaient sans cesse pendant trois ou quatre heures, trempant les tentes ; nos couvertures imperméables sauvent à elles seules les détenus d'une saturation complète, mais pas de l'inconfort total de vivre dans une flaque d'eau.

Une tempête mérite une description précise. Jusqu'à 16 HEURES le 12 avril, le vent soufflait en rafales fraîches et intermittentes du sud-ouest, mais à cette heure il y eut une accalmie soudaine ; Un tonnerre lointain résonnait parmi les montagnes, et de lourds nuages noirs s'amoncelaient ; quelques gouttes de pluie donnaient comme le signal d'une décharge de grêlons, ou plutôt de flocons de glace. Le vent soufflait en rafales violentes et le tonnerre grondait au-dessus de nos têtes , mais les éclairs étaient très faibles. Les grêlons étaient des disques circulaires de la taille d'un shilling, plats d'un côté et convexes de l'autre. Un noyau blanc de deux huitièmes de pouce de diamètre, et dans de nombreux cas avec une bosse proéminente de glace claire sur le côté convexe, formait le centre d' une zone pellucide entourée d'une zone opaque, à son tour enfermée dans de la glace claire ; la marge intérieure de cette zone externe était remplie d'une substance sombre, ressemblant à de la boue combinée à de délicats cristaux de glace ; le disque entier ressemble fortement à un œil de verre ; lorsqu'il est fracturé, le noyau se sépare sous la forme d'une petite colonne courte, plate à une extrémité et convexe à l'autre.

Pendant l'orage, qui dura vingt minutes, l'anéroïde monta de 26,62 à 26,65, et le thermomètre attaché enregistra 67°, la chaleur maximale pendant la journée ayant été de 84°.

Il était évident que la saison était fermée à des fins d'études techniques et d'exploration, ce qui, combiné à l'état réduit du Trésor, incita le chef de l'expédition à adresser une circulaire aux membres du groupe, leur soumettant les faits. , et suggérant qu'il serait dans l'intérêt du service public que les effectifs soient réduits afin de limiter les dépenses futures de transport. Il fallait en effet alléger le navire, et chacun était invité à réfléchir dans quelle mesure il pouvait contribuer à ce nécessaire travail. Sladen avait décidé de rester, *si nécessaire*, pendant quelques mois, jusqu'à ce que l'occasion se présente de visiter Momien , et, à tout hasard, de communiquer personnellement avec les Panthays ; mais il sentait qu'il devait remettre aux autres membres de l'expédition le pouvoir de revenir, d'autant plus que le travail pour lequel certains d'entre eux avaient été envoyés ne pouvait être exécuté. Cette circulaire fut envoyée le 17, et la nouvelle de la chute de Mawphoo et de la défaite totale de Li- sieh -tai nous parvint le 18 avril, et fut ensuite pleinement confirmée par des dépêches du Tah- sa - kon . annonçant sa victoire et nous écrivant d'avancer sous la protection de tous les chefs *en route* . Nos amis le tsawbwa et ses Pawmines , qui, jour après jour, « faisaient semblant », comme disent les enfants, pour discuter de projets visant à se procurer des mulets, furent évidemment très influencés par cela ; mais ils ne pouvaient s'empêcher de montrer leur avidité pour les roupies, et ils exigeaient continuellement qu'on en paye trois cents avant de partir.

Ce n'est que plus tard que nous apprîmes que tous ces Kakhyens , en particulier Sala, avaient toujours été de fidèles partisans de Li- sieh -tai, et que sa défaite totale les rendait profondément désireux de se concilier les Panthays victorieux .

Le tsawbwa se présenta d'une humeur très pénitente et, avouant toutes ses fautes passées, affirma sa détermination à renoncer à la boisson et à la débauche et à accomplir son devoir de chef. Liant ses doigts avec une secousse expressive, il jura un fidèle service à ses amis anglais, puis partit en compagnie de son chef Pawmine sur la route de Manwyne , où il espérait rencontrer le chef Seray et organiser les moyens de notre transport.

Comme si un nouvel ordre des choses s'était installé, notre camp était désormais quotidiennement rempli de Kakhyens , tous dans la plus haute bonne humeur . Les femmes du village descendaient *en masse* , apportant des cadeaux de volailles, d'œufs, de sheroo et de riz, mais les belles avaient le sens des affaires ; les perles, les miroirs, les pièces d'argent neuves et brillantes, et ce qu'ils semblaient le plus apprécier, le tissu rouge, étaient très demandés. Un commerce florissant s'établit dans les divers ornements, et ils se débarrassèrent de leurs colliers de perles, de leurs ceintures et jambières en rotan avec une grande joie, et même une ceinture en cloche, l'ornement distinctif de l'aristocratie Kakhyen, que jusqu'alors même les roupies n'avaient pas réussi à obtenir , fut maintenant acquis en échange de drap rouge; en effet, il semblait tout à fait possible d'acheter un Kakhyen *belle*, ornements, et tout, pour quelques mètres du matériau très prisé ; et ils rentrèrent chez eux avec une grande joie, dépouillés de leurs décorations, mais riches en perles et en étoffes. Certains sont venus solliciter une aide médicale ; les cas d'ulcérations graves, causées probablement par leur travail dans la jungle, et aggravées par la saleté, sont fréquents. La gratitude manifestée pour le soulagement apporté était montrée de manière touchante par les cadeaux, déposés avec une humilité effrayante qui montrait la croyance du donateur dans le lien intime entre le médecin et les nats . Chaque jour, les chefs et les habitants des villages les plus éloignés affluaient, et aucun n'arrivait les mains vides. Des cadeaux de riz, de légumes, de tabac et de sheroo étaient apportés non seulement dans l'espoir de cadeaux en retour, mais évidemment en signe d'amitié. Il ne pouvait y avoir aucun doute sur leur sentiment, à savoir que les étrangers qui se comportaient avec gentillesse et justice étaient les bienvenus. Ces pauvres gens des collines n'avaient presque jamais su ce que c'était que d'être traité avec confiance ; des deux côtés, les Birmans et les Chinois leur avaient fait du tort et les avaient opprimés. Monsig. Bigandet déclare qu'ils étaient autrefois caractérisés par une gentillesse géniale et une hospitalité immédiate envers les étrangers, mais que le traitement cruel qu'ils ont subi dans les villes birmanes et l'évasion frauduleuse du paiement de leurs services les avaient rendus méfiants, avides et perfides. Il n'est pas étonnant que la présence parmi eux d'étrangers de race inconnue, escortés par une force armée, ait d'abord été considérée par eux avec crainte et dégoût, et c'est avec une modeste fierté que nous nous souvenons de l'aimable attention. la confiance dans les étrangers qui avait surgi vers la fin de notre longue détention à Ponsee . Les gens des villages éloignés demandaient continuellement : « Pourquoi n'êtes-vous pas venus vers nous ? nous aurions alors dû avoir certaines des bonnes choses que vous avez apportées aux habitants de Ponsee . Le camp était perpétuellement plein ; les hommes, après avoir curieusement inspecté les nombreuses merveilles qui se présentaient, causaient et fumaient avec nos fidèles ; et les femmes, vieilles et jeunes, demandaient avec empressement de petites lunettes et des perles noires ou vertes, ces dernières étant les plus appréciées, et transformaient aussitôt leurs prix en décorations personnelles. Les jeunes femmes formaient des files, chacune serrant sa voisine dans une étreinte coquette, leur timidité avait disparu, elles bavardaient et flirtaient librement, et ne bronchaient même pas devant les photographies.

Les relations amicales avec ces visiteurs nous ont donné des occasions très appréciées d'enquêter sur leurs coutumes, leur vie nationale et sociale. Il n'y eut aucun retard dans la réponse aux questions, et le récit des retards et des difficultés pourrait bien être interrompu par quelques pages consacrées à ces montagnards. Ceux que nous avons vus le plus étaient tous des habitants du nord du Tapeng , mais certains des visiteurs venaient des collines du sud, et les caractéristiques générales distinguent à la fois ces clans et ceux que nous avons visités au retour, qui semblent être plus civilisés que leurs congénères du Nord. Il convient ici de reconnaître que le récit suivant de ce peuple a été rendu plus complet et plus précis par l'utilisation de quelques notes fournies par le major Sladen à partir de récits donnés par des indigènes, et par l'utilisation d'un précieux mémoire sur les territoires écrit par le savant et infatigable missionnaire, Mgr Bigandet , dont les plus chaleureuses sympathies ont été appelées pour ces pauvres montagnards, dont il disait : « Il est de la plus haute importance de les connaître, de leur caractère et de leurs habitudes, et d'être prêt à s'assurer de leur bonne volonté . , chaque fois que l'idée d'ouvrir des communications avec la Chine occidentale aura été sérieusement envisagée.

HOMMES KAKHYEN.

MATRONS KAKHYEN.

[21] *Tamone* , chef de village birman.

[22] *Tah- sa - kon* , un titre civil équivalent à celui de commissaire ou d'administrateur.

CHAPITRE V.
LES KAKHYENS.

Les Kakhyens ou Kakoos — Les clans — Leurs chefs — Villages de montagne — Culture et récoltes — Apparence personnelle — Costume — Armes et instruments — Tenue et ornements féminins — Travail des femmes — Sheroo — Moralité — Mariage — Musique — Naissances — Funérailles — Religion — Langue —Caractère— Comment les gérer—Notre parti.

Du sommet de la haute colline, appelée Shitee-doung , située à deux mille pieds au-dessus de notre camp, et qu'il devint possible de gravir pendant la dernière partie de notre séjour, on obtenait une vue étendue. De là, au nord, une mer de collines s'étendait à perte de vue ; au sud s'étendaient des chaînes de collines couvertes de forêts, sauf là où de petites clairières témoignaient de la présence de villages ; au nord-est, de hautes chaînes parallèles fermées dans une vallée étroite parcourue par une rivière qui serpente. Ces collines sont le pays des Kakhyens . Ces montagnards appartiennent à la race très répandue qui porte le nom de Singphos , Kakoos , etc. occupent les collines définissant le bassin de l'Irawady , jusqu'au mur de la plaine du Khamti , et sont probablement apparentées aux tribus montagnardes des Mishmees et des Nagas. Le nom Kakhyen est une appellation birmane ; ils se désignent invariablement comme Chingpaw , ou « hommes ». [23] Selon leurs propres dires, les collines au nord du Tapeng , à un mois de voyage, sont occupées par des tribus apparentées. Au sud du Tapeng , ils occupent les collines jusqu'à la latitude de Tagoung , et, comme je l'ai dit, nous les avons rencontrés au cours de notre voyage près du deuxième défilé. A l'est, on les trouve occupant les collines, et, mêlés aux Shans et aux Chinois, presque jusqu'à Momien . Ici, ils se heurtent pour ainsi dire aux Leesaws , qui peuvent être une race apparentée, mais qui ne sont pas identiques. Les deux principales tribus des collines de la vallée de Tapeng sont les Lakone et les Kowrie ou Kowlie , mais il existe de nombreuses subdivisions de clans. Tous seraient originaires du pays des Kakoos , au nord-est de Mogoung ; et Shans nous a informés qu'il y a deux cents ans, les Kakhyens étaient inconnus dans les vallées de Sanda et de Hotha. Pour donner un exemple de leurs migrations. La tribu Lakone a, à une époque très récente, chassé les Kowlies des rives nord vers les rives sud du Tapeng . Un chef Lakone , ayant épousé la fille d'un Kowlie , demanda l'autorisation de cultiver les terres appartenant à son beau-père ; recevant un refus, il en prit possession par la force et chassa les Kowlies de l'autre côté de la rivière jusqu'aux collines où ils habitent maintenant.

Parmi ces tribus montagnardes, le système de gouvernement patriarcal a jusqu'à présent prévalu universellement, bien qu'une obéissance certaine, ou plutôt incertaine, soit théoriquement due aux autorités birmanes ou chinoises. Ainsi les chefs Ponsee et Ponline avaient reçu chacun un parapluie en or et le titre de papada raza du roi de Birmanie. Chaque clan est dirigé par un chef héréditaire ou tsawbwa , assisté de lieutenants ou Pawmines , qui tranchent tous les différends entre les villageois. Leur charge est également héréditaire et proprement limitée au fils aîné, tandis que la chefferie revient au plus jeune fils ou, à défaut de fils, au plus jeune frère survivant. La terre suit également cette loi d'héritage, les plus jeunes fils héritant dans tous les cas, tandis que les aînés partent défricher les terres sauvages pour eux-mêmes. Entre Tsitkaw et Manwyne , on rencontre sept clans dirigés par des chefs distincts, chaque chef se considérant en droit d'exiger un péage de quatre annas par chargement de mule aux voyageurs traversant son district. La bienveillance du chef étant assurée par le paiement de son tribut ou par le chantage, celle du peuple suit naturellement. Lorsque le voyageur quitte les terres d'un chef, il est remis par son guide au chef suivant, et il est aussi en sécurité avec lui qu'avec le premier. Le tsawbwa est le propriétaire nominal de la terre, mais une suggestion faite à un villageois selon laquelle le chef pourrait l'expulser de sa propriété a été répondue par un mouvement de sciage significatif de la main sur la gorge. En règle générale, le chef est propriétaire des esclaves que l'on trouve partout parmi ce peuple. La plupart ont été volés alors qu'ils étaient enfants, mais des adultes sont également kidnappés. Les femmes deviennent concubines, les hommes sont bien traités s'ils sont travailleurs et volontaires. Les enfants des esclaves appartiennent au propriétaire, mais sont en réalité aussi bien traités que les membres de sa famille. Lorsqu'un tsawbwa se marie, il est censé offrir, entre autres cadeaux, un esclave à son beau-père. La valeur marchande d'un garçon ou d'une fille est d'environ quarante roupies, mais celle d'un homme ne dépasse pas vingt à trente roupies, ou d'un buffle.

Chaque maison verse au chef un tribut annuel sous forme d'un panier de riz. Chaque fois qu'un buffle est tué, un quart lui est présenté. Il est généralement commerçant et, outre la perception des péages, il tire un profit de la location de mules ou de coolies pour le transport. Sauf à cet égard, il était impossible de ne pas penser aux clans écossais des Highlands d'autrefois, tant les points de ressemblance étaient nombreux dans les coutumes et même dans le caractère de ces montagnards, mais, pour conjurer toute indignation possible, je m'empresse de d'ajouter qu'aucun parallèle n'est destiné à être établi, notamment en ce qui concerne leur morale ou leur vie sociale.

Les villages Kakhyen sont toujours situés à proximité d'un ruisseau de montagne permanent, généralement dans un vallon abrité, ou dispersés avec leurs enclos sur une pente douce, couvrant un mile de terrain. Les maisons, qui sont généralement orientées vers l'est, sont toutes construites sur le même plan que celui que nous occupons à Ponline . Les dimensions les plus habituelles sont d'environ cent cinquante à deux cents pieds de longueur et quarante à cinquante pieds de largeur. Ces grandes structures en bambou sont de véritables casernes. La première chambre est hospitalièrement réservée aux étrangers ; les autres forment les appartements de plusieurs familles, unies par le sang ou le mariage, qui composent la communauté domestique. L'entrée arrière est réservée à l'usage des membres de ces familles. Une demande sérieuse de compensation est née de l'inadvertance d'un de nos domestiques qui est entré par la porte familiale et a ainsi provoqué le nat domestique. Les avant-toits en saillie, soutenus par des poteaux ornés de crânes de buffles et de cochons, forment un portique où hommes et femmes se prélassent ou travaillent le jour, et où la nuit le bétail — buffles, mulets, poneys, cochons et volailles — sont hébergés, tandis qu'une clôture en bambou les protège d'éventuels voleurs ou léopards.

Près des maisons se trouvent de petits enclos où sont cultivés des coquelicots à fleurs blanches, des plantains et de l'indigo ; Le riz et le maïs sont cultivés ensemble sur les pentes et les collines adjacentes, soigneusement escarpées en terrasses, présentant souvent l'apparence d'un amphithéâtre . Le ruisseau est endigué près du point le plus élevé et dirigé de manière à déborder des terrasses et à rejoindre le canal à la base. Des conduits en bambou sont parfois utilisés pour acheminer l'eau vers des rizières ou des maisons éloignées. De nouveaux défrichements sont également réalisés chaque année par abattage et brûlage de la forêt sur les flancs des collines. Près de chaque village, on voit des sentiers désaffectés , creusés dans d'anciennes clairières et le long desquels un petit canal a été creusé. Le terrain défriché est défriché à la houe grossière, mais dans les terrasses cultivées, des charrues en bois sont utilisées. Les pluies excessives, qui affaiblissent le paddy et affaiblissent le rendement, sont les plus redoutées. En général, la fertilité naturelle du sol compense largement l'agriculture grossière par de belles récoltes de riz, de maïs, de coton et de tabac, d'excellente qualité. Près des villages, on cultive des pêches, des grenades et des goyaves ; et les forêts regorgent de châtaignes, de prunes, de cerises et de diverses mûres sauvages. Sur les pentes les plus élevées, les chênes et les bouleaux poussent en abondance, et de vastes zones sont couvertes de *Cinnamomum caudatum* et *de C. cassia* , dont l'huile est communément vendue sous le nom d'huile de cannelle. Des milliers de ces arbres sont abattus chaque année pour dégager de nouveaux terrains destinés à la culture et brûlés là où ils se trouvent. Une autre production naturelle est le théier (*Camellia thea*), qui pousse librement sur le versant oriental des collines, et laisse rêver de futures plantations de thé, cultivées par des Kakhyens améliorés ou des Shans et Paloungs importés .

Parmi les habitants des villages, tant ceux qui ont visité notre camp que les montagnards du sud aperçus sur le chemin du retour, la variété des visages est frappante. Cela peut être probablement dû au mélange de sang Shan et birman, mais on peut dire que deux types prédominent : celui aux traits fins qui rappelait les visages féminins des Cacharies et des Lepchas du Sikkim. L'œil oblique y est très fortement marqué et le visage est un ovale assez long et plutôt comprimé, avec un menton pointu, un nez aquilin et des malaires proéminentes . Une belle Kakhyen rencontrée à Bhamô , avec de grands yeux brillants et une peau claire, aurait presque pu passer pour une Européenne. L'autre type, et de loin le plus répandu, est probablement le vrai Chingpaw , présentant une face courte et ronde, avec un front bas et des malaires très proéminentes . La laideur des yeux légèrement obliques, séparés par un large espace, du nez large, des lèvres épaisses et saillantes et du large menton carré, n'est compensée que par l' expression bonne humeur . Les cheveux et les yeux sont généralement d'une nuance de brun foncé et le teint est chamois sale. La taille moyenne des hommes est de cinq pieds à cinq pieds six pouces et de quatre pieds six pouces à cinq pieds pour les femmes. Les membres sont légers, bien que bien formés, une particularité étant la brièveté disproportionnée des jambes. Ceci est également observable chez les Karens, avec lesquels les Kakhyens présentent une ressemblance générale, suggérant une origine commune, qui est en outre indiquée par leur langue. Bien qu'elles ne soient pas musclées, elles sont très agiles et les jeunes filles bondissent comme des cerfs le long des sentiers des collines, leurs mèches sombres et lâches coulant derrière elles. Ils descendaient des collines des charges de bois de chauffage et de planches de sapin que nous trouvions autant que nous pouvions soulever. Si intéressant et pittoresque que soit leur aspect, un examen plus attentif dissout l'enchantement prêté par la distance. Les personnes et les vêtements semblent n'avoir jamais été lavés, et la robe, une fois enfilée, n'est jamais changée jusqu'à ce qu'elle soit mise en pièces. Ni les hommes ni les femmes n'utilisent de peigne, et l'état de l'épais feutre des cheveux peut mieux être imaginé que décrit. Bien qu'ils ne semblaient jamais se laver sauf le visage, les mains et les pieds, certains hommes étaient de bons nageurs et plongeurs et exhibaient fièrement leur habileté, révélant ainsi le fait que leur corps était tatoué de points bleus, principalement sur la poitrine et le dos. La tenue vestimentaire des hommes se compose généralement d'une veste Shan et d'une culotte courte en tissu de coton bleu, soutenue par une ceinture en coton. Les cheveux sont enroulés dans un turban bleu ou parfois rouge ; la moustache et la barbe sont très rares, mais leur habitude d'éradiquer la croissance naturelle rend difficile tout jugement. Ils insèrent dans le lobe de l'oreille un morceau de bambou, ou un morceau de tissu rouge brodé, une feuille ou une fleur, ou un morceau de papier, nos vieux journaux étant très demandés ; et un certain nombre de fins anneaux de rotin entourent la jambe sous le genou. Il nous semblait que les hommes Kakhyen étaient prêts à adopter n'importe quelle tenue vestimentaire ; certains portaient même leurs cheveux en natte chinoise. Le « Red Pawmine », lors des grandes occasions, se présentait avec un turban rouge vif, une culotte à carreaux roses et une couverture rouge sur les épaules. Les chefs portent généralement des doudounes chinoises, des jambières faites de rouleaux de tissu bleu et des chaussures Shan. Ils se distinguent, surtout chez ceux qui adhèrent rigidement à l'ancien costume Kakhyen , par des cerceaux d'argent, ressemblant à des torques celtiques, et par un collier de perles ou de cylindres de terre ocre. Ceux-ci se trouvent dans le district de Mogoung et sont très appréciés, car ils sont réputés être l'œuvre authentique des nations de la terre . Certains Kakoos rencontrés à Sanda portaient un large morceau de tissu de coton bleu, avec une bordure rouge brodée d' étoffe de laine , comme un kilt, arrivant jusqu'au genou. Cela semble être la véritable robe des Kakhyen ; et elles portaient également leurs cheveux découverts et coupés droit sur le front, comme les jeunes filles Kakhyen . Aucun montagnard n'est jamais vu sans son *dah* ou son couteau ; il est à moitié gainé de bois et suspendu à un cerceau de rotin recouvert de drap brodé et orné d'une dent de léopard. Celui-ci est passé sur l'épaule droite, de manière à amener la poignée devant, prête à être saisie par la main droite. Deux sortes de dahs sont en usage : l'une est la longue épée, telle qu'en utilisent les Thibétains , longue de deux pieds et demi, avec une longue poignée cylindrique en bois, liée par une corde et terminée par un pompon rouge. L'autre est plus courte et plus large, s'élargissant de la poignée à la pointe tronquée. Ce couteau que les Birmans appellent « le chef des Kakhyen » ; on l'utilise avec une grande dextérité soit pour abattre des arbres ou des hommes, soit pour exécuter les fins entrelacs linéaires dont sont décorés leurs pipes à opium en bambou et leurs étuis d'éventails. On fait appel à lui dans chaque argument, et on l'attire avec la même empressement sur les ennemis visibles et les invisibles . Un jour, nous avons aperçu une femme à flanc de colline se tordant sur le sol, manifestement douloureuse. Un villageois qui passait est venu à son secours et a immédiatement sorti son dah, avec lequel il a exécuté plusieurs coupures en l'air sur la femme prostrée. C'était pour chasser le nat qui en avait pris possession ; il lui jeta alors de la terre sur la tête et courut au village chercher de l'aide pour la ramener chez elle. Durant la dernière partie de notre séjour, un des policiers de l'escorte , lors d'une vive dispute avec un visiteur de Kakhyen , fut sans sommation abattu par un coup de dah. Le sauvage décampa dans la jungle, laissant le cipaye saignant d'une entaille à la tête et d'une autre au bras, avec lequel il avait paré le coup et ainsi sauvé son crâne d'être fendu. Ces dahs sont fabriqués par les Shans de la vallée de Hotha, qui sont les forgerons itinérants du pays. Les autres armes sont une longue mèche à mèche et une arbalète avec des flèches empoisonnées avec le jus d'un aconit. Ils sont très utilisés à la chasse ; la chair autour de la plaie étant découpée, le reste de l'animal est mangé sans danger. Un article d'équipement invariable est un sac brodé porté sur l'épaule droite, contenant une pipe, une boîte de tabac, de chaux et de bétel, de l'argent et une flasque de sheroo en bambou . Un appareil des plus ingénieux fournit une lumière au tuyau constant. Il ressemble à un pistolet à popgun pour enfant et consiste en un petit cylindre de quatre pouces de long, ouvert à une extrémité, dans lequel est très étroitement ajusté un piston, avec une cavité en forme de coupe à l'extrémité inférieure. Dans celui-ci, une petite pastille d'amadou est placée, le piston est enfoncé intelligemment et retiré aussi rapidement lorsque l'amadou s'avère enflammé.

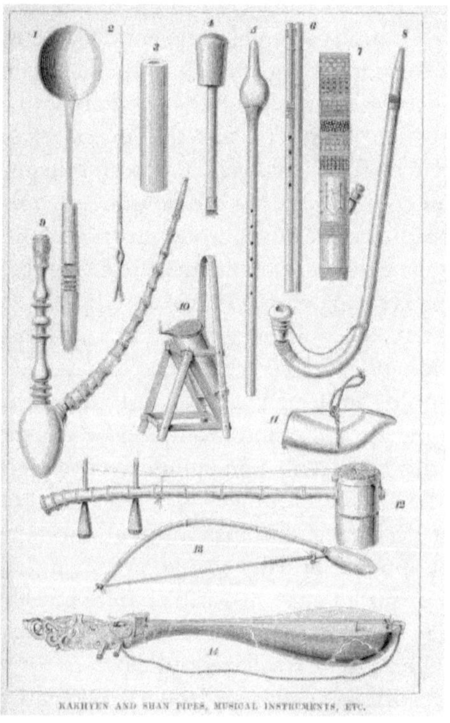

TUYAUX KAKHYEN ET SHAN, INSTRUMENTS DE MUSIQUE, ETC.

- Fig. 1. Louche Kakhyen pour la préparation de l'opium.

- 2. Pince à opium Kakhyen .

- 3. 4. Cylindre et piston Kakhyen pour allumer le feu.

- 5. Flûte Shan avec embout en gourde.

- 6. Double flûte Kakhyen .

- 7. Narguilé à opium Kakhyen (bambou).

- 8. Pipe à opium Kakhyen .

- 9. Narguilé à opium Kakhyen , l'embout constitué de la tige souterraine et le réceptacle à eau du segment d'un remarquable bambou aux entre-nœuds renflés.

- 10. Lampe chinoise en bambou.

- 11. Flacon de poudre Shan.

- 12. Violon Shan.

- 13. Inclinez-vous pour idem.

- 14. Guitare Shan.

Il convient de noter que les hommes fument invariablement de l'opium, mais sans excès ; nous les avons rarement vus, voire jamais, utiliser du tabac pour fumer, même s'ils étaient dépendants du tabac à mâcher. Le jus du pavot, qui s'écoule des incisions faites dans les capsules vertes, est recueilli sur des feuilles de plantain, qui sont séchées, et sous cette forme, l'opium est fumé soit dans des narguilés faits d'un segment de bambou de forme particulière, soit dans des pipes en laiton de Fabrication chinoise. On ne sait pas avec certitude si la culture et l'usage de l'opium se sont répandus depuis l'Assam ou depuis le Yunnan, mais nous l'avons trouvé universel depuis la plaine birmane jusqu'à Momien, bien que la méthode de le fumer chez les Kakhyens diffère totalement de celle des Chinois. Le Dr Bayfield, en 1837, observait à propos des Singphos , du côté ouest de la vallée de l' Irawady , que « de quelque source qu'elle dérive, la culture du pavot est maintenant universelle » ; et il décrit les méthodes de collecte et d'utilisation comme étant les mêmes, sauf que du tissu grossier était utilisé à la place des feuilles.

Les hommes s'emploient rarement aux travaux manuels ; quelques-uns des plus industrieux aident les femmes à abattre la jungle et à y mettre le feu, mais la majeure partie de ce travail est laissée aux femmes. En général, les hommes cultivent la terre ; mais entre les saisons, ils errent de maison en maison et de village en village, bavardant, buvant ou fumant. Les voyages pour écouler les produits ou transporter des marchandises, les excursions de chasse et les combats ou incursions occasionnelles ne sont pas considérés comme du travail . Ils ne travaillent pas les métaux, mais sont très habiles à orner les bambous ou les instruments en bois de sculptures. Les dessins de leurs entrelacs sont les combinaisons les plus simples de lignes droites et de figures grossières d'oiseaux et d'animaux, caractéristiques de l'art le plus primitif.

Les femmes Kakhyen ont adopté la veste courte et ample Shan, en coton bleu, coupée de drap rouge, diversement ornée, selon les moyens de celui qui la porte, de cauris et d'argent. Celui-ci couvre les bras et la poitrine, mais laisse la taille exposée, à l'exception d'une profusion de ceintures en rotin, ornées de lignes de graines blanches. Ceux-ci soutiennent également la jupe ou le kilt, qui s'étend des hanches jusqu'au genou, le bord de la jupe étant à carreaux rouges, bleus et jaunes. Les cauris forment une ornementation favorite de chaque partie du costume, et les filles des chefs portent de larges ceintures de ces coquillages. Outre la ceinture en cloche distinctive, de fins anneaux en rotin entourent la jambe sous le genou, mais aucune chaussure n'est portée. La plupart des matrones enroulent leurs cheveux dans les plis du turban Shan, mais la coiffure originale de Chingpaw est une puggerie de tissu brodé, torsadée autour de la tête, tandis que l'extrémité, frangée de perles, tombe gracieusement sur l'épaule. Les femmes célibataires ne portent pas de coiffure et coupent leurs cheveux carrés sur le front d'une manière qui n'est pas inconnue en Angleterre, tandis que leurs cheveux en arrière, non retenus par aucune attache, coulent derrière. Les oreilles sont percées à la fois au niveau des lobes et du cartilage supérieur. Dans ce dernier orifice est inséré un pan de tissu brodé, orné de petites perles vertes et noires ; des tubes d'argent, atteignant l'épaule, sont également portés par les *belles les plus riches*, tandis que les plus pauvres exposent des fleurs ou des feuilles fraîches. Tout semble convertible en boucle d'oreille : ainsi un chéroot, ou, comme nous le voyons, un poireau fraîchement cueilli, est enfoncé dans l'oreille. Tous ceux qui le peuvent portent des colliers de perles, mais les cerceaux d'argent appelés *gerees* et les komoung de perles ocres rouges sont particuliers au cou des demoiselles de haute naissance.

On a remarqué que les hommes sont opposés au travail , mais le sort de toutes les femmes, quel que soit leur rang, est un sort de corvée. Ils ne sont pas autorisés à manger avec les hommes et sont considérés comme de simples bêtes de somme, appréciées uniquement pour leur utilité ; mais ils semblent satisfaits de leur sort et sont toujours joyeux et légers. Leur activité vive contraste agréablement avec l'oisiveté de leurs seigneurs. Une grande partie, sinon la majeure partie, du travail sur le terrain leur incombe, et leur routine quotidienne est un travail incessant et dur . Leur première tâche le matin est de nettoyer et d'écraser le riz pour la consommation quotidienne, et tard dans la nuit, le bruit sourd du lourd pilon, accompagné de leurs cris sauvages réguliers et du tintement des cloches, devait être entendu. entendu. Ils vont chercher de l'eau au ruisseau et du bois de chauffage dans la jungle. Cette dernière tâche est des plus laborieuses, car les filles doivent chercher du bois sec, le couper en fagots et le rapporter à la maison sur leur dos. Leurs jambes nues sont souvent lacérées dans la jungle et les blessures, aggravées par la saleté et la négligence, forment des ulcères incurables. Beaucoup de ces cas ont été amenés dans notre camp pour y être soignés. Un autre effet du travail acharné et de l'exposition peut être observé dans la fréquence des cheveux gris chez les jeunes femmes, les mèches emmêlées, même chez les filles de dix et douze ans, étant abondamment argentées comme par une vieillesse prématurée.

travaux domestiques ordinaires comprennent la préparation du *sheroo* , ou bière Kakhyen , une boisson toujours très demandée. Ceci est considéré comme une tâche sérieuse, presque sacrée, les femmes, lorsqu'elles s'y consacrent, doivent vivre dans une réclusion presque vestale. Certaines herbes et racines séchées au soleil sont mélangées avec des piments et du gingembre, pour éviter l'interférence des organismes malins ; le mélange est pulvérisé avec du riz dans un mortier, et réduit en une pâte qui est soigneusement conservée sous forme de galettes, enveloppées dans des nattes. Du riz concassé mélangé à des plantains frais est trempé pendant une demi-journée et séché. Il est ensuite bouilli, ou « écrasé », avec une proportion appropriée de « médicament » ou de gâteau en poudre dans un *paungyaung* , ou cuve en bois, placé dans un chaudron en cuivre, d'où il est, après refroidissement et fermentation pendant une semaine dans un panier recouvert de feuilles, transféré dans un pot en terre étroitement couvert. Après vingt jours, le sheroo est apte à boire, mais il est meilleur s'il est laissé pendant six mois. Ceci forme le bouillon auquel on ajoute de l'eau, et le breuvage est offert dans un bambou fermé par une feuille de plantain fraîche. Cette liqueur ressemble à une très petite bière, mais elle est agréable et rafraîchissante. Une boisson similaire se retrouve chez les Lepchas de Darjeeling, qui s'en imprègnent à travers un roseau, les Looshais et les Nagas. Les Khyens et les Karens préparent aussi une bière de riz comme le *congee* des Birmans ; les Nagas préparent aussi le « moad » à partir de riz, et les Khamtis et Singphos de la vallée du Hookong distillent un esprit que ces derniers appellent *sahoo* ; mais les Kakhyens se procurent toutes leurs provisions de *samshu* , ou esprit de riz, auprès des Shan-Chinois.

C'est naturellement l'affaire des femmes de filer, teindre et tisser le coton cultivé sur place. Leur métier à tisser est d'une forme primitive, la même que celle utilisée chez les Khyens , les Munipoories et d'autres tribus du nord-est de l'Assam. Une extrémité de la chaîne est maintenue en position par des piquets enfoncés dans le sol, et l'autre est maintenue en position tendue par une large lanière de cuir attachée autour du dos de la femme lorsqu'elle est assise par terre, les jambes droites devant elle. Un long morceau de bois maintient les fils de chaîne ouverts, de sorte que la navette, longue de trente pouces et travaillée à deux mains, puisse passer facilement. Avec cela, ils produisent un tissu épais et résistant et tissent des motifs fantaisistes de rouge, de vert et de jaune. Ils sont également adeptes de la broderie en soie et en coton, qui s'applique uniquement à la décoration des sacs ou havresacks portés par les hommes.

Le code moral des Kakhyens a été représenté de diverses manières. L'impudicité avant le mariage n'est certainement pas considérée comme une honte. Si possible, les parents de la jeune fille s'efforcent de marier les amants, mais ce n'est pas un devoir impératif. Cependant, si une fille célibataire décède *enceinte*, le père de l'enfant est tenu de compenser ses parents par le présent d'un esclave, d'un buffle, d'un dah et d'autres articles, et d'offrir un festin aux habitants de la maison. A défaut, il risque d'être vendu comme esclave. Cela vient de la valeur accordée à une fille à marier, tant en ce qui concerne sa force de travail présente que son prix futur en tant qu'épouse, qui n'est pas diminuée par une indiscrétion.

L'infidélité après le mariage est un crime que le mari peut punir sur-le-champ par la mort des deux coupables. En cas de fuite de l'épouse, le mari a droit à des dommages et intérêts, fixés au double du montant qu'il a dépensé lors de son mariage. Les parents et les membres du clan de l'amant en sont tenus responsables, sous peine de querelle.

La cérémonie du mariage, outre les rites religieux, combine l'idée d'achat aux parents avec celle d'enlèvement, si fréquemment trouvée sous-jacente aux rites nuptiaux de races très éloignées. Un préalable essentiel est de faire prédire par le devin la fortune générale de la future épouse. Un article de sa tenue vestimentaire ou de ses ornements est acheté et remis au voyant qui, nous pouvons le supposer, étant ainsi mis *en rapport* avec elle, se met à consulter des présages et à prédire son *destin* ou sa destinée. Si cela est de bon augure, des messagers porteurs de cadeaux sont envoyés pour faire des propositions aux parents de la jeune fille, qui précisent la dot requise et acceptée par les envoyés. Tout étant réglé, deux messagers sont envoyés par le marié pour informer les amis de la mariée qu'un tel jour est fixé pour le mariage. Ils sont généreusement régalés et reconduits chez eux par deux de ses proches, qui promettent d'être dûment préparés. Le jour venu, cinq jeunes hommes et jeunes filles partent du village du marié vers celui de la mariée, où ils attendent la nuit dans une maison voisine . Au crépuscule, la mariée est amenée là-bas par l'une des jeunes filles étrangères, pour ainsi dire, à l'insu de ses parents, et on lui dit que ces hommes sont venus la réclamer. Ils partirent tous en même temps vers le village des mariés. Le matin, la mariée est placée sous un auvent fermé, à l'extérieur de la maison du marié. Bientôt arrive un groupe de jeunes hommes de son village, pour rechercher, comme on dit, une de leurs filles qui a été volée. Ils sont invités à regarder sous le dais, et priés, s'ils le veulent, d'emmener la jeune fille ; mais ils répondent : « C'est bien ; qu'elle reste là où elle est.

Tandis qu'un buffle, etc. sont tués en sacrifice, le marié remet la dot et exhibe le trousseau offert à sa fiancée. Un riche Kakhyen paie pour sa femme une esclave, dix buffles, dix lances, dix dahs , dix pièces d'argent, un gong, deux costumes, une mèche et une marmite en fer. Il présente également des vêtements et de l'argenterie aux demoiselles d'honneur et prend en charge les frais du festin. Pendant ce temps, le *toomsa* , ou prêtre officiant, a disposé des touffes d'herbe fraîche, pressées avec des bambous à intervalles réguliers, de manière à former un tapis entre le dais et la maison du marié. Les nats domestiques sont alors invoqués et une libation de sheroo et d'eau est versée. Volailles, etc. sont ensuite tués et leur sang est répandu sur le chemin d'herbe, par lequel la mariée et ses serviteurs se rendent à la maison et offrent des œufs à la coque, du gingembre et du poisson séché aux divinités de la maison. Ceci conclut la cérémonie à laquelle le marié ne participe pas. S'ensuit une grande fête. Outre le riz ordinaire, les plantains, le poisson et le porc séchés, le bœuf du buffle sacrifié et la venaison du cerf aboyeur, tous cuits dans de grandes marmites en fer, importés du Yunnan, constituent les plats. Des réserves abondantes de sheroo et de samshu chinois préparent les invités à la danse.

L'orchestre se compose d'un tambour formé d'une tige d'arbre évidée, recouverte aux deux extrémités de la peau du cerf qui aboie, d'une sorte de guimbarde en bambou, qui donne un son très clair, presque métallique, et d'un son simple ou double. flûte, avec un morceau de métal à l'intérieur d'une longue fente que l'interprète recouvre avec sa bouche. Il accompagne également la tension avec un vrombissement particulier, produit dans sa gorge. Le repas de noces se termine, comme toutes leurs festivités, dans une grande ivresse, dans le désordre et souvent dans une bagarre.

Le non-respect de la promesse devient un motif de querelle, les amis de la belle lésée mettant un point d' honneur à attaquer le village du contrevenant. Il existe une curieuse coutume selon laquelle une veuve devient l'épouse du beau-frère aîné, même si celui-ci est déjà marié. Le lendemain de la naissance d'un enfant, les nats de la maison sont apaisés par des offrandes de sheroo et le sacrifice d'un porc. La chair est divisée en trois portions, une pour le toomsa , une autre pour le tueur et le cuisinier, et la troisième pour le chef de famille. Les entrailles, avec les œufs, le poisson et le gingembre, sont déposées sur les autels, tous les villageois sont invités à un festin et les sheroo sont distribués par ordre d'ancienneté. Après que tous aient bu, l'homme le plus âgé se lève et, désignant l'enfant, dit : « Ce garçon, ou cette fille, s'appelle tel et tel. » Lorsqu'un Kakhyen meurt, la nouvelle est annoncée par le déclenchement de fusils à mèche. C'est un signal pour tous de se rendre à la maison de la mort. Certains coupent des bambous et du bois pour le cercueil, d'autres préparent les rites funéraires. Un cercle de bambous est enfoncé dans le sol, incliné vers l'extérieur, de sorte que le cercle supérieur soit beaucoup plus large que la base. A chacun un petit drapeau est attaché, de l'herbe est placée entre ce cercle et la maison, et le toomsa disperse de l'herbe sur les bambous et verse une libation de sheroo . Un porc est ensuite abattu, et la chair cuite et distribuée, le crâne étant fixé sur l'un des bambous. Le cercueil est constitué du tronc évidé d'un grand arbre, que les hommes abattaient avec leurs dahs. Juste avant de tomber, un oiseau est tué en se précipitant contre la tige chancelante. L'endroit où doit reposer la tête est noirci avec du charbon de bois et un couvercle est construit. Le corps est lavé par des hommes ou des matrones, selon le sexe, et habillé de nouveaux vêtements. Une partie du porc, du riz bouilli et du sheroo sont placés devant lui, et une pièce d'argent est insérée dans la bouche pour payer les frais de ferry sur les ruisseaux que l'esprit devra peut-être traverser. Il est ensuite mis en cercueil et transporté dans la tombe au milieu des coups de feu. La tombe a environ trois pieds de profondeur et trois morceaux de bois sont posés pour soutenir le cercueil, qui est recouvert de branches d'arbres avant que la terre ne soit remplie. Les vieux vêtements du défunt sont déposés sur le monticule et le sheroo est versé . dessus, le reste étant bu par les amis qui l'entourent. En revenant, les personnes en deuil jonchent le chemin du riz moulu et, à proximité du village, elles se nettoient les jambes et les bras avec des feuilles fraîches. Avant de rentrer dans la maison, tous sont lustrés d'eau par le toomsa à asperge d'herbe, et passent sur un fagot d'herbe aspergé du sang d'un oiseau sacrifié pendant leur absence à l'esprit des morts. Manger et boire terminent la journée. Le lendemain matin, une offrande d'un porc et d'un sheroo est faite à l'esprit du mort, et une fête et une danse ont lieu jusque tard dans la nuit et reprennent le matin. Un dernier sacrifice d'un buffle en l'honneur des nats de la maison a alors lieu, et le toomsa brise la clôture en bambou, après quoi la danse de la mort finale [24] réussit à chasser l'esprit, qui est censé s'attarder encore autour de son ancienne habitation. Dans l'après-midi, une tranchée est creusée autour de la tombe et le couvercle conique déjà décrit est érigé, les crânes de porc et de buffle étant apposés sur les poteaux.

Les corps de ceux qui ont été tués par balle ou par acier sont enveloppés dans une natte et enterrés dans la jungle sans aucun rite. Une petite hutte ouverte est érigée sur place à l'usage des esprits, pour lesquels sont également placés un dah, un sac et un panier. On pense que ces esprits hantent les forêts sous le nom de *munla* , comme les *tuhsais birmans* , ou fantômes, et qu'ils ont le pouvoir de pénétrer dans les hommes et de leur donner une seconde vision des actes de violence. Les rites funéraires sont également refusés aux personnes qui meurent de la variole et aux femmes qui meurent en couches. Dans ce dernier cas, on pense que la mère et son enfant à naître deviennent un effrayant vampire composé . Tous les jeunes gens s'enfuient de la maison, effrayés, et on a recours à la divination pour découvrir quel animal le mauvais esprit dévorera et un autre avec lequel il transmigrera. Le premier est sacrifié, et une partie de la chair est placée devant le cadavre ; le second est pendu, et une tombe est creusée dans la direction vers laquelle indiquait la tête de l'animal mort. Ici, le cadavre est enterré avec tous les vêtements et ornements portés au cours de sa vie, et un brin de paille est brûlé sur son visage, avant que les feuilles et la terre ne soient remplies. Tous les biens du défunt sont brûlés sur la tombe et une cabane est érigée. au-dessus. La danse de la mort a lieu, pour chasser l'esprit de la maison, dans tous les cas. L'ancienne coutume semble avoir été de brûler le corps lui-même, avec la maison et tous les vêtements et ornements utilisés par le défunt. Cela se produisait également si la mère mourait dans le mois suivant l'accouchement et, selon une déclaration indigène, l'enfant était également jeté au feu, avec l'adresse : « Emportez votre enfant » ; mais si auparavant quelqu'un réclamait l'enfant en disant : « Donnez-moi votre enfant », il était épargné et appartenait à l'adoptant, le véritable père ne pouvant à aucun moment le récupérer.

Ces cérémonies montrent le caractère de la religion du peuple. Encerclés comme ils le sont par des populations bouddhistes, ils adhèrent à l'ancienne forme de culte des bons et des mauvais esprits. Les missionnaires français n'ont pu produire sur eux aucun effet. Une vague idée d'un Être Suprême existe parmi eux, puisqu'ils parlent d'un nat sous la forme d'un homme nommé Shingrawah , qui a tout créé. Ils ne l'adorent pas, mais le révèrent, « parce qu'il est très grand ». Comme le montrent leurs rites funéraires, ils croient en une existence future. Tsojah est la demeure des hommes bons ; et ceux qui meurent de mort violente, et les mauvais caractères en général, vont à Marai. Aux questions sur l'emplacement et les conditions de ces lieux, un Kakhyen intelligent répondit : « Comment puis-je le savoir ? personne ne sait rien.

Les objets de culte sont les nats bénins ou malins ; le premier comme Sinlah , l'esprit du ciel, qui donne la pluie et les bonnes récoltes ; Chan et Shitah , qui font lever le soleil et la lune. Ils les adorent « parce que leurs pères l'ont fait et ont dit à leurs enfants qu'ils étaient bons ». Cringwan est le bienfaiteur de l'agriculture, mais les méchants nats doivent être soudoyés pour ne pas ruiner les récoltes. Lorsque le terrain est défriché pour les semailles, Masoo est apaisé avec du porc et des volailles, enterrés au pied des autels du village ; lorsque le riz est épié, des buffles et des cochons sont sacrifiés à Cajat. Un homme sur le point de voyager est placé sous la garde de Muron, le toomsa , après les sacrifices qui lui sont dûs, lui demandant de « dire aux autres nats de ne pas faire de mal à cet homme ».

La négligence de Mowlain entraînera le manque de *compraw* , ou d'argent, le grand objet du désir d'un Kakhyen , et si les chasseurs s'abstiennent de faire des offrandes à Chitong , quelqu'un sera tué par un cerf ou un tigre. Chitong et Muron sont deux des dix frères qui s'intéressent particulièrement aux affaires de Kakhyen , et un autre nommé Phee est le gardien de la nuit. Chaque colline, forêt et ruisseau a son propre nat , plus ou moins puissant ; chaque accident ou maladie est l'œuvre d'un de ces « ministres aveugles » malveillants ou vindicatifs. Découvrir qui peut être le nat particulier , ou comment il doit être apaisé, est l'affaire du toomsa . Il prescrit et assiste à tous les sacrifices, et appelle les nats à recevoir leur part, qui, avec une piété économique, consiste généralement en les abats. La méthode extraordinaire de consultation de la volonté des nats par un médium possédé a déjà été décrite. Le meetway est distinct du toomsa , ou prêtre régulier, mais il n'y a pas de caste sacerdotale, la succession étant entretenue par une sélection naturelle et un apprentissage. Le village de Toomsa pratique les augures à partir d'os de volaille, de présages et de fractures d' herbe nulle brûlée , en plus de maintenir la communication avec le monde des esprits. Outre les sacrifices occasionnels, au moment des semailles, un sacrifice solennel est offert à Ngka , l'esprit de la terre. Toute la communauté y participe, et les quatre jours suivants sont observés comme un sabbat strict, sans travail ni voyage.

Au moment des récoltes, Sharoowa et sa femme sont vénérés de la même manière par le chef et les villageois. Tous les animaux sacrifiés doivent être des mâles, mais des vêtements et des ornements de femme sont offerts à la femelle nat. Les *namsyang* , ou nats tutélaires du village, sont aussi mari et femme ; lui dirigeant la partie occidentale et elle la partie orientale ; ils sont vénérés deux fois par an avec d'autres nats par les tsawbwa . Tout le monde se rend au chef du village, le chef offre des buffles, etc., et un grand festin est organisé. Les crânes des animaux offerts et mangés sont apposés sur la maison du tsawbwa , où ils demeurent en mémoire de sa piété et de son hospitalité.

Ces saisons récurrentes des semailles en mai et juin et des récoltes en décembre nous semblaient être les seules divisions du temps connues de ces montagnards, mais on disait qu'elles avaient une succession de mois. [25]

La langue des Kakhyens est monosyllabique et est parlée sur un ton ascendant, chaque phrase se terminant par un long « ee » dans une tonalité plus haute, donc — « Chingpaw poong -doon tan-key- ing *ee* ?" « Est-ce que les Kakhyens dansent ? Monsig. Bigandet dit : « C'est le même que celui utilisé par toutes les tribus Singpho , et ressemble beaucoup à celui des Abors et des Mishmees , et d'autres tribus des contreforts sud-ouest de l'Himalaya. La prononciation est douce et facile, et la construction des phrases simple et directe comme en anglais. Il est totalement différent des Birmans et appartient à un groupe complètement différent. Nous en trouvâmes très peu qui parlaient le birman, à l'exception des Ponline et des autres chefs bordant la plaine ; mais presque tous les chefs au nord et au sud du Tapeng , ainsi qu'un grand nombre de membres de leur clan, pouvaient parler chinois, et quelques-uns, comme les chefs de Mattin, Seray, etc., pouvaient écrire le chinois ; mais les Kakhyens ne possèdent pas de caractères écrits qui leur soient propres.

En tant que guerriers, les Kakhyens ne peuvent pas être classés haut. Aussi belliqueux et vengeurs qu'ils soient, enclins à exiger l'expiation d'un tort ou d'une querelle jusqu'au bout, leurs attaques sont toujours faites furtivement, et généralement la nuit ; on peut dire qu'ils s'accroupissent et bondissent comme le tigre. En tant que chasseurs, d'après ce que nous avons pu savoir, ils ne sont pas très audacieux, mais nos possibilités d'observation étaient limitées et les collines autour de Ponsee ne semblaient pas contenir beaucoup de vie animale. Leur principale proie est le cerf qui aboie, mais on dit que l'on y trouve parfois des léopards et des porcs-épics, et des éléphants sauvages seraient des visiteurs occasionnels. Le rat de bambou, féroce et pugnace, est considéré comme une récompense délicate et précieuse. Les jeunes garçons installent d'ingénieux pièges pour les oiseaux de la jungle et les faisans. Une clôture miniature faite de tiges d'herbes hautes de la jungle est construite sur le flanc de la colline sur deux cents pieds, à travers laquelle de petits passages sont ouverts. A chacune d'elles, un bambou souple est fermement fixé à une extrémité, tandis que l'autre est légèrement fixée au sol. Un nœud coulant fixé à cette extrémité attrape les oiseaux, qui sont hissés dans les airs comme des taupes dans le piège familier. Nous observâmes aussi des garçons chaulant ingénieusement de petits oiseaux, avec de la glu obtenue à partir de la racine d'une plante. Celui-ci était enduit sur les pointes d'un trident en bois fixé dans un manche en bambou, caché dans la jungle bordant un chemin. Sur une corde passant par le trident, un certain nombre de fourmis étaient fixées de manière à pouvoir bouger leurs ailes ; le battement constant incitait les oiseaux à se percher sur le trident et à se faire attraper. Les petits garçons étaient stimulés dans la poursuite des « petits cerfs » et de toutes sortes d'oiseaux par les récompenses données pour chaque spécimen. La collecte et la préservation de toutes sortes d'êtres vivants étaient une source constante d'émerveillement pour les Kakhyens , ainsi que de gains. Même les jeunes tsawbwa ont attrapé l'infection et, poussés par l'avidité ou la gratitude pour l'aide médicale, ont amené un jeune exemple de singe à face rouge, étroitement lié au *Macacus tibetanus* (Milne-Edwards).

Il sera évident qu'il s'agit d'une race de montagnards parfaitement sauvages, se procurant la plupart des nécessités de la vie grâce à une culture grossière. Ils dépendent entièrement de leurs voisins pour le sel et le poisson séché ; et comme leurs maigres récoltes fournissent peu de superflu, leur grand objectif est d'obtenir *de la compraw* , avec laquelle acheter ce dont ils ont besoin. Ils n'élèvent pas d'animaux mais des cochons ; et les buffles qu'ils possèdent ont été volés dans les plaines. Cette habitude de « lever du bétail » les amène à être considérés comme des hors-la-loi naturels par les Birmans ; d'où l'état constant d'hostilité et de représailles de part et d'autre. Depuis l'époque de notre visite, les montagnards ont été mieux traités à Bhamô , et une zayat a été érigée pour leur usage à l'extérieur de la palissade, en plus d'une construite pour eux près de la résidence britannique ; mais aucun Kakhyen ne peut entrer ou sortir de la ville sans laissez-passer, pour lequel il doit payer un péage, ce droit de permis étant cultivé par les habitants de Bhamô . Il faut admettre que, que leur caractère ait été détérioré par une injustice frivole de la part des commerçants chinois, ou par l'extorsion et les torts autoritaires de la part des Birmans, ils sont à l'heure actuelle paresseux, voleurs et indignes de confiance. Leur curiosité sauvage les amène à fouiller dans chaque colis qui leur est confié. Pendant le voyage de retour, toutes les boîtes de collecte furent ouvertes et chaque spécimen déroulé et examiné, avec quelle confusion totale on peut imaginer. Ils s'estiment en droit de faire chanter tous ceux qui passent par leurs districts, et chaque petit chef tente de se présenter comme un tsawbwa indépendant , avec un contrôle total sur la portion de route proche de son village.

Cependant, comme toute mission ou convoi commercial doit passer par leurs collines, et qu'une justice forte et impartiale doit caractériser toutes nos relations avec eux, on ne pensera pas à la présomption de suggérer quelle semble être la méthode la meilleure et la plus juste pour les traiter. . Il est bien établi que les Kakhyens eux-mêmes ne possèdent pas de mules, ou du moins si peu qu'elles ne suffisent pas pour le transport d'une grande quantité de bagages ou de marchandises. Lorsque les chefs ont été employés à se procurer des mulets, ils les louent aux Shans , agissant ainsi comme intermédiaires, et réalisant dans notre cas un profit exorbitant. Leurs habitudes incurables de vol et d'ingérence dans la curiosité les rendent inaptes à être employés comme porteurs. Toutes les bêtes de somme et les coolies, si nécessaire, devraient être achetés soit en Birmanie, soit par des agents directs, en les louant dans les districts Shan soumis à la Chine ; dans ce dernier cas, aucun paiement anticipé ne doit être effectué. Les chefs des Kakhyens occupant la partie de la route située à l'intérieur de la frontière birmane devraient être convoqués à Bhamô par les autorités birmanes à la demande du résident britannique, et, une somme appropriée, en reconnaissance de leurs redevances territoriales, étant fixée, doivent être informés que cette somme sera payée à la Résidence dès que le passage en toute sécurité sur leur territoire sera effectué et certifié. Une démarche similaire peut être suivie en communiquant avec les autorités chinoises en ce qui concerne ceux qui vivent à l'intérieur de la frontière chinoise. Les tâches à accomplir par les chefs devraient se limiter à garantir un passage tranquille et à fournir le logement ou les fournitures nécessaires. En ce qui concerne l'ouverture d'une route commerciale, il faudrait fixer un tarif équitable : cela a été fait par les Chinois et pourrait être également réalisé par les Birmans. Les chefs de montagne pourront alors être tenus de maintenir les routes ouvertes et en état, et de réprimer toute tentative de brigandage, sous peine d'amende et d'autres sanctions. Il faut cependant remarquer, en toute déférence envers la branche politique de notre service, qu'on ne peut s'empêcher de penser qu'il sera nécessaire dans tous les cas que nos résidents ne délivrent pas de convocations et d'ordres indépendants aux chefs de colline. Le ressentiment des Birmans n'a pas été anormalement excité par le fait que des officiers britanniques traitaient, indépendamment du Woon , avec les chefs, nominalement au moins, qui lui étaient subordonnés en tant qu'officier du roi de Birmanie. Il incombe certainement au résident britannique dans la ville d'une puissance étrangère indépendante de coopérer et de reconnaître les autorités locales, et de cultiver une *entente cordiale* avec elles. Si cette politique est systématiquement observée, les Birmans seront plus justement et plus justement tenus responsables de la conduite des chefs qu'ils prétendent dépendre de leur autorité et qui ont accepté les titres et insignes du roi de Birmanie. Il peut paraître fantaisiste de suggérer des voies et moyens permettant de supprimer les difficultés de la route pour un futur commerce ; mais le passage d'une mission, ou de futurs explorateurs du pays intéressant au-delà des collines de Kakhyen , ne sera qu'ainsi rendu possible. Les arrangements doivent être pris avec les Birmans et les Chinois ; les Kakhyens , n'étant considérés que comme des gens isolés, payaient leur dû, non par peur, mais par justice généreuse ; tandis qu'ils sont sévèrement réprimés et enseignent leur propre insignifiance et presque leur inutilité. Ces remarques peuvent ressembler à un exemple de fermeture de la porte après le vol du coursier ; mais si le plan proposé diffère considérablement de celui poursuivi par notre expédition, rappelons que nous étions des pionniers dans un pays inconnu, tâtonnant à travers des tribus et des populations dont les relations politiques étaient alors aussi peu connues que l'étaient les relations politiques. difficultés physiques du parcours que nous avions été chargés d'explorer au milieu d'eux.

Ces observations sont le résultat de l'expérience acquise au cours de cette première tentative, et les opinions alors formées ont été confirmées dans une occasion plus récente, alors qu'il n'était pas en mon pouvoir de faire aucune application pratique de la connaissance des voies et des chemins. habitudes des montagnards autrefois acquises.

Si le lecteur est un peu fatigué des Kakhyens , il comprendra mieux la période lassante et anxieuse que nous avons vécue à Ponsee , car tout au long du mois d'avril nous avons tour à tour espéré et désespéré de nous évader de notre prison à ciel ouvert. À la fin de cette période, notre groupe fut réduit en nombre par le départ de Williams et Stewart, qui donnèrent suite à la circulaire déjà mentionnée émise par le chef de la mission. Ils partirent, sous la conduite de Moung Mo, le 29 avril, et atteignirent Bhamô sans retard ni difficulté.

[23] « En langue Mou-tse et Kong un homme se dit *Ho -ka* ,
en langue Kho il se dit *Kasya* . » —'Voyage d'Exploration',
tome je . p. 378.

[24] Voir *supra* , page 77.

[25] Lors d'une visite ultérieure, le tsawbwa de Mattin a déclaré que l'année 1874 était l' année Kakhyen 1320 ; et la liste de mois suivante fut donnée au Père Lecomte : — (février) Ra, Wot, Shila , Cheetung , Shenan, Shimerray , Kopes -hay, Kopetang , Kala, Majea , Mahah, Hro (janvier).

CHAPITRE VI.
MANWYNE À MOMIEN.

Départ de Ponsee —Vallée du Tapeng —Une foule curieuse—Notre khyoung —Matines—La ville de Manwyne —Visite du haw—Les tsawbwa-gadaw —Une manifestation armée— Karahokah — Sanda—Le chef et son petit-fils— Muangla —Shan cimetières — Le Tahô — Un voyageur assassiné — Vallée de Mawphoo — Muangtee — Nantin — Vallée de Nantin — Les sources chaudes — Attaqué par les Chinois — Volcan Hawshuenshan — Vallée de Momien — Arrivée à la ville.

Après divers rapports et échanges de lettres entre nous et les Panthays , tendant à lever tout doute dans l'esprit de ces derniers, nous apprîmes que les représentants des États Shan étaient venus à Manwyne . Un léger indice du ressentiment inchangé du peuple Bhamô fut donné dans l'emprisonnement de Moung Mo, qui avait servi de guide à Williams et Stewart ; Cependant, une vigoureuse remontrance adressée au Woon fut suivie de sa libération et de son retour au camp.

Le 8 mai, les représentants Shan arrivèrent. L'apparition de ces hommes blonds, civilisés et intelligents, vêtus de bleu foncé de la chaussure au turban, fut un grand soulagement. Ils nous assurèrent que nous pouvions aller de l'avant et nièrent avoir entretenu aucun sentiment d'hostilité. Des hommes furent envoyés à Manwyne pour amener des mules, et notre départ pour cette ville le lendemain fut décidé.

C'était amusant de voir le Pawmine agir comme un cicerone et exposer les merveilles de notre mobilier de camp aux Shans curieux . Ils se plaignaient amèrement de l'état instable du pays et déclaraient que notre présence avait déjà contribué à rétablir l'ordre. L'un de leurs griefs était qu'ils ne pouvaient pas commercer avec Bhamô en raison de l'extorsion et du pillage pratiqués par le Woon et son peuple sur les commerçants qui y séjournaient.

Le Ponsée les Pawmines faisaient de leur mieux , et même la question épineuse de la location des mules était enfin réglée. Le tsawbwa déclara que chaque homme, femme et enfant était le meilleur pour notre séjour, et nous supplia de le favoriser en choisissant cette route comme route de retour et d'en faire l'usage que nous voulions de lui.

Les Shans descendirent très tôt le matin du 11 mai pour annoncer que suffisamment de mules étaient arrivées. Nous avons fait nos valises avec bonne volonté et, à huit heures, les mules sont effectivement apparues. Au dernier moment, Pawmine « Death's Head » a tenté de créer du désordre à propos d'une photo prise de sa maison. Il a déclaré que sa femme et son fils étaient depuis malades et que le photographe les avait ensorcelés, pour se venger du vol de notre vache. Un autre Pawmine exigeait un péage de deux roupies par mule et menaçait d'imposer un embargo. C'était trop. Un refus court et sec, souligné par un revolver, a agi comme par magie, et les pattes-mines se sont faufilées, complètement découragées.

À onze heures et demie, nous quittions le lieu de notre longue détention. La rareté des mules nous a obligés à abandonner nos tentes et à faire confiance pour notre futur abri à l'hospitalité des citadins *en route* .

La route était assez plate sur environ un mile, jusqu'à Kingdoung , d'où une descente raide menait à un vallon relativement plat, entouré de collines de tous les côtés sauf un, couvert de rizières en terrasses inondées, tandis qu'ici et là le sol était être brisé par des hommes et des garçons avec de grandes houes.

La descente raide vers ce creux alluvial pourrait être facilement évitée par une route longeant un éperon à l'est, descendant vers le Tapeng . Ici, de nombreux petits ruisseaux se jettent dans le Tapeng , venant du sud et du nord, dont le plus grand s'appelle le Thamô . Depuis le bassin versant nord-est, nous obtenons une belle vue sur la vallée de Tapeng , qui s'étend vers l'est-nord-est, puis descendons jusqu'au niveau de la rivière par une pente progressive, sur des collines herbeuses arrondies et des cours d'eau asséchés. . En chemin, nous avons été accueillis par les tsawbwa-gadaw de Muang- gan , accompagnés d'un groupe de demoiselles offrant du riz cuit, du sheroo frais et des fleurs. Après une courte halte pour un rafraîchissement et une conversation amicale avec la vieille dame, dont l'hospitalité fut dûment récompensée par des perles, nous avons emprunté une belle route large de six pieds. D'une éminence, nous regardions le Tapeng entrer dans les collines par une gorge étroite et sombre, qui engloutissait le large ruisseau placide, descendant du nord-est entre de basses rives de sable blanc. En regardant vers le haut de la rivière, la vallée plate s'étendait jusqu'à ce qu'au loin les chaînes frontalières, distantes de trois ou quatre milles au premier plan, semblaient presque se rejoindre. Ces montagnes déterminantes s'élevaient à trois mille pieds, et d'autres, encore plus hautes, se dressaient à l'arrière-plan, tandis qu'une chaîne plus élevée, s'étendant presque à angle droit par rapport à elles, couronnait l'horizon lointain. Le terrain plat des deux côtés de la rivière était morcelé en d'innombrables rizières qui, avec les nombreux villages situés sur les plus hautes ondulations au milieu de bosquets de bambous et d'arbres fruitiers, attestaient la présence d'une population nombreuse et industrieuse. Les étendues de sable exposées sur les berges du fleuve suggèrent de fortes inondations pendant la saison des pluies ; mais à cette époque, l'eau était puisée par de nombreux canaux et brillait en petits lacs, d'où les brins verts des jeunes plants de riz sortaient à peine la tête. Les pentes douces qui s'étendaient jusqu'au pied des collines et les versants inférieurs offraient de riches pâturages à de grands troupeaux de bovins et de buffles. Dans les différents villages, de grandes foules de Shans et de Chinois étaient rassemblées, attendant les étrangers. A un moment assez important, des nattes nous furent disposées sous les arbres, et nous fûmes interpellés par les fonctionnaires de Manwyne , qui s'adressèrent à notre chef en quelque sorte en ce sens : « Vous dites que vous êtes un homme d' autorité, donc nous vous permettons de passer." Ce n'était pas l'étiquette de leur prêter attention, et montant sur leurs poneys, ils tombèrent à l'arrière de la cavalcade, avec une foule de garçons derrière eux. En dehors de Manwyne même, une foule dense d'hommes, de femmes et d'enfants entourait nos bagages, qui avaient été déchargés pêle-mêle sur une étendue de sable où nous devions camper. A peine avions-nous mis pied à terre que la foule se pressait. Ils ne semblaient en aucun cas amicaux, et les Chinois particulièrement se moquaient et huaient, et un type a eu l'impudence de sentir la texture de la barbe d'un membre de notre groupe . Il est impossible de concevoir un groupe de touristes plus curieux et, pendant un certain temps, ils nous ont régulièrement bloqués, presque jusqu'à l'étouffement. Alors qu'ils attendaient avec impatience les officiels, en plein soleil de l'après-midi, les deux parties ont trouvé très intéressant de s'observer mutuellement. Pour nous, la première vue des vêtements particuliers mais pittoresques des belles femmes Shan était probablement aussi attrayante que nos physionomies et nos vêtements semblaient l'être aux indigènes. La coiffure était un long turban bleu, enroulé en plis en forme de croissant avec une précision soignée, s'élevant à près d'un pied au-dessus de la tête et incliné vers l'arrière en un cône inversé, montrant l'arrière de la tête orné de grands disques d'argent. Ajoutez à cela de jolies petites vestes blanches ou bleues coupées de rouge, fermées par des broches d'argent émaillé et laissant apparaître de petits bras potelés ornés de lourds bracelets d'argent, des jupons bleus aux bordures de soie profondément brodées, des guêtres fantaisistes et des chaussures bleues, et le lecteur peut imaginez que la foule curieuse de Manwyne était pittoresque.

Shans à l'air prospère .

Les hommes, Shan et Chinois, étaient tous vêtus de vestes et de pantalons bleu foncé, les Shans se distinguant par des turbans bleus avec la queue de cochon enroulée dans leurs bobines, tandis que les Chinois portaient des calottes. Presque tous portaient des pipes à long tuyau. Après un certain délai et des discussions avec les chefs, nous avons été intronisés dans un khyoung ou temple bouddhiste, situé dans une cour séparée juste à l'intérieur de la ville, mais nous sommes entrés par une porte qui lui est propre dans les murs de la ville. C'était un bâtiment bas et carré, face à la rivière, construit en partie en briques et en partie en bois, sur des fondations en moellons et couvert de tuiles cuites.

Il avait deux toits, le supérieur en lui-même un peu comme un khyoung plus petit perché au sommet du plus grand, avec deux fenêtres grillagées sur chacun de ses côtés incurvés et soutenus par de solides piliers en teck. A chaque extrémité, deux cloisons en bois fermaient les cellules des prêtres et de leurs élèves. Une cuisine dans un coin complétait l'aménagement domestique, à moins que l'on puisse inclure deux ou trois nouveaux cercueils et du matériel pour en fabriquer davantage, entassés dans un coin de la véranda. Une longue table était couverte de modèles de pagodes, renfermant des figures assises de Gaudama , un Bouddha principal occupant le centre , avec un parapluie suspendu au-dessus de sa tête. Celui-ci semblait servir d'autel, sur lequel étaient posés, lors des prières du soir, deux grands cierges entonnés par un accompagnement de cloches, rappelant fortement la messe catholique. Dans la véranda, trois niches carrées faisaient face à cet autel, l'une contenant l'image d'un cheval.

Dès que nous eûmes pris nos quartiers, le temple fut envahi à l'intérieur et à l'extérieur par une foule curieuse, qui nous gratifia de sa présence jusqu'à ce que nous nous retirions pour la nuit. Les mécontentements de certains habitants chinois étaient si redoutés par les chefs qu'une garde Shan armée était postée autour du khyoung , en plus de nos propres sentinelles de police, chargées par les autorités d'être en alerte contre une attaque.

Tôt le matin, la cloche du matin et les chants nous ont réveillés pour trouver l'appartement rempli de vieilles matrones précises et de plantureuses filles Shan occupées à leurs dévotions. Chacun portait un petit panier rempli de riz et quelques-uns apportaient des offrandes de fleurs. En entrant, ils s'agenouillèrent d'abord devant le Bouddha principal, mais ne s'aventurèrent pas sur la plate-forme surélevée. Après une courte prière, ils se tournèrent vers la niche contenant le cheval, devant laquelle ils répétèrent une prière debout, puis déposèrent une offrande de riz cuit devant le quadrupède. Nous devînmes ensuite l'objet de leur attention, mais ils étaient trop timides pour nous en accorder beaucoup dès la première occasion. Après que les prêtres eurent fini leurs prières, toutes les femmes se disposèrent en rangée à l'extérieur du khyoung . Bientôt, le grand prêtre costaud, drapé de jaune, apparut. Les yeux baissés et le visage grave , il marchait lentement le long de la file, tenant un grand bol dans lequel chacun déposait une offrande de riz cuit. Ceci fait, la congrégation se dispersa dans ses maisons.

Cette pratique des phoongyees récupérant leur nourriture quotidienne auprès des fidèles, au lieu de la mendier de maison en maison, *patta* ou bol d'aumône à la main, est un exemple du laxisme peu orthodoxe qui prévaut parmi les bouddhistes Shan.

Un retard de deux jours a été rendu nécessaire par des consultations sur l'itinéraire à suivre. Le choix était entre traverser la rivière pour entrer dans le territoire de Muangla ou continuer le long de la rive droite, à travers l'État de Sanda, jusqu'à la ville de ce nom. Cette dernière a finalement été retenue, malgré l'opposition d'un député de Muangla nommé Kingain .

La ville de Manwyne , ou Manyen, était elle-même autrefois une dépendance de Sanda, mais avait été cédée à l'un des membres de la famille Muangla comme dot d'une princesse Sanda. Il est entouré d'un muret de briques séchées au soleil, élevé sur un rang inférieur de pierres brutes. La population des Shans et des Chinois peut être estimée à sept cents habitants, et le district en compte environ cinq mille. A cette époque, de nombreux fuyards venus des régions les plus perturbées s'y étaient réfugiés, la guerre ne s'étendant pas aussi loin dans la vallée. Le peuple, bien que prospère, était sans loi et indépendant, l'autorité nominale de la douairière tsawbwa-gadaw , ou princesse, étant peu considérée et le pouvoir chinois étant en suspens. Nous avons visité le bazar qui se tenait chaque matin hors du mur. Les vendeuses étaient pour la plupart des filles, chacune assise devant un petit panier, soutenant un plateau sur lequel était disposé son stock. Les produits comestibles comprenaient une curieuse pâte ressemblant à du caillé, à base de pois et de haricots, et très demandée ; des pois germés, des haricots, des oignons et diverses prunes sauvages, cerises et baies, tandis que du maïs, du riz et de l'orge, ainsi que plusieurs sortes de tabac, étaient également en vente. Une extrémité du bazar était consacrée aux tissus de coton écrus faits maison, avec un petit stock de pièces anglaises et de drap rouge et vert.

De nombreux Kakhyens , principalement des jeunes femmes, étaient présents, avec du bois de chauffage et des planches de bois à vendre, et nous avons été frappés par la parfaite liberté dont jouissaient ces gens par rapport à leur traitement en territoire birman. La porte de la ville donnait sur une rue étroite et sale, ou plutôt une ruelle, d'environ neuf pieds de large. Elle était pavée de rochers et bordée de chaque côté par une profonde gouttière ouverte, fermée sous les fenêtres, et peuplée de porcs. Les maisons à un étage étaient construites en briques, avec une pièce donnant sur la rue, le rebord de la fenêtre ouverte servant de comptoir, principalement pour la vente de viande de porc. C'était le quartier chinois ; au-delà se trouvait la propre division Shan, chaque maison étant isolée et entourée d'une petite cour soignée, avec des poneys, des buffles et des outils, logés sous de grands hangars. Quelques villages formaient comme des faubourgs de ce qu'on appelait la ville, chacun enfermé dans sa clôture de bambou et coupé par d'étroits sentiers grillagés. Aucune des maisons n'était élevée sur pilotis, comme en Birmanie ; les meilleurs étaient construits en briques et en tuiles, et les plus petits n'étaient que de simples masures en terre battue. Dans un village, nous avons vu un homme couper du tabac pour l'usage des dames, et avons été poliment invités à nous asseoir pendant que nous étions instruits dans l'art du buraliste. Les feuilles fraîches, fermement enroulées ensemble, étaient poussées à travers un trou circulaire dans un montant en bois et de fines tranches étaient rapidement coupées ; ceux-ci ne sont que partiellement séchés et fumés alors qu'ils sont encore verts. On en apporta pour remplir la pipe des visiteurs, et pendant une demi-heure nous restâmes assis à discuter avec ces Shans simples . De retour au khyoung , nous le trouvâmes bondé de nombreux patients, tous implorant une aide médicale. Les pauvres gens étaient extrêmement reconnaissants, même si certains des vieux et des infirmes semblaient s'attendre à des miracles et s'en allèrent, doutant visiblement de la volonté plutôt que de la puissance du médecin.

Pendant ce temps, notre chef s'était occupé d'ajuster la répartition des trois cents roupies entre les Kakhyen. mines de pattes ; ils furent très démonstratifs dans leurs expressions d'amitié et nous pressèrent instamment de nous confier à leur escorte sur le chemin du retour. Des cadeaux ont également été distribués aux chefs de la ville, ainsi qu'à ceux de Sanda et Muangla , et les fonctionnaires nous ont accompagnés lors d'une visite de cérémonie au tsawbwa-gadaw . Son *haw* , ou palais, construit dans le style chinois des cours télescopiques, formait une enceinte au centre de la ville. Nous traversâmes deux cours, les côtés de la cour extérieure formant les écuries, et ceux de la cour intérieure la cuisine et les chambres des domestiques, la demeure occupant le fond. L'entrée de la première à la seconde cour formait une salle d'attente, où avait été placé un banc recouvert de draperies de soie. Après quelques minutes, nous fûmes invités à traverser la deuxième cour jusqu'à la maison, qui était élevée à environ un mètre du sol, avec une salle de réception ouverte, apparemment à côté d'une troisième cour, contenant les appartements privés. La cour de réception était aménagée de fleurs, d'ifs nains et d'une vigne dressée sur un treillis. Des chaises à haut dossier avec des coussins rouges furent installées, et bientôt la douairière apparut de son appartement, accompagnée de quelques nonnes bouddhistes en robe blanche, ou *rahanees* , et de trois servantes. L'une des religieuses était sa fille ; les autres avaient visité Rangoon, en pèlerinage à la grande pagode, et en avaient ramené de fortes impressions sur l'excellence de la domination britannique ; tant à Manwyne qu'ailleurs, ces pieuses dames rendirent par la suite de bons services en diffusant des rapports favorables sur les visiteurs anglais.

Mais on oublie le tsawbwa-gadaw . C'était une grosse petite femme d'une cinquantaine d'années, au port tranquille et maître d'elle-même. Au-dessus de son visage rond et blond se dressait un énorme turban bleu de dix-huit pouces de hauteur. Son costume se composait d'une veste blanche fermée par de grandes agrafes carrées en argent émaillé , et d'un jupon bleu avec une bordure de soie richement brodée et de larges rayures de soie ; ses leggings et ses chaussures étaient également recouverts de broderies exquises. Elle entra en fumant une longue pipe à pied d'argent et nous reçut avec une agréable affabilité. Sladen a eu une longue conversation avec elle au sujet de la mission, et elle s'est grandement réjouie de la perspective de rouvrir le commerce birman et a promis son soutien chaleureux. De petites tasses de thé amer et des soucoupes garnies de tout le nécessaire pour mâcher du bétel furent distribuées, le style de tout étant tout à fait chinois, et nous priâmes notre congé, ayant évidemment gagné son estime.

Le lendemain matin, 13 mai, toute la population du quartier s'est rassemblée pour assister au départ des visiteurs. Les belles étaient en tenue de fête, leurs coiffures ornées de fleurs odorantes. De nombreux cadeaux d' adieu , accompagnés de hochements de tête, de sourires et de vœux aimables, ont été offerts aux voyageurs . Plusieurs fonctionnaires Shan nous accompagnaient, perchés sur d'énormes selles de tissu rouge et des couvertures rembourrées entassés sur leurs petits poneys. L'itinéraire longeait la rive droite ondulée de la rivière, sur une piste passable mais étroite, qui traversait les ruisseaux de montagne se jetant dans le Tapeng par d'importants ponts de granit, construits de longues dalles posées côte à côte, de manière à former un arc semi-circulaire exact. .

À environ six kilomètres de Manwyne , notre attention fut attirée sur un certain nombre d'hommes qui se précipitaient hors d'un village situé sur la rive opposée de la rivière. Même s'ils étaient tous armés et se livraient à des cris et des gesticulations menaçants, nous ne soupçonnions pas d'intentions réellement hostiles. Mais bientôt nous nous trouvâmes exactement à l'opposé d'eux, quand, ouf ! » vint une balle, passant près du poney de Sladen , qui plongea violemment. À cela, ils crièrent et tirèrent encore quelques coups de feu, accompagnés de furieux brandissements de dahs. Nous n'y prêtâmes aucune attention, et cette apparente indifférence refroidit leurs ardeurs , et la route, s'écartant de la rivière, nous fit bientôt perdre de vue. Le fait que des groupes de Shans , petits mais bien armés, étaient postés à intervalles réguliers suggérait que les autorités s'attendaient à une attaque.

Au-delà de cela, la marche vers Sanda a été une ovation, les gens bordant la route et nous saluant avec les cris de *Kara ! Kara!* "Accueillir! accueillir!" Le plus frappant était le panorama de la vallée fertile et peuplée, avec le large Tapeng qui serpentait à travers elle et le magnifique mur de montagnes dominant de chaque côté. Village après village, chaque acre disponible était cultivé, le jeune riz s'élevant maintenant d'environ deux pouces au-dessus de l'eau, et les plantations de tabac sur les hauteurs exposaient leur délicate verdure.

A mi-chemin entre Manwyne et Sanda, la route traverse Karahokah , le principal bourg chinois de la vallée. Le village se compose de deux longues rangées parallèles de maisons séparées par une chaussée , au centre de laquelle sont placés les stands et les étals le jour du marché hebdomadaire. Le marché était plein lorsque nous sommes passés, alors, sur conseil, nous avons fait le tour du village, mais la foule curieuse est sortie en courant et a presque fermé la route. Un élément frappant a été ajouté au paysage par le sol rouge vif des contreforts inférieurs dépassant de la chaîne supérieure. Contrairement aux forêts denses au-dessus, elles étaient presque dépourvues d'arbres, sauf aux points extrêmes, et recouvertes d'herbes riches et courtes, leur coloration rouge et verte fortement marquée complétait la beauté unique de la vallée de Sanda . À cinq heures DE L'APRÈS-MIDI, nous atteignîmes Sanda ou Tsandah , à soixante-quinze milles de Bhamô , et fûmes conduits à un petit khyoung bouddhiste temporaire construit sur le site d'un khyoung détruit par les Panthays .

Ce n'était guère mieux qu'une cabane au toit de chaume, avec le sol pour étage. Ici, comme dans d'autres villes Shan, une différence frappante a été observée entre les phoongyees et ceux observés en Birmanie. Leurs énormes turbans jaunes, enroulés autour de calottes jaunes, se détachaient chacun comme un nimbe ou une gloire solide. Ils portaient des vestes blanches et des pantalons jaunes, des ceintures et des jambières, et des chaussures contraires aux préceptes de leur religion. Chacun portait sur le dos un chapeau de paille à larges bords recouvert de soie huilée verte. Leur profusion d'ornements en argent, de boutons, de bagues et de pipes était en totale contradiction avec les vœux de pauvreté prononcés par Rahans .

La ville de Sanda, indiquée sur les cartes sous le nom de Santa-fu, occupe l'extrémité d'une crête dans un coude ou baie nord de la vallée, à un mille et demi du Tapeng . Les restes d'un épais mur percé de meurtrières enserrent une zone irrégulière d'environ six cents mètres carrés, sur laquelle sont dispersées huit cents à mille maisons, avec une population de quatre à cinq mille habitants. Nous n'avons vu ni tours, ni pagodes, ni édifices publics, sinon en ruines, à l'exception de la maison du tsawbwa . Les Panthays prirent d'assaut la ville en 1863, et les défenses et les bâtiments en ruine n'avaient pas encore été restaurés. En effet, les habitants abattus et pauvres n'avaient que partiellement réparé leurs propres habitations en brique.

A quatre cents mètres de la porte nord-est se trouvait le bazar, un village à lui seul, habité uniquement par des Chinois, composé, comme Karahokah , de deux rangées de maisons, la route qui les séparait étant fermée à chaque extrémité par un mur. Une maison chinoise à base d'encens, dont les ruines montraient son ancienne importance, se dressait près de l'entrée. Au cours de nos déambulations dans le bazar, nous avons rencontré deux femmes des collines au nord de Sanda, d'une toute autre race que les Shans , les Chinoises ou les Kakhyens , qui se faisaient appeler Leesaws .

La journée suivante fut consacrée à une visite cérémonieuse au vieux tsawbwa . Nous sommes entrés dans son haw, une belle structure de gneiss bleu, par une triple arcade et avons traversé les cours, l'ensemble du bâtiment étant disposé sur le même plan que le palais Manwyne , mais à une échelle beaucoup plus grande et plus belle. Des chaises chinoises à haut dossier étaient dûment installées dans le vestibule d'un immeuble menant directement aux appartements privés, et la cour devant était bondée de notables de la ville. Le tsawbwa , un vieillard frêle au visage intelligent et aux manières polies, était vêtu d'un long manteau d'un bleu sombre Shan et d'une calotte de satin noir. Il était nerveux et silencieux, presque toutes les conversations étant faites par ses fonctionnaires, qui semblaient être des messieurs instruits et d'une intelligence considérable. Ils furent unanimes à exprimer l'espoir que notre mission aboutirait à la colonisation du pays et à la restauration du commerce.

Le petit-fils et héritier des tsawbwa a été amené à se faire présenter. Le vieux chef adorait manifestement le garçon et fit une demande très urgente pour que Sladen le considère comme son fils. Lorsqu'il apprit qu'il possédait déjà un petit garçon, le chef s'écria : « Alors qu'ils soient frères. » Il apparut que les astrologues, en prévoyant l'événement de notre mission, avaient deviné que cette adoption par notre chef était essentielle au bien-être futur de l'héritier de Sanda. L'entretien s'est terminé par la circulation du thé et du bétel, et après avoir demandé au chef l'acceptation d'une belle nappe et d'autres cadeaux, nous avons pris congé, mais avons été suivis jusqu'à nos quartiers par des serviteurs du tsawbwa portant des provisions de riz , canards, volailles et oies sauvages salées. Le lendemain matin, le tsawbwa fit son apparition, accompagné de son petit-fils, et apportant en cadeau une couverture en soie et de beaux oreillers Shan brodés. Un tuyau de pipe en argent richement émaillé fut offert à Sladen au nom de son fils nouvellement adopté, pour lequel le grand-père implorait sincèrement son affection et ses soins. A sa demande, il fut convenu qu'en quittant la ville nous passerions devant la maison du tsawbwa . Alors que la cavalcade approchait des portes de l'enceinte, deux trompettistes stationnés là soufflèrent un vigoureux fanfare sur leurs longues trompettes de cuivre. Le chef lui-même se tenait sur les marches, ombragé par deux grands parapluies, l'un d'un *chatta* doré et l'autre rouge, à lourdes franges. Ses chefs l'entouraient et le petit-fils était tenu dans les bras d'un serviteur. Nous descendîmes de cheval pour nous serrer la main, ce qui intrigua le chef. Après un salut cordial, trois coups de canon furent tirés, et les trompettes nous précédèrent, soufflant des coups sonores jusqu'à ce que nous passions la porte sud-est.

La route suivait les talus des rizières, traversait l'entrée du haut vallon escarpé où coule le ruisseau Nam-Sanda, qui était passé à gué. Un petit éperon rouge de la chaîne nord-ouest, en rencontrant presque un autre de la chaîne opposée, confine ici le Tapeng à un canal étroit et profond et divise la vallée en deux bassins, l'un de Sanda et l'autre de Muangla . Après avoir traversé cet éperon, nous traversâmes à gué un petit ruisseau assez chaud, car alimenté par les sources chaudes de Sanda. La vallée de Muangla est une répétition de celle de Sanda, avec la même direction, et flanquée de hauteurs parallèles similaires, jusqu'à atteindre la tête du bassin. Là, la vallée bifurque pour ainsi dire : vers le nord, le cours principal du Tapeng coule du nord-est à travers une belle vallée, isolée du bassin de Muangla par une chaîne intermédiaire de collines herbeuses. Un grand affluent, appelé le Tahô , ou par le chinois Sen-cha-ho, descend de l'est-nord-est, entre les hautes collines qui semblaient délimiter la vallée devant nous, mais, s'ouvrant plus loin, enferment la vallée. de Nantin .

Nous traversâmes de nombreux villages dont les habitants nous réservèrent un accueil des plus chaleureux. Près de la tête, ou fourche, de la vallée, le Tapeng , large aujourd'hui de cent mètres, la traverse presque d'un côté à l'autre. Nous l'avons traversé à gué jusqu'à un village appelé Tamon, où se tenait un grand bazar. Après avoir traversé une presqu'île plate légèrement surélevée sur la rive gauche et au-dessus de la jonction des rivières, couverte de charmants villages entourés de hauts arbres et de splendides cimes de bambous, nous arrivâmes au Tahô coulant en ruisseaux brisés dans un ancien canal large d'un mile de large. , entre de hautes rives. Une grande partie du terrain plat est couverte de rizières, pour l'irrigation desquelles les ruisseaux sont détournés.

Un pavillon de bambous très soigné nous avait été érigé sur la haute rive dominant le Tahô , et après un repos, nous traversâmes le canal jusqu'à Muangla , visible du côté opposé, en contrebas d'une chaîne de basses collines rouges. Nous remontâmes l'ancienne berge de la rivière et passâmes la porte sud, protégée par une traverse en brique, dans une petite et large rue fermée par un mur de pierre. Là, nous fûmes conduits à un temple chinois en ruine, qui avait été hâtivement réparé pour notre occupation, et fûmes rapidement investis par une foule de curieux, qui ne semblaient jamais rassasiés de regards.

Muangla , ou Mynela , à près de quatre-vingt-dix milles de Bhamô , se dresse sur une pente élevée sur la rive gauche du Tapeng , entourée d'un mur de briques de neuf pieds de haut, avec de nombreuses meurtrières et quelques postes de garde. Le mur, avec ses six portes fortes, protégées par des traverses, paraissait en bien meilleur état que celui de Sanda. À l'exception de la large rue du bazar, les différentes routes n'étaient que de simples ruelles pavées de rochers. La population à l'intérieur des murs ne pouvait pas dépasser deux mille habitants, chiffre qui pourrait être doublé par l'adjonction des grands villages de banlieue proches de la ville. L'un d'eux contenait les restes de quelques beaux temples chinois, détruits par l'iconoclaste Panthays . Un temple, construit dans une série pittoresque de terrasses, conservait encore des preuves de son ancienne grandeur dans des sculptures et des couleurs élaborées , un certain nombre de personnages grandeur nature et une grande cloche aux tons doux sur la plus haute terrasse. Dans une autre encore, l'une des cours contenait une représentation symbolique du passage des âmes vers la vie future. Un pont miniature avec de nombreux passagers était représenté, gardé par deux formes humaines et enjambant un creux bourbeux. Dans ce dernier pays, des êtres humains étaient torturés par des chiens et des serpents monstrueux. On représentait quelques passagers jetés du pont dans cet abîme ; d'autres étaient passés à l'Elysée, ou Neibban , sur l'autre rive. Dans un autre renfoncement se trouvait un pilier bas et carré, creux, percé d'une ouverture sur un côté, faisant face à une structure ressemblant à un petit poêle en brique avec un orifice en forme de cheminée, au-dessus duquel sortaient des hommes et des animaux. Cela semblait destiné à figurer les transmigrations de l'âme dans le tourbillon des existences, d'où tout bon bouddhiste désire s'échapper vers Neibban .

Près de la ville, mais hors de vue des bâtiments, nous arrivâmes au cimetière des tsawbwas , dominant une mer de collines désolées. Au-dessus de belles tombes en fer à cheval, dotées de larges terrasses et de hauts portails de gneiss bien taillés, quelques pins épars dressaient des sentinelles. Dans le cimetière commun, entre la ville et le confluent de la rivière, comme dans beaucoup d'autres passés dans la vallée, les tombes sont toutes surélevées et arrondies comme dans les anciens cimetières des maisons, allongées à tous les points cardinaux, avec une large pierre. dalle à la tête, mais peu de soin est montré sauf pour les lieux de sépulture des chefs, en particulier les Shans différant totalement des Chinois.

Vue de Muangla , la chaîne occidentale de la vallée culmine dans une montagne escarpée et audacieuse, fronçant les sourcils au-dessus du Tapeng , qui descend par une gorge étroite entre lui et les collines qui s'élèvent derrière la ville et murent la vallée du Tahô . Au-dessus de cette gorge étroite, le Tapeng coule dans une large vallée plate, dont la source est, semble-t-il, distante de trois jours de voyage. A sa sortie de la gorge, c'est un ruisseau tranquille et profond ; à cet endroit, un ferry circulait et la vue nous rappelait fortement les paysages de montagnes écossaises. Une longue et profonde vallée longeait la face orientale de la colline opposée, parsemée des deux côtés par les villages de Kakhyen et Poloung et par une forêt vert foncé. Son ruisseau traversait la gorge de Tapeng par un aqueduc en bois, pour irriguer les champs de l'autre rive. On nous avait prévenus de ne pas nous aventurer loin de la ville, nous ne pouvions donc pas explorer autant que nous le souhaitions et avions le loisir. Une visite cérémonielle avait été dûment rendue à notre arrivée au jeune tsawbwa , un garçon de quinze ans, qui, sous la régence de sa mère, gouvernait le vaste district de Muangla , payant un tribut de cinq mille boisseaux de riz aux Panthays . Les fonctionnaires, qui étaient manifestement favorables à l'ancien régime impérialiste chinois, se sont opposés à notre démarche, de peur que les bandits n'infestent la route de Mawphoo . En cela, ils furent soutenus par le tsawbwa de Hotha, qui nous rejoignit ici, sur sa route vers Momien , avec une caravane de cent cinquante mules chargées de coton. C'était un homme énergique et instruit, parlant et écrivant à la fois le shan et le chinois. En tant que l'un des plus grands commerçants entre Bhamô et Momien , il possédait le respect et la confiance des Shans et des Panthays . Sladen a envoyé des lettres aux gouverneurs de Nantin et Momien , auxquelles des réponses ont été apportées le 21 mai par notre interprète disparu, Moung . Shuay Yah, qui était accompagné de trois officiers du Panthay bien habillés et beaux , ainsi que d'un garde envoyé pour nous escorter jusqu'à Momien .

Le 23 mai, nous quittions Muangla et traversâmes la plaine boueuse jusqu'au Tahô , où la vallée se rétrécissait sur une largeur d'à peine deux milles. Ici, nous avons été rejoints par le chef Hotha avec sa caravane bien équipée, mais nous avons fait halte, car un rapport arrivait du front selon lequel trois cents Chinois étaient en avant, prêts à nous attaquer. En avançant vers Nahlow , un peu plus loin, un nouveau bruit porta le nombre des ennemis à cinq cents, et nous fûmes pressés d'ordonner une volée qui les effrayerait ! A Nahlow, les villageois désignèrent une colline comme étant le poste des Chinois, qui avaient tué deux hommes, mais un examen attentif aux jumelles ne permit de déceler aucun signe de l'ennemi. Certains hommes furent alors observés à mille mètres devant eux, et les officiers du Panthay galopèrent en avant pour effectuer une reconnaissance . Les mules ont été déchargées et les villageois ont apporté des seaux de pâte de pois et de pois frits enfilés sur des spathes en bambou. Nos éclaireurs ayant signalé que tout était clair, nous avons traversé un terrain marécageux et ondulé et sommes descendus d'environ quatre-vingt-cinq pieds jusqu'au lit du Tahô dans un long bassin ovale, couvert de gravier et de rochers, et fermé sur trois côtés par des collines herbeuses. Nous rencontrâmes bientôt un homme étendu au bord du ruisseau, avec une horrible entaille à la tête et une blessure à la poitrine. C'était un pauvre commerçant qui avait été attaqué, volé et, comme cela s'est avéré, assassiné, car malgré notre aide, il mourut peu de temps après. Au fond de la vallée, un sentier glissant en zigzag remontait la face escarpée d'un grand éperon de la montagne Mawphoo , dont le sommet offrait une perspective splendide sur la riche vallée du Tapeng , recouverte de rizières vertes, et sur la nature sauvage. gorge stérile en dessous de nous. Les flancs des chaînes parallèles, ici distants de quelques centaines de mètres, étaient marqués par de grands glissements de terrain, dont beaucoup étaient blancs comme neige. Notre chemin en longeait un qui formait un précipice perpendiculaire à cinq cents pieds au-dessus du Tahô . Une haute montagne faisant face à Mawphoo a été désignée sous le nom de Shuemuelong , célèbre dans les guerres entre la Birmanie et la Chine. Du sommet, un sentier plat tournant vers le nord-est nous conduisait à Mawphoo , situé à l'extrémité d'un bassin de haut niveau , marqué par deux terrasses du côté nord, le Tahô coulant invisiblement dans une profonde fente, ou ravin, au base des collines du sud. A première vue, on est enclin à le considérer comme un ancien bassin lacustre, car il est si enfermé par des collines que la présence de la rivière ne pourrait même pas être soupçonnée par un spectateur qui n'en aurait pas suivi auparavant le cours.

Mawphoo , qui aurait été récemment le fief de Li- sieh -tai, était un misérable village fortifié en ruines, avec en garnison quelques soldats du Panthay . Les murs et les ruines en ruine étaient envahis par les mauvaises herbes et la jungle, et il était difficile de croire que cet endroit avait été occupé par un ennemi et pris d'assaut quelques semaines auparavant. De là, la route longeait le terrain plat de la vallée, mais de nombreux cours d'eau profonds présentaient des difficultés fréquentes, tandis que la pluie des derniers jours avait rendu le sentier dangereusement glissant. Il y avait cependant des preuves dans la route pavée, les nombreux ponts de pierre importants et les fréquentes ruines de villages, que cela devait être une route considérable en temps de paix ; maintenant, le pays tout entier semblait être un désert désolé. Pendant quelques kilomètres, les hauteurs le long de la route étaient tenues par de puissants gardes Panthay et Kakhyen , qui portaient une profusion de drapeaux jaunes et blancs, rayés de diverses couleurs . Tous étaient armés de fusils à mèche, ainsi que de lances et de tridents montés sur des flèches de douze pieds de long. Chaque piquet, à notre passage, déchargeait ses pièces, puis nous suivait en arrière en battant ses gongs. Au bout de cette vallée remarquable, nous avons fait une descente rapide vers la vallée déboisée de Nantin , qui s'ouvre maintenant sur une vue courbée vers le nord-est ou plutôt presque vers le nord. Au pied de la descente, le Tahô , qui quitte la vallée par une profonde gorge rocheuse, est enjambé par un pont suspendu à chaînes de fer, avec de massifs contreforts en pierre, et une porte voûtée sur chaque rive. La portée est d'environ cent pieds, et des planches posées en travers des chaînes, recouvertes de terre et de paille, servent de chaussée, tandis qu'une des chaînes descend du haut de la porte pour servir de balustrade. Un petit fort circulaire sur une éminence était occupé par quelques hommes qui gardaient le pont. Nous continuâmes le long de la rive droite à travers la vallée de Nantin , dont les côtés présentaient trois terrasses fluviales distinctement marquées, et, après avoir traversé la rivière à gué, entrâmes dans la petite ville Shan de Muangtee , ou Myne-tee, à cent huit milles de Bhamô . Les murs étaient bondés et la petite rue étroite que nous traversions était remplie de femmes et d'enfants. Très peu d'hommes étaient visibles, en raison, nous a-t-on dit, des combats incessants qui avaient tué la majeure partie de la population masculine.

VALLÉE DE NANTIN, VILLE DE MUANGTEE À GAUCHE.

Un kilomètre plus loin, nous atteignîmes la petite ville chinoise fortifiée de Nantin , maintenant détenue par les Panthays . Deux officiers montés sur des poneys nous ont rencontrés et nous ont conduits à travers la porte d'un temple chinois en ruine. C'était autrefois une belle structure, mais les murs étaient criblés de balles, les images dégradées et brisées à la recherche de pillage. Nantin elle-même présentait tous les signes d'une ville chinoise prospère. Aujourd'hui, la moitié était en ruines et l'autre était occupée par une population maigre et misérablement pauvre. Par sa position sur un triangle de terre entre le Tahô et un affluent rapide et profond, avec les collines s'élevant juste derrière lui et formant la ligne de base, il domine complètement la route principale vers Momien et le Yunnan. Elle était donc tenue par une forte force de Panthay , sous la direction d'un gouverneur portant le titre de Tutu - du.

Le gouverneur nous a rendu visite, accompagné d'un chef chinois nommé Thongwetshein , qui avait récemment rejoint la cause de Panthay . Ils ont exigé soit une liste des cadeaux destinés à Momien , soit l'autorisation de fouiller nos bagages, ce que Sladen a catégoriquement refusé, et les a renvoyés à Momien pour obtenir des instructions. Au cours de la journée , des informations ont circulé selon lesquelles nos caisses contenaient des dragons et des serpents vivants ainsi que d'effrayants explosifs. Les craintes du Tutu - du furent apaisées par un coup d'œil à des serpents et des grenouilles en bouteille, et il nous pria de lui rendre une visite officielle. Cela, dit-il, renforcerait son influence sur les habitants de la ville, qu'il décrit comme des voleurs et des voyous.

Un véritable mahométan Hadji résidait dans la ville. Connaissant un peu le persan et l'arabe, il dirigeait les dévotions des fidèles, le Musjid se tenant dans sa maison. Notre jemadar l'a visité et l'a décrit comme étant misérablement aménagé, sans eau pour les ablutions et le culte comme très laxiste.

Le lendemain, nous partîmes en grande pompe avec une garde de huit cipayes et précédés de deux parapluies d'or. Nous avons traversé le bazar, une rue étroite et sale, avec une double rangée d'étals, exposant des houes et des charrues, un peu de tissu, du fil, du papier et des aliments, dont des pêches presque mûres. A la résidence, nous fûmes reçus par une salve de trois coups de canon ; et les portes centrales étant ouvertes pour notre admission, en marque d' honneur spécial , nous nous dirigeâmes vers la deuxième cour. Dans la salle de réception, le gouverneur nous conduisit vers une estrade surélevée, occupant lui-même une place basse sur un banc à côté de la pièce. Après quelques compliments, il disparut brusquement, pour réapparaître quelques minutes plus tard en costume de mandarin. L'explication était que, voyant Sladen en uniforme complet, il sentait qu'il lui incombait de revêtir sa robe officielle. Du thé dans de belles tasses en porcelaine et des noix de bétel étaient servis ; et Sladen lui ayant présenté un mousquet et cent cinquante cartouches, le gouverneur nous escorta jusqu'à la cour extérieure et nous congédia sous une salve de trois coups de canon.

Les instructions étant venues de Momien que nous devions procéder sans délai, nous partîmes le lendemain matin. La garnison de Panthay bordait la rue, et près d'un joli pont de pierre enjambant une brûlure qui traverse la ville, le gouverneur et Thongwetshein avec leur personnel nous attendaient pour nous dire adieu, tandis que l'orchestre faisait jouer un air vif sur les gongs. Une garde nous précédait, commandée par un neveu du gouverneur de Momien , et un nombre plus indescriptible d'irréguliers ne furent jamais vus. Les officiers, cependant, étaient de bons hommes intelligents, bien habillés en costume Panthay . Il semblait y avoir si peu de crainte du danger qu'ils étaient accompagnés de quelques femmes de leur famille en costume chinois complet, qui montaient en avant-garde. La vallée, ou plutôt le vallon, puisqu'il n'a qu'un mille de large, qui s'étendait devant nous vers le nord, semblait être un exemple remarquable des changements opérés par l'eau. Sur toute sa longueur d'environ vingt milles, ses flancs sont marqués par deux terrasses fluviales bien définies, et les indications d'une troisième plus haute correspondant au plus haut du vallon de Mawphoo . Ces terrasses se ferment à la tête, tandis que l'entrée dans le profond ravin du vallon Mawphoo la termine. Toute cette étendue de terre, située à mille pieds au-dessus du niveau de Sanda, a été dénudée par le Tahô ; la deuxième terrasse, qui correspond à celle inférieure du vallon Mawphoo , est presque sur la même élévation avec une plate-forme plane qui s'étend depuis la tête de la vallée. De là jusqu'au pied de la gorge de Mawphoo semble avoir été autrefois un plat plat, peut-être un lac, comme celui du Yunnan, d'où le Tahô se précipitait comme une cascade dans la vallée de Sanda. Les collines à l'est, au pied desquelles se trouvait notre itinéraire, au lieu de montagnes abruptes et audacieuses de roches métamorphiques, étaient des collines trapéennes arrondies , dont les aperçus occasionnels nous rappelaient le paysage de notre pays, alors qu'elles s'élevaient en courbes herbeuses, avec des paysages denses. bouquets d'arbres sur ou à proximité de leurs sommets. De nombreux cours d'eau bordaient leurs côtés, les canaux parsemés de rochers de granit rongés par l'eau, de masses arrondies de basalte cellulaire ressemblant à de la lave et de gros fragments de tourbe.

Les collines au nord-ouest s'élevaient beaucoup plus haut, formant un mur de montagne élevé et bien boisé, avec de plus grands sommets s'élevant au-delà. A sept milles de Nantin , nous nous arrêtâmes pour visiter les fameuses sources chaudes. La vapeur qui s'en élevait était visible à près d'un mille de distance ; et la Nam-mine, un ruisseau assez important alimenté par eux, était assez chaude pour surprendre les hommes et les mules en la traversant à gué. Les roches composant le flanc de la colline d'où jaillissent les sources étaient constituées d'un basalte cellulaire et d'une roche quartzeuse dure, la première étant partiellement superficielle, et la seconde celle à travers laquelle jaillissaient les sources.

Vu de l'ouest, le côté sud-est de la colline est marqué par un creux apparemment profond, en forme de cratère, suggérant avec force qu'il s'agissait autrefois d'une cheminée volcanique, les roches voisines étant presque scoriacées, et la chaleur interne étant encore attestée par les sources bouillantes. Outre ceux de la face ouest, d'autres encore plus grands se trouvent sur l'autre côté, à quelques milles à l'est. Parmi ceux visibles, le plus important est un bassin ovale d'environ trois mètres de long et d'une profondeur de huit pouces ; à environ six mètres de là se trouvent un certain nombre d'entonnoirs de six pouces de diamètre, creusés dans la roche de quartz, émettant de la vapeur. Plus haut, et à cinquante mètres de là, se produit un autre jet de vapeur puissant, et de l'autre côté d'un ravin étroit se trouvent deux autres sources, qui jettent une quantité considérable d'eau bouillante à travers la face terreuse de la colline. L'eau de la source principale monte avec une grande force par des ouvertures circulaires d'environ trois pouces de diamètre, et le fond du bassin est recouvert d'une épaisse boue blanche et impalpable. En raison de la chaleur et du volume de la vapeur, il n'était accessible que du côté sous le vent, et le sol était si chaud que nos partisans pieds nus ne pouvaient s'en approcher que de quelques mètres. Il vibrait d'une manière remarquable, et la sensation était comme si l'on se tenait au-dessus d'une gigantesque chaudière enfouie dans la terre, sensation augmentée par le rugissement bruyant de la vapeur sortant des entonnoirs et les bruits indistincts de l'enfer caché.

Il est remarquable que, bien que la vapeur soit brûlante, les pierres qui s'y trouvent sont couvertes de masses de gelée verte, qui prospèrent à une température seulement dix degrés au-dessous du point d'ébullition. L'analyse d'un gallon d'eau est la suivante : 120 grains de matière solide ; 112 sels d'alcalis, presque entièrement du chlorure de sodium ; 80 sels terreux, silice et oxyde de fer. Aucun acide nitrique et très peu d'acide sulfurique et carbonique n'étaient présents, mais des traces d'acide phosphorique ont été détectées. Nous avons été informés que les patients de toutes les régions fréquentent beaucoup les sources, qui utilisent la source pour cuire leur nourriture et se soigner dans la vapeur ou dans le ruisseau Nam-mine. Après avoir profité de notre halte, qui avait été faite avec l'entière approbation des officiers du Panthay et du chef Hotha, nous commençâmes à rattraper la cavalcade qui avait marché en avant. Au moment où nous rejoignions l'arrière-garde, quatre coups de feu furent tirés de face, mais comme la route ne permettait qu'une file unique et longeait un coteau densément boisé, marqué par les ruines de nombreux villages, personne ne pouvait avancer pour faire une reconnaissance . La rumeur se répandit bientôt que les mules avaient été attaquées et que deux officiers du Panthay avaient été blessés ; mais en avançant, nous découvrîmes que l'affaire était plus grave, et que les deux officiers et un autre homme avaient été tués. Nous arrivâmes bientôt aux corps des officiers enveloppés dans leurs grands turbans et attachés à des bambous, prêts à être ramenés à Nantin . Les pauvres gens avaient tous deux été de grands favoris auprès de leurs camarades et du gouverneur de Momien ; et un triste groupe entourait les corps, y compris les femmes de leur parenté, qui n'étaient parties de Nantin que pour déplorer leur meurtre, car il en était ainsi. Alors qu'ils chevauchaient en tête des mules, à un coin du chemin étroit, un corps de Chinois tapi se précipita hors des arbres, abattit le premier, et le second, se précipitant à son secours, reçut une balle dans la jambe et coupé avec un dah. Huit mules ont été jetées et pillées avec leur chargement, puis ont été conduites vers le haut des collines. Un peu plus loin, le lieu du sinistre a été marqué par les colis saccagés qui traînaient au bord de la route, et parmi eux deux cartons contenant mes vêtements et mes cahiers. L'un d'eux s'était échappé sans avoir été ouvert et avait été confié à la garde d'un officier de Panthay , qui a promis de le faire. À l'entrée de la vallée, une halte fut ordonnée pour permettre à tous les Panthays de remonter, car on soupçonnait une deuxième embuscade dans un creux densément boisé sur le flanc escarpé de la colline au-dessus.

À ce stade, les terrasses fluviales s'enroulent pour former la tête de la vallée, mais le Tahô a creusé une gorge profonde à travers elles. On voyait la deuxième terrasse se poursuivre vers le nord par une longue pente ascendante, formée de monticules arrondis, emplacements de petits villages, et se terminant au loin par une large plaine. Les flancs des collines étaient couverts de pins et la route traversait une ceinture de forêt dense, au-dessus d'un éperon de la chaîne principale de collines. C'est ici que l'attaque devait avoir lieu, aussi nous avançâmes avec une attention vigilante dans la jungle de chaque côté, passant devant des villages en ruines, ensevelis dans une végétation dense, composée principalement d'arbres fruitiers et de plantes de jardin sauvages. Nous ne fûmes pas inquiétés et, après une courte descente, nous rencontrâmes le Tahô écumant le long de son canal rocheux, enjambé par un large pont à parapets de gneiss et de granit. La chaussée suivait exactement la courbe de l'arche, et les poneys pouvaient à peine garder pied sur les dalles lisses, presque polies par le trafic constant des siècles passés. Sur la rive droite, un petit garde du Panthay nous rencontra et nous rapporta qu'ils avaient pourchassé un corps de Chinois tapi dans le creux redouté. Nous atteignîmes bientôt le niveau de la plaine, que l'on aperçoit au loin comme la fin ascendante de la vallée de Nantin . De son côté oriental s'élevait une longue colline conique, s'étendant presque au nord et au sud, dans une masse de lave noire et stérile, à l'exception de son sommet herbeux arrondi. Ce remarquable volcan éteint de Hawshuenshan , s'élevant brusquement de la plaine, se détache par un contraste saisissant avec les collines herbeuses en forme de tumulus qui l'entourent de tous côtés. Quelques petites plantes enracinées dans les interstices des rochers ne donnent pas même une trace de verdure à ses flancs arides, qui se jettent dans de longues courbes rocheuses, évidemment d'anciennes coulées de lave. Nous traversâmes l'extrémité orientale de ce volcan, par un large chemin pavé de longues plaques de gneiss et de granit, et arrivâmes de nouveau au Tahô , comme un ruisseau étroit et rapide qui coulait entre lui et les flancs abrupts des collines herbeuses à l'est. Nous traversâmes la rivière sur un autre beau pont de pierre et passâmes devant les ruines d'un assez grand village. Le Tahô sort en ce point d'un haut éperon et du volcan, à travers une gorge très étroite ; et la route serpentait le long de l'éperon et était recouverte d'une double rangée de dalles de pierre pour faciliter l'ascension. Du sommet, nous avions une belle vue sur la petite vallée circulaire en forme de lac, d'où sortait en contrebas le Tahô , et nous dominions de nombreux villages entourant le niveau irrigué en son centre , qui était couvert de jeunes riz. Continuant une légère ascension à travers les collines herbeuses, par une bonne route large, nous tournâmes le flanc d'une haute colline couronnée d'une pagode blanche ; et la vallée de Momien s'étendait devant nous, fermée de tous côtés par des collines arrondies, sans arbres, mais couvertes de pâturages.

VOLCAN ÉTEINT DE HAWSHUENSHAN ; DU SOMMET DE LA COLLINE DE MOMIEN.

Les collines semblaient s'incliner presque jusqu'aux murs de la ville au centre , mais la zone intermédiaire était suffisante pour un anneau presque ininterrompu de grands villages, soit en ruines, soit déserts. À droite s'élevait la chaîne de Deebay , au-delà de laquelle s'étendait la route de Tali-fu, et au loin les hautes chaînes de Tayshan , s'étendant du nord au sud, formaient un noble fond de montagnes noires et escarpées. Une longue et étroite vallée s'étendait vers le nord, marquant le cours du Tahô , depuis sa source dans le bassin versant du Sin- hai ou Pai- hai , distant de soixante milles. Entre le pied de la colline et les remparts de la ville, une longue rangée de drapeaux de toutes formes et de toutes couleurs et de lances scintillantes marquaient la présence du Tah- sa - kon de Momien . Un aide de camp arriva bientôt et nous demanda de descendre de cheval et de saluer le gouverneur qui était venu à notre rencontre. Nous formions un groupe hétéroclite, dont l'apparence n'avait pas été améliorée par une marche de vingt et un milles à travers des plaines boueuses et des collines poussiéreuses, mais, précédés des cipayes les plus présentables, avec le jemadar portant une épée d'or devant, les trois Européens s'avancèrent sous la canopée. de deux parapluies d'or, à travers une longue file d'officiers et d'hommes de bannière, au Tah- sa - kon , qui, vêtu du costume complet de mandarin, occupait une chaise richement rembourrée, avec trois énormes parapluies de soie rouge, bordés de dentelle d'or, tenus par dessus lui. Il se leva pour nous accueillir avec une poignée de main et un salut courtois, puis nous escorta jusqu'à un grand temple bien construit à l'extérieur des murs de la ville, mais juste sous l'angle où se trouvait le palais du gouverneur. Ici, nous avons pris nos quartiers avec un sentiment de profonde satisfaction d'avoir enfin, après tant de retards et de difficultés, atteint une ville de l'ouest du Yunnan.

CHAPITRE VII.
MOMIEN.

Momien —La ville de Teng- yue -chow—Aspect et état—Une réception officielle—Retour de visite—Hôtel du Gouvernement— Une tragédie chinoise—Le marché—Fabrication du jade— Minéraux—Mines du Yunnan—Pierres celtes—Bétail—Climat— Environnements— La cascade — Colline de la pagode — Shuayduay — Temples rocheux — Banlieues en ruine — Temples de la ville — Divinités à quatre bras — École de garçons — Une grande fête — La coupe d'amour — Le tsawbwa-gadaw de Muangtee — Keenzas — Les pauvres chinois.

Une rétrospective du voyage jusqu'à présent a montré que depuis notre départ de la plaine birmane, nous n'avions cessé de monter. Bien que les altitudes n'aient pu être prises avec exactitude, en raison de l'inefficacité des instruments fournis à Rangoon, les observations qu'il était en notre pouvoir de faire furent faites ; ils ont ensuite été réduits par le service des géomètres de Calcutta, et les résultats sont à peu près corrects. Là où il fallait s'appuyer sur des spéculations, on a pris soin de sous-estimer les altitudes apparentes. Les indigènes parlent toujours de monter à Momien et d'en descendre, et, appliquée aux approches occidentales, cette expression est pleinement justifiée. De Bhamô , quatre cent cinquante pieds au-dessus du niveau de la mer, nous avions gravi les collines de Kakhyen jusqu'à la vallée de Sanda qui, à Manwyne , s'étend à au moins deux mille pieds au-dessus de Bhamô . Sur les quarante-huit milles de sa longueur, cette vallée s'élève si graduellement qu'elle présente l'apparence d'une longue avenue plate, divisée en trois étages, jusqu'à ce que l' on atteigne la tête de la division Muangla . De là, il faut monter par un détour par la hauteur de Mawphoo , pour atteindre la quatrième étape, ou la vallée de Nantin , située à mille pieds au-dessus de Manwyne . De l'extrémité supérieure de la vallée de Nantin , les longues marches, pour ainsi dire, du vallon Hawshuenshan s'élèvent quatorze cents pieds jusqu'à Momien . Ainsi, cette dernière ville, à cent trente-cinq milles de Bhamô , occupe un site sur un plateau élevé à plus de cinq mille pieds au-dessus du niveau de la mer, qui est déclaré par les rapports indigènes comme étant la position habitée la plus élevée de la région montagneuse. région de l'ouest du Yunnan.

La ville chinoise de Teng- yue -chow, plus connue sous son nom Shan de Momien , aurait été construite il y a quatre cents ans par un gouverneur de Yung- chang , obéissant au roi de Mansi ou Yunnan, que les Shans appellent Muangsee . . Il a probablement été construit comme garnison frontalière, pour tenir en échec les territoires récemment conquis du royaume Shan de

Pong. Il devint ainsi, comme il l'est encore, le siège dirigeant des États tributaires du Koshanpyi ou des Neuf Shan, aujourd'hui représentés par ceux des vallées de Sanda et de Hotha, avec Muangtee , Muang- mo et Muangmah . Nous avons pu nous procurer une histoire chinoise de Momien ainsi que de Tali, même si les deux étaient devenues rares, les rebelles ayant détruit les planches de bois. Ces copies furent apportées par le major Sladen en Angleterre, afin d'être déposées au British Museum. Il faut espérer que quelques-uns de nos savants chinois trouveront le loisir de traduire ces ouvrages, qui apporteraient probablement un éclairage précieux sur l' histoire peu connue de ces régions.

Le plan et la construction de la ville montrent qu'elle a été construite comme une forteresse. Il occupe une superficie de cinq stades carrés, entouré d'un mur de pierre fortement bâti, crénelé ou crénelé, haut de vingt-cinq pieds. À vingt mètres des murs, un fossé profond entourait l'ancienne ville ; il était encore parfait sur les faces est et sud, mais avait dégénéré en une large flaque, le vautour préféré des cochons du bazar, à l'ouest. La maçonnerie est admirable, les dalles bien taillées de roche laveuse , longues de deux à quatre pieds, posées dans du mortier, durcies presque jusqu'à la consistance de la pierre, tandis que les douves sont recouvertes de pierres posées ensemble sans mortier, si proches et si vraies qu'un canif peut à peine être inséré entre eux. A l'intérieur du mur, un rempart de terre, large d'environ trente pieds et haut de dix-huit pieds, sert de batterie, ou terrain d'armes, ainsi que de promenade. Il n'y a pas de bastions, mais de temps en temps des tourelles s'élèvent du rempart, construites en briques bleues brûlées, dont la surface lisse et les arêtes vives n'ont pas été endommagées par l'usure des siècles. Les quatre portes, à chacune desquelles correspond un pont important enjambant les douves, sont hautes et bien construites ; mais au moment de notre visite, deux de ces portes étaient bâties. La porte sud-ouest ou porte du bazar était spécialement fortifiée par une traverse semi-circulaire, dont une entrée sur le côté donnait sur une arcade en forme de tunnel, sur laquelle s'élevait une haute tour de guet, au toit concave, soutenue par de solides piliers. La porte intérieure était fermée par de lourdes vannes en bois de fer, soigneusement fermées à la tombée de la nuit. Vus de loin, les murs et les tourelles, avec une haute pagode et le toit de la tour de guet, semblaient indiquer une ville peuplée et prospère ; mais à l'intérieur des murs il y avait presque un vide. Les larges rues rectangulaires étaient relativement désertes, à l'exception de quelques soldats du Panthay , qui formaient avec leurs familles la seule population intra-muros. Mais peu de maisons restèrent épargnées, les meilleures d'entre elles étant celles du gouverneur et de ses officiers. Les nombreux temples avaient été vidés et à moitié démolis. Les images et les immenses vases à encens en pierre avaient été renversés et brisés, tandis que les murs en ruines criblés de balles témoignaient de l'acharnement de la lutte qui avait eu lieu. L'absence de toute l'agitation et du bruit habituels d'une ville surpeuplée était rendue plus frappante par les preuves de tous côtés de l'ancienne prospérité et de la population.

Notre séjour à Momien s'étendit sur six semaines ; mais l'état du pays, joint au climat, nous réduisit presque à l'inaction. La monotonie déprimante de la vie dans ces circonstances était cependant soulagée par la gentillesse constante des Panthays hospitaliers . Notre première journée fut consacrée au rangement de nous-mêmes et de nos bagages, au cours duquel une foule de visiteurs curieux nous assista en poussant des « Iyaws ! » étonnés. à tout ce que possédaient les étrangers, dont chacun tenait à inspecter les personnes et les biens.

DANS LES MURS DE MOMIEN OU TENG-YUE-CHOW.

Le lendemain, ayant été fixés par le gouverneur pour notre réception, nous entrâmes solennellement dans la ville, précédés de vingt cipayes mahométans de l'escorte, portant les présents. Il s'agissait de draps verts et jaunes, de mousselines, de tapis et de nappes voyants, de fusils et de revolvers à double canon , avec tous les appareils, de la poudre et de la grenaille, de canifs, de ciseaux, d'une jumelle, d'un télescope et d'une boîte à musique, ainsi que d'une quantité de Les matchs de Bryant et May.

Une foule nombreuse mais bien élevée de Chinois pauvres s'était rassemblée, qui s'accordait bien avec les maisons en ruine du faubourg. Nous entrâmes par la porte sud-ouest dans une rue étroite et sale, d'où une ruelle conduisait à la maison du gouverneur, entourée d'un muret. Le portail, haut d'environ quinze pieds, était formé de simples piliers de pierre carrés, avec d'autres posés horizontalement en travers d'eux, comme les poutres transversales d'une porte. Cela a conduit à la succession chinoise habituelle de cours quadrangulaires. Dans un petit pavillon circulaire étaient stationnés des musiciens en haillons, qui faisaient jouer un air vif sur des gongs et des cymbales. Alors que nous traversions la cour jusqu'à la maison, un salut fut tiré par trois petits canons enfoncés dans le sol, la bouche vers le haut. Une populace se dirigea vers la porte menant à la cour intérieure, au fond de laquelle, dans la salle de réception, était assis le gouverneur. Il se leva pour nous recevoir et nous fit signe de nous asseoir à sa gauche, à une longue table sur laquelle les présents étaient déposés devant lui. Derrière son siège se trouvait un renfoncement surélevé, recouvert de tissu rouge, dans lequel se trouvait un petit fauteuil d'apparat. Les côtés de la pièce étaient tendus de longues bandes étroites de tissu bleu et rouge, recouvertes de caractères chinois à la feuille d'or. Les officiers supérieurs occupaient des chaises de chaque côté de la pièce et une foule de subalternes bloquait l'entrée. Le gouverneur était un homme puissant, haut de six pieds trois pouces, avec des pommettes saillantes, de lourdes lèvres protubérantes, un nez légèrement crochu et des yeux légèrement obliques. Son visage était bronzé par l'exposition, et une profonde échancrure entre les yeux, avec d'autres cicatrices, témoignait de campagnes dans lesquelles on disait qu'il était toujours au premier plan du combat. Il portait un chapeau de feutre gris, ressemblant à un casque placé de côté, la moitié avant du bord étant relevée et la partie arrière vers le bas. Une rosace en or, sertie de grosses pierres précieuses, formait un bel ornement devant, et un long chignon en soie bleue pendait derrière. Un habit de soie bleu pâle, richement sculpté, ressemblant exactement à une robe de chambre, complétait son costume. Sladen a exprimé nos profonds regrets pour la mort des deux officiers et a promis de suggérer à notre gouvernement d'indemniser leurs familles. Le gouverneur répondit que nous ne devions pas nous affliger, car ils considéraient comme un honneur de mourir comme ces hommes l'avaient fait. Quant à l'ouverture du commerce, il déclara qu'un certain nombre de marchands anglais pourraient visiter Momien au mois de novembre suivant ; qu'il s'était arrangé avec les tsawbwas Shan , et qu'il pouvait gérer les Kakhyens , afin que les caravanes puissent passer en toute sécurité ; mais il insinua qu'il y avait alors trop de monde pour admettre que cette question soit discutée. Il exprima un grand plaisir aux présents, et la boîte à musique posée auparavant suscita l'admiration universelle ; les matchs étonnaient la société ; mais la satisfaction la plus sincère était provoquée par les fusils et la poudre. Du thé, des oranges confites, des jujubes et du sucre candi étaient servis en rond. Au cours d' une conversation générale , le gouverneur déclara que le sultan avait été heureux d'apprendre notre projet de visite à Momien ; mais il craignait que la route de Tali-fu ne soit trop infestée de bandes chinoises pour nous permettre d'aller plus loin.

Le gouverneur, accompagné d'un cortège armé, rendit sa visite de cérémonie le lendemain, porté dans un magnifique fauteuil et vêtu de grandes robes de mandarin, tandis que ses officiers étaient gaiement vêtus de vestes de coton blanc, tressées et ornées de boutons d'argent. . Ils ont fait un spectacle vaillant d'épées d'or, de lances d'argent, de bannières et d'autres insignes. Des cadeaux furent apportés, composés d'un bœuf, d'un mouton, de plateaux de confiseries et de quarante mille espèces. Ces dernières furent d'abord refusées, mais le courtois Tah- sa - kon ne voulut pas refuser, et l'argent liquide constitua une générosité acceptable pour l'escorte et les partisans, donnant à chacun environ une roupie. Les fonds de la mission étaient, en vérité, plutôt faibles à cette époque, ce qui, on peut le noter, s'opposait à l'acquisition de spécimens de manufactures locales, sauf pour un montant très limité. Parmi les confiseries envoyées se trouvait une quantité de miel blanc granulé fin, et un avertissement sévère fut donné contre l'utilisation d'oignons, car la combinaison d'oignons et de miel dans le système serait un certain poison.

En prenant congé, le gouverneur suggéra que maintenant que les exigences de l'étiquette étaient satisfaites, nous devrions nous considérer libres de la maison du gouvernement, ainsi que de la ville en général, et aller et venir à notre guise, et il promit qu'il nous rendrait visite *sans cérémonie* . Notre garde et les Panthays fraternisèrent complètement, leur foi commune les unissant, et les mahométans chinois traitèrent les vrais croyants de l'Inde avec un grand respect. Le jemadar était en effet constamment sollicité pour officier à la mosquée, jusqu'à ce qu'il perde la voix à cause d'un effort excessif.

Fidèle à sa promesse, le gouverneur semblait déterminé à nous emmener à une réception chez lui. Nous fûmes reçus dans la même salle qu'auparavant, mais invités à nous asseoir avec notre hôte sur l'estrade au fond ; des relais constants de gâteaux de thé et de friandises étaient apportés, pour lesquels chacun était censé faire son devoir. Des éclats de rire parvenaient de temps en temps à nos oreilles, tandis que les dames, les quatre épouses de notre hôte et leurs servantes, s'amusaient dans le zenana adjacent doté de la batterie magnétique. Notre cercle fut bientôt rejoint par le tsawbwa-gadaw de Muangtee , qui était en visite chez le gouverneur. Elle était accompagnée de plusieurs dames Shan bien habillées, et elles bavardaient et riaient avec cette charmante bonne humeur qui semble caractéristique des Shans .

Le gouverneur lui-même nous fit ensuite visiter les appartements privés, qui nous conduisit d'abord dans sa chambre, une petite pièce douillette, sans fenêtre, éclairée par deux portes se faisant face, contenant un grand lit à baldaquin, avec des rideaux de soie bleue relevés par des rideaux. des chaînes en argent et un canapé confortable, tandis que les murs étaient décorés d'une horloge anglaise de huit jours, de tableaux chinois et de vieilles armures . En traversant la pièce, nous entrâmes dans une petite cour où plusieurs tailleurs travaillaient activement dans une véranda. Cela menait aux zenana, ou appartements des femmes, une jolie rangée de bâtiments, entourant un petit jardin, orné de grands vases, contenant des fruits et des pins nains, et des bassins en pierre remplis de poissons rouges. Les arbres comprenaient des pêchers, des pruniers, des orangers, des buis, etc., mesurant environ deux à quatre pieds de hauteur, qui avaient été éclipsés en faisant des nœuds dans la tige du jeune arbre. Sur le chemin du retour, nous avons traversé une pièce entourée de chapeaux de guerre magnifiquement décorés des plumes de la queue de Lady Amherst et de faisans dorés, et du beau pinceau en forme de renard du *wah* (*Ailurus fulgens* , F. Cuv .). Après cette inspection, nous fûmes conduits dans une salle ouverte, dans laquelle devait avoir lieu une représentation théâtrale. D'autres thés et gâteaux furent produits, tandis que de grands vases d'encens en cuivre brûlaient près de nous, et les fortes fumées produisaient une sensation de somnolence. La scène était un pavillon d'une vingtaine de pieds de long, fermé sur trois côtés, avec deux portes derrière, l'une pour l'entrée et l'autre pour la sortie des joueurs. L'orchestre de violons, de gongs et de cymbales occupait le fond de la scène et discourait de la musique la plus monotone, comme le cliquetis de la vaisselle, avec des détonations et des cris occasionnels. Un petit tableau représentant des oiseaux et des fleurs servait de décor, et les propriétés étaient une table semblable à une pyramide inversée, avec une chaise de chaque côté. Les personnages étaient tous soutenus par des interprètes masculins qui, à cette occasion, présentaient une tragédie mettant en avant la vertu chinoise d'obéissance filiale. Cela obligeait le héros à obéir à sa mère en se rebellant contre son beau-père et en tuant la princesse, son épouse ; mais celui-ci résolut la difficulté par le suicide, et la mère et le fils se lamentèrent ensemble sur elle. Le héros avait le visage peint en rouge et orné d'une longue barbe et moustache noires ; il était habillé d'un magnifique manteau richement brodé de dragons et de fleurs, d'un chapeau avec une fine queue touffue d' *Ailurus fulgens* , d'un pantalon rouge et de bottes de satin noir. Il beuglait et fanfaronnait, et marchait à grands pas sur la scène comme s'il pratiquait le pas de l'oie ; la fin de chaque discours étant soulignée par un bond dans les airs. Pendant que la pièce se déroulait, nous devions consommer le contenu de huit bols contenant de la volaille hachée avec de l'oie salée, des crevettes séchées, des champignons, des légumes, etc., chaque plat étant évidemment un spécimen de choix de la cuisine chinoise. *Ahyek* , ou samshoo, était alors servi, mais le gouverneur, en bon musulman, s'abstenait de la boisson interdite ; de petites soucoupes de riz et de condiments sont venues ensuite, mais après trois heures de repas, nous avons battu en retraite devant le festin et le drame encore interminables.

Le gouverneur hospitalier renouvela son invitation le lendemain après-midi, lorsqu'on joua une comédie farfelue, très vaste, mais heureusement brève. Comme c'était jour de marché, deux officiers furent détachés pour nous escorter à travers le bazar, dont la rue principale s'étendait à un demi-mile directement des portes sud-ouest de la ville. Chaque côté était occupé par des boutiques permanentes, et une double rangée d'étals, protégés par d'immenses parapluies, bordait toute la longueur de la rue. Une foule dense de Chinois, Shans et Panthays , avec une petite pincée de Leesaws et de Kakhyens , se pressait dans chaque avenue ; les gens étaient de bonne humeur , mais leur curiosité eût été très gênante sans la présence des officiers. Mais ce n'était qu'au début ; pendant notre séjour, nous parcourions à notre guise les rues du faubourg du bazar ainsi que l'intérieur des murs. Les magasins étaient de petites maisons à un étage, chacune consacrée à un métier particulier. Drapiers, libraires, droguistes, marchands de tabac et de noix, marchands de provisions, exposaient leurs diverses marchandises, mais, sauf les jours de marché, avec peu d'habitude. De nombreux restaurants étaient remplis de clients de la classe aisée, tandis que les villageois les plus pauvres étaient approvisionnés par des jeunes colporteurs de produits comestibles. Les étals présentaient un riche étalage de légumes et de fruits ; parmi les premiers se trouvaient les pois, les haricots verts et secs, les pommes de terre, le céleri, les carottes, les oignons, l'ail, les ignames, les pousses de bambou, le chou et les épinards et le gingembre ; les fruits comprenaient des pommes comme des reinettes dorées, des poires, des pêches, des noix, des châtaignes, des mûres, des cynorrhodons et trois sortes de fruits inconnus. Les champignons étaient très demandés, ainsi qu'un lichen séché, presque noir ; des capsules de poivre noir, de noix de bétel et de pavot étaient visibles sur presque tous les étals, et le sel était vendu en boules compressées, marquées d'un cachet gouvernemental. D'autres départements contenaient des tissus et des fils chinois colorés , ainsi que des boutons, des tissus anglais longs et larges, des aiguilles et des boutons de laiton, des calottes mahométanes brodées de fil d'or, des bagues, des embouchures et des broches d'ambre et de jade, des pipes à opium et Narguilés chinois. Une autre rue perpendiculaire à la rue principale est consacrée aux tailleurs, aux magasins de prêt-à-porter et aux chaudronniers, qui fournissent tous les appareils de cuisine et fabriquent les disques de cuivre utilisés pour couper le jade. Par cette rue, nous arrivâmes au magasin du principal marchand chinois, qui nous invita à entrer et se montra très hospitalier. Ses lamentations sur le déclin du commerce avec la Birmanie, provoqué par la guerre civile, montraient clairement de quel côté penchaient ses sympathies ; et il était évident que lui, ainsi que tous les Chinois non mahométans, n'étaient retenus dans leur allégeance actuelle que par la main forte. Tout le faubourg du bazar était entouré d'un muret de briques avec plusieurs portes, chacune gardée par une sentinelle la nuit, et les Chinois résidaient ici, étant évidemment exclus de la ville. Bien que les manufactures semblaient être dans un état très déprimé, les quartiers des différents ouvriers étaient encore traçables ; dans une rue secondaire, nous avons eu l'occasion d'assister à la fabrication d'ornements en jade. Les disques de cuivre employés, d'un pied et demi de diamètre, sont très minces et se plient facilement ; le centre est repoussé en une coupe qui reçoit l'extrémité du cylindre tournant. Nous avons observé deux hommes au travail, l'un utilisant le cutter et l'autre un foreur doté d'une composition de quartz et de petites particules ressemblant à de la poussière de rubis. Tous deux étaient entraînés par des pédales ; la pierre est maintenue au-dessous du disque, sous lequel se trouve une bassine d'eau et de boue fine et siliceuse, dans laquelle la pierre est de temps en temps plongée, l'opérateur prenant des poignées de boue. Les pierres sont taillées en disques d'un huitième de pouce d'épaisseur, lorsqu'elles sont destinées aux boucles d'oreilles, et remises au foreur pour être perforées. Le jade le plus précieux est d'un vert intensément brillant, quelque chose comme l'émeraude ; mais les qualités rouges et rose pâle sont très appréciées. Dans les vastes ruines à l'extérieur du bazar, il y avait de nombreuses preuves, dans les fragments de jade rejetés, que la fabrication devait avoir été autrefois réalisée à une échelle beaucoup plus étendue. Le jade est obtenu dans les mines du district de Mogoung , où de grandes masses en forme de rochers arrondis sont extraites des fosses ; autrefois, une grande quantité était importée chaque année à Momien . Cent roupies étaient le prix demandé pour une paire de bracelets en jade le plus fin, et à Bhamô , quatre roupies achetaient des bagues d'une valeur de 2 £ à Canton.

Des ouvriers en ambre qui fabriquaient des chapelets, des bagues, des embouchures, etc., avec l'ambre apporté des mines de la vallée du Hukong , près de Mogoung , mais il en restait peu au moment de notre visite. L'ambre le plus prisé est parfaitement limpide et de couleur sherry très foncé. Un spécimen triangulaire, d'un pouce de long et un de large, coûtait dix shillings.

Au bazar, il y avait une exposition abondante des richesses minérales de l'ouest du Yunnan, riches en or, argent, plomb, fer, cuivre, étain, mercure, arsenic et gypse ; et nous avons obtenu de petits spécimens de la plupart de ces minéraux, y compris un orpiment jaune, exportés en quantités de Tali à Mandalay, où une grande quantité d'étain est également envoyée chaque année. Le cuivre est apporté d'une chaîne de collines près de Khyto , à trois jours de marche au nord-est. On le fond sur place, et on le rapporte aux porcs aplatis. On dit que ces mêmes collines produisent tout le fer et le sel utilisés dans l'ouest du Yunnan ; mais le produit le plus précieux des mines de Khyto est la galène. Un petit spécimen en a été analysé par le Dr Oldham, qui l'a déclaré être parmi les plus riches qu'il ait jamais vu ; il donne 0,278 pour cent, ou 104 onces. d'argent par tonne de plomb. Des silex et de grandes quantités de chaux sont apportés de Tali-fu, où existent de grandes carrières de marbre blanc et fin. On se procure du soufre dans le voisinage , mais nous n'avons pas pu connaître la localité. On a rapporté par la suite que Li- sieh -tai extrayait du soufre vers le sud-ouest, et un vieux résident [26] de la Chine occidentale mentionne une riche mine de soufre appartenant à la ville frontière nord d' Atenze , derrière une petite mine de salpêtre . Le rapport chinois sur les mines du Yunnan, annexé aux archives de l'expédition française, déclare qu'en 1850 les mines de cuivre du Yunnan, dont Tali-fu est le principal dépôt, produisaient plus de onze mille tonnes, et l'argent s'élevait à deux millions de francs. Le Vieux Résident, cependant, dit qu'avant le déclenchement de la rébellion, il y avait cent trente-deux mines de cuivre, le gouvernement n'en connaissant que trente-sept ; et comme le compte ci-dessus était calculé sur les revenus faits au gouvernement, qui exige de trente à cinquante pour cent. des produits, il est clair que la richesse minérale du Yunnan est encore plus grande que ce qui est indiqué dans ce rapport. L'or est amené à Momien depuis les villages de Yonephin et Sherg -wan, situés à quinze jours de marche au nord-est ; mais aucune information n'a pu être obtenue quant à la quantité trouvée. On l'apporte également en feuilles, qui sont ensuite envoyées en Birmanie, où elle est très demandée.

Dans les pharmacies, on vendait une poudre, pour fortifier les nerfs, faite de corne d'antilope broyée et vendue à une roupie le tickal ; [27] et la pharmacopée comprenait également de la poudre de carapaces de tortue (*Testudo platynotus* , Blyth), importée de Haute-Birmanie, et du tabac à priser en corne de sambur , utilisé comme styptique pour les saignements de nez. Nous avons été très surpris de trouver des celtes de pierre ouvertement proposés à la vente. Lorsqu'on a su que nous allions acheter, des quantités ont été apportées et nous avons acquis une collection de cent cinquante spécimens, à des prix variant de deux shillings à six pence. Leur pauvreté et non leur volonté ont contraint les propriétaires à s'en séparer, car on pense qu'ils confèrent de la chance au propriétaire, qu'ils possèdent des propriétés curatives s'ils sont trempés dans des médicaments, et qu'ils sont exposés pour faciliter l'accouchement . Ils sont généralement retournés par la charrue ; et la croyance populaire est qu'ils tombent du ciel comme des éclairs et mettent neuf ans à remonter à la surface. La haute estime dans laquelle ils sont tenus suggère qu'un Flint Jack chinois a fait un commerce lucratif en imitant les outils réels ou en fabriquant des amulettes du même type. Un grand nombre de ceux achetés sont de petites formes joliment taillées, avec peu ou pas de signes d'utilisation, et faites d'une certaine variété de jade ; mais il n'y a aucune raison de douter de l'authenticité des formes plus grandes qui nous ont été présentées. On trouve également des celtes en bronze, mais ils sont évalués à leur poids en or ; nous avons cependant réussi à en acheter un à Manwyne lors du voyage de retour. Il appartient au type celtique à douilles sans ailes. La composition du bronze est la même que celle des Celtes trouvés en Europe du Nord : étain 10, cuivre 90.

A la suite d'une longue période de sécheresse précédant notre arrivée, l'abattage des animaux avait été interdit, car on craignait que la pluie ne soit refusée en guise de punition, curieux exemple de superstition bouddhique affectant les Panthays et les Chinois ; mais au bout de deux jours les pluies arrivèrent et l'interdiction fut levée. Les marchés furent désormais bien approvisionnés en bœufs, buffles, moutons, chèvres et porcs. Les buffles sont principalement utilisés pour l'agriculture ; les bœufs n'ont pas de bosse et sont petits mais bien faits, généralement de couleur brun rougeâtre , allant jusqu'au noir. Les nombreux moutons appartiennent à une grande race à face noire , aux profils convexes. Deux sortes de chèvres sont courantes ; l'un avec de longs cheveux blancs et hirsutes balayant presque le sol, et des cornes en spirale aplaties, dirigées vers l'arrière et vers l'extérieur ; l'autre espèce a des cheveux brun foncé très courts, une liste d'épaules courte et une barbe pleine, avec des cornes en spirale aplaties similaires, mais moins couchées. Les cochons semblaient tout noirs. Des poneys remarquablement beaux étaient courants ; mais les mulets, beaucoup plus nombreux, sont plus prisés. Les volailles, les canards et les oies sont nombreux et grands ; et enfin, mais non des moindres, les chats, tous d'un gris uniforme, avec de légères taches sombres, s'installaient partout. Mais nous avons remarqué très peu de chiens, ceux vus étant noirs avec un pelage hirsute, ressemblant aux chiens de berger du sud de l'Écosse.

Il a été mentionné que les pluies s'étaient installées peu après notre arrivée. A partir du 1er juin, la mousson du sud-ouest a prévalu, avec très peu de beaux intervalles. Le ciel était obscurci par des nuages épais et brumeux qui enveloppaient les collines de plis denses. En général, la pluie tombait très fort ; mais il y avait des jours où ce n'était guère plus qu'une épaisse brume écossaise dans un calme plat. Des orages occasionnels d'une grandeur terrible éclataient sur la vallée, accompagnés de fortes rafales du sud-ouest ; mais le trait le plus caractéristique du temps était le calme généralement parfait de l'atmosphère, tandis que des nuages bas et plombés déversaient une pluie incessante, généralement forte, mais parfois seulement une légère bruine, ce qui, combiné, avait sur nous un effet suffisamment déprimant. La température n'était nullement accablante, le maximum moyen en juin étant de soixante-quatorze degrés et le minimum de soixante-deux degrés. Les indigènes affirment avec force que le climat est malsain pour les étrangers, et nous souffrons tous plus ou moins de diarrhées incurables . La variole était également répandue ; et un de nos collectionneurs et un sous-chef Kakhyen , qui nous avait accompagnés, en moururent. Nous avons été fortement mis en garde contre l'utilisation de l'eau de la rivière, à laquelle les indigènes attribuent la prévalence du goitre , qui est très désagréablement remarquable chez les hommes, les femmes et les enfants, certains goitres étant si étendus qu'ils nécessitent un traitement spécial ; même de jeunes enfants en furent atteints, et dans leur cas, cela devait être congénital. Par ailleurs, les enfants semblaient en très bonne santé, malgré leurs haillons et leur saleté, et aucun cas de fièvre n'a été observé, bien qu'environ soixante ou soixante-dix patients aient été traités pour d'autres maladies.

Le fait que la plus grande partie de la vallée soit sous l'eau pendant six ou sept mois, dont trois pendant lesquels elle n'est guère meilleure qu'un énorme marécage, ne semble pas la recommander comme salubre ; mais il faut se rappeler qu'il se trouve à plus de cinq mille pieds au-dessus du niveau de la mer, dans le vingt-quatrième parallèle de latitude nord, et que c'est un pays relativement sec et tempéré, singulièrement dépourvu d'arbres, dont les conditions se combineraient pour placer au-delà de la portée des miasmes.

Le digne gouverneur s'est montré très inquiet de notre santé. Il refusa, pour des raisons de sécurité contre les voleurs rôdeurs, de nous laisser déplacer nos quartiers, mais envoya des gardes pour nous accompagner dans une promenade occasionnelle dans l'enceinte de la ville. L'insécurité était si grande que nous n'osions pas nous aventurer sans surveillance à plus de quelques centaines de mètres des murs. L'une de leurs promenades préférées se dirigeait vers un endroit situé à moins d'un mile au nord-ouest de la ville. Ici le Tahô , après avoir traversé la vallée, se précipite, en une nappe d'eau presque ininterrompue, au-dessus d'une falaise de cent pieds de haut ; de là, il descend un vallon escarpé jusqu'à la petite vallée de Hawshuenshan . Immédiatement au-dessus de la chute, le ruisseau est enjambé par un important pont de pierre à trois arches avec des approches couvertes. Au-dessous, l'épais lit de piège basaltique, par-dessus lequel la rivière bondit, est usé en fer à cheval miniature ; et la végétation luxuriante et surplombante de fougères et de ronces, et de roses sauvages à fleurs doubles, formait un paysage d'une beauté saisissante. Lors des pluies, la masse d'eau était si grande qu'une colonne d'embruns s'élevait et était visible à deux milles de distance. De ce point, les murs crénelés de Momien , avec au loin des chaînes élevées, complétaient un tableau saisissant. Au-dessus du pont, le Tahô coule en un ruisseau tortueux de vingt mètres de large, bien peuplé de grosses carpes dorées (*Cavassius auratus* , Lin.), entre des rives de dix pieds de haut ; et les rizières des deux côtés sont irriguées par de grandes roues qui élèvent l'eau dans de longs seaux de bambou, qui se déversent dans des tuyaux en bois menant aux champs. Ces roues sont nombreuses dans la vallée.

CASCADE DU TAHÔ; MOMIEN AU LOIN.

Après avoir visité la cascade, nous avons gravi la colline de la pagode, à environ mille pieds au-dessus de la ville. Le chemin traversait des champs de pommes de terre maintenant en pleine floraison, les plantes poussant en crêtes et buttées avec un effet de maison. La feuille est plus petite que celle de la plante d'origine et les tubercules du marché avaient une fine peau rouge ; mais ils étaient très bons et très demandés à quatre pence pour trois livres et demie. Rien n'a pu être appris sur l'introduction de cette plante, ni sur le céleri, également largement cultivé, et qui semblait tout aussi déplacé. La pomme de terre, cependant, est appelée *yan -gee* , évidemment identique à *yang- yu* , racine étrangère, qui, selon M. Cooper, [128] est son nom en Sz-chuen , où on dit qu'elle a été introduite par les professeurs étrangers, c'est-à-dire les missionnaires français, il y a longtemps. Le versant inférieur de la colline était couvert de tombes en pierre en forme de tumulus, la tête arquée de chacune contenant une tablette avec une épitaphe. Les tombes les plus grossières étaient de simples tumulus de terre, chacun avec son ouverture cintrée bloquée par une grosse pierre. Les pentes des collines entourant la vallée sont parsemées de cimetières similaires — témoignages muets de la population qui remplissait autrefois les villages en ruines situés en contrebas. Près du sommet se dressait une pagode, une tour ronde en briques blanchies à la chaux sur un socle en pierre avec six anneaux en saillie. La colline elle-même, comme toutes les éminences alentour, était couverte d'herbes fines, et plusieurs mulets paissaient sous la protection d'un garde Panthay . Une agréable illustration de l'insécurité régnant fut donnée quelques jours plus tard, lorsque ce garde fut attaqué et quarante mules chassées par les impérialistes chinois. Nous n'avons pas été inquiétés et avons grimpé jusqu'au sommet, chassant des fougères un magnifique faisan coq (*Phasianus sladeni* , Et.), avec de longues plumes de queue, ressemblant à certains remarqués dans une coiffure Panthay . Sladen a ensuite mis la poule dans un sac ; et nous avons également obtenu un jeune renard au pelage jaune d'or et aux brosses à pointe blanche, apparemment de race himalayenne. En revenant, nous observâmes une grande caverne voûtée, qui se révéla être une ancienne carrière de roche trachytique, qui avait probablement garni les murs de la ville. Une fois, nous fûmes autorisés à faire une excursion plus longue dans la vallée de Hawshuenshan . Notre groupe devait être composé de trente-cinq hommes, tous armés, la garde Panthay, équipée de lances et de mousquets, étant commandée par le neveu du gouverneur, avec plusieurs autres officiers : tout cela étant nécessaire à la sécurité lors d'une simple promenade de banlieue . En nous tournant vers le sud depuis Momien , nous arrivâmes bientôt en vue de la ville de Yay-law, dont les ruines désertes s'étendaient sur plus d'un mile au pied de la chaîne de Deebay . Nous contournâmes la colline de la pagode, remarquant un curieux amas de lave isolé ; aucune autre roche n'était visible à des kilomètres à la ronde, et elle avait toute l'apparence d'un petit évent volcanique, et la roche était identique à celle du volcan éteint.

Contournant les collines à trois kilomètres de Momien , une légère descente vers l'ouest menait à une gorge courte et étroite, à l'angle sud-est de la petite vallée circulaire de Hawshuenshan . Le village autrefois riche de Shuayduay occupe une pente abrupte à la tête de la gorge, s'élevant en une série de terrasses recouvertes de murs sans mortier de lave très poreuse, posés aussi près que le parement du fossé de Momien et protégés par des parapets de soleil. brique séchée. Un petit ruisseau descend le ravin, qui ne mesure pas plus d'un quart de mille de long et cinquante mètres de large, jusqu'à un réservoir important traversé par une large plate-forme de pierre, voûtée d'un côté pour permettre au trop-plein de s'échapper. Face à la vallée de Hawshuenshan , la plate-forme s'étend en une belle terrasse en forme de croissant, entourée d'une élégante balustrade en pierre, qui forme l'entrée d'un temple construit sur le versant sud, en face de Shuayduay . Ce temple, s'élevant en terrasses sur le flanc escarpé d'une colline, se détachant magnifiquement sur le fond de collines verdoyantes, fut le seul épargné par les mahométans, dont l'intolérance bigoterie ne put résister à sa beauté. L'accès aux bâtiments du temple se faisait par deux cours courbes avec de belles portes voûtées. La première enceinte était une place ouverte à trois côtés construite sur un même niveau, dont la plus proche contenait les appartements des prêtres ; à droite et à gauche s'étendait un joli jardin d'arbres fruitiers nains, dont le centre était occupé par quelques arbres rabougris couverts d'une profusion d'orchidées jaunes en pleine fleur et d'un magnifique hortensia dans un vase colossal ; le côté le plus éloigné de la colline était élevé sur une terrasse en pierre de quatre pieds au-dessus du niveau du reste. Sur cette plate-forme plus élevée se tenaient des figures dorées grandeur nature de divinités, avec de l'encens brûlant toujours dans de petits vases de pierre noire, et sur une table devant les images se trouvaient un grand tambour et de grotesques poissons en bois creux, que les prêtres et les fidèles battaient à coups courts. des bâtons. Un passage conduisait de chaque côté de la cour à des escaliers de pierre menant à la terrasse supérieure et convergeant en son centre en une tour hexagonale, soutenue par des piliers de pierre de sept pieds de haut ; celles-ci formaient une arcade d'où montait un petit escalier, se divisant à droite et à gauche pour atteindre la plus haute terrasse, presque au niveau de laquelle se trouvait une chapelle formant la chambre haute de la tour hexagonale. Le temple supérieur occupait toute sa terrasse, construite entièrement en bois, à l'exception des murs du fond et du fond. La façade était lambrissée de treillis richement dorés, tandis que les avant-toits et les plafonds étaient colorés à l'imitation de la porcelaine. Derrière un paravent orné de sculptures richement colorées d'oiseaux et de fleurs, se trouvaient trois personnages dorés grandeur nature sur des autels, apparemment en porcelaine. La figure centrale, en marbre, représentait une femme assise sur un lotus, avec une fleur de lys sous ses pieds ; elle présentait un enfant mâle nu, assis d'une main et soutenu par l'autre devant, le sexe de l'enfant étant fortement marqué. Il s'agissait de la déesse Kwan-yin, déesse de la miséricorde et de la conception, et sa présence semblerait marquer le sanctuaire comme un temple taouiste . Ces temples rocheux en terrasses ressemblaient à ceux décrits par M. Cooper comme visités par lui à Chung Ching. Les murs en pierre du sanctuaire n'étaient pas portés jusqu'au toit, mais terminés par des boiseries , percées de fenêtres circulaires aux élégants entrelacs. Celles-ci étaient disposées de telle sorte que la lumière tombait pleinement sur les personnages assis. Du centre de cette terrasse, un escalier étroit descendait à la chapelle au sommet de la tour hexagonale, à l'intérieur de laquelle était assise une belle figure bouddhique, à tête en marbre blanc teinté de brun.

En suivant une piste bien pavée le long de la colline à l'est de la vallée, un trajet d'un quart de mile nous a amené à la ville chinoise fortifiée de Hawshuenshan , construite sur le versant de la colline. La vallée est brusquement fermée sur trois côtés par des collines herbeuses arrondies s'élevant soudainement autour du niveau mort du centre , puis inondées pour la récolte du riz. Le côté sud-ouest est fermé par la longue chaîne basse du volcan éteint, avec une pagode blanche se détachant en fort relief de son côté noir et aride.

Hawshuenshan avait évidemment été un lieu d'une grande importance, étant une ville beaucoup plus grande que Shuayduay , et devait contenir au moins trois mille habitants. A cette époque, un nombre considérable de réfugiés

avaient trouvé ici un asile, qui avaient fui les villages déserts de Shangnan ,
Tahinshan , etc. On nous montra un terrain herbeux à la périphérie sud de la
ville, qui, quelques mois auparavant seulement, était jonché de cadavres
d'impérialistes chinois. Les habitants de Hawshuenshan s'étaient déclarés
contre les Panthays et avaient rejoint le partisan chinois Low- quang -fang ;
sur ce complot, ils avaient été attaqués et vaincus. Comme d'habitude, aucun
quartier n'a été accordé, et tous ceux qui n'ont pas réussi à voler ont été
massacrés, puis enterrés là où ils sont tombés. Un beau temple surplombait
un petit ruisseau qui descendait de Shuayduay et qui formait maintenant un
petit lac juste à l'extérieur de la ville. Cette eau était traversée par un beau
pont de pierre, avec des arcades pittoresques. De là, nous suivions une
chaussée surélevée jusqu'au fond de la vallée et, passant le Tahô la cascade à
gauche, montait graduellement quatre cents pieds jusqu'à Momien . Cette
vallée de Hawshuenshan , bien que longue de deux milles sur une largeur,
avait été autrefois entourée de grands villages dont les ruines attestaient
encore qu'avant la guerre, ils devaient être des lieux non peu riches.

À l'exception du bazar fortifié, les *faubourgs autrefois peuplés* de Momien étaient
en ruines ; les tas de briques, les parois en pierre des anciens puits
profondément rainurées par des marques de cordes, et les longues rangées
de monticules détachés, avec de petits carrés d'herbe, définissaient la position
des faubourgs sud et nord-est. Les maisons du nord, occupant un espace plus
restreint, entourées de beaux jardins et enfermées entre la rivière et l'enceinte
de la ville, semblaient avoir échappé à la démolition.

Au milieu de la désolation générale à l'intérieur des murs de la ville, deux
remarquables objets d'art et de nature se dressaient, pour ainsi dire, comme
des monuments du passé. L'une était une grande pagode blanchie à la chaux,
haute de sept étages, de forme chinoise habituelle et familière. L'autre était
un sapin magnifique, qui s'élevait à cent pieds de hauteur, quoique sa cime
eût été brisée par une tempête ; à une hauteur de quatre pieds du sol, le tronc
mesurait quinze pieds de circonférence.

A défaut d'autres ressources, nous passâmes beaucoup de temps à flâner
parmi les temples et les monastères en ruine, nombreux tant dans la ville que
dans les faubourgs ; la grande majorité était en ruines, mais quelques-unes,
partiellement détruites, étaient encore occupées par quelques prêtres pauvres
qui, malgré les mahométans, faisaient brûler l'encens devant les dieux de leurs
ancêtres. Les portails massifs en pierre, les toits richement sculptés et les
décorations élaborées des autels et des images témoignaient d'une grande
maîtrise de l'art. Des combinaisons de plantes et d'oiseaux ont fourni de
nombreux motifs de décorations, exécutés soit dans des sculptures bien
ciselées , soit dans des peintures richement colorées . Dans les sculptures, les
dragons et les monstres sont fréquents ; tous sont généralement colorés , les
teintes standards étant le rouge, le bleu, le vert et le jaune. L'extérieur des

murs principaux est fréquemment décoré de médaillons représentant de petits animaux et d'oiseaux en noir, gris et blanc, alternant avec des carrés ou des cercles de figures géométriques complexes. Pour autant que l'on puisse en juger à partir des images des différentes divinités, ces temples semblaient être des sanctuaires d'un mélange de bouddhisme, de taouisme et de confucianisme, même si aucun prêtre bouddhiste n'était visible - ou du moins leur costume religieux jaune n'était visible nulle part. — les prêtres n'ayant aucun costume distinctif et vivant généralement dans leurs propres maisons en banlieue. Les images des divinités sont presque toutes grandeur nature, la place d' honneur étant occupée tantôt par une, tantôt par trois, assises sur un piédestal au centre de la salle principale. Autour des figures centrales sont disposées les statues de divinités mineures, de sages et d'érudits. Dans un temple où les images centrales étaient sans aucun doute bouddhiques, les murs de la cour extérieure étaient entourés de cinquante personnages masculins et féminins grandeur nature, tous assis, qui semblaient représenter l'armée des Thagyameng . Dans un autre, la divinité principale était une image colossale assise, avec un dragon à chaque genou, et le corps d'un dragon ressemblant à un serpent passant sous la double ceinture et se brisant sur la poitrine en un certain nombre de têtes, rappelant les cobras à sept têtes de mythologie hindoue ; la tête et le cou d'un dragon en forme de serpent sortaient également de sous chaque aisselle. Certaines figures féminines sont assises sur des lions, d'autres formes ont des têtes de taureaux et d'oiseaux, tandis que des figures à quatre bras apparaissent également. Dans le khyoung , qui formait notre résidence, il y avait une figure de Puang- ku , le créateur, assis sur un lit de feuilles ressemblant à celles du *padma* ou lotus sacré. Ce remarquable personnage à quatre bras était grandeur nature et nu, à l'exception de guirlandes de feuilles autour du cou et des reins. Il était assis les jambes croisées comme Bouddha, les deux bras supérieurs tendus, formant chacun un angle droit. La main droite tenait un disque blanc et la gauche un rouge. Les deux avant-bras étaient dans l'attitude de sculpter, la main droite tenant un maillet et la gauche un ciseau. À l'exception des images de Shuayduay , qui étaient en pierre, presque toutes étaient construites de la manière suivante : un cadre en bois, formant une sorte de figure laïque, est grossièrement assemblé, puis rembourré aux proportions appropriées avec des couches de paille étroitement enroulées dessus. il; une couche d'argile est enduite sur le tout, et une fois sèche, les teintes chair sont appliquées avec une vérité réaliste marquée, et les vêtements dûment colorés . Le fait que le sein de chaque image importante ait été ouvert semblait indiquer qu'un bijou ou de l'or y avait été déposé, comme c'est la coutume en Birmanie.

Pendant notre séjour, la fête de la Déesse de l'Agriculture a eu lieu. Une tige d'iris et une branche d'indigo sauvage étaient accrochées au-dessus de chaque porte, et une fête générale était observée ; mais rien d'autre ne marquait l'occasion, sinon que les prêtres insistaient pour allumer l'encens dans notre khyoung , acte de dévotion qui avait été préterme d'autres jours pour le bien de nos poumons. Dans l'un des rares khyoungs encore habités par des prêtres, tous situés dans des endroits reculés en dehors de la ville, j'ai trouvé une école de garçons dirigée par un prêtre intelligent. Une forte averse m'a poussé à me réfugier et le maître, qui était assis à un bureau bas et noir, m'a poliment invité à m'asseoir. Les élèves quittèrent aussitôt leurs pupitres et se pressèrent autour de nous. Un signe leur ordonnant de reprendre leurs pupitres et leurs tâches fut seulement obéi jusqu'à ce que tous commencèrent à crier leurs leçons à plein volume de leur voix ; mais un mot du maître les dispersa promptement. J'ai produit des cheroots, le prêtre a envoyé chercher du thé et nous avons discuté pendant une heure. Sur le bureau se trouvait un morceau de bois plat semblable à un gigantesque coupe-papier. Pour expliquer son utilisation, il appela un petit garçon et, prenant une de ses mains, frotta mystérieusement la paume avec l'instrument. Soudain, cependant, le coupe-papier se leva et descendit rapidement, les larmes commencèrent à monter aux yeux du garçon, mais furent séchées par un mot aimable du maître, expliquant que ce n'était qu'une exhibition et non une punition. Les garçons, dont l'âge variait entre six et quinze ans, semblaient y apprécier leurs cours. Les heures d'école duraient de neuf heures à cinq heures, avec un intervalle d'une heure et demie pendant laquelle chaque garçon achetait son dîner chez un vendeur de petits bols de friandises chinoises. Chaque garçon a ses propres livres et, assis à une table, crie sa leçon à haute voix jusqu'à ce qu'il pense la connaître, puis essaie de la réciter au maître, à qui il tourne le dos pendant la répétition. Ils apprennent à écrire en même temps qu'à lire, car chaque garçon copie d'abord sa leçon, en obtenant du maître la prononciation exacte de chaque lettre et de chaque mot : ainsi des livres entiers sont mémorisés ; mais le bruit des voix au cours du processus est assourdissant, et l'adoption du projet n'est pas recommandée à nos commissions scolaires, bien que la punition du coupe-papier puisse leur offrir un bon modèle à suivre.

Un petit garçon Momien brillant était un grand favori ; c'était le fils préféré du chef de l'armée, qui l'avait amené, comme étant sourd-muet, pour voir ce qu'on pouvait faire. Alors que l'enfant tentait d'imiter les sons, il n'était pas sourd et un examen attentif a révélé qu'il avait la langue liée. Une opération réussie a levé l'obstacle, au grand étonnement et au plus grand plaisir de son père. Ce dernier, dont le titre était Tah- zung - gyee , était un bon jeune soldat du Panthay , d'un tempérament plutôt jovial. Il nous a invités à une grande fête dans sa maison, qui était l'une des rares à rester indemne à l'intérieur des murs. L'invitation était dûment transmise à chacun sur un morceau de papier rose ; et à l'heure fixée, vers 13 HEURES , un messager arriva pour nous informer que le festin était prêt. On accédait à la maison par une cour extérieure contenant les écuries. Elle formait une grande place entourant une cour centrale. Le bâtiment principal, face à l'entrée, était élevé sur une terrasse d'environ quatre pieds de haut, avec une volée de marches à chaque extrémité, chacune menant à une salle ouverte. De là, deux portes menaient aux appartements des femmes. Les bâtiments des trois autres côtés de la place évoquaient des chaumières suisses par leurs avant-toits profonds et les grandes fenêtres grillagées du deuxième étage. Une cuisine et des débarras occupaient le rez-de-chaussée, et d'un côté se trouvait un pigeonnier. Les avant-toits de la maison étaient richement décorés de sculptures représentant des paysages avec de l'eau courante, des ponts et des arbres. Une cour extérieure contenait un jardin très choisi, rempli d'arbres nains dans des vases ; à côté de cela, il y avait de grandes roses trémières pourpres et des passiflores. Deux petits bassins en pierre contenaient des poissons rouges dotés de remarquables queues doublement divisées ; et dans un coin il y avait une maquette grossièrement taillée dans la pierre représentant une colline, avec des grottes et une pagode. Les murs des salles étaient décorés de paysages chinois et d'images d'oiseaux, en sépia et en couleurs , montées sur rouleaux, comme des cartes sur le mur d'une salle d'école. Le divertissement, comme d'habitude, a commencé avec du thé et des gâteaux, suivis de délicieuses nectarines et prunes ; après quoi venaient les éléments les plus solides du repas. Une décoction de samshoo assaisonnée d'herbes aromatiques était distribuée comme une coupe d'amour, notre hôte prenant d'abord une vigoureuse gorgée et la faisant circuler jusqu'à ce que la cruche soit vidée. Le liquide était chaud et plutôt agréable ; mais il m'incombe d'en finir avec le contenu et, à mon grand dégoût, j'observe des morceaux de graisse de porc indubitables parmi les herbes et les épices. Notre hôte mahométan non seulement buvait du samshoo, mais permettait que sa boisson soit ainsi aromatisée au porc ! Il était très sympathique et déclara qu'il nous donnerait très volontiers ses sœurs pour épouses ; et, en signe d'amitié, ils ont offert à chacun une bague de jade et des camélias. Les femmes observaient curieusement les étrangers depuis les portes à rideaux ; et vers la fin de la soirée, l'hôte demanda des remèdes contre la stérilité, dont certaines femmes de sa maison étaient atteintes. Après quelques hésitations, les trois malades rassemblèrent leur courage pour se montrer et étaient de belles jeunes femmes plantureuses, aux pieds nains. Le refus de prescrire à de tels patients a évidemment suscité une certaine déception.

La réserve jalouse des dames chinoises contrastait toujours agréablement avec les manières Shan, qui allient une parfaite modestie à une attitude franche et agréable . Ainsi la tsawbwa-gadaw de Muangtee nous rendit visite avec sa suite de dames. La vieille dame était magnifiquement vêtue, son imposant turban étant orné sur le devant de la rosace Panthay de pierres vertes, bleues et roses serties d'or, et sur les côtés de petits triangles d'argent sertis de petites fleurs émaillées . Sa jupe était richement brodée de soie et de fil d'or, et sa veste en soie bleu clair était bordée de satin noir, qui contrastait bien avec ses énormes bracelets en or. Elle portait des bagues en ambre et en jade, ainsi qu'une belle châtelaine en argent et un étui à éventails richement brodés suspendus à ses côtés. L'une de ses jeunes filles portait un petit narguilé chinois, et une autre ses boîtes en argent repoussé contenant des noix de bétel, etc. Elle fut très contente de recevoir en cadeau un beau tapis, des aiguilles, des ciseaux, etc. ; et ses servantes étaient charmées de petits miroirs circulaires, qu'elles attachaient aussitôt à leurs vestes comme ornements. Ces *keenzas* , comme ils les appelaient, étaient extrêmement prisées ; et quelques jours après, alors que j'étais occupé à chercher des obus terrestres sous les murs de la ville, une des dames Shan m'a hélé depuis les remparts. La propriétaire du joli visage qui regardait par-dessus le mur était évidemment en train de mendier quelque chose, que j'ai d'abord cru être des cheroots, et je lui ai demandé par des signes plus bas sur sa longue coiffure, dans le coin de laquelle j'ai attaché quelques cheroots, mais ceux-ci s'est avéré insatisfaisant; et le mot *Keenza* , *Keenza* , fit enfin comprendre que la jeune dame Shan voulait un miroir, et qu'il fallait en apporter un et lui l'envoyer ; et sa joie fut des plus amusantes lorsqu'elle remonta le tissu et trouva le keenza et un paquet d'aiguilles. Comparés aux jolis visages et aux vêtements pittoresques de ces jeunes filles Shan, la tenue vestimentaire et l'apparence des femmes chinoises étaient très misérables. Toutes les femmes qui apparaissaient dans les rues étaient laides et mal vêtues, même si les enfants avaient les joues potelées et rouges. La majorité portait des chapeaux en forme de tarte au porc. Tous, sauf les esclaves, avaient les pieds nains et portaient des sabots de type hollandais par temps pluvieux. Le costume se composait d'un pantalon serré autour de la cheville, d'un long vêtement bleu ample et d'un grand double tablier bleu sur le devant. Malgré leurs pieds nains, les femmes marchaient jusqu'au marché pendant trois ou quatre milles, portant de lourdes charges, et ne semblaient pas hésiter à porter sur leurs épaules deux seaux d'eau suspendus à un bambou. Chaque jour, notre khyoung était assiégée par des foules de mendiants de tous âges, depuis de petits gamins en haillons jusqu'à des vieillards et des femmes courbés par l'âge. Leurs haillons et leurs saletés indescriptibles, et une pauvreté sordide, à des degrés divers, caractérisait tous les misérables habitants des banlieues en ruine qui entouraient la ville presque vide. Il doit sembler fastidieux de revenir sur la désolation et la ruine totales qui ont résulté de cette longue guerre continue, et le lecteur préférera peut-être recueillir quelques informations sur les rebelles chinois mahométans et leurs agissements.

[26] « Pionnier du commerce », annexe v. pp. 464 et 466.

[27] Un *tickal* vaut plutôt plus d'une demi-once troy.

[28] « Pionnier du commerce », p. 186.

CHAPITRE VIII.
LES MAHOMMÉDANS DU YUNNAN.

Leur origine — Dérivation du terme « Panthay » — Histoire ancienne — Augmentation du nombre — Adoption d'enfants — Les Toonganees — Caractéristiques physiques — Déclenchement de la révolte — Tali-fu — Progrès de la révolte — L'expédition française — Ouvertures de Low- quang -fang. — Ressources des Panthays . — Prise du Yunnan-fu. — Perspectives de leur succès. — Notre position. — Cadeaux du gouverneur. — Préparatifs du retour.

Les mahométans du Yunnan ont une tradition d'origine curieuse, mais mythique. Le gouverneur et le hadji de Momien déclarèrent en substance que leurs ancêtres étaient venus d'Arabie en Chine il y a mille ans, sous le règne de l'empereur Tung- huon - tsong , qui avait envoyé son principal ministre, Khazee , à Tseeyoog (?) pour implorer de l'aide contre le rebelle Oungloshan . Trois mille hommes furent donc envoyés, et la rébellion fut écrasée grâce à leur aide. Leurs anciens compatriotes refusèrent de les recevoir, car ayant été souillés par une résidence parmi des infidèles mangeurs de porc, ils s'installèrent donc en Chine et devinrent les ancêtres des Mahométans chinois. Ces informations ont été fournies sous forme de réponses à des questions que j'avais posées, soigneusement écrites et traduites en chinois, et Sladen s'est également procuré un document chinois donnant essentiellement le même récit. [29] On verra que les variations de ceci par rapport au récit fourni au général Fytche sont importantes ; [30] mais comme le nom de l'empereur Tung- huon - tsong ne diffère que peu de celui de Hiun-tsong de la dynastie Toung, contre lequel Ngan-Loshan [31] s'est rebellé, il semble possible de rattacher ce récit à l'histoire chinoise. Son fils Sutsung , en 757 APRÈS JC , fut sauvé de ses difficultés par l'arrivée d'une ambassade du khalife Abu Jafar al Mansur, fondateur de Bagdad, accompagnée de troupes auxiliaires, rejointes par des Ouigoors et d'autres forces venues de l' Ouest . Il faut ajouter que mes informateurs, tout en prétendant être d'origine arabe, ont clairement déclaré que leurs ancêtres les plus immédiats avaient migré du Shensi et du Kansu vers le Yunnan il y a environ cent cinquante ans. L'histoire, cependant, montre la croissance précoce et l'augmentation rapide en Chine d'une importante population mahométienne, que les chinois appellent Hwait -ze ; le nom Panthay ou Pansee étant d'origine birmane.

Quant à l'origine de ce terme, plusieurs théories ont été suggérées. Le major Sladen donne Puthee comme terme birman désignant les mahométans en général. Garnier dit que le mot Pha-si , que les Birmans ont corrompu en Panthé , d'après le colonel Phayre , est le même que Parsi ou Farsi, qui dans l'Inde s'applique aux Mahométans, et que cette dénomination est très ancienne, comme Le colonel Yule a souligné que dans une description du royaume du Cambodge, traduite par A. Remusat , est décrite une secte religieuse, appelée Pâssi , qui se distinguait par le port de turbans blancs ou rouges, et par le refus de boire des liqueurs enivrantes, ou de manger. en compagnie des autres sectes ; mais cet éminent érudit chinois, Sir T. Wade, tire le terme Panthay d'un mot chinois Pun-tai, signifiant les habitants aborigènes ou les plus anciens d'un pays ; et Garnier mentionne qu'un peuple appelé Penti se trouve sur la rive orientale du lac Tali, et dans la plaine de Tang- tchouen , au nord de Tali. Ils sont métis, descendants des premiers colons envoyés au Yunnan par les Mongols, après la conquête du pays par les généraux de Kublai Khan.

M. Cooper nous dit que le terme Pachee , ou parti du drapeau blanc, par opposition au Hungchee , ou drapeau rouge, ou impérialistes, était également utilisé pour désigner les rebelles du nord du Yunnan, et Garnier applique fréquemment ces termes. conditions aux parties en conflit. La terminaison -*ze* dans le nom Hwait -ze, comme dans Mant-ze, Thibetans , Miaout -ze, tribus montagnardes, et Khwait -ze, étrangers, semble toujours impliquer une séparation politique et tribale des Chinois proprement dits. Ces noms apparaissent dans la curieuse prophétie des Quatre Guerres, citée par Cooper. [32]

D'après le récit de la Chine compilé au milieu du IXe siècle par Abu Zaid, d'après les rapports des commerçants arabes, il est évident que ses compatriotes avaient depuis longtemps recours à la Chine. Déjà à cette époque, la communauté arabe de Hang-chew-fu (Khanfu) était d'une grande importance : elle possédait un juge distinct, nommé par l'empereur de Chine, et on raconte que les populations mahométanes, chrétiennes, juives et parsees furent massacrées en J.-C. 878 étaient au nombre de cent vingt mille. Le mahomédanisme était peu connu chez les Tartares avant l'époque de Chengis -khan, mais ses conquêtes furent le moyen d'amener une population considérable d'Ouïghours dans le Shensi et le Kansu ; et la foi du Prophète s'était répandue parmi cette tribu bien avant la conquête tatare de la Chine.

Les relations commerciales et politiques vigoureuses qui existaient entre la Chine et leur mère patrie maintenaient vivante la vie religieuse et l'individualité sociale de ces immigrants. Cet ajout important de population à leurs coreligionnaires déjà issus des contingents des khalifes et des commerçants arabes, explique le nombre de mahométans que Marco Polo a noté lors de sa résidence en Chine (1271-1295). Dans sa description des habitants de la frontière occidentale du Shensi, où était situé le célèbre marché de Singui , et dans son récit de Singan et de Carajan , une partie du

Yunnan, il décrit les Mahométans comme formant une partie considérable de la population étrangère.

La position forte que cette secte avait acquise sous le règne de Kublai ressort de la déclaration de Marco Polo selon laquelle les gouvernements provinciaux étaient confiés aux Tartares, aux Chrétiens et aux Mahométans. L'invasion de la Birmanie et les sièges de Singan et Fun-ching furent confiés à des généraux mahométans. L'histoire de Baïlo Ahmed, le grand ministre des Finances, est l'illustration la plus frappante de l'influence mahométan, même si la découverte de ses crimes provoqua la colère du khan contre les Sarrasins et conduisit à leur interdire les pratiques de mariage et de massacre des animaux, imposés par leur religion. Cet échec ne pouvait être que temporaire, et comme nous voyons des Mahométans occuper de hautes places de confiance, tant civiles que militaires, on peut raisonnablement supposer qu'après la conquête du Yunnan, ces soldats et commerçants entreprenants se sont établis dans les colonies implantées dans la nouvelle province. .

Au début du XIVe siècle, Rashidood - deen , vizir de Perse, mentionne la province de Karajang ou Yunnan et déclare que les habitants étaient tous mahométans. Ibn Batuta , qui visita la Chine au milieu du même siècle, trouva dans toutes les grandes villes des Mahométans, pour la plupart de riches marchands. Dans toutes les provinces, il y avait une ville qui leur appartenait, chacune possédant généralement une mosquée, un marché, une cellule pour les pauvres, un kadi et un cheikh ul Islam, tandis que dans certains districts, ils étaient extrêmement nombreux.

Les pères jésuites, au XVIIe siècle, font fréquemment mention des mahométans chinois. Le Compte, écrivant au cardinal de Bouillon en 1680, dit : « qu'ils étaient restés six cents ans dans le pays sans être dérangés, parce qu'ils jouissaient tranquillement de leur liberté sans chercher à propager leur religion, même par les mariages, hors de leurs propres parents, même dans les endroits où ils étaient le plus nombreux et les plus anciens, comme dans les provinces au nord du Hoang Ho, et dans les villes le long du canal, où ils avaient construit des mosquées tout à fait différentes de l'architecture chinoise. Ils étaient considérés comme des étrangers et fréquemment insultés par les Chinois.

L'oppression à laquelle ils furent soumis après la seconde conquête tatare commença à se manifester dès le début du XVIIIe siècle, lorsque leurs mosquées furent détruites par la population de Hang-chow dans la province de Huquang, malgré les efforts des magistrats . pour les protéger. Cependant, à une époque antérieure, vers 1651, ils avaient été privés par l'empereur tartare Chunchi des honneurs dont jouissaient certains d'entre eux en relation avec le Collège de Mathématiques. Ce changement de politique ainsi amorcé provoqua une rébellion qui éclata sous le règne de Kien-hung (1765-1771) sur la frontière occidentale et s'étendit à la province du Kansu. Les rebelles résistèrent avec vaillance aux forces impériales , mais furent finalement maîtrisés. L'abbé Grosier , écrivant postérieurement à cet événement, dit « que depuis quelque temps les mahométans semblent avoir été plus particulièrement attentifs au soin d'étendre leur secte ». [33]

La méthode à laquelle ils ont eu recours était le libre usage de leur richesse pour acheter des enfants à élever comme mahométans. Lors de la terrible famine qui ravagea la province de Quangtong en 1790, ils achetèrent dix mille enfants à des parents pauvres ; ceux-ci étaient instruits et, une fois adultes, pourvus d'épouses et de maisons, des villages entiers étant formés de ces convertis. Ce système a été suivi par eux jusqu'à nos jours, de sorte qu'un grand nombre de fidèles sont d'origine chinoise ; et nous en avons trouvé des exemples à Momien . Selon Garnier, le sultan de Tali était un orphelin chinois, adopté et éduqué par un riche mahométan. Le Yunnan semble, d'après la *Pekin Gazette* , avoir été le théâtre d'insurrections presque incessantes de 1817 à 1834, imputables, selon toute probabilité, à l'élément mahométan de la population. Lors d'une rébellion, en 1828, le chef fit graver un sceau impérial et publia des manifestes appelant le peuple à rejoindre son étendard. En même temps, les populations mixtes de cette province semblent s'être toujours distinguées par un esprit indépendant et insoumis, qui défiait souvent le pouvoir central. Certaines villes étaient même gouvernées par des conseils municipaux électifs, dirigés uniquement nominalement par les mandarins.

Grutzlaff mentionne que lors de sa résidence en Chine, en 1825-1832, ils possédaient plusieurs mosquées à Chekiang, Pechili , Shensi et Shansu ; mais comme ils s'étaient parfois joints aux rebelles du Turkistan, le gouvernement les considérait d'un œil jaloux. Néanmoins, certains d'entre eux occupaient des postes de grande confiance. Il déclare également que beaucoup d'entre eux effectuaient le pèlerinage à la Mecque et rapportaient des MSS arabes. du Coran, que quelques-uns pouvaient lire imparfaitement, qu'ils n'étaient en aucun cas sectaires ni prosélytes et qu'ils vénéraient Confucius. Ces mahométans du nord de la Chine et du Turkistan comprennent les peuples appelés Toonganees , dont on dit que leur origine remonte à un grand nombre d'Ouïghours, qui furent transplantés à proximité du mur nord, sous le règne de la dynastie Thang, entre le VIIe et le Turkestan. dixièmes siècles. Ces colons furent encouragés à se marier avec les femmes chinoises et après cela, lorsque, suivant l'exemple de leurs compatriotes, ils embrassèrent l'Islam, ils conservèrent toujours cette pratique, tout en prenant soin d'élever tous leurs enfants dans la foi. Bien qu'ils soient de race mixte, ils se distinguent des Mandchous et des Chinois par leur visage intelligent et leur force supérieure. Ils ont toujours fait preuve d'une aptitude particulière pour les spéculations commerciales, comme leurs frères du Sud. Ils se sont également montrés d'excellents guerriers dans la rébellion réussie du Turkistan, et celle qui éclata en 1861 au Kansu et sous Abdul Jaffier menaçait d'être aussi réussie que la révolte du Yunnan.

Au cours du siècle actuel, les fidèles semblent s'être multipliés plus rapidement au Yunnan que dans les provinces du nord. Le colonel Burney nous apprend qu'en 1831, presque tous les commerçants chinois qui visitaient la capitale birmane étaient des Mahométans, à l'exception de quelques-uns qui importaient des jambons. Certains d'entre eux parlaient un peu d'arabe, et l'un d'eux lui lisait des passages du Coran ; mais aucun d'eux ne pouvait lui dire d'où ils tiraient leur origine.

En ce qui concerne l'apparence, il existe de fortes traces de descendance d'une souche non chinoise et, pourrions-nous dire, turque, visibles parmi les mahométans actuels de la Chine occidentale. Garnier remarque que « les musulmans d'origine arabe sont assez nombreux, et on en rencontre beaucoup qui manifestent très nettement les principaux traits des Arabes, certains conservant le type ancestral dans une grande pureté. Mais la majorité ne peut être facilement distinguée des Chinois, sauf par leur stature supérieure, leur plus grande force physique et leur physionomie plus énergique. Bien qu'ils ne contractent des alliances matrimoniales qu'avec ceux de leur propre croyance, ils prennent généralement des femmes chinoises comme concubines. De là une grande infusion de sang chinois, malgré lequel ils ont conservé presque toutes les qualités guerrières de leurs ancêtres. M. Cooper décrit un marchand qui a fait appel à lui comme « un splendide spécimen du Mahommedan du Yunnan, mesurant plus de six pieds ; son visage était singulièrement hautain et noble, et ses manières particulièrement douces et dignes. Sa longue moustache noire et ses cheveux, tombant en une énorme queue presque jusqu'au sol, sont également particulièrement remarqués.

Les hommes de tête que nous rencontrâmes à Momien étaient bien bâtis, athlétiques et d'une bonne taille, le gouverneur mesurant six pieds trois pouces. Ils avaient la peau claire, des pommettes saillantes et des yeux légèrement obliques, leur visage étant tout à fait distinct de celui des Chinois. En fait, le type général de visage rappelait celui des commerçants qui descendaient à Calcutta de Boukhara et d'Herat. Ils portaient généralement des moustaches, mais épilaient le reste du visage, tandis que leurs longs cheveux étaient enroulés dans les plis d'immenses turbans blancs. Le seul autre article vestimentaire distinctif était une ceinture de couleur orange vif , qui soutenait généralement un poignard monté en argent. En règle générale , ils s'abstenaient de boissons enivrantes et de fumer de l'opium ou du tabac ; mais certains étaient laxistes sur ces détails. Nos musulmans stricts les méprisaient également à cause de leur laxisme dans le culte, et le médecin indigène, qui était un fanatique, déclarait qu'ils n'étaient pas du tout de vrais croyants. Dans l'ensemble, la conclusion que l'on peut raisonnablement tirer quant à leur origine est qu'aux descendants d'une éventuelle souche arabe se sont ajoutés un nombre considérable d'émigrants turcs, qui, en vérité, constituent la principale origine de la population mahométane. au Yunnan. Un certain nombre de Chinois proprement dits se sont ajoutés de temps en temps à cette communauté, qui, partout, semble avoir inclus la classe la plus riche et la meilleure de la population. La rébellion du Yunnan semble avoir été provoquée uniquement par l'oppression à laquelle les mahométans étaient soumis par les mandarins. Leur esprit fier et indépendant ne tolérerait pas la tyrannie et l'extorsion universellement pratiquées par la classe officielle, dont ils étaient exclus. Les mandarins, selon leur habitude, traquèrent secrètement la foule contre leurs ennemis riches et respectables, des émeutes furent provoquées et leurs mosquées furent détruites, comme à Momien , où un bel édifice, construit d'après des plans rapportés de La Mecque, existait auparavant. la guerre. Ainsi leur haine religieuse fut éveillée, comme en témoignent les temples et les monastères bouddhistes en ruine, et l'intérêt et la vengeance pour les insultes faites à leur religion conduisirent à un soulèvement universel et bien planifié. A mesure que l'insurrection qui éclata en 1855 s'étendait, les villes et villages chinois qui résistaient furent pillés et la population masculine massacrée ; tandis que les femmes étaient épargnées pour assouvir les passions des soldats indisciplinés, et que les enfants étaient capturés pour être élevés comme musulmans ; mais toutes les places qui cédèrent furent épargnées.

Le fait que le pays ait terriblement souffert dans la lutte nous a été prouvé par les témoignages muets des villes et des villages désertés, et depuis la frontière la plus méridionale de la province jusqu'à l'extrême nord, nous avons les rapports de témoins oculaires de cette terrible dévastation. Les parties en conflit invoquaient l'aide des tribus montagnardes, telles que les Lolos, les Loutse et les Kakhyens , et celles-ci devaient être récompensées pour leurs services par un pillage autorisé. Il arriva ainsi que des endroits situés sur des frontières discutables furent pillés trois fois, par le drapeau rouge, par le drapeau blanc et par les maraudeurs. C'est ainsi que les villes de Sanda et Muangla avaient été pillées par les Kakhyens après l' invasion du Panthay . Les officiers de Momien racontèrent de nombreuses histoires sur la conduite de leurs soldats, qui en disaient long sur la misère causée aux paisibles habitants ; mais le soldat chinois est, de toute évidence, aussi dangereux en paix pour les villes où il est cantonné que n'importe quel ennemi pourrait l'être, et des scènes de violence et d'outrage accompagnent la marche des voyous indisciplinés sous les bannières impériales partout où ils vont.

L'ordre exact des événements qui ont conduit à l'établissement du royaume mahométan est quelque peu incertain ; nous ne pouvions pas, faute d'interprètes, obtenir des informations fiables. Dans le récit de l'expédition française [134] M. Garnier rapporte le début de la rébellion à une révolte des mahométans dont la cause n'est pas précisée, et les décrit comme ayant fomenté une émeute en 1856 et pillé la ville. du Yunnan-fu. Les autorités impériales résolurent alors de se débarrasser de ces sujets intraitables par un massacre général, qui fut ordonné pour un jour déterminé. Cela commença à Hoching , une ville située entre Li-kiang-fu et Tali-fu, lorsque plus d'un millier de mahométans furent assassinés ; tandis que des massacres perfides similaires se succédèrent en différents endroits. Un simple célibataire ou lettré de Moung -ho, nommé Tu-wintsen ou Dowinsheow , orphelin chinois adopté par les mahométans, ralliait ses coreligionnaires . Ses partisans n'étaient d'abord que quarante, mais leurs rangs furent rapidement rejoints par des fugitifs de Hoching , Yung-pe et d'autres endroits, jusqu'à ce qu'avec six cents hommes il attaquât l'ancienne et sainte ville de Tali-fu, qui se rendit en 1857. Tali-fu est une petite ville dont la population ne dépassait pas alors trente-cinq mille habitants, la riche plaine entourée de montagnes et avec un lac regorgeant de poissons, s'étendant sur quarante milles de longueur et dix de largeur, entretenu une population estimée avant la guerre à quatre cent mille. Garnier affirme qu'il y avait cent cinquante villages, mais le Vieux Résident les dénombre à deux cent cinquante-trois. Les montagnes au nord et au sud se ferment sur le lac, et la plaine et la ville ne sont accessibles que par deux cols fortement fortifiés, Hiang- kwang et Hia-kwang , ou, comme les Birmans les appellent, Shangwan et Shagwan . Ainsi Tali a été dès les premiers temps une ville forte ; elle fut la capitale d'un royaume lors de l'invasion de Kublai Khan, et est toujours considérée par les Thibétains , qui font des pèlerinages dans ses environs, comme l'ancienne demeure de leurs ancêtres. Les mahométans en avaient fait leur quartier général, et elle semblait susceptible de redevenir la capitale d'un royaume indépendant. Leur succès fut facilité par la jalousie qui existait entre les Chinois purs, principalement descendants d'immigrants de Sz-chuen , et les métis Minkia et Penti, descendants des premiers colons implantés par les Mongols, et probablement par la dynastie tartare ultérieure en 1679. Ces tribus, habitant les plaines orientales de Tali et d'autres districts adjacents, étaient méprisées par les Chinois, comme étant issues de mariages mixtes avec les Shan et des races barbares, de même que les vrais Créoles méprisaient tous ceux dans les veines desquels coulait du sang nègre. [135] C'est pourquoi ils se tenaient à l'écart dans la lutte entre les Chinois et les Mahométans ; ces derniers réussirent même à occuper pendant une courte période le Yunnan-fu, mais furent rapidement expulsés. Une révolte locale y fut cependant organisée par un hadji mahométan de grande réputation, appelé Lao-papa, qui assassina le vice-roi Pang, et fut proclamé empereur ou sultan, mais jouit de sa dignité très peu de temps. Un autre mahométan, nommé Makien , qui, avant la guerre, avait été vendeur de sucre d'orge, mais était devenu soldat et avait pris le parti impérialiste, soumit Lao-papa en 1861 et établit l'autorité d'un autre Lao. qui avait été nommé vice-roi. Makien fut nommé *ti -tai* , ou commandant des forces, mais un officier nommé Leang, dans le sud de la province, refusa d'obéir à ses ordres, et une petite guerre civile s'ensuivit entre leurs partisans respectifs . Les mahométans profitèrent de cette division dans le camp ennemi pour consolider leur pouvoir sous leur chef élu, Tu-wintsen , qui fut proclamé sultan, ou imam, en 1867. Momien avait été capturé trois ans avant notre visite. , et les États Shan du Tapeng placés sous le roi mahométan, dont l'autorité s'étendait sur une partie considérable de la province. Au début de 1868, les Français trouvèrent le gouvernement du Yunnan-fu administré *par intérim* par un mandarin au bouton bleu, nommé Song, le vice-roi Lao étant récemment décédé, et son successeur, bien que nommé, n'ayant pas osé assumer la périlleuse poste. La charge de commandant en chef était occupée par Makien , soutenu par un état-major d'officiers mahométans, dont le costume et la physionomie les marquaient comme différents des Chinois. Lao-papa résidait également au Yunnan, investi de rang et d'honneurs , comme chef religieux de tous les mahométans. [36] Il ne semble pas que cela puisse être concilié avec l'autorité religieuse du sultan Soliman, et il est clair que les mahométans étaient eux-mêmes divisés en deux partis.

Il est intéressant de comparer ce récit avec celui tiré par M. Cooper des informations qui lui ont été fournies dans le nord de la province sur l'attitude rebelle prise par le vice-roi impérial, lui-même prosélyte mahométan, qui avait effectivement conclu un traité de partage avec le sultan de Tali, et corrompit les troupes impériales envoyées pour réprimer la révolte avec les fonds fournis par le sultan. Nous ne possédons cependant pas les renseignements qui nous permettraient de concilier les deux récits qui présentent tant de points d'accord et de divergences. Par une curieuse coïncidence, ce voyageur le plus entreprenant , ayant été refoulé par l'impossibilité de pénétrer jusqu'à Tali, était retenu à Weisee -fu, distant de cent vingt milles, au moment même de notre séjour à Momien . Le manque total de communication nous maintenait dans l'ignorance parfaite de sa proximité, et il ignorait également notre présence dans l'ouest du Yunnan. Nos informations sur le passage de la mission française étaient, au contraire, pires, car un mensonge obstructif est peut-être plus aggravant qu'une ignorance complète. Au cours de la première semaine de juillet, le gouverneur communiqua que, six ou huit mois auparavant, l'expédition française était entrée en collision avec des tribus hostiles dans les environs de Kiang-hung et avait subi de graves pertes ; Certains d'entre eux avaient péri, et les autres étaient arrivés épuisés et dans le besoin à un endroit appelé Thela, où ils avaient été aimablement reçus. Il déclara cette information authentique et fournie par un de ses propres parents, résidant à Théla, qui avait acheté quelques-unes des armes et autres biens pris aux Français. Comme à cette époque les dernières nouvelles reçues quelque temps avant notre départ de Birmanie indiquaient que le groupe se trouvait à Kiang-tong ou Xiang-tong, un État laotien tributaire de la Birmanie, nous ne pouvions nous empêcher de craindre qu'un désastre ne leur soit arrivé. Il se peut que cette déclaration soit un récit déformé de la détention subie par les Français avant d'atteindre Kiang-hung, et du fait qu'ils furent obligés de réduire leurs bagages, certains des articles cités comme preuves positives par les Panthay provenant peut-être du magasins superflus, donnés ou troqués aux Laotiens. Il paraît, comme le remarque M. Garnier, invraisemblable que le gouverneur, qui était un officier de confiance du sultan, n'ait reçu aucune information sur la visite du parti à Tali-fu au mois de mars précédent. [37] D'un autre côté, il est difficile d'imaginer une raison pour laquelle il a caché sa connaissance de ce sujet, à moins qu'il ne craigne que nous ne soyons ainsi enclins à nous méfier des lettres du sultan. Quant à la théorie de Garnier selon laquelle l'accueil apparent qui nous a été réservé visait à supprimer toute impression défavorable qu'aurait pu produire dans l'esprit des étrangers le refus du sultan de voir les Français et leur ordonnant de partir immédiatement, elle est bien plus Il est probable que les Français étaient considérés avec une forte suspicion et pris pour des espions. Le fait qu'ils avaient voyagé avec des passeports de Pékin et qu'ils avaient été les invités du vice-roi *par intérim* au Yunnan-fu n'était pas en leur faveur ; mais ce qui était pire encore, c'étaient leurs liens avec les missionnaires français, qui étaient partout les plus hostiles à la cause mahométan. L'un d'eux s'était occupé de la tâche sacerdotale de fabriquer de la poudre à canon pour le vice-roi, et avait explosé par son propre pétard ; d'autres avaient adressé à l'empereur, par l'intermédiaire du ministre français, un mémoire en faveur de Makien , comme le seul homme capable de sauver la province des rebelles. Une réponse impériale, promettant de l'aider avec des troupes et des fournitures, fut reçue avant que Garnier ne quitte le Yunnan. Il est plus que probable que cela était connu des autorités de Tali et que, même indépendamment des circonstances racontées par M. Cooper, cela aurait empêché un accueil cordial des visiteurs français.

Lors de notre première entrée dans le pays, sans aucun passeport, nous, en tant qu'explorateurs commerciaux, avions fait appel aux autorités en place et avions refusé d'avancer jusqu'à ce que leur sauf-conduit ait été reçu. Notre neutralité entre les deux partis en conflit avait été soigneusement examinée par des lettres et des envoyés avant que nous soyons accueillis à Momien , et un peu plus d'une semaine après notre arrivée, elle a été testée, sinon par l'artifice, du moins en connaissance de cause. gouverneur. Un soir Moung Shuay Yah fit connaître d'une manière mystérieuse la présence d'un visiteur important, à savoir un officier envoyé par Low- quang -fang, l'officier qui, en collaboration avec Li- sieh -tai, soutenait la cause impériale. Il avait apporté un poney en cadeau et souhaitait nouer notre amitié et nous fournir une escorte sûre sur le chemin du retour, à condition toujours que nous ne soyons pas accompagnés par les Panthays . Notre chef a décliné une entrevue et a refusé le poney, déclarant que nous étions les invités du gouverneur et qu'en tant que tels, nous ne pouvions pas conférer avec ses ennemis, sauf avec son consentement. Nous apprîmes bientôt que le gouverneur était au courant de la mission de cet envoyé, et qu'avec le temps un traité fut signé par lequel Low-quang-fang s'engageait à ne pas attaquer les possessions de Panthay , ni à nous molester à notre retour, et devait être laissé tranquille en possession d'un petit poste de douane ; s'il s'agissait là d'une ruse des partisans chinois pour gagner notre soutien, ou des Panthays pour sonder nos véritables opinions, il est impossible de le dire. En tout cas, cela a confirmé la conviction du gouverneur dans notre bonne foi. Les termes de l'accord, s'ils étaient vrais, étaient une autre preuve du souci des Panthays de rouvrir les routes commerciales occidentales, à laquelle nous devons sans doute en grande partie notre accueil amical.

Garnier remarque qu'ils avaient toujours trouvé essentiel de maintenir ouvert le commerce avec Sz-chuen , et M. Cooper a trouvé les marchands mahométans en paix dans le Yunnan chinois. Le roi de Birmanie, non seulement en tant qu'allié, mais en tant que tributaire de la Chine, ne pouvait reconnaître le sultan rebelle, ni nouer des relations politiques ou commerciales avec lui. Le sultan, qui avait visité Rangoon et Calcutta en tant que pèlerin à La Mecque, était peut-être disposé à courtiser les faveurs de ces Feringhees dont il avait été témoin de la puissance et de la richesse dans la Cité des Palais. Il est possible que l'hospitalier gouverneur de Momien ne faisait qu'amuser ses invités avec des moqueries élogieuses, et qu'il n'avait pas l'intention de nous permettre de nous rendre à Tali et de constater l'état réel des choses à l'intérieur, la désolation de la province et les rares forces dont dispose le nouveau pouvoir. Les événements ultérieurs ont montré l'instabilité du royaume du Panthay dès qu'une attaque régulière et déterminée a été lancée contre lui par le gouvernement impérial ; mais en ce qui concerne leur état alors, avec le plus grand respect pour la mémoire de cet éminent explorateur, le lieutenant Garnier, il est impossible de négliger le fait qu'il avait de forts préjugés contre les Panthays, par la façon dont ils le traitaient, ainsi que par les Français . missionnaires, dont l'un parle du « joug détesté des mahométans ». Garnier attribue même la fermeture du trafic de l'Ouest aux vols des Kakhyens et à l'oppression arbitraire des Panthays ; qui, comme notre observation l'a montré, faisaient tout ce qu'ils pouvaient pour encourager les Birmans et les Shans à poursuivre l'ancien trafic. Il est possible que nous ayons été prévenus par la gentillesse et induits en erreur par les apparences extérieures de la force ; mais quelle que soit la cause de l'origine et des progrès de cette rébellion, il est certain que dès le début les rebelles rencontrèrent peu de résistance directe de la part des autorités impériales, et que les fonctionnaires, avec leurs quelques adhérents, furent progressivement chassés des vallées fertiles de l'Ouest. du Yunnan vers des forteresses plus inaccessibles ; de là, ils maintinrent toujours une guerre de guérilla, aucun des deux camps n'amenant jamais sur le terrain une armée nombreuse ou bien équipée. Les commandants impérialistes, tels que Li- sieh -tai et Low- quang -fang, désignés chefs de voleurs par les Panthays , bien qu'en réalité des fonctionnaires du gouvernement de Pékin, ne pouvaient harceler leurs ennemis que par des attaques décousues. Leurs partisans, s'ils étaient capturés, étaient rapidement jugés et exécutés comme voleurs. Nous avons assisté à plus de seize exécutions de ces pauvres malheureux. Le criminel a été conduit aux abords du bazar par une petite escorte, avec de la musique et des banderoles flottantes, et, les mains liées derrière le dos, il a été obligé de s'agenouiller au bord de la route. Le bourreau coupait la tête généralement d'un seul coup ; le corps fut enterré sur place et l'horrible tête pendue à la porte de la ville.

Les prouesses supérieures des Panthays et l'unanimité de leurs conseils, dirigés par le sultan de Tali-fu, emportaient apparemment tout devant eux. Durant notre séjour à Momien , nous apportâmes des nouvelles, apparemment authentiques, de la prise par son armée de la grande ville du Yunnan-fu. La situation du centre du Yunnan peut être imaginée à partir des déclarations faites dans la proclamation annonçant la chute de la capitale. On y dénombre quarante villes et cent villages qui ont été pris et détruits, et plus de trois cents personnes brûlées vives ; tandis que les pertes des Chinois, dans divers combats, s'élevaient à plus de vingt mille hommes. Les communications furent cependant interrompues par des combats incessants sur la route entre Momien et Yung- chang , deux messagers sur trois, avec des dépêches de Tali, étant tués, tandis que les convois mahométans d'espèces et de cadeaux envoyés par le sultan pour nous, ont été arrêtés à Sheedin , près de Yung- chang . Pendant notre séjour, une force de quelques centaines de soi-disant soldats, commandés par notre ami, le chef militaire, ou tah *-zung-gyee* , marcha pour repousser une attaque contre la ville et les mines de Khyto ; et comme preuve d'une victoire remportée par eux en quelques jours, deux cents épis furent envoyés à Momien , alors qu'ils avouaient une perte de quarante hommes.

Bien que les Panthays fussent impitoyables dans la guerre — seuls les habitants des villes et des villages qui se soumettaient immédiatement étant épargnés — ils désiraient établir un gouvernement ferme et ordonné : dans tous les cas, leurs officiers protégeaient le passage des marchands et traitaient beaucoup de choses. plus justement par eux que les mandarins n'avaient été habitués à le faire ; cela fut admis par les Chinois et les Shans , qui, bien qu'apparemment soumis, étaient au fond profondément opposés au nouveau *régime* . Un témoignage similaire est rendu par les deux voyageurs déjà cités, à propos des caravanes faisant du commerce avec Sz-chuen et Thibet. Il semblait à cette époque presque certain que le Yunnan deviendrait un royaume indépendant, si en effet Sz-chuen et les provinces du nord ne formaient pas également un grand empire mahométan, et la même idée est rapportée par M. Cooper, comme ayant été le résultat de ses observations de l'état du pays au nord.

Mais pour nous, il était impossible de tenter d'avancer ; même si les progrès avaient été sûrs, ils auraient été impolitiques. Que notre présence à Momien fût ou non une infraction au traité chinois, elle était rendue nécessaire si l'on voulait obtenir des renseignements sur l'état réel du pays, et cela avait été le principal objet de l'expédition énoncée dans les instructions. .

Le lecteur est prié sincèrement de garder à l'esprit que politiquement, socialement et presque géographiquement, cette terre frontalière de la Chine était presque une *terra incognita* avant notre arrivée à Momien . Nous comprîmes que nous étions bien en Chine, mais dans une province que la rébellion avait presque transformée en royaume indépendant ; et d'où il semblait presque certain que les restes d'obéissance à l'empereur à Pékin seraient bientôt complètement effacés. Notre chef voulut donc bientôt effectuer un retour, mais le gouverneur, sous divers prétextes pour assurer notre sécurité et communiquer avec Tali, différa notre départ ; et cela bien qu'il ait insisté pour fournir à tout le groupe tout le nécessaire pendant toute la durée de notre séjour. Le gentil Tahsakon était très occupé à préparer une aussi bonne exposition de cadeaux que possible à ses amis anglais. En tant que dirigeant *de facto* du pays, nous avons convenu avec lui des droits qui devraient être perçus sur les futures caravanes et avons reçu des lettres exprimant le désir du gouvernement du sultan de Panthay d'entrer en relations amicales avec notre gouvernement et de favoriser le commerce mutuel. Le gouverneur demanda et obtint deux sceaux pour authentifier ses futures lettres, et donna en échange un sceau officiel et un vase d'encre rouge dont l'usage, disait-il, assurerait la bonne livraison de toutes les lettres qui lui seraient adressées.

Nos visites d'adieu furent échangées le 11 juillet, et le bon gouverneur, très sincèrement désolé de se séparer de ses invités, apporta ses présents. Ceux-ci consistaient en soixante-dix vestes blanches et chapeaux de bambou pour nos hommes, un grand costume de mandarin , des vestes en soie sculptée, trois beaux chapeaux de paille recouverts de toile cirée pour notre port sous la pluie, des poignards et des lances montés en argent, une châtelaine d'or et de jade, et des chapelets d'ambre. Le costume du mandarin était le sien, et il avait auparavant insisté pour ôter les bagues de ses doigts et les placer dans le même ordre aux doigts de son « ami anglais », qu'il priait toujours de les porter pour lui.

Notre départ fut fixé au 12 juillet, le dernier conseil du gouverneur étant de ne pas flâner *en route* , et de ne passer qu'une nuit à chaque étape. Un corps de troupes devait précéder et un autre suivre sur nos derrières ; par mesure de précaution supplémentaire, il avait été décidé de n'employer pas de mulets mais des coolies pour porter les bagages, car l'engagement de mulets eût donné quelques jours d'avertissement aux Chinois hostiles ; pour la même raison, les porteurs n'avaient été engagés que le dernier, de sorte que notre départ prévu fut retardé par l'insuffisance des porteurs et par la nécessité de couper de vieilles chevrons pour fabriquer des poteaux pour les quelques personnes qui se présentèrent. Le gouverneur était très en colère contre ses officiers, et l'un d'eux, un vieux Chinois, pas un Panthay , a plaidé pour excuse que nous emportions un certain nombre de caisses remplies de boue, d'herbes et de peaux sans valeur - la poursuite de l'histoire naturelle était nullement apprécié par la population, sauf par les Kakhyens , qui étaient assez prêts à amener toute sorte d'animal ou de reptile qu'ils pouvaient attraper. Le même responsable chinois a tenté de faire croire que nous rapportions un certain nombre de caisses de poudre. Comme son objectif était évidemment de provoquer des retards et des méfaits, d'autres fonctionnaires furent nommés pour surveiller notre départ, et Sladen crut devoir dissiper tout ressentiment possible dans l'esprit du aimable gouverneur en lui montrant que le stock de munitions était seulement aussi grand que celui prévu. était nécessaire pour l'escorte ; et nous nous sommes séparés dans les meilleures conditions.

[29] Voir l'annexe II.

[30] 'Comme. Soc. Actes, '1867, p. 176.

[31] Du Halde, je . p. 199.

[32] « Pionnier du commerce », p. 352.

[33] « La Chine » de Grosier , vol. iv. p. 270.

[34] « Voyage d'Exploration » , tome I . p. 455, etc.

[35] « Voyage d'Exploration » , tome I . p. 518.

[36] « Voyage d'Exploration » , tome I . p. 455.

[37] « Voyage d'Exploration » , tome I . p. 514, remarque.

CHAPITRE IX.
LA VALLÉE DE SANDA.

Départ de Momien — Des voleurs surpris — A Nantin — Nos poneys volés — Nous glissons vers Muangla — Une rencontre agréable — Les passeurs de Tapeng — Un paysage de vallée — Négociations à Sanda — Les Leesaws — Une chaumière Shan — Khyoungs bouddhistes — Par peur des nats — La colline calcaire — Les sources chaudes de Sanda — L'empreinte de Bouddha — Un voleur sacerdotal — L'excommunication — Les adieux du chef — Les inondations et les glissements de terrain — Les prêtres de Manwyne — Un dîner Shan — Le couvent — Départ de Manwyne — Le marécage du découragement.

A la fin, notre départ de Momien parut douteux, à cause de la difficulté de trouver des porteurs, et des hommes furent engagés de force dans le service. Toute objection quant à une caisse particulière ou toute plainte concernant le poids de leurs chargements était réduite au silence par un torrent d'injures de la part des Panthays , qui, à ces moyens de persuasion, ajoutaient parfois des coups sévères. Le 13 juillet, vers 8 HEURES DU MATIN , nous sommes partis en saluant le gouverneur qui était sorti sur les murs de la ville pour nous faire ses adieux. Le garde lui lança une faible acclamation en hindoustani, qu'ils répétèrent à nouveau alors que nous sortions de la porte du bazar et tournions notre visage vers l'ouest. Deux officiers de Panthay , qui avaient été nos visiteurs constants, nous ont accompagnés pendant près d'un mile et, en se séparant, ils ont fondu en larmes. Après avoir parcouru un long chemin et nous être retournés pour jeter un dernier coup d'œil à Momien , nous avons vu les deux personnages, debout au même endroit, nous regardant avec mélancolie.

En peu de temps , il commença à pleuvoir à torrents, et les routes devinrent très glissantes, surtout pour les hommes qui portaient de lourdes charges, de sorte que nous devançâmes bientôt les porteurs. A la descente dans la vallée de Nantin , la route était comme si elle avait été bien huilée. Poneys et piétons dévalèrent le sentier escarpé dans une confusion sauvage, de nombreux membres du groupe subissant de graves difficultés. Une petite fille chinoise, qui avait été présentée au jemadar et à sa femme, en récompense de ses efforts dans les offices de la mosquée, nous accompagnait, attachée dans une petite chaise en bambou sur un poney. Comme la bête était entièrement libre de choisir sa propre route, la terreur et les cris du petit néophyte étaient des plus pitoyables. Sur les lieux de l'attaque commise pendant la montée, marqués encore par quelques-unes de nos caisses vides, nous avons croisé les corps de deux hommes récemment tués et jetés sur le bord de la route.

En nous arrêtant à la source chaude pour attendre les porteurs, nous apprîmes qu'il s'agissait des cadavres de voleurs chinois, qui avaient été attrapés, par l'avant-garde du Panthay , accroupis dans la jungle avec de longues lances, prêts à coller le premier mulet qui passait, et qui avaient été sommairement éliminés par eux. Près de Nantin, on demanda à tous d'attendre et de laisser l'arrière-garde se rapprocher, car nous allions dépasser une cachette favorite des voleurs.

Nous formâmes une longue ligne, avec des soldats du Panthay devant et derrière, et, les gongs battant en avant, marchâmes indemnes jusqu'à Nantin , qui fut atteinte à six heures. Notre ancienne résidence, le khyoung , s'est avérée déjà occupée par un garde Panthay et un Kakhyen. tsawbwa gémissant de fièvre. Une dose de sulfate de magnésie, suivie de quinine, lui assura le sommeil et nous assura le calme, en ce qui le concernait ; mais nous étions tenus aux aguets, car les bagages arrivaient par détachements, une grande partie, y compris la literie, n'arrivant que le lendemain, et certains articles, comme un châlit portatif et une boîte à magazines, n'apparaissant pas au lendemain. tous. Le gouverneur est venu nous saluer le soir, accompagné d'un garde dont l'un portait une immense lanterne de gaze suspendue à un trépied. Il regrettait de n'avoir pas été prévenu de notre arrivée, de manière à avoir préparé un logement confortable et à nous rencontrer en chemin. Le tsawbwa Hotha ne s'est pas présenté, conformément à sa promesse, et aurait été toujours dans sa propre vallée, et son absence nous a empêchés d'adopter la route de l'ambassade à travers Shuemuelong dans la vallée de Hotha. Comme il apparut par la suite que l'irrépressible Li- sieh -tai et ses troupes avaient pris quartier dans un poste fort sur la montagne Shuemuelong , il valait mieux que cette route ne soit pas tentée. Nous nous trouvâmes donc obligés de retracer l'ancienne route vers Muangla , Sanda et Manwyne .

La bonne nouvelle nous parvint qu'un groupe de cent Birmans était arrivé à Muangla , envoyé de Bhamô chargé d'un envoi de cinq mille roupies, et de nous escorter jusqu'à cet endroit ; de sorte que, malgré tous les inconforts de nos quartiers, tous se rendirent très satisfaits et prêts à partir tôt pour Muangla .

Notre sommeil matinal a été brutalement interrompu par l'un des policiers, qui a déclaré de manière concise : « Des trois poneys, il n'en reste pas un. » Pendant la nuit, des voleurs avaient fait dans le mur de la cour un trou juste assez grand pour permettre le passage d'un poney, et par là les animaux avaient été emportés inaperçus des sentinelles postées à vingt mètres. L'examen a montré que les animaux avaient été approvisionnés en maïs et qu'une traînée de céréales menait à une autre ouverture dans l'enceinte de la ville. Lors de la visite précédente, nous avions été avertis de surveiller attentivement toute tentative de vol des poneys ; mais l'avertissement avait malheureusement été oublié. Un vol avait été tenté de la même manière lorsque le tah-sa-kon résidait dans le khyoung . Les voleurs ont dérobé un fusil et une épée, mais une alarme a été donnée et cette dernière a été lâchée dans leur fuite. Nous avons emprunté des poneys pour nous transporter à Muangla et sommes partis à dix heures et demie. Comme auparavant, des difficultés considérables furent causées par l'absence de porteurs, presque tous les coolies de Momien s'étant enfuis. Il fallut trouver des mulets pour les remplacer, et le caractère proverbial de ces bêtes fut pleinement vérifié par celles de Nantin , qui, pendant une heure, refusa obstinément d'être chargées. Pendant cet intermède, les Panthays faisaient de leur mieux pour impressionner les hommes pour les chargements plus légers. Les récusants étaient traînés par des soldats, l'épée nue, et chacun, une fois chargé, était suivi par un lancier, prêt à l'encourager avec sa lance s'il tentait de rester à la traîne. Alors que nous traversions Muangtee , les habitants de la ville étaient tous sortis, et notre vieil ami, le tsawbwa-gadaw , et ses serviteurs, hommes et femmes, se tenaient devant son haw et saluaient et adieu. En dehors de la ville, une forte garde d' honneur Shan fut déployée et nous escorta jusqu'au pont des chaînes qui traverse le Tahô , à trois milles de la ville.

Pendant les pluies, la rivière est impraticable, et la route suit la rive gauche le long des talus des rizières jusqu'au pont. Depuis la rive droite, la montée vers le haut vallon de Mawphoo s'est révélée des plus ardues, la route étant si glissante que les hommes et les bêtes tombaient continuellement et que de nombreux piétons étaient gravement meurtris. Il pleuvait sans cesse, et ce fut un grand soulagement pour tous lorsque Mawphoo fut atteint, et une heure de repos fut appréciée avant la descente dans la tête de la vallée de Muangla . Le chemin descendait d'abord sur une pente, où le seul moyen de progresser pour les poneys était la glissade ; puis suivit une série de zigzags, certains d'entre eux sur des précipices effrayants, où un glissement du pied du poney serait une destruction certaine. A cette époque, le Tahô sort comme un formidable torrent des gorges profondes des collines de Mawphoo , et le lointain Tapeng apparaît presque aussi grand que l' Irawady par temps sec. Nous arrivâmes à Muangla au crépuscule et fûmes étonnés, en entrant dans la ville, de rencontrer un Anglais accompagné de quelques Shans . Il s'est précipité vers notre chef et s'est présenté comme étant M. Gordon, un ingénieur civil de Prome , qui avait été envoyé par le commissaire en chef avec des fonds supplémentaires et pour remplir le poste d'ingénieur de l'expédition. Il avait reçu par télégraphe le 9 mai ses instructions de suivre le parti au plus vite, et il y avait obéi avec une louable énergie. Il avait voyagé depuis Bhamô avec une garde de cinquante Birmans et n'avait rencontré aucune difficulté *en route* . A Manwyne, il avait rencontré les Hotha tsawbwa , qui souhaitaient qu'il reste un jour ou deux ; mais en poussant et en dépassant Sanda sans s'arrêter, il était arrivé à Muangla le jour de notre arrivée. La garde d'une centaine de Birmans qui avait été dépêchée pour effectuer le premier ravitaillement en roupies y était arrivée dix jours auparavant ; mais le tsare-daw-gyee en charge avait eu peur d'avancer davantage.

devaient revenir nos gardes du Panthay , et l'officier birman espérait que son escorte prendrait leur place. Il semblait en effet très désireux de rendre service et fut très contrarié lorsqu'il apprit l'intention de notre chef d'explorer la route sur les rives sud du Tapeng . Ce fut une très agréable surprise de rencontrer M. Gordon, dont la bonne volonté et l'énergie étaient inépuisables. L'apport de fonds est également arrivé juste à temps pour nous permettre de constituer des collections complètes de produits Shan, et il a aussi merveilleusement aplani les difficultés du voyage de retour. Nous sommes donc partis de Muangla de bonne humeur, malgré la pluie incessante. Des messages étaient venus, émanant d'inconnus, proposant de restituer les poneys volés pour trois cent vingt roupies, mais comme les autorités locales ne semblaient pas disposées à intervenir, les voleurs restèrent en possession de leur butin. Notre escorte mahométienne nous fit ses adieux avec une réticence évidente, et un officier exprima le vif désir de nous accompagner à Rangoon, disant que s'il y était une fois, il ne reviendrait jamais au Yunnan.

Le 20 juillet, nous partîmes pour Sanda, les difficultés habituelles concernant les porteurs m'ayant obligé à laisser derrière moi les caisses de collecte des spécimens, avec deux de mes collectionneurs en charge, jusqu'à ce que le transport puisse être obtenu. Nous traversâmes le Tapeng au-dessus de sa jonction avec le Tahô en ferry-boats, les bateliers refusant d'abord de nous transporter à moins de payer cinq mille espèces d'avance. Nous avons résisté à cette tentative d'extorsion et le conflit a pris fin lorsque nous avons pris possession par la force des bateaux, lorsque les bateliers ont immédiatement cédé et ont travaillé avec une parfaite bonne volonté et activité jusqu'à ce que tout le groupe soit terminé en toute sécurité. Nous partîmes ensuite en groupe pour Sanda, la route longeant d'abord le sommet d'anciennes terrasses fluviales profondément canalisées par des ruisseaux de montagne, qui étaient traversées par deux planches étroites posées côte à côte. Nos poneys les traversèrent cependant avec aisance, sauf celui que Gordon avait ramené des plaines, et qui n'était pas habitué à de pareils exploits acrobatiques ; il devint donc nerveux sur un pont sur lequel on le conduisait, et disparut éperdument dans le profond ravin en contrebas. Merveilleux à raconter, l'animal ne s'est cassé aucun membre et est réapparu peu plus bas, tremblant, mais indemne, sur la terrasse de la rivière en contrebas. Deux milles au-delà de l'endroit où le Tapeng avait été franchi à gué lors de notre voyage ascendant, nous sommes descendus vers le centre plat de la vallée, en cette saison sous l'eau, la route étant portée le long d'un remblai important construit pour retenir les inondations. Toute l'étendue de la vallée était recouverte d'une verdure d'une fraîcheur exquise, contrastant magnifiquement avec les montagnes sombres qui s'élevaient comme un mur protecteur de chaque côté, tandis que les nuages et le soleil alternaient pleinement avec la beauté du paysage. Maintenant, des ombres profondes de nuages géants flottaient sur les montagnes et sur les plaines ensoleillées, tandis que de temps en temps des brumes laineuses enveloppaient les plus hauts sommets, et encore une fois des tempêtes noires obscurcissaient les collines comme d'un rideau.

"Frogué à la base avec une tempête oblique",

le reste de la vallée baigne dans le soleil. Près de Sanda, il fallut traverser un ruisseau si grossi que les poneys pouvaient à peine endiguer le courant qui passait par-dessus les selles. Vers 18 HEURES, nous étions hébergés en toute sécurité dans nos anciens quartiers de Sanda, et le chef du tsawbwa arriva rapidement avec une réserve de volailles, de riz et de bois de chauffage suffisant pour tous nos besoins.

VALLÉE DE SANDA, À L'OUEST DEPUIS LA COLLINE DERRIÈRE LA VILLE.

Au réveil, nous avons fait la désagréable découverte que deux colis avaient été volés à notre chevet. L'un n'était qu'une canne à pêche, une pipe et des tiges de bambou, mais l'autre contenait le tuyau de pipe en argent massif offert par le tsawbwa à Sladen , ainsi que quelques autres cadeaux. Le vol fut dûment signalé au tsawbwa , qui offrit aussitôt une récompense de deux cents roupies pour la récupération des objets volés. Pendant la journée, de nombreuses personnes se pressaient au khyoung , ayant des vêtements et des ornements à vendre. Les prêtres furent très scandalisés de voir des vêtements de femmes vendus et exposés dans l'enceinte sacrée, et obtinrent enfin un ordre du tsawbwa interdisant aux femmes de venir pour un tel trafic.

Nous sommes restés à Sanda jusqu'au 8 juillet, retenus en partie par la pluie et en partie par les négociations avec les habitants du district de Muangla , situé de l'autre côté du Tapeng , par rapport à notre route de retour. Les chefs de file, un chef de village nommé Kingain , et le poogain de Manhleo , un endroit opposé à Manwyne , sous la juridiction duquel se trouvait la route, nous avaient tous deux été hostiles au cours de notre voyage ascendant. Le tsawbwa Hotha lui-même s'est avéré avoir eu des différends avec le peuple Sanda, ce qui l'a empêché de venir à notre rencontre, tandis que les chefs Sanda étaient opposés à notre traversée vers Hotha, de peur que tout commerce futur ne soit détourné de leur ville. Au cours des négociations, deux chefs de villages Shan informèrent Sladen qu'ils pouvaient nous conduire en toute sécurité par une bonne et facile route de colline jusqu'à la rivière Molay, que l'on pouvait atteindre en deux jours, à un point d'où elle était navigable pendant les inondations. , pour les grands bateaux de sel, jusqu'à l' Irawady .

L' habile patience de notre chef fut enfin récompensée en convertissant Kingain et les Manhleo Nous sommes devenus de bons amis, et il a été convenu que nous nous rendrions à Manwyne et traverserions la rivière à cet endroit, d'où ils assureraient notre sécurité. Le fils du poogain est arrivé pour nous servir de chef d'orchestre et une lettre a été reçue du Hotha tsawbwa , promettant de nous rencontrer à Manwyne .

Pendant notre séjour, nous avons eu l'occasion de découvrir sans restriction les manières de Shan. Tous les cinq jours, le marché régulier avait lieu et la large rue était bondée de gens de la campagne. Des étals bordaient les deux côtés de la chaussée, qui semblait pavée de chapeaux de paille en forme de parapluie. Outre les Kakhyens des collines, les Leesaws étaient nombreux, apportant de l'huile, des bambous et du bois de chauffage à vendre. Les hommes et les femmes rasent un cercle autour de la tête, ne laissant qu'une grande tache sur les parties supérieures et arrière, à partir de laquelle les cheveux sont rassemblés en une courte queue de cochon. Les deux sexes s'habillent tellement de la même manière que les garçons et les filles étaient presque impossibles à distinguer les uns des autres. Certains d'entre eux furent incités à nous rendre visite et à nous donner des mots et des phrases de leur langue, qui semblaient très distinctes de la langue kakhyen et quelque peu apparentées au birman.

Voyant notre intérêt pour ces gens, un vieux Shan respectable, qui avait déjà fait du commerce avec nous, nous a invités chez lui, où il a déclaré avoir des vêtements Leesaw à se débarrasser. Il s'est avéré qu'il avait proposé de confier ses vieux vêtements à des étrangers crédules ; notre visite est donc devenue une simple politesse. Nous étions dûment assis et ses filles nous servirent des tranches de mangues et de prunes, qui furent mangées avec du sel. Les deux femmes de notre hôte étaient présentes, et d'autres matrones accouraient des chaumières voisines , les mains bleues d'indigo. Nous avons demandé s'il était habituel pour les Shans d'avoir plus d'une femme, et on nous a répondu que ce n'était pas le cas, mais que chacun faisait plaisir à lui-même. Nous avons également appris que l'âge habituel du mariage est compris entre dix-huit et vingt ans et que le seul consentement des parents est requis pour rendre le contrat contraignant, car il n'y a pas de cérémonie religieuse et les prêtres n'ont aucune voix en la matière.

La maison, comme toutes les chaumières Shan, était entourée d'une cour et se composait de trois pièces : un salon central et une chambre à coucher de chaque côté. Contre le mur du « garde-chambre », face à la porte, se dressait l'autel familial, une petite table surmontée d'un vase à encens et d'une tablette ancestrale. Une large véranda courait le long de la façade de la chaumière, à une extrémité de laquelle se dressait une grande cuve d'indigo creusée dans un bloc solide. De cette maison, nous avons rendu visite aux khyoungs Shan et chinois . Les deux étaient de simples structures en bambou, construites sur les emplacements des anciens bâtiments, décrits comme ayant été des structures riches et splendides, détruites par les Panthays quelques années auparavant. Le temple Shan ne contenait qu'une seule figure de Gaudama , et comme les phoongyees étaient assis devant leur riz, autour d'une petite table en bambou, nous nous dirigeâmes vers celui des Chinois, à côté. Il y avait ici un Bouddha principal, vêtu d'une robe jaune et couronné d'un nimbe ressemblant à des plumes d'autruche. Sur l'autel se trouvaient quelques petits bouddhas fraîchement dorés et de nombreux tableaux anciens. Sur une petite table se trouvait un poisson en bois, comme c'était fréquent au Momien. khyoungs . La tradition raconte que dans l'une de ses existences antérieures, Gaudama fit naufrage, mais fut ramené à terre par un gros poisson, qu'il nourrit ensuite pendant sa vie. Un étrange mélange d'Arion et de Jonas imprègne cette légende ; mais le poisson est probablement un héritage mystique des religions les plus anciennes auxquelles appartiennent Kwan-yin et d'autres divinités. Le chef phoongyee était très courtois et faisait apporter des sièges recouverts de tapis rouges, tandis que son serviteur servait aux invités du thé et des fruits. Il a exposé un certain nombre de tableaux représentant le jugement et le châtiment des pécheurs. Un personnage, évidemment le juge, était assis à une table, avec un livre devant lui, des plumes et une corne à encre à ses côtés, tandis que deux personnages se tenaient de chaque côté, l'un un monstre d'apparence hideuse, l'autre d'apparence plus humaine et plus humaine. aspect doux. Ce dernier était le bon, le premier le mauvais ange de l'enregistrement. Devant le juge, les pieux et les méchants étaient représentés, sous des formes charnelles, partant vers leurs différentes destinations. Parmi ces derniers, certains étaient entraînés par des démons ; tandis que d'autres, au premier plan, étaient soumis à des tourments adaptés à leurs échecs dans la vie. Le possesseur d'une fausse langue se faisait arracher les racines, tandis que le tueur d'animaux était coupé en deux, la tête en bas et les jambes bien écartées.

Il y avait dans ces horribles tableaux un humour grotesque , qui faisait sourire même le curé, en les exposant et en les décrivant ; mais il parut très grave en racontant l'ancienne splendeur des édifices religieux en ruine de Sanda.

Il y avait peu de choses à faire en matière de collecte de spécimens zoologiques, et rien en matière de sport. Un épais bosquet de sapins, marquant le lieu de sépulture de la famille du tsawbwa , était le seul endroit caché, mais on considérait que tirer là-bas était certain d'apporter la maladie et la mort au chef et à sa maison. Après une tentative, il a été formellement demandé que nous ne tirions pas sur les collines derrière la ville. On dit qu'un nat habite dans une tranchée qui marque les retranchements faits par l'armée chinoise en 1767, et les Shans croient que si un coup de fusil était tiré, le démon insulté descendrait comme un tigre et emporterait des enfants. Le chef lui-même vint un jour se plaindre de toux et de maux de tête, et demander des médicaments pour déloger le nat qui l'avait saisi, mais le sulfate de magnésie s'avéra trop pour le démon. Un assistant géomètre birman, qui avait été envoyé pour faire une étude de la rivière, en fut empêché par les villageois, qui expliquèrent la crainte de la colère des nats , et les tsawbwa , lorsqu'on les appela, non seulement soutenèrent ce point de vue, mais demandèrent en privé l'interprète si nous n'avions pas un objectif secret d'examiner le pays et n'avions pas l'intention de revenir l'année prochaine avec une force forte pour en prendre possession. Nous étions parfaitement libres de nous promener dans les environs, et un des chefs se chargea de nous guider pour visiter la colline d'où provenait la chaux vendue au marché. La route longeait les rizières et était soit dans la boue jusqu'aux genoux, soit dans l'eau jusqu'aux sangles des selles. Nous traversâmes le Nam-Sanda, un ruisseau profond et puissant qui coule du nord à travers un petit vallon étroit, de l' autre côté duquel la colline calcaire s'élevait en pente douce. Alors que nous traversions les champs de coton, maintenant en fleurs et si propres qu'aucune mauvaise herbe n'était visible, les filles Shan, vêtues de bleu foncé, avec des pantalons courts et des jupons surmontés de petits tabliers, levèrent les yeux de leur travail aux champs. avec un étonnement muet représenté sur leurs visages ronds et potelés. À environ quatre cents pieds en haut de la colline herbeuse, sur laquelle on ne voyait aucun arbre, se trouvent des masses gris bleuâtre de calcaire cristallin dur, couchées en tas irréguliers recouverts d'herbes hautes, lorsqu'elles sont tombées des hauteurs rocheuses au-dessus. Certaines idées superstitieuses sont attachées à la présence du calcaire dans cet endroit, et cela nous a été montré comme une curiosité surnaturelle. Les masses sont extraites du sol et transportées dans les villages, où elles sont calcinées, l'herbe étant utilisée comme combustible de préférence au bois. On nous montra un vieux four, qui avait été autrefois érigé par des brûleurs à chaux chinois venus de Tali-fu. A notre retour, les tsawbwa étaient soucieux de savoir si la colline contenait de l'argent, les Shans ayant l'impression que nos jumelles nous permettent de voir au cœur même des montagnes et d'y déceler les métaux précieux qui y sont dissimulés. Dans le lit d'un petit ruisseau qui descend la petite vallée, se trouvent les sources chaudes, constituées de deux groupes distincts, séparés d'environ un quart de mile. A l'extrême est, nous n'avons trouvé qu'une seule source, dans un bassin d'environ six pouces de profondeur et un mètre de diamètre ; l'eau bouillonne à travers un fond graveleux sur lequel s'est déposée une fine boue micacée noire. Nous avons constaté que la température était de 204°, soit deux degrés en dessous du point d'ébullition de Sanda, à savoir. 206°; mais par temps froid, lorsque les inondations ne sont pas perturbées, la température est plus élevée. Pour preuve, nous vîmes des plumes de volailles et des poils de chevreaux, cuits au printemps, répandus tout autour des rives du ruisseau. Les indigènes approfondissent le bassin en empilant des pierres autour de ses bords, utilisent la source comme bain médicinal et boivent parfois les eaux. L'autre groupe avait cinq ouvertures, par lesquelles l'eau bouillonnait dans le lit du ruisseau, qui avait été détournée pour les exposer. Tous les bassins sauf un avaient été détruits par les crues et la température de l'eau très réduite ; mais en insérant l'ampoule dans les trous, on constata que la température était la même que celle du premier ressort. L'atmosphère autour des sources était sensiblement chaude et le sol si chaud par endroits que nos compagnons pieds nus ne pouvaient pas s'y tenir. Une odeur singulière et lourde était perceptible, qui était également perçue, après ébullition, dans l'eau que nous avions emportée. Ceci est probablement dû à la présence de matières empyreumatiques. [138] Notre guide nous informa d'un air sérieux que l'enfer était dans le voisinage immédiat, et que lorsque Gaudama marchait sur cet endroit, les flammes éclataient et essayaient de le dévorer, mais les sources jaillissaient et les éteignaient, s'échauffaient. dans le concours. Il nous a également dit qu'une empreinte de Gaudama était visible à proximité, dans un vallon romantique, le long duquel coulait un torrent de montagne appelé Chalktaw . Le ruisseau était traversé par un pont de bambous à double travée, soutenu au milieu du ruisseau par un gros rocher, et suspendu à chaque extrémité à deux bambous enfoncés dans le sol, de sorte que le pont est en partie voûté et en partie suspendu. De nombreux hommes et femmes Kakhyen et Leesaw descendaient la colline en direction du marché de Sanda, apportant de grandes charges de légumes, du bois de chauffage et des planches de bois de trois pieds de long, quinze pouces de large et un pouce et demi d'épaisseur. Un panier de légumes et une planche si lourde que l'un de nous pouvait à peine la soulever formaient le fardeau d'une montagnarde en bas de la colline escarpée. À environ 400 mètres du vallon sauvage, parsemé d'énormes rochers de granit rongés par l'eau, on nous a montré l'empreinte géante dans un endroit entouré de quelques beaux vieux banians. L'empreinte se trouvait au bout d'un rocher surplombant le vallon, et il était évident que le creux représentant le talon avait été formé par le frottement d'un rocher surplombant. Avec le temps, la rivière changea de cours et le rocher fut exposé à la vue d'un bouddhiste pieux et imaginatif. Frappé par la ressemblance de la cavité avec une énorme marque de talon, il sculpta le contour d'un pied humain et proclama la merveilleuse découverte. Sa grande antiquité est attestée par l'existence de deux tablettes sur l'autre face du rocher ; les contours sculptés sont encore traçables, mais les inscriptions sont si usées qu'il est impossible de déchiffrer la forme des caractères. Sur le chemin du retour, nous avons croisé une jeune fille de Leesaw avec un grand étalage de perles et avons réussi à la persuader de se séparer de quatre ficelles et de six cerceaux de son cou, pour une roupie. Un peu plus loin, nous rencontrâmes d'autres membres de sa tribu se reposant sous un arbre, qui se levèrent et nous offrirent de l'alcool de riz sorti de leurs flacons de bambou ; en échange, nous leur donnâmes du whisky arrosé, qu'ils semblaient grandement apprécier. Ces femmes Leesaw portaient un turban particulier avec une extrémité pendante, de gros tissu blanc rapiécé de carrés bleus et bordé de cauris. Leurs jambières bien ajustées étaient faites de carrés de tissu bleu et blanc, et leurs ornements consistaient en de grandes boucles d'oreilles en laiton, des colliers de grosses perles et de graines bleues, et une profusion de cerceaux en rotin, en bambou et en paille autour des reins et du cou. . Celles-ci ressemblent à la tenue vestimentaire des femmes Moso décrite par Cooper, et des robes et ornements similaires sont montrés à Mons. Illustrations de Garnier des Leisus au nord du Yunnan.

Le 29 août, à trois heures du matin, nous avons tous été tirés du sommeil par un grand cri et un coup de pistolet. Il s'est avéré qu'un voleur avait ouvert la porte et volé l'un des beaux objets en argent. Panthay lance des lances, mais le tintement des ornements avait réveillé Sladen , qui tira un coup de feu dans l'obscurité après le voleur en retraite et donna l'alarme, en vain. Les soupçons se portèrent aussitôt sur un phoongyee qui dormait dans une chambre près de la porte ; la sentinelle de service avait entendu le prêtre remuer juste avant, et tandis qu'il faisait quelques mètres pour consulter une montre accrochée à un poteau, le vol fut commis . Le tsawbwa et ses chefs se montrèrent très inquiets et tous s'accordèrent à soupçonner le prêtre, dont le caractère, semblait-il, était déjà mauvais. Ils l'accusèrent de vol et lui dirent que c'était un acte des plus honteux que de voler un cadeau fait par un fonctionnaire à un autre ; ils menacèrent également, si la lance n'était pas restituée, de le dégrader du sacerdoce, le vol, même jusqu'à la valeur de six annas, étant un des crimes contre lesquels, à son ordination, le rahan est spécialement mis en garde, comme le privant *ipso facto* de son caractère sacré.

Le tsawbwa était extrêmement furieux et nous a demandé de retarder notre voyage pour lui permettre, si possible, de découvrir et de restaurer la lance, ainsi que de punir le criminel. Tôt le lendemain matin, une vieille femme vint crier vers le khyoung et, en entrant, jeta sa pipe et se précipita vers Sladen , les mains jointes et les larmes coulant sur ses joues ridées. L'interprète a expliqué qu'elle était la mère du prêtre suspecté et qu'elle était venue intercéder pour lui. Un autre de ses fils la rejoignit bientôt, mais on leur conseilla d'aller voir le tsawbwa , entre les mains duquel l'affaire reposait. Pendant qu'on lui montrait la porte par laquelle le voleur était entré, le phoongyee lui-même entra, et la vieille femme, avec un violent accès d'injures, lui frappa plusieurs coups de son poing fermé et le fit sortir du khyoung .

La cérémonie d'excommunication eut lieu en temps voulu et fut assez brève, ne durant que cinq minutes. Il fut amené par tous les chefs, et accompagné de sa mère et de son frère, ce dernier portant les vêtements d'un Shan ordinaire, que le coupable, une fois dégradé, devait revêtir. Tous s'assirent, et la pauvre vieille femme lança un appel touchant à son fils pour qu'il avoue s'il était coupable ; mais il garda un silence obstiné et commença à ôter son turban devant l'autel. Elle se retira ensuite, partant les mains jointes au-dessus de la tête et éjaculant des prières. Le prêtre, après avoir ôté son turban, prit un nénuphar parmi une offrande de fleurs devant l'image de Gaudama et, le plaçant sur un trépied, le déposa de nouveau devant l'image. Le grand prêtre apparut alors sur l' estrade , et le coupable s'agenouilla derrière son lys en marmonnant quelques phrases, se levant de temps en temps et se courbant en adoration devant la figure, et se retirait progressivement après chaque prosternation, jusqu'à ce qu'il soit au-delà du bord de l'estrade. daïs particulière aux prêtres. Il s'agenouilla ensuite devant le chef phoongyee et répéta une formule après lui, après quoi il se retira dans sa chambre et en ressortit bientôt habillé en profane. Il fut ensuite emmené par les chefs, et quelques heures après, il fut ramené mené par une chaîne attachée à un collier de fer autour de son cou. Dans la soirée, il fut de nouveau conduit par la chaîne jusqu'au khyoung , escorté par les chefs, qui déclarèrent qu'ils n'avaient trouvé aucun indice sur la lance manquante, ni établi la culpabilité du prisonnier. Il fut cependant, pendant la conférence qui suivit sur notre départ, enchaîné à un pilier et gardé par deux hommes. Après une nouvelle journée d'attente et de troc avec la population qui encombrait le khyoung , le seul achat notable étant du tabac capital au prix d'une roupie pour trois livres et demie, nous partîmes le 4 août. Le vieux tsawbwa et son petit-fils sont venus avec un cadeau d'adieu en tissu et une demande de ne pas monter à bord avant d'avoir dépassé sa maison ; et une montre en argent offerte par Sladen à son fils adoptif fit un immense plaisir au chef et à son héritier. Alors que nous approchions du haw, trois trompettes ont fait retentir un puissant coup de trompette, et les trois canons de salut ont été tirés alors que nous montions les marches menant à la porte, où nous attendaient le chef et son petit-fils. Après une chaleureuse poignée de main et un adieu formel, nous sommes montés sous un second salut et sommes sortis de la ville précédés par les trompettes en grand bravo.

À cette époque, la route longeait les talus des rizières plus proches du pied des collines. Le cours des nombreux ruisseaux de montagne portait les traces des ravages causés par les inondations sans précédent de la semaine dernière ; des rizières entières avaient été balayées et, dans d'autres, les récoltes avaient été irrémédiablement ensevelies dans le limon. Les racines et les tiges des grands arbres bloquaient partout les canaux, et les flancs des montagnes présentaient des taches rouges, comme des blessures, aux endroits où des glissements de terrain s'étaient produits. Celles-ci avaient été des plus destructrices ; neuf villages auraient été submergés dans la vallée de Sanda, un, un village de quarante maisons, étant complètement détruit avec tous ses habitants, à l'exception de neuf qui étaient absents. Les dix-neuf milles jusqu'à Manwyne furent accomplis à 17 HEURES et nous prîmes nos quartiers dans le même khyoung que lors de la visite précédente ; Il fallait quelques ennuis et un peu de violence douce pour exclure les Chinois obstinés et curieux, qui allèrent jusqu'à bousculer une sentinelle. Ces gens de Manwyne (sans compter les Shans), bien que moins hostiles que lors de notre première visite, étaient évidemment de mauvaise volonté et ne peuvent être classés que comme des « voyous ». Au coucher du soleil, une cloche sonnait et un énorme cierge était allumé devant l'autel, tandis que les prêtres, agenouillés sur l' estrade supérieure , soutenus par les choristes sur l'estrade inférieure, chantaient leurs vêpres.

Les sonneries des cloches et les matines nous réveillaient de bon matin et, comme auparavant, les femmes dévotes affluaient avec leurs offrandes de riz et de fleurs. Les phoongyees et quelques autres étaient très intéressés par les chemins de fer, les télégraphes et autres merveilles de la civilisation occidentale . L'un des chefs de Sanda remarqua qu'ils étaient très privilégiés d'entendre parler de telles choses et que nous nous étions tous déjà rencontrés dans une existence antérieure et que nous nous reverrions sans aucun doute. Ils étaient impressionnés par l'observation de la lune à travers un bon télescope ; et une prédiction de la prochaine éclipse de soleil les a évidemment impressionnés par un sens profond de nos pouvoirs astrologiques, le chef phoongyee , retenant son souffle, se demandant si cela présageait une guerre ou une famine.

Pawmine « Tête de Mort » de Ponsee , qui est venu avec l'idée que nous devions nous confier à ses conseils amicaux, et a été contrarié par l'information selon laquelle nous devrions revenir par Hotha. Le Hotha tsawbwa avait été retardé par la difficulté de traverser la boue laissée par les inondations et, lorsqu'il apparut enfin, il fut d'abord enclin à amplifier les difficultés, physiques et autres, pour atteindre sa vallée. Lorsqu'il nous trouva résolus, il fit peu de cas des difficultés et fit en sorte que le Manhleo poogain devrait se charger des bagages, tandis que lui-même nous précédait pour préparer notre accueil. Entre- temps , nous avons eu droit à un dîner chez le tsawbwa-gadaw , les honneurs étant rendus par le chef Hotha. Nous avons été accueillis par les deux nonnes bouddhistes, l'une fille de notre hôtesse et l'autre sœur de Hotha, accompagnées d'une foule de servantes et de serviteurs, et avons été immédiatement invités à prendre place à table. Le thé fut ensuite servi, suivi du dîner, composé de volailles bien cuites, rôties et bouillies, de porc, etc., avec de petites assiettes d'oignons, de pois et de mangues tranchées ; puis vint le riz et la sauce, suivis d'un autre service de thé. Tous les plats étaient servis sur de la porcelaine chinoise et le samshu était versé d'une théière de Birmingham dans de petites tasses de jade. Nous étions servis par des hommes ; mais au moment où le dîner était mis sur la table, l'hôtesse entra quelques minutes et fit un discours de bienvenue et s'excusa de n'avoir rien de mieux à offrir ; et quand ce fut fini, elle rejoignit la fête. Les deux rahanees et leurs servantes nous favorisaient tout le temps de leur compagnie. Frappé par les ongles teints en rouge des dames, j'ai demandé à une demoiselle aux joues roses de me montrer la teinture. Elle se porta volontaire pour donner une illustration pratique et apporta aussitôt d'une pièce intérieure une masse pulpeuse de pétales et de feuilles d'un baume rouge battus au cutch. Après avoir d'abord demandé une petite bague en souvenir de notre visite, elle a enveloppé le bout de mon petit doigt dans une partie de la pulpe et l'a recouvert d'une feuille verte soigneusement attachée avec du fil.

Après le dîner, le chef Hotha nous a diverti avec une performance sur la guitare ou le banjo Shan, car l'instrument n'avait que trois cordes et la table d'harmonie était faite d'une peau de serpent tendue. Le chef était évidemment considéré, et à juste titre, comme un interprète habile, et sous ses doigts l'instrument prononçait des tintements doux et agréables, tandis que les airs, bien que simples, étaient mélodieux. Après notre retour au khyoung , les deux nonnes et leurs servantes arrivèrent avec quelques cadeaux du tsawbwa-gadaw , et restèrent deux heures, posant des questions intelligentes sur notre pays et notre religion, et en partant nous firent promettre de leur rendre visite chez elles. Khyoung . Le lendemain après-midi, un messager est venu nous rappeler notre promesse et deux personnes se sont rendues au couvent. Il s'agissait de deux maisons en bambou, côte à côte, entourées d'une clôture. L'une, utilisée comme résidence, était une maison Shan ordinaire de trois pièces ; l'autre, servant de chapelle, était un pavillon de vingt-quatre pieds carrés, élevé sur pilotis à quatre pieds du sol, et fermé de nattes de tous côtés, sauf celui qui faisait face à la maison d'habitation. Les seules décorations étaient quelques petites images de Gaudama et des bandes de papier blanc découpées en figures ornementales et suspendues comme des bannières aux toits. La nonne Hotha se livrait au tissage, ce qui constituait une violation des canons bouddhistes, interdisant aux religieux de s'employer à tout travail utile . Nous fûmes invités dans la maison d'habitation, et servis avec des mangues et du tabac de femme, et invités à allumer nos pipes. S'ensuit une longue et intéressante conversation , principalement sur des sujets religieux. Les religieuses, notamment la jeune dame de Manwyne , ont manifesté un grand intérêt pour le sujet du christianisme, concluant en nous suppliant de la considérer comme une sœur. Ensuite, nous avons tous pris le thé de l'après-midi chez sa mère. La vieille dame exprima un grand désir de posséder un portrait de notre gracieuse reine, que nous lui promettions de lui envoyer de Rangoon. Entre-temps, nous lui avons proposé un substitut temporaire sous la forme de quatre roupies flambant neuves, ce dont elle était très satisfaite.

Le 9 août, nous étions prêts à partir tôt de Manwyne , mais le manque de porteurs nous a retardés jusqu'à 8 h 30, date à laquelle nous sommes partis pour le Tapeng . Un plat d'adieu composé de riz et d'alcool, « pour nous fortifier pour le voyage », arriva du tsawbwa-gadaw , tandis que le chef phoongyee présentait à chacun de nous du tissu, exprimant chaleureusement ses meilleurs vœux pour notre bien-être. Les habitants de la ville ont salué de la main, certains criant *Kara ! Kara!* et d'autres l'équivalent Shan d' *Au revoir !* Il était midi lorsque les poneys traversèrent en toute sécurité la rivière, qui avait maintenant six cents mètres de large, de l'autre côté de laquelle une vasière s'étendait sur deux milles. La surface lisse avait été durcie par le soleil, mais elle présentait de nombreuses fissures par lesquelles les pattes des poneys glissaient dans le bourbier tenace en dessous. Finalement, un véritable marécage de découragement fut atteint, et le groupe s'enlisa assez ; les poneys pataugèrent et trébuchèrent tellement qu'il fallut descendre de cheval. On n'oubliera pas facilement la demi-heure suivante, lorsque, les rênes dans une main et mon chien tenu fermement dans l'autre, je plongeais et me débattais dans la vase visqueuse qui semblait saisir fermement mes jambes à chaque pas. À un endroit, le poney a fait un brusque trébuchement et a disparu dans la boue, tandis que la tension m'a fait rouler en avant jusqu'à ce que je sois remis sur mes pieds par deux indigènes non encombrés. Le plus gros de notre groupe a été littéralement traîné par des hommes stimulés par des roupies, tandis que son poney a dû être déterré de la boue par des Shans . Une erreur de notre guide nous avait conduits dans cette étendue de boue, récemment déposée par le débordement de la rivière ; et la quantité d'alluvions apportées peut être imaginée d'après le fait que l'étendue couvrait environ six milles carrés, avec une profondeur moyenne de quatre pieds. En suivant les remblais des rizières pendant environ trois kilomètres, nous nous sommes arrêtés pour le petit-déjeuner sur une pente herbeuse au pied des collines, à l'ombre des banians et des manguiers, au milieu d'une foule enthousiaste de villageois regardant les étrangers .

CHAPITRE X.
LA VALLÉE DE HOTHA.

Le sommet de la montagne – Un vallon géant – Le village de Leesaw – La mauvaise route – L'hospitalité sacerdotale – La ville de Hotha – Un chef sympathique – Le Namboke Kakhyens — Le marché Hotha — Le peuple Shan — Les Koshanpyi — Les Tai du Yunnan — Leur apparence personnelle — Costume — Équipement — Les Shans chinois — Parures de cheveux en argent — Boucles d'oreilles — Torques, bracelets et bagues — Tissus textiles — Agriculture — Coutumes sociales – Régime foncier – Vieux Hotha – Un temple shan-chinois – Bouddhisme Shan – La fête du feu – Éclipse de soleil – Culte du cheval – Pagodes antiques – Routes de Hotha.

À 14 HEURES, nous avons commencé à gravir les collines qui, depuis Manwyne , ne semblaient pas avoir plus de mille pieds de hauteur, mais qui se sont avérées être trois fois cette altitude au-dessus de la rivière. Le rude sentier cavalière menait tout droit vers la pente raide, et dans la chaleur torride d'un soleil sans nuages, l'ascension était des plus pénibles pour les hommes et les bêtes, déjà fatigués par leurs efforts dans le bourbier. Les mules étaient en avance, mais nos hommes commencèrent bientôt à être à la traîne, bien que nous avancions aussi lentement que cela était compatible avec la perspective d'atteindre Manloi , de l'autre côté, avant la tombée de la nuit. Un peu plus haut dans la montagne, se détachaient des falaises audacieuses, de marbre cristallin blanc, altérant le brun terne. La roche quartzeuse lui succéda ; et, encore plus haut, une roche gneissique bleuâtre formait la masse supérieure de la chaîne. Nous avons traversé plusieurs villages Kakhyen , payant quelques roupies en guise de péage aux chefs qui nous attendaient assis au bord de la route. Près du sommet, nous avions une vue splendide sur le cours du Tapeng jusqu'à la plaine birmane. Un haut rideau de nuages, vers l'ouest, pendait au-dessus de l'entrée de la rivière dans la gorge des collines, tandis qu'en dessous et au-delà, l'immense plaine de l'Irawady était clairement visible, adossée à de hautes collines, et traversée par le grand fleuve qui serpentait comme une large bande argentée. A droite s'étendait un magnifique panorama de la vallée jusqu'à l'éperon au-dessus de Sanda, et nous jetâmes un long regard d'adieu sur cette jolie vallée, entourée de ses montagnes gardiennes, et riche de toutes les variétés d'effets produits par le groupement au coucher du soleil. lumières et ombres, inondations et chutes, et champs verdoyants. Après avoir traversé le sommet à plus de cinq mille pieds au-dessus de la mer, nous contemplâmes l'étroite vallée de Hotha, à moins de mille pieds plus bas, qui s'étendait à nos pieds sur vingt-cinq milles, la chaîne opposée ou sud s'orientant vers le nord. à l'est pour rejoindre le mur montagneux de la vallée de Sanda, par une crête de liaison, bien plus basse que la hauteur d'où nous regardions, et avons vu au sud des hauteurs lointaines successives berçant des vallées dont les eaux se jettent dans la Shuaylee .

Il est quelque peu difficile de trouver un terme approprié pour cette haute région entourée de montagnes. C'est un vallon géant, large d'à peine plus de deux milles, ne présentant pas de terrain plat, mais une succession de surfaces accidentées diversifiées par des collines herbeuses de terre rouge, parsemées çà et là de villages, chacun avec sa plantation d'arbres fruitiers. Un ruisseau étroit, le Namsa , serpente vers le sud, jusqu'à ce que, à travers un groupe de collines herbeuses plus élevées couvertes de fougères, il se dirige vers le Tapeng . Telle est la vallée de Hotha telle qu'elle souriait devant nous dans la lumière qui décline rapidement , avec ses cent villages, occupés par quarante mille Chinois- Shans paisibles et industrieux , qui composent les deux États de Hotha et de Latha, ou Muangtha et Hansa.

Ayant commencé à descendre la crête, nous rencontrâmes quelques Leesaws transportant un cerf fraîchement tué, dont une offre de dix roupies ne parvint pas à les inciter à se séparer. De nombreuses étendues d'arbres de forêt tempérée, tels que des chênes et des hêtres, ont été observées, et au-dessous d'elles de vastes étendues d'un nouveau bambou à tige courte et fine. Nous traversâmes alors le village de nos amis Leesaw , pittoresquement perché sur le flanc d'un éperon abrupt, au milieu d'arbres magnifiques et d'énormes rochers gris, dont certains étaient aussi grands que les maisons, qui différaient tout à fait des habitations Kakhyen, étant de petite taille carrée . des structures, sans plancher autre que le sol, qui était maintenu au sec au moyen d'une tranchée creusée autour des murs en terre crue. Nous entrâmes dans la rue du village par une porte en bois et passâmes sous un long passage couvert orné de plantes grimpantes luxuriantes.

Le soleil s'était couché presque au moment où nous commencions la descente et l'obscurité nous envahit à mi-chemin. Lors d'une division du chemin, un muletier têtu a insisté pour choisir ce qui s'est avéré être le mauvais chemin, et la moitié de notre groupe, y compris le chef de Manhleo , a été ainsi induit en erreur. Nous nous sommes trompés sur un chemin équestre accidenté, couvert de pierres et coupé par des cours d'eau. En vain nous criions pour attirer l'attention et savoir où se trouvaient les autres ; aucune réponse ne fut renvoyée, à l'exception des échos des collines, désormais enveloppées dans l'obscurité. Enfin nous rencontrâmes quelques Shans et apprîmes que nous étions près d'un village appelé Mentone, dans la division Latha ou ouest, et à quelques milles de Hotha . Une consultation eut lieu pour savoir quelle alternative était la pire : se rendre dans l'obscurité à Hotha ou se coucher sans dîner ni souper. Cette dernière semblait la moins mauvaise ; nous nous sommes donc dirigés vers le village khyoung , qui a été atteint à 20h50 . Nous n'avons rien trouvé à manger ; et, complètement fatigués, nous dessellâmes les poneys affamés et épuisés et, prenant leurs selles pour oreillers, nous nous endormîmes par terre devant l'autel. Cependant notre sommeil fut bientôt troublé par les phoongyees accroupis près de nos têtes et criant leurs prières du soir. Le chef phoongyee , un vieil homme ratatiné , était assis les jambes croisées, avec son livre de prières sur un petit tabouret devant lui, et un petit acolyte était assis à ses côtés, faisant courir un pointeur en bois le long des lignes pour empêcher les yeux du prêtre de s'égarer. Devant lui étaient assis six choristes criant dans des tonalités différentes selon le ton de leur voix. Les dévotions du phoongyee furent interrompues par notre interprète Shan, qui lui cria qu'il voulait acheter du riz pour quatre annas. Le prêtre interrompit aussitôt le service pour négocier la quantité de riz à donner en échange de la pièce, qui était nouvelle pour lui ; ceci étant réglé, il reprit son office, mais fut de nouveau interrompu, n'ayant envoyé personne pour servir le riz.

Les prières terminées, nous demandâmes quelque chose à manger, et on nous dit qu'il y avait quelques poires sur un arbre dehors, que nous étions libres de nous servir nous-mêmes, offre généreuse qui fut poliment refusée. Le prêtre nous a cependant donné des couvertures pour nous allonger ; et étant ainsi réchauffés en tout cas, bien que toujours affamés, nous nous endormîmes et, nous réveillant avant l'aube, étions en bonne voie pour Hotha au lever du soleil.

L'inhospitalité de ces phoongyees contrastait singulièrement avec les principes et la pratique des prêtres bouddhistes birmans, qui se font un devoir pieux de recevoir et de rafraîchir l'étranger. Il y avait cependant un ressentiment à l'œuvre contre nous, qui s'exprimait dans la question posée par certains villageois : « Pourquoi étions-nous venus dans leur vallée pour leur attirer des dragons volants et d'autres maux ? Cela était dû aux informations malveillantes diffusées par le peuple Muangla . Les inondations sans exemple furent attribuées à notre présence, et l'on déclara que notre séjour avait été suivi de mort en chaque endroit. Même le chef Hotha n'était pas exempt de la peur superstitieuse ainsi produite ; et son beau-père, le vieux Latha tsawbwa , bien qu'il acceptât les cadeaux qui lui étaient envoyés, refusa catégoriquement une visite, car il craignait que les étrangers ne l'envoûtent, lui et sa maison. Son dévoué gendre refusa de faire pression sur lui, car il était « un vieux buffle » qui allait toujours dans la direction opposée à celle dans laquelle il était poussé.

Tournant le dos au village inhospitalier, nous suivions une excellente route pavée qui longeait l'extrémité des contreforts et qui, en plusieurs endroits, était découpée le long des pentes. Les ruisseaux de montagne étaient traversés au moyen de ponts en granit, certains ornés de dragons. De nombreux villages entourés de beaux arbres furent traversés ; et une caractéristique nouvelle a été introduite par l'apparition, de temps en temps, de fontaines au bord des routes, les puits étant construits sur et recouverts de pierre ornée d'une frise de marbre blanc. Une pagode dorée surmontant une butte en face de Manloi nous ramena à la pensée de la Birmanie, car c'était la première pagode de type birman vue depuis notre départ des plaines.

A 8 HEURES DU MATIN , le 10 août, nous arrivâmes à la ville de Hotha, composée d'environ cent cinquante maisons, entourées d'un muret, quelque peu en ruine et délabrée, résultat, non pas de l'invasion du Panthay, mais d'une rébellion des tsawbwa . les sujets qui, un an auparavant, exaspérés par l'imposition d'un nouvel impôt, se soulevèrent et attaquèrent sa ville. Le tsawbwa et son fils, en tenue de cérémonie, le premier vêtu en mandarin au bouton bleu, nous reçurent à leur résidence, et un salut fut tiré par quatre canons en forme de mortier enfoncés dans le sol. Un logement nous fut assigné dans le haw, à proximité des appartements privés du chef ; et tout notre peuple était rassemblé dans le courant de la journée. L'ensemble des bagages fut transporté sain et sauf, bien que le groupe ait été divisé lors de la descente de la montagne et que certains des partisans aient été obligés de rester dans le village de Leesaw , les montagnards peu avertis leur facturant deux roupies par tête pour leur nuit. hébergement! Le Manhléo Poogain et Kingain , le chef de Muangla à qui le convoi des bagages avait été confié, étaient très fiers des éloges adressés pour l'accomplissement réussi de leur tâche, et demandèrent un certificat à cet effet, et promirent en outre d'aider tous les futurs voyageurs qui pourrait désirer traverser de Manwyne à Hotha.

Nous restâmes jusqu'au 27 les invités du chef courtois et accompli Li-lot-fa, ou, pour lui donner son appellation chinoise, Li-yin- khyeen ; et le souvenir de notre séjour avec lui et de sa agréable vallée est le plus agréable de tous les souvenirs du pays au-delà des collines de Kakhyen . Non seulement notre hôte a fait preuve du désir le plus hospitalier de fournir tout le confort possible, mais il nous a également fait sentir comme chez nous. Nous vivions dans l'intimité avec sa famille, et ses deux femmes et ses deux filles manifestaient une charmante liberté de manières, jointe à la plus raffinée convenance, qui aurait fait honneur à un salon de maison. Le chef était ravi de converser sur les diverses inventions modernes dont il avait entendu parler des Chinois qui avaient visité Rangoon. Leurs récits, cependant, *plus suo* , avaient été pleins d' exagérations merveilleuses , y compris des machines volantes, des télescopes qui permettaient à la vue de pénétrer dans les montagnes, et d'autres qui dépouillent les gens de leurs vêtements ! Le chef avait quelques idées vagues sur les chemins de fer, les bateaux à vapeur et le gaz, et il était très avide d'informations plus complètes et plus précises.

Nous l'avons exhorté à visiter Rangoon et Calcutta, mais il semblait considérer l'état perturbé du pays comme un obstacle insurmontable ; mais il discuta plutôt du projet d'envoyer son fils, un garçon de treize ans, à Rangoon. Li-lot-fa savait lire et écrire le shan et le chinois, et il commençait maintenant à apprendre le birman, et c'était un spectacle curieux de le voir travailler avec son cahier, qu'il avait obtenu de nous, notant des mots et des phrases. aussi occupé que s'il avait été un wallah de concours se préparant à un examen.

Le fait que ce tsawbwa ait réussi à entretenir des relations amicales à la fois avec les Panthays et les chefs impérialistes chinois, avec qui se trouvaient ses véritables sympathies, de sorte que sa vallée ait échappé aux maux de la guerre, en disait long sur son tact diplomatique. Sa conversation montrait qu'il avait été dès le début bien informé de nos progrès et de nos difficultés, qu'il attribuait sans hésitation aux machinations des Chinois Bhamô . Il affirma que l' avancée vers Ponsee et la désertion des muletiers à cet endroit avaient fait partie d'un plan bien concerté de la part des chefs Kakhyen pour attaquer et piller nos bagages. Le chef attribuait notre évasion de ce danger à « un pouvoir surnaturel contre le mal, donné en récompense des bonnes actions des existences antérieures ».

En tant que commerçant énergique, il était très désireux de coopérer chaleureusement à la réouverture de toutes les routes commerciales, son objectif particulier, comme cela était naturel, étant le rétablissement de la route centrale ou des ambassades, fermée depuis quelques années par des querelles entre les deux pays. Kakhyens des collines du versant sud du Tapeng et les fonctionnaires birmans. La cause de la querelle aurait été une attaque non provoquée, de la part des Birmans, contre quelques Kakhyens .

Les tsawbwa possédaient une grande influence sur les chefs Kakhyen à travers lesquels passe cette route, dont un exemple fut rapidement donné par l'arrivée du chef de Namboke , accompagné de ses Pawmines , et d'une forte garde armée, le chef et ses officiers étant à cheval. sur des poneys. Dès qu'il aperçut Sladen , il se mit à genoux, de la manière la plus respectueuse pour le saluer, et se rappela qu'il nous avait rendu visite à Bhamô et avait reçu en cadeau une coiffure. Ce chef ne ressemblait guère à un Kakhyen , son visage naturellement tartare étant rehaussé par sa calotte et son costume chinois. Après être resté une nuit et avoir discuté des avantages de la route des ambassades, il partit pour rentrer chez lui, portant une lettre de Li-lot-fa à tous les chefs Kakhyen, que les Pawmines devaient porter en avant, les invitant à entrer et à arranger leurs affaires. pour notre progression en toute sécurité vers Bhamô .

Le bazar ou marché, qui se tient tous les cinq jours, avait lieu le 12. Il n'y a pas de magasins ou de boutiquiers, sauf là où résident les Chinois, chez les Shans , et toute vente ou troc s'effectue nécessairement sur ces marchés ou foires réguliers, qui sont remplis de gens de la vallée et des collines adjacentes. La foire de Hotha se tenait sur une pente herbeuse, à environ 800 mètres de la ville. Il n'y avait pas de stands permanents ou temporaires, les vendeurs étaient simplement assis en longues files avec leurs marchandises devant eux. Une section était consacrée à la vente des lames d'épées, dont la fabrication est une spécialité de cette vallée, et une autre aux fourreaux et manches en bois. Après avoir acheté deux belles lames pour quatre shillings chacune, on m'a assuré que le vendeur avait facturé un tiers de plus que la valeur.

Un autre quart était consacré à la vente du samshu, et à proximité se trouvaient les *restaurants* où les clients affamés se rafraîchissaient avec du porc chaud, des vermicelles ou un article exactement semblable, des légumes divers et des petits pois, le tout chaud et bien servi dans de petits petits pains. bols blancs. Le quartier des bouchers était largement approvisionné en porc et en bœuf, et les volailles et canards étaient abondants. De longues files de femmes Kakhyen des collines proposent à la vente des bâtons d'encens, des poires, des pommes, des prunes , des pêches, des feuilles de moutarde et une variété de légumes des collines, ainsi que des paniers pleins d'orties, comme nourriture pour les porcs, qui sont un complément invariable. d'un foyer Shan.

Au centre du marché, sur une double rangée d'étals, étaient exposées diverses sortes de tissus Shan, de casquettes Shan, de papier chinois, de coupe de riz, de silex et de chaux, qui sont apportés de Tali-fu, d'arsenic blanc, d'orpiment jaune, etc. Dans un autre quartier, le drap anglais vert et bleu se vendait vingt shillings le mètre, ainsi que la flanelle rouge, pour laquelle les Kakhyens ont une affection particulière. Il nous a cependant semblé que, même si le prix était élevé, un très petit nombre de pièces « engorgeraient le marché ».

Shans , Kakhyens et Chinois vêtus de bleu foncé de l'ouest du Yunnan, avait également son propre quartier. La foire était bondée de monde, les plus âgés étant occupés à papoter sur leurs quelques marchandises, et les plus jeunes se promenant et bavardant. Presque tous étaient propres et bien habillés, et il y avait une absence de la classe pauvre, qui avait été si nombreuse dans les différentes villes de la vallée de Sanda, et qui paraissait toutes aisées, à en juger par leur apparence. . Les femmes, en général, étaient petites et plutôt trapues, avec des visages ronds et plats, aux joues hautes et aux yeux légèrement obliques. Certaines des femmes les plus jeunes, à la peau claire et aux joues roses, auraient pu passer pour belles, mais étaient défigurées par l'étrange coutume de teindre les dents en noir, qui est à la mode chez les Shans de la classe supérieure . La teinture est probablement une préparation de cutch et, selon le tsawbwa , la coutume trouve son origine dans le désir de préserver les dents de la carie.

Pour la première fois, nous remarquâmes le costume particulier et pittoresque des femmes chinoises Shan. Les hommes, à l'exception d'un turban rouge occasionnel, étaient vêtus du bleu foncé universel. Le costume des femmes Hotha Shan ne différait de celui observé dans la vallée de Sanda que par la prédominance des vestes vert foncé et le nombre de grands cerceaux d'argent portés autour du cou.

Il conviendra ici de résumer , même au risque de les répéter, nos observations sur les habitants Shan de ces vallées, qui appartiennent aux Tayshan ou Grands Shans de la race Tai, dont les branches, sous des noms différents, se prolongent au onzième parallèle, leurs divers États étant tributaires du Siam, de la Birmanie ou de la Chine. La population Shan, là où elle a été absorbée par le royaume birman, s'est assimilée, dans sa langue et ses coutumes, à la race dominante, dont elle peut à peine se distinguer. Dans toute la vallée du haut Irawady au-dessus de Bhamô , mais avec les collines Kakhyen interposant leur strate de tribus montagnardes entre elles et leurs frères des États chinois, l'élément Shan prédomine, tout en rivalisant avec les Singphos plus sauvages à l'ouest de la vallée. Les habitants, bien que parlant le birman, conservent toujours la langue Shan et conservent les caractéristiques physiques et autres de leur race.

Les petits États de Manwyne et Sanda, Muangla , Muangtee , Muangtha ou Hotha et Latha, et Muangwan et Muangmow , qui se trouvent sur la rive droite du Shuaylee , sont les restes des États Koshanpyi ou Neuf Shan, formant les principales parties constituantes. du royaume Shan de Pong, conquis par les Chinois au XIVe siècle. Bhamô ou Tsing-gai, avec le pays s'étendant jusqu'à Katha, ou peut-être jusqu'à Tsampenago , et la partie supérieure de la vallée de l' Irawady , avec Mogoung comme chef-lieu, étaient les derniers vestiges indépendants de cet État et ont été inclus en Birmanie depuis l'annexion par Alompra en 1752 de l'État semi-indépendant de Mogoung .

Il semble très probable que la ville chinoise fortifiée de Muanglon représente Muang Maorong , l'ancienne capitale du royaume de Pong, et que les États chinois Shan de Sehfan et Muangkwan , et peut-être l'État de Kaingmah , qui compte parmi les Koshanpyi , sont sous la tutelle. juridiction de son gouverneur chinois, car les États que nous avons visités dépendent de Momien . Dans tout le Yunnan et, selon Garnier, jusqu'aux confins du Tong-king, la race Tai est largement répandue. Les noms des villes et des districts semblent indiquer que cette région de hautes collines et de grandes vallées était autrefois le siège du royaume Shan et que, bien qu'elle soit mêlée aux tribus sauvages des collines et aux descendants des colons chinois installés dans les conquêtes nouvellement acquises, les Shans , sous le nom de Pa-y, tiennent leur ancienne terre. Mons. Garnier mentionne qu'il a trouvé à Muang-Pong des villages peuplés de colons Tai- ya , qui avaient fui les ravages mahométans et s'étaient installés au-delà des frontières du Yunnan. Sa description de leurs vêtements caractéristiques et de leurs ornements en argent s'appliquerait presque exactement aux Chinois- Shans de la vallée de Hotha. Il décrit quelques réfugiés Taineua [[39] rencontrés à Kiang-hung ou à

Xien-hong même, et remarque la ressemblance entre ces deux divisions des Shans . Dès son passage dans le pays où la langue laotienne cessait d'être comprise, aux confins du Yunnan, près de Semao , « les habitants présentaient un type intermédiaire entre les Chinois et la race Tai. Ce type mixte représente fidèlement celui de l'ancienne population du Yunnan, ou celle des Tai, conquis par les Chinois. Et à Yuen-kiang il remarque : « Les Tai, que les Chinois appellent Pa-y, sont les anciens habitants du pays de Muong-Choung, qui s'appelle aujourd'hui Yuen-kiang. Ils sont plus nombreux et plus indépendants à mesure que l'on approche de la frontière de Tong-king. Ainsi, la province chinoise du Yunnan d'un côté et la partie supérieure de la vallée de l' Irawady de l'autre contiennent un élément largement prépondérant de population Shan, leurs caractéristiques nationales étant cependant progressivement effacées par l'influence des races dominantes respectives. Grâce à leur position locale, qui a conservé leur indépendance subordonnée, le petit nid de vallées, bercé dans les chaînes secondaires parallèles qui s'étendent entre le Salween et l' Irawady , a conservé, presque intactes, les reliques de l'ancien royaume Shan, et il C'est à leurs habitants, dans la mesure où s'étendent nos observations, que nous avons affaire. C'est avec une certaine incertitude que les termes Shans proprement dit et Shans chinois sont utilisés ; non pas tant pour indiquer une théorie de la race que pour servir de distinction pratique entre les deux divisions qui, bien que prétendant être une en race comme en langue, se révèleront présenter de curieuses différences ; tandis que les Chinois- Shans , ou Sino- Shans , comme certains les ont appelés, peuvent, selon le témoignage des explorateurs français, représenter en réalité la race Tai originelle plus directement que les Shans de la vallée de Tapeng et de la vallée d'Irawady .

Les Shans proprement dits de ces vallées sont une race blonde, un peu jaunâtre comme les Chinois, mais d'une teinte très légèrement plus foncée que celle des Européens, la paysannerie étant en général très brunie par le froid ; ils ont les joues rouges, les yeux marron foncé et les cheveux noirs. Chez les jeunes et les enfants, l'aspect cireux des Chinois est légèrement observable. Le visage Shan est généralement court, large et plat, avec des malaires proéminentes , une légère obliquité et une contraction de l'angle externe de l'œil, beaucoup plus marquée chez les vrais Chinois. Le nez est bien formé, l'arête étant proéminente, presque aquiline, sans cette ampleur et cette dépression caractéristiques du trait birman. La mâchoire inférieure est large et bien développée ; mais les mentons pointus sous les lèvres lourdes et saillantes ne sont pas rares. Les visages ovales comprimés latéralement, avec le front fuyant, les pommettes saillantes et le menton pointu fuyant, ne sont pas rares ; et la majorité des classes supérieures semblaient se distinguer du peuple par des visages ovales plus allongés et une physionomie résolument tartare. Les traits des femmes sont proportionnellement plus larges et plus ronds que ceux des hommes, mais ils sont plus finement ciselés et portent une expression bon enfant, tandis que leurs grands yeux bruns sont très peu ornés de sourcils et de cils. Ils deviennent très ridés avec l'âge et, à en juger par le nombre de personnes âgées, semblent être une race à longue durée de vie. Ce ne sont en aucun cas des gens de grande taille, la taille moyenne des hommes atteignant à peine cinq pieds huit, tandis que les femmes sont plus petites et plus trapues. La seule différence entre les Shans et les Poloungs , d'après mes observations limitées, semble être que ces derniers sont plus sombres et plus petits ; mais les Shans chinois , ou Sino- Shans , de la vallée de Muangtha diffèrent considérablement de leurs congénères. Il s'agit d'une race beaucoup plus petite, leurs petites silhouettes trapues et leurs visages larges et courts et plats rappellent ceux des Lapons. Les pommettes sont très saillantes et leurs visages sont beaucoup plus plats et plus courts que ceux des autres Shans . La largeur entre les yeux, nettement obliques, est considérable et la bouche est lourde, avec des lèvres saillantes. Chez les femmes, ces caractères sont plus prononcés et leur teint ressemble beaucoup à celui des Chinois.

Dans la tenue ordinaire, les Shans , à l'exception des Shans chinois , sont presque uniformément vêtus d' un bleu foncé sombre , la teinture étant obtenue à partir de l'indigo sauvage. En grande tenue, cependant, les femmes affichent une appréciation de la couleur qui ravirait un artiste. La coiffure particulière, semblable à un cône inversé, a déjà été évoquée. Il se compose d'une série de longues écharpes bleues, larges d'un pied et d'une longueur totale de quarante à cinquante pieds, enroulées autour de la tête dans un énorme turban, s'élevant vers le haut avec une pente vers l'arrière, comme celle de la tête Parsee. robe. Les plis sont disposés en croissant sur le front avec la plus exacte précision ; l'extrémité libre, brodée d'or et de soie, et parfois ornée de pendants d'argent, pend gracieusement jusqu'au cou. Les cheveux, laissés découverts au creux de cette structure, sont ornés d'épingles à cheveux en argent dont les têtes sont richement émaillées pour représenter des fleurs et des insectes. La veste, bleue ou verte, et parfois rose, est courte et ample, avec un col étroit et droit. De fines plaques carrées d' argent émaillé le fixent au niveau et au-dessous du col, auxquelles sont parfois surajoutées trois rangées de grands bossages ronds en argent, enrichis d'oiseaux et de fleurs émaillés de diverses couleurs . Les manches amples sont repliées à partir du coude, laissant apparaître des bracelets en argent massif ou en vermeil. Une jupe épaisse et serrée en tissu de coton, profondément bordée de carrés de soie ou de satin brodés, des leggings ajustés et des chaussures brodées complètent la toilette, un tissu richement bigarré étant parfois porté comme ceinture. Une dame Shan ainsi vêtue est incomplète sans un flacon de parfum en forme de flacon en argent d'environ trois pouces de diamètre, orné de clous et de pendentifs en argent se terminant par des cloches rondes en argent, qui tintent lorsque le porteur bouge. On porte aussi des châtelaines en argent, ainsi qu'un étui à aiguilles formé d'un tube d'argent, émaillé et clouté, renfermant un coussin qui s'attache à la taille. Des anneaux de cou, des boucles d'oreilles et des bagues en argent, qui méritent une description particulière, complètent les parures de la *belle Shan* , que l'on voit d'ailleurs rarement sans sa pipe à long tuyau, avec son petit bol d'argile vernissée.

Les paysans mâles portent une longue veste croisée en coton bleu, boutonnée sur le côté droit, souvent avec des boutons de jade, d'ambre ou d'argent. De la même matière sont leurs pantalons courts et larges et leurs turbans épais, avec une longue frange à l'extrémité libre, qui est généralement enroulée avec la queue de cochon à l'extérieur. De longues bandes d'étoffe bleue enroulées autour des tibias leur servent de jambières, et leurs chaussures sont faites d'étoffe ressemblant à du feutre, brodées d'un galon étroit et à semelles de cuir. Un très large chapeau de paille recouvert de soie huilée sert de parapluie contre la pluie ou un soleil brûlant.

Les classes supérieures, comme les chefs des villes, portent de longs habits chinois bleus arrivant jusqu'aux chevilles, et des calottes de satin noir ornées de figures chinoises travaillées en galon d'or. Les petits garçons portent des casquettes en coton bleu, tressées, avec un chignon rouge et garnies d'une rangée de figures argentées de gardiens nats . Une châtelaine en argent, avec un certain nombre de petits instruments, tels que des pinces pour épiler le visage, des cure-oreilles et des cure-dents, est fréquemment portée par les hommes. Il est suspendu à la boutonnière par une longue chaîne d'argent, ornée de perles de jade, d'ambre ou de verre, ou de figures grotesques d'animaux sculptées dans du jade ou de l'ambre. Deux éléments essentiels de l'équipement d'un Shan sont son dah et sa pipe à tabac. Le dah a une lame de deux pieds et demi à trois pieds de longueur, s'étendant de la poignée jusqu'à la pointe presque carrée, qui mesure près de trois pouces de large. Le manche en bois est relié par une corde recouverte d'une feuille d'argent et orné d'un pompon en poils de chèvre. Le demi-fourreau en bois est attaché à un cerceau en rotin porté sur l'épaule droite. Ces dahs sont principalement fabriqués par les Muangtha Shans en fer importé du Yunnan. Ils utilisent du charbon de bois comme combustible et un soufflet fait d'un segment de gros bambou, avec un piston et une valve à chaque extrémité. Ils fournissent des armes à toutes les tribus montagnardes et, comme nous l'avons remarqué précédemment, ont recours à Bhamô et ailleurs pour travailler pendant les mois d'hiver. Ces armes ressemblent exactement à celles fabriquées par les Khampti. Shans et, comme eux, sont vifs et bien trempés . Les pipes à tabac sont remarquables en raison de leurs tiges en argent élaborées, qui mesurent souvent un mètre de longueur et sont enrichies de fleurs émaillées et de torsades en argent. Parfois, la tige gonfle à intervalles en sphères argentées allongées. Une longue tige de bambou s'interpose entre l'argenterie et le bol en faïence vernissée. Les Shans les plus riches utilisent fréquemment le narguilé chinois, et les plus pauvres les pipes chinoises en laiton ou en fer avec de petits bols. Le tabac, cultivé sur place et d'une très excellente qualité, est transporté dans de petites boîtes rondes en peau de buffle recouverte de vernis rouge. Ils sont fabriqués en deux moitiés, la partie supérieure recouvrant la partie inférieure, la peau étant humidifiée et tendue sur un moule en bois .

Le costume des femmes chinoises Shan de Hotha et Latha diffère d'une manière marquée de celui déjà décrit. Ils portent la veste Shan et des pantalons amples comme les hommes et sont généralement pieds nus. La partie arrière de la veste se prolonge jusqu'aux genoux en une demi-jupe, et un double tablier chinois sur le devant la recouvre, de manière à compléter la robe. Outre les grandes plaques d'argent, on porte des épaulettes, constituées de petits disques semi-sphériques, reliés par une ligne de boutons d'argent d'une épaule à l'autre. La large ceinture du tablier s'étend à l'arrière pour former une pièce richement brodée, caractéristique particulière de ce peuple. Une marque encore plus distinctive est la coiffure, sur laquelle le haut turban est absent. Les cheveux sont divisés et rassemblés sur le sommet de la tête, lorsqu'ils sont tressés aux extrémités d'un chignon plat entouré d'un cerceau de rotin recouvert de drap rouge. Celui-ci est maintenu en position au moyen de vingt-cinq à trente épingles d'argent surmontées de fines plaques d'argent gaufrées ou gravées de feuilles et de fleurs, et disposées de manière à former un coronal d'argent. À l'extérieur est enroulé un léger turban bleu, aux franges pendantes duquel sont suspendus un certain nombre d'anneaux d'argent. En grande tenue, quatre épingles à cheveux beaucoup plus grandes, avec des têtes élaborées de huit pouces de longueur et trois pouces de diamètre, sont portées. Ils sont recouverts de fils d'argent savamment travaillés pour représenter les tiges et les feuilles des plantes, émaillées de vert, de brun et de jaune, et enrichies de fleurs dans la même matière, de pétales formés de pierres rouges et bleues et de petites sphères d'argent représentant les bourgeons non ouverts. Parfois, un autre cercle intérieur d'épingles plus petites, chacune dirigée par un groupe de quatre petits capuchons, est ajouté ; et une coiffure élaborée forme un cercle ou une auréole de fleurs argentées d'un pied de diamètre. Les différents modèles d'épingles à cheveux sont de construction des plus complexes. Les plus simples sont constitués principalement de fil d'argent et de pièces plates d'argent découpées en figures fantastiques ou en formes de plantes rampantes en pleine floraison, les couleurs étant émaillées de vert, bleu, violet et jaune. Certains sont travaillés dans le plus beau filigrane, un magnifique spécimen représentant un oiseau ressemblant à un cygne reposant sur ses ailes déployées au milieu d'un parterre de fleurs. Les plumes des ailes sont le plus efficacement travaillées en fil d'argent, et parmi les feuillets se dressent de petites bobines de fil d'argent, chacune se terminant par deux disques carrés d'argent cuspidés. Celles-ci ressemblent fortement aux tiges capsulées des mousses ; et l'aspect général de ces têtes d'épingles suggère que l'artiste a puisé son inspiration dans l'étude d'une pelouse couverte de fleurs et de mousse ; en effet, la forme la plus à la mode de cet ornement consiste en deux niveaux de feuilles, le plus haut soutenu par un fil fin, tandis que par ses interstices les tiges capsulées s'élèvent du niveau inférieur, tandis que les fleurs s'élèvent au-dessus de l'herbe.

Cette coiffure distinctive des Shans chinois semble caractériser les femmes Pa-y ou Tai du sud du Yunnan. M. Garnier décrit ceux de Yuenhiang comme portant de longues épingles à cheveux en argent, aux extrémités desquelles pendaient une profusion de pendants. Leur costume se compose d'un corset voyant surmonté d'une petite veste, d'un jupon avec une large bordure colorée et d'un tablier ; et il décrit particulièrement un col haut en étoffe rouge et noire, sur lequel de petits clous d'argent sont disposés en motifs qui lui rappellent le col armé d'un « bouledogue ». Le devant du gilet est également abondamment parsemé d'ornements similaires. Les boucles d'oreilles Pa-y sont d'une facture très délicate, le motif habituel étant un grand anneau supportant une petite plaque carrée avec de nombreux pendentifs, ressemblant beaucoup à ceux des Shans chinois . Les femmes mariées de ces dernières surtout portent invariablement une bague en argent ou en vermeil, recouverte de clous ou de filigranes, à laquelle est attaché un disque de jade ou d'argent émaillé . Les filles chinoises Shan portent un tube d'argent auquel est suspendue une rosace inversée sertie d'un cercle de pendentifs en forme de massue. Au centre de cet ornement en forme de fleur est suspendue une boule en filigrane et une rosace serties d'un grenat. Les ornements d'oreilles des Shans proprement dits sont de deux sortes, dont un seul, porté par les jeunes filles, peut être appelé boucle d'oreille : le grand cercle de fil d'argent suspendant un ornement plat en spirale ressemblant à un motif favori de l'époque romaine . en Europe. Il existe trois formes de la seconde ou du type cylindrique, nécessitant une grande ouverture dans le lobe de l'oreille, mais en aucun cas aussi grande que les ornements d'oreille des beautés birmanes, qui ont parfois un pouce et demi de diamètre . Les premiers sont faits d'un morceau de bambou recouvert de feuille d'argent , une extrémité étant terminée par un morceau de tissu qui est effectivement brodé des ailes vertes d'un scarabée, de graines rouges et de symboles chinois en fil d'or. La seconde forme est un court cylindre d'argent, avec une croix gravée de chiffres chinois. Le troisième mesure près de deux pouces de long, s'élargissant en un disque d'un pouce de diamètre et se terminant par un bouton en argent. La façade est composée de filigrane d'argent ouvert.

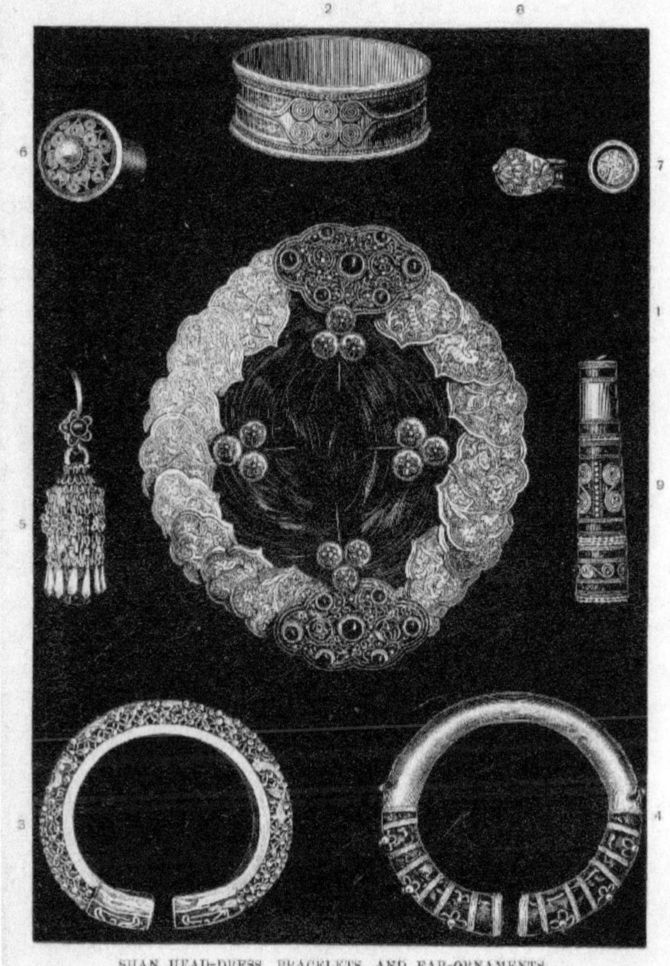

COIFFE SHAN, BRACELETS ET ORNEMENTS D'OREILLES.

- Fig. 1. Chignon chinois Shan cerclé d'épingles à cheveux en argent.

- 2. Bracelet en argent Shan.

- 3. « » » en filigrane.

- 4. " " émaillé .

- 5. Boucles d'oreilles pour fille chinoise Shan.

- 6. 7. Ornements d'oreilles tubulaires de la femme Shan.

- 8. Bague Shan.

- 9. Tube en argent pour renfermer un coussin à aiguille.

Ces ornements en argent se révèlent tout à fait caractéristiques des Shans , qui, il va sans dire, sont des orfèvres experts, leurs outils simples étant constitués de petits soufflets cylindriques, d'un creuset, d'un poinçon, d'un graveur, d'un marteau et d'une petite enclume. Dans la vallée de Sanda, les phoongyees sont les principaux artisans ; mais à Hotha, le commerce est encore réservé aux profanes. Leurs émaux, dont nous n'avons pas pu découvrir les matières, sont très brillants et employés avec un bel effet dans les motifs floraux, qui forment le principal stock de dessins. Les seules autres formes d'ornementation, les filets en forme de corde et les clous ou bossages arrondis, ressemblent singulièrement à ceux que l'on retrouve sur les diadèmes et les brassards des premières périodes historiques de l'art scandinave. Les torques simples ou anneaux de cou utilisés, en particulier chez les Hotha Shans , ne diffèrent de l'ancien type irlandais que par leur forme plus arrondie et par les extrémités pointues courbées vers l'extérieur, au lieu d'être élargies en faces en forme de cymbale. Un autre type de torque est de même forme, mais recouvert d'ornements de feuilles et de cônes en filigrane et émail alternés de pierres ou de morceaux de verre rouges et bleus. Des anneaux creux en forme de couple, recouverts d'enrichissements floraux, sont portés comme des bracelets ; parfois ils sont dorés à l'or très rouge et émaillés , un bijou étant généralement serti au centre . Une autre forme est un cerceau en argent, de près de deux pouces de largeur, avec des bords arrondis et des bordures en filigrane, le plus minutieusement serti de rosettes florales de trois cercles, de rangées de feuilles brunes, vertes et violet foncé, centrées par un grand clou en argent .

Les bagues sont généralement constituées de fil de corde, avec des spires coniques ou plates en spirale ; mais un type curieux est formé d'une plaque d'argent oblongue ornée d'un pouce de long et aussi large que le doigt. Un demi-cercle de chaque côté permet de le porter à n'importe quelle taille de doigt. De nombreuses bagues sont ornées de grenats, de pierres de lune et de morceaux de jade vert foncé, mais aucune pierre précieuse n'a été observée. Les hommes portent généralement des bagues chinoises ordinaires en jade ou en ambre.

Les femmes sont constamment engagées dans le tissage et la teinture, car le fil du coton cultivé sur place est filé, teint et tissé par leurs doigts industrieux. Ils sont adeptes des travaux d'aiguille et de la broderie sur soie ; et tous les vêtements portés sont confectionnés et ornés par les femmes de chaque maison. Le tressage de paille est une autre de leurs industries, et les chapeaux de paille à larges bords fabriqués dans la vallée rivaliseraient avec les plus beaux tissus de Livourne. Un autre art dans lequel ils excellent, apparemment emprunté aux Chinois, est la fabrication d'ornements élaborés pour les cheveux à partir des plumes bleu saphir de l'oiseau rouleau (*Coracias affinis*). Ceux-ci sont fixés sur du papier découpé pour imiter des couronnes et des fleurs ; et avec du fil de cuivre, du fil d'or et des plumes, posés avec la plus grande délicatesse, on produit de très jolis ornements simples, qui sont souvent égayés par l'ajout d'un rubis ou de quelque autre pierre précieuse.

Les étoffes tissées sur un métier à tisser semblable à celui utilisé par les Kakhyens sont de tous degrés de texture, les espèces les plus fines, utilisées pour les vestes, étant très douces et généralement ornées de grands motifs en forme de losange de la même couleur . Une caractéristique marquante des tissus textiles et des broderies des Shans , et même de leur ornementation en général, est la reproduction de motifs conventionnels, transmis par leurs ancêtres, sans aucune tentative de les améliorer ou de les varier. Les dessins Shan du XIXe siècle sont probablement identiques à ceux du XIVe et sont de simples modifications du losange, du carré et de la bande ; ces modifications peuvent être, et sont, presque infinies, et les combinaisons des formes élémentaires les plus complexes, tandis que le fond des tissus dans lesquels les motifs sont travaillés est généralement recouvert de nombreux petits losanges tronqués et arrondis en amande, entrecoupés de figures du Henza sacrée , ou oie brahmanique. La principale beauté de leurs tissus textiles réside dans le merveilleux groupement et l'harmonie des couleurs ; et dans l'emploi de leurs vives teintes pleines et demi-teintes de bleu, orange, vert et rouge, ils sont pratiquement des artistes sans égal.

La majeure partie de la population Shan est engagée dans l'agriculture ; et comme cultivateurs, ils peuvent prendre rang même parmi les Belges. Chaque pouce de terrain est utilisé ; les principales cultures sont le riz, qui est cultivé dans de petits champs carrés, entourés de remblais bas, avec des passages et des vannes pour l'irrigation. Par temps sec, l'eau du ruisseau le plus proche est évacuée et conduite dans d'innombrables canaux, de sorte que chaque bloc ou petit carré peut être irrigué à volonté. Dans la vallée du Tapeng , on profite de la pente du terrain pour conduire des canaux jusqu'à des champs situés à plusieurs milles du point de divergence. A notre arrivée au début du mois de mai, la vallée d'un bout à l'autre apparaissait comme une immense étendue d'eau de plantations de riz luisant au soleil, tandis que le lit de la rivière restait à moitié asséché par le soustraction de l'eau. Le tabac, le coton et l'opium sont cultivés sur les pentes bien drainées des collines, les deux premiers étant destinés à l'usage domestique ; mais le pavot à fleurs blanches est cultivé pour subvenir aux besoins des Chinois, des Kakhyens et des Leesaws . Une quantité considérable d'opium Shan parvient à Bhamô , et de là à Mandalay, et aussi à Mogoung , d'où il est distribué parmi les Singphos .

La terre est labourée par une charrue en bois à soc en fer, tirée par un seul buffle. Hommes et femmes travaillent ensemble, mais les gros travaux du sol sont effectués par les premiers, le sexe faible n'étant employé qu'au désherbage et à l'éclaircissage. Les légumes sont cultivés dans chaque maison et constituent un article important de l'alimentation. Un grand nombre de bovins et de porcs de qualité sont élevés et tués pour être consommés, leur chair, ainsi que toutes sortes de volailles, étant largement utilisée et vendue librement sur les marchés, car les Shans n'ont aucun préjugé bouddhiste . Le lait n'est cependant pas utilisé. Les entrailles des animaux, comme chez les Birmans, sont très utilisées dans *la cuisine Shan* ; une soupe très belle, faite d'intestins de volailles, étant un plat favori du Hotha tsawbwa , qui insistait, en dînant avec nous, pour la substituer à notre soupe, ce qu'il n'approuvait pas. Les grosses larves d'une guêpe géante et les mille-pattes en compote sont des délices Shan que nous ne pouvions pas apprécier.

Leur principal stimulant est *le samshu* , ou esprit de riz ; mais pendant notre séjour parmi eux, nous n'observâmes à peine aucun cas d'ivresse. Le vice de l'ivresse et la licence, communs à tous leurs voisins , semblent presque inconnus parmi cette race industrieuse et autonome. Ils sont sociaux et de bonne humeur , mais en aucun cas aussi joviaux que les Birmans, en comparaison desquels ils sont un peuple calme et plutôt posé.

En règle générale, chaque homme se contente d'une seule épouse, mais la polygamie est autorisée à ceux qui sont suffisamment riches ; ainsi le chef Hotha avait plusieurs épouses dans différents villages. Tout ce qu'il faut pour contribuer à une union valide, c'est la sanction des parents, le consentement mutuel et l'échange de présents entre les contractants, mais aucun rite religieux n'est observé à l'occasion du mariage.

C'est une race musicale et possède de nombreux airs sauvages simples qu'ils jouent sur des instruments à cordes et à vent. Parmi les premiers, qui se jouent comme une guitare, l'un mesure environ trois pieds de long, avec trois cordes et une large table d'harmonie ; un autre n'est que la moitié de sa taille, la table d'harmonie étant un court cylindre en forme de tambour, sur lequel est tendue une peau de serpent. Cet instrument était également un grand favori du peuple Momien et est probablement d'origine chinoise. L'instrument à vent le plus courant est une sorte de flûte en bambou, avec une gourde en forme de flacon comme embouchure, et le son est plein, doux et agréable. Les longues trompettes d'airain, qui sont une sorte d'appendice d'état du tsawbwa , ne sonnent que pour annoncer son arrivée, ou pour faire honneur à ses invités.

Les chefs, bien que payant un tribut annuel aux autorités de Momien , exercent la pleine autorité patriarcale dans leurs États ; assistés d'un conseil de chefs, ils jugent toutes les affaires, civiles et pénales. Le tsawbwa est le propriétaire nominal de toutes les terres, mais chaque famille possède une certaine superficie qu'elle cultive en payant la dîme des produits au chef. Ces colonies sont rarement perturbées, et les terres se succèdent, le plus jeune fils héritant, tandis que les frères aînés, si la ferme est trop petite, cherchent une autre parcelle ou se transforment en commerçants ; c'est pourquoi les Shans sont prêts à émigrer et à s'installer sur des terres fertiles, comme en Birmanie britannique. Les chefs n'approuvent naturellement pas cela, et il est à craindre que l'émigration récente de ces Shans vers nos provinces n'ait excité ces dernières années la mauvaise volonté des tsawbwas contre les fonctionnaires britanniques, qu'ils accusent d'avoir incité leurs les gens à les abandonner. Dans les temps ordinaires de paix et de prospérité, les habitants de ces vallées devaient être très prospères et les chefs très riches, comme en témoignent leurs haws, bien que la plupart d'entre eux aient été très blessés avant notre visite ; mais à cette époque ils étaient certainement pauvres, et, sans aucun doute, beaucoup des objets de valeur vestimentaires et des bijoux qui nous étaient proposés à la vente appartenaient aux chefs et à leurs familles. La grande préoccupation des paisibles Shans était de restaurer l'ordre, et bien qu'ils aspiraient tous sincèrement au rétablissement du *régime impérial chinois* , ils étaient, en attendant, très prêts à se lier d'amitié avec ceux dont la mission était d'établir une route pour le commerce, nécessitant la paix et l'ordre comme conditions de son maintien.

Il nous fut impossible d'obtenir un guide pour le côté sud de la vallée de Hotha, au-delà du Namsa , qui est un très petit ruisseau de montagne. Les tsawbwa déclarèrent que le pont avait été emporté par les eaux et que la route était recouverte de boue ; mais il a lui-même prévu une excursion pour nous pour visiter une autre maison lui appartenant à Tsaycow , à quelques kilomètres à l'est de Hotha. Le chef partit de bon matin pour préparer notre réception, et nous le suivions à midi. La route, pavée de rochers et, à proximité des villages, de longues dalles de granit taillées, serpentait sur des contreforts herbeux dont les pentes étaient cultivées en tabac et en coton. Les ruisseaux de montagne, coulant sur des canaux rocheux encombrés de gros rochers particolores de mousse verte et de lichens, étaient enjambés par des ponts de gneiss ou de granit, ceux qui traversaient les plus grands ruisseaux étaient de belles structures voûtées, de vingt à vingt-cinq pieds de portée, avec un repos -maison à chaque extrémité, et les parapets souvent gardés par des dragons de pierre. Chaque village était accessible par une longue ruelle étroite bordée d'arbres et de bambous plumeux, se terminant par une porte pittoresque et bordée de fontaines en pierre. Les maisons étaient entourées d'arbres, poiriers, pommiers, châtaigniers, pêchers et tilleuls, formant des vergers autour des villages, et les triples toits de khyoungs substantiels et de pagodes occasionnelles couronnant les collines complétaient le tableau rural, avec un fond de pentes verdoyantes. de pâturages s'étendant jusqu'au mur arrière des montagnes couvertes de brume. Une petite pagode, appelée Comootonay , différait complètement du type birman ordinaire, par sa forme particulière et sa longue flèche atténuée, qui s'élevait à une hauteur de cinquante pieds. Cinq miles de balade agréable à travers une succession de villages prospères et pittoresques, de vergers et de khyoungs , nous ont amenés à Tsaycow , ou Old Hotha, un endroit beaucoup plus grand que la ville actuelle de ce nom, entouré d'arbres et délicieusement situé sur un éperon. à l'ouverture d'un petit vallon, au fond duquel coulait un beau ruisseau de montagne. La maison du chef, autrefois son quartier général, qui était construite à la manière chinoise, bien que plus petite que notre résidence, avait l'avantage d'un meilleur emplacement et d'un état supérieur, les appartements privés surtout étant richement décorés de sculptures élaborées. Dans la salle de réception intérieure, nous fûmes accueillis par le tsawbwa et, après avoir été rafraîchis avec du thé, nous fûmes conduits par lui voir deux khyoungs , l'un Shan et l'autre Chinois, construits, selon ses propres plans, l'un au-dessus de l'autre, sur le à flanc de colline derrière le village. Le temple chinois, qui occupait l'emplacement le plus élevé, était entouré d'un haut mur, avec une porte donnant sur une cour bordée de chaque côté par des cloîtres, tandis qu'un pavillon surélevé occupait l'extrémité, en face duquel, et au-dessus de tous les autres bâtiments, dominait le sanctuaire, couronnant la plus haute des deux terrasses recouvertes de granit. Des escaliers couverts menaient du cloître au niveau supérieur, chacun se terminant par une petite tour arrondie contenant une grosse cloche. Le temple occupait toute la terrasse, avec des vérandas pavées de pierre à l'avant et à l'arrière. Un petit ruisseau bouillonnait dans un petit bassin à l'avant, puis formait une cascade de terrasse en terrasse jusqu'à la cour en contrebas. Deux entrées menaient de la véranda au temple, entre lesquelles une grande fenêtre faisait exactement face au retable. Sur une table devant la fenêtre se trouvaient des vases contenant de l'encens et des fleurs, ainsi qu'un certain nombre de boîtes contenant la bibliothèque. Le retable, admirable exemple de sculpture sur bois à ciel ouvert, haut d'environ vingt pieds, ressemblait à un immense triptyque, contenant trois niches à dix pieds environ du sol. Il était entouré d'une simple balustrade en bois de quatre pieds de haut, et devant elle se trouvait une petite table sur laquelle on brûlait de l'encens, et à chaque extrémité deux autres, avec un poisson et un pilon en bois sur chacune. Les trois niches contenaient des personnages grandeur nature, chacun avec un rideau de gaze devant. Une poutre dépassant de chaque côté du mur avant supportait deux personnages grandeur nature, et le long de chaque mur latéral, dix-huit petits personnages étaient rangés sur une plate-forme, avec un vase et des bâtons d'encens devant chacun. Le tsawbwa faisait office de cicerone et expliquait que le personnage central était Chowlaing-lon , le roi de tous les nats , qui avait existé avant Gaudama . Les personnages de chaque côté sont appelés Coonsang et agissent comme ses

Pawmines ou agents pour exécuter ses ordres ; et les quatre personnages debout sont les dirigeants des quatre grandes îles ou quartiers du globe, qui tiennent un registre de toutes les actions de leurs sujets. Après la mort, chaque homme est amené devant Chowlaing-lon , et par lui consigné aux Coonsang , qui, selon le rapport donné par les dirigeants, les remettent à l'un ou l'autre des trente-six nats représentant l'armée des Thagyameng . rangés dans l'ordre le long des côtés. L'un de ces nats était représenté avec six bras, armés respectivement d'une ceinture, d'un arc, d'une flèche, d'une massue et d'un poignard, tandis qu'une main était vide comme prête à saisir une victime. Tous les autres étaient dans des attitudes différentes, chacun tenant une sorte d'arme et portant autour du cou et des épaules une longue bande en forme d'écharpe, atteignant le sol pour lui servir d'ailes, rappelant à notre esprit les personnages volants visités par Peter Wilkins. .

Le khyoung inférieur ou Shan se composait de deux bâtiments oblongs sur des niveaux différents. Un nat ou Beloo à l'air sombre gardait la porte menant au temple, où étaient assis trois bouddhas colossaux, le Passé, le Présent et le Futur. De chaque côté se trouvaient deux figures de gardiens, l'une montée sur un éléphant pygmée et l'autre sur un monstre bâtard, moitié lion, moitié tigre. Aux pieds des bouddhas se trouvait une figure de tortue bien exécutée ; tandis que des vases d'encens et des fleurs odorantes posés sur une table envoyaient leurs douces odeurs aux visages calmes et impassibles au-dessus d'eux. De chaque côté du bâtiment, étaient assises une rangée de personnages grandeur nature, savamment exécutés, et un surtout, représentant un vieillard ratatiné , le menton posé sur ses genoux, et les teintes de chair admirablement données, déployait une réelle puissance artistique. Dans le temple inférieur, ouvert en façade, le milieu du mur central était occupé par une figure de Kwan-yin tenant l'enfant et entouré d'un certain nombre de petites figures adoratrices sculptées en relief ; au-dessus de sa tête, un perroquet tenant un chapelet dans son bec était perché sur une brindille. De l'autre côté du mur, de manière à être dos à dos avec la déesse chinoise, était assis un Bouddha colossal flanqué de deux personnages gigantesques, dont l'un tenait un rat. Les tsawbwa déclaraient que tous ces temples avaient été érigés en l'honneur de Bouddha ; et il raconta l'histoire de Kwan-yin, qui était la fille d'un ancien empereur de Chine, mais, prenant la robe blanche d'un rahanee , passait ses journées dans une forêt, consacrée à une pieuse méditation. Le mélange du polythéisme ancien et du bouddhisme dans l'histoire était une bonne illustration de la forme confuse de religion représentée dans les sanctuaires.

Notre visite s'est terminée par un somptueux dîner chez le tsawbwa , le grand point de l'étiquette étant apparemment de ne laisser aucune partie de la table inoccupée par la vaisselle, laissant une marge aux convives pour utiliser leurs baguettes. Après le dîner, le tsawbwa aborda le sujet de la religion et fut très surpris de notre refus de croire à la doctrine des existences successives.

Parlant de Gaudama , il le distinguait du Bouddha et désirait savoir de nous dans quel pays lui, Gaudama , vivait actuellement.

Le bouddhisme des Shans est, comme nous l'avons déjà remarqué, marqué par un grand laxisme parmi les phoongyees , et les sentiments religieux les plus actifs parmi le peuple appartiennent à la croyance et au culte des nats . Pendant notre séjour, le 13 août, on célébra la fête du feu des Shans , et une vingtaine de bœufs et de vaches furent abattus sur la place du marché ; la viande était entièrement vendue, une partie étant cuite et mangée, tandis que le reste était tiré au fusil au coucher du soleil, les morceaux qui tombaient sur la terre étant censés devenir des moustiques, et ceux qui se trouvaient dans l'eau des sangsues. Immédiatement après le coucher du soleil, les serviteurs des tsawbwa commencèrent à battre des gongs et à sonner de longues trompettes en cuivre ; après la tombée de la nuit, des torches ont été allumées et un groupe, précédé des musiciens, a fouillé la cour centrale à la recherche du nat du feu , qui est censé se cacher en cette saison avec de mauvaises intentions. Ils poursuivirent alors leurs recherches dans tous les appartements et dans le jardin, jetant la lumière des torches dans tous les coins et recoins où l'esprit malin pouvait trouver une cachette. Trois autres fêtes sont consacrées chaque année aux causes de la pluie, du vent et du froid.

L'éclipse de soleil survenue le 18 août, commençant à 9 heures 5 DU MATIN , avait été prédite par nous en divers endroits, et ici aussi. La diminution de la lumière n'était pas, comme l'admettaient les Shans , suffisante pour attirer leur attention sur elle, à moins d'être avertie à l'avance. Le tsawbwa a montré son intelligence habituelle en étant capable d'utiliser le télescope. Dès qu'il s'est assuré que l'éclipse avait réellement commencé, il a ordonné de tirer avec ses fusils de salut et de sonner les longues trompettes, tandis que, à sa demande pressante, nous étions obligés d'ordonner à la garde de police de tirer deux coups de feu. volées; tout cela était pour effrayer quelque monstre qui menaçait de dévorer le soleil. Le chef, cependant, écouta attentivement nos efforts pour expliquer les causes naturelles du phénomène, et les communiqua même à la foule excitée qui se pressait avec impatience autour de nous.

Certains des khyoungs de la vallée étaient entièrement consacrés aux divinités chinoises Kwan-yin et Showfoo , le Prah, ou dieu des Chinois du Yunnan, avec divers nats maléfiques et enseignants célèbres, tels que Tamo, à l'exclusion totale de toute trace de le credo bouddhique.

Dans un petit temple délabré près de Hotha, dédié à certains nats , l'entrée était gardée par deux chevaux, chacun avec un cavalier debout à sa tête. Des figures similaires de chevaux, soignés par un homme en costume tartare, se produisaient dans le khyoung de Muangla , et le lecteur se souviendra peut-être que les femmes de Manwyne payaient quotidiennement des offrandes de riz à l'image du cheval dans le khyoung de cette ville. Le fait que les Shans soient une race d'éleveurs et de cavaliers peut expliquer la préservation de cette curieuse relique de leur religion primitive, ainsi que la propitiation primitive des dangereux nats , ou pouvoirs de la terre, de l'air et de l'eau.

Le principal khyoung bouddhiste de la vallée, situé dans le joli village fortifié de Tsendong , est parfaitement exempt de tout mélange de leurs superstitions plus anciennes. Le tsawbwa , qui nous servait de cicérone, semblait très fier du temple, déclaré très ancien. Il est construit sur une plate-forme basse en pierre, entourée d'une étroite véranda en terrasse, tout l'extérieur étant grossièrement mais habilement sculpté. Il contenait des bibliothèques richement dorées et des retables richement sculptés, et aurait pu être transporté entièrement depuis les plaines birmanes. Les restes d'un vieux et vénéré phoongyee , décédé deux mois auparavant, reposaient en état sous un pavillon temporaire à double toit, près du khyoung . Le sarcophage, soutenu par deux dragons, était une belle structure surmontée d'une pagode miniature richement sculptée. Le sol avait été nivelé et maintenu scrupuleusement propre, et toute l'enceinte avait été soigneusement sécurisée. Sur une terrasse voisine se dressait un zayat octogonal , renfermant une petite pagode. Il était construit presque entièrement en bois, avec cinq toits, de taille diminuant vers le haut, et coiffés d'un toit doré . Une série de fenêtres ouvertes en bois sculpté couraient autour du bâtiment, et sur chacune se trouvaient deux panneaux magnifiquement sculptés, représentant un seul objet, comme un oiseau, un cerf, une plante ou une chauve-souris. Chaque toit était surélevé sur trois supports en saillie, terminés par des têtes grotesquement sculptées. La pagode fermée était une structure carrée, avec une flèche délicatement effilée atteignant l'intérieur du toit le plus élevé.

La présence de ces édifices purement birmans dans la vallée du Hotha, alors que les pagodes font totalement défaut dans la vallée du Tapeng , est probablement due au voisinage de l'ancienne route des ambassades, mais en 1769 les Birmans faisaient appel à l'existence de pagodes dans cette vallée. comme preuve de leur ancien droit de l'inclure dans leurs frontières.

Les fortes pluies qui ont continué pendant notre séjour à Hotha ont retardé notre progression et ont en même temps empêché des explorations plus complètes des environs .

Comme nous l'avons déjà mentionné, nous devions traverser les collines de Kakhyen , à l'extrémité ouest de la vallée, le projet de traverser vers Muangwan étant impraticable, en ce qui nous concernait, bien qu'un géomètre birman ait été détaché pour examiner la route. Comme nous l'avons dit précédemment, il nous était même interdit de visiter les hauteurs du sud, mais M. Gordon et moi avons fait une excursion vers la tête est de la vallée, où elle est fermée par une crête transversale reliant les deux chaînes. Une bonne route menait à la crête, qui était traversée par une piste étroite, le point culminant n'étant pas à plus de quatre cents pieds au-dessus de Hotha. Une pente raide descendait dans une autre vallée, probablement bifurquant de Muangwan . A l'est-nord-est, on apercevait une autre vallée qui se dirigeait vers Nantin , qui se trouve mille cent pieds plus bas. À travers la brume et les fortes pluies, de hautes collines étaient vaguement aperçues de tous côtés, et nous avons conclu que la vallée de Hotha, en tant que voie de communication vers Momien via Nantin , présenterait des hauteurs plus difficiles à surmonter que la vallée du Tapeng .

Nous apprîmes que du vieux Hotha une route menait à Muangla , atteignant la vallée de Sanda par une gorge de moindre altitude et de descente plus progressive sur le versant nord que la route par laquelle nous avions grimpé et descendu lors de notre passage depuis Manwyne . Cependant, même une excursion au-delà des limites de la vallée de Hotha était rendue impossible par la présence de Li- sieh -tai et de ses forces à Shuemuelong . Nous nous décidâmes donc à quitter les quartiers agréables de Hotha et à repasser les collines de Kakhyen jusqu'à la plaine birmane, tous les chefs des tribus montagnardes le long de la route ayant assisté en personne ou par député à une réunion le 22 août, lorsque des arrangements satisfaisants eurent été pris. été fait pour notre transit.

[38] *Analyse du Dr Macnamara.*

Un gallon contient : -

- •49,7 grains de matière solide ;

- •3,6 ” sels d' alcalis , chlorure de sodium;

- •19· 7 ” de silice, de sels terreux et d'oxyde de fer ;

- •Traces d' acides sulfurique , carbonique et phosphorique ;

- •Pas d'acide nitrique.

[39] *Thaï-neua* est appliqué au nord du Shans . "Voyage d'Exploration ", p. 409.

CHAPITRE XI.
DE HOTHA À BHAMÔ.

Adieu ! — Latha — Namboke — Les collines du sud — Muangwye — Loaylone — La frontière chinoise — Mattin — Hoetone — Vue sur la plaine d'Irawady — Une descente glissante — Le Namthabet — La route Sawady — Un sacrifice solennel — Une étude rétrospective.

Le 27 août, nous avons dit adieu à nos amis de Hotha, la femme et les filles du chef venant nous « voir partir » ; tandis que leurs larmes et leurs demandes répétées que nous reviendrions bientôt, auraient pu être provoquées par le départ de quelques parents proches ou de très chers amis. Nous avons proposé de nous serrer la main, « à la mode anglaise », ce que la fille aînée a refusé, car cela était contraire à l'étiquette Shan, mais la jeune épouse du chef a rassemblé son courage pour défier l'opinion publique. Les canons de salut retentirent et nous partîmes au milieu des bons vœux d'une foule nombreuse. Le tsawbwa nous accompagna jusqu'à la limite de ses domaines ; et tout au long de la route, son peuple se présenta avec de nombreuses démonstrations de bonne volonté envers les étrangers qui partaient. Aux confins de Latha, notre ami nous quitta avec un regret évident et nous remit aux soins du chef Kakhyen de Namboke .

Le quartier de Latha est naturellement encore plus pittoresque que celui de Hotha. Les collines sont plus proches et le vallon, comme on pourrait l'appeler, est plus densément boisé. La ville de Latha, que nous passâmes tout près, bien que séparée de la route par la rivière Namsa , paraissait la plus grande et la plus peuplée de toute la vallée. Nous ne pouvions pas le visiter à cause du refus du vieux chef de recevoir les étrangers. Un message présent et poli était cependant envoyé par notre chef *en passant* , et un message de retour présent et complémentaire, dicté personnellement par le chef, était rapporté par nos messagers. Le message attribuait son incapacité à nous recevoir aux préjugés de certains de ses sujets. Il a promis que, chaque fois que nous reviendrions, lui et son peuple seraient prêts à accueillir notre présence. Ses sujets ne semblaient pas moins prospères que ceux de l'autre section. Tout au long du parcours, des khyoungs aux toits multiples , s'élevant au-dessus de la riche verdure, marquaient l'emplacement des villages, et des pagodes d'un type très frappant couvraient les collines arrondies et les collines densément boisées.

Nous traversâmes la Namsa par un long pont de bois et nous nous trouvâmes bientôt engagés dans un parfait labyrinthe de petites collines herbeuses coniques qui bloquaient l'extrémité ouest de la vallée. La route tournait à gauche depuis l'étroit vallon de la Namsa , et montait graduellement, suivant le cours du ruisseau Namboke , et, traversant un certain nombre de petites collines, atteignait le sommet du premier éperon de la barrière orientale de la vallée. De ce point jusqu'à Namboke , la route serpentait sur une succession d'éperons, jusqu'à atteindre le village, situé au milieu d'un groupe de petites collines boisées formées par la jonction des contreforts de la chaîne secondaire Hotha avec la grande barrière sud de la vallée de Tapeng . qui ici s'unissent. Après une marche de quatorze milles, effectuée en cinq heures, nous sommes arrivés à 17 HEURES sous une pluie battante, ce qui ne rendait pas du tout invitant le hangar sans toit fourni comme logement. Le tsawbwa nous conduisit ensuite à sa maison, où nous descendîmes sous un coup de canon de trois coups de canon, et fûmes logés en partie dans la salle des étrangers et en partie dans le portique, qui se révéla peuplé d'ennemis pour dormir. L'hospitalité pressante du chef Namboke nous obligea à lui gratifier d'une journée de halte ; et ce n'est que grâce à une détermination acharnée que notre chef réussit à faire démarrer le 29 à midi.

De Namboke nous descendîmes dans un profond creux, et de là remontâmes progressivement jusqu'à la crête de la chaîne principale bordant la gorge de Tapeng , le long de laquelle nous nous rendîmes à Ashan, distant de huit milles, où nous passâmes la nuit dans des maisons de Kakhyen . Le sentier qui servait de route avait été récemment déblayé de la jungle par les Kakhyens , dont les marques fraîches de dahs étaient visibles de chaque côté, alors que nous serpentions à travers une magnifique forêt vierge. Depuis des points d'observation occasionnels sur les flancs ouverts des collines, nous contemplions une mer de feuillage, ininterrompue par aucune clairière ni aucun signe d'habitation humaine. Du niveau sommital de la crête, nous regardâmes vers la droite, à travers la vallée du Tapeng , et vîmes Ponsee couché, un petit point, sur le versant opposé, à mi-chemin entre le Tapeng et le sommet du haut Shitee-doung , également appelé Shitee Meru, comme après la Colline Sacrée. Le territoire du Ponsee s'étend de ce sommet jusqu'à celui de Kadoung , qui s'élève derrière nous, de sorte qu'Ashan avec sa douzaine de maisons se trouve à l'intérieur des frontières du Ponsee . Au-dessous de nous, à gauche, deux vallées étroites et profondes s'étendaient à l'est et à l'ouest, séparées par une crête basse, terminus de la limite sud de Hotha, qui se perd rapidement dans le labyrinthe ahurissant qui résulte de la division et du mélange des grands contreforts. des principales lignes de soulèvement de ces montagnes. Dans toutes les directions, aussi loin que le regard pouvait atteindre, s'étendait une mer de collines, certaines s'élevant en grandes masses en forme de dôme à six mille pieds au-dessus de la mer, recouvertes jusqu'à leurs sommets d'une forêt dense, ininterrompue par aucune culture. La plupart des petites collines avaient évidemment été défrichées, et leurs pentes abruptes semblaient, pour ainsi dire, façonnées en immenses volées de larges marches, en terrasses pour les cultures de riz et de maïs, tandis qu'à l'aide d'une bonne jumelle peu Des villages Kakhyen étaient visibles sur les pentes.

Nous avons quitté Ashan sous une pluie battante et avons commencé à descendre vers le sud. Le chemin longeait la crête d'un éperon qui descendait jusqu'à un village. Les poneys et les mulets ne pouvaient pas garder leurs pieds sur les sentiers mouillés et glissants et glissaient toujours sur leur arrière-train. Comme des pentes abruptes bordaient le sentier, la descente n'était pas sans risque, et un piéton ne pouvait garder pied qu'en se saisissant dans les hautes herbes et en s'abaissant ainsi.

Après avoir traversé le Namkhong , gonflé par les pluies en un ruisseau tumultueux, qui mettait à rude épreuve la force des poneys, le sentier traversait un plat alluvial humide et boueux dans une autre vallée et traversait un autre torrent. Nous avons ensuite fait une montée très raide à flanc de montagne, en passant devant le village de Lasee, perché sur un haut sommet arrondi. De la hauteur, nous avions une vue complète des chaînes vers le sud, presque parallèles les unes aux autres, est-nord-est et ouest-sud-ouest, avec des vallées intermédiaires, en grande partie brisées par des contreforts. Une descente de quelques centaines de pieds nous amène au village de Muangwye , sur le versant sud d'une colline couverte d'arbres et d'énormes rochers de granit.

Notre halte ici était une volonté du tsawbwa local , soucieux d'avoir l' honneur de nous divertir. Les autres chefs étaient partis pour Loaylone avec les bagages et le commissariat, s'attendant à ce que nous nous rendions à ce village comme lieu de repos pour la nuit. Le chef fit de son mieux pour nous réconcilier avec sa *ruse hospitalière* par un accueil chaleureux et des approvisionnements généreux en sheroo et samshu.

La route habituelle et directe d'Ashan à Hoetone , dernier village Kakhyen avant de descendre dans la plaine, n'occupe qu'une bonne journée de marche ; mais le souci des chefs respectifs de nous divertir les fit nous conduire de village en village et faire trois marches au lieu d'une ; et comme la pluie était presque incessante et que le chemin qui montait et descendait les pentes était extrêmement glissant, nous trouvâmes le regard de Kakhyen presque aussi embarrassant que l'hostilité d'antan.

Le lendemain, nous avons traversé le ruisseau Muangkah , d'environ quinze pieds de diamètre et coulant dans un profond nullah, qui est la frontière entre le Lakhone et le Cowlee . Kakhyens , dans les frontières desquels nous sommes maintenant entrés. Le vallon était très étroit, mais la riche terre noire était très fertile, à en juger par l'apparence des petites rizières. Le seul pont était un arbre abattu, large de moins d'un pied, sur lequel était attaché un bambou branlant en guise de main courante, le long duquel nous grimpions, enviant presque les animaux qui traversaient à la nage. En remontant une autre crête, nous dépassâmes les restes de l'ancien fort frontière chinois, commandant cette route, comme une douane, comme celui au-dessus du Nampoung commande la route de Ponsee . Une centaine de pieds plus bas, le village de Loaylone occupait une pente raide, s'étendant en amphithéâtre . C'était le village Kakhyen le plus grand et le plus prospère que nous ayons jamais vu, et la maison du chef présentait la particularité inhabituelle d'être entourée d'une haute clôture en bambou. Le chef était abondant dans ses provisions de volailles et de sheroo ; et le soir, son jeune frère, le tsawbwa de Mattin, nous rendit visite et se révéla être le Kakhyen le plus poli et le plus intelligent que nous ayons rencontré, ses manières et son style étant pleinement égaux à ceux de n'importe quel gentleman birman ou shan. Sa tenue vestimentaire était un mélange de Shan et de Chinois, mais ses cheveux étaient coiffés à la manière birmane. Il se montra parfaitement au courant des Birmans et des Chinois et eut une longue conversation sur les avantages de rétablir le commerce, à laquelle il se déclara le plus disposé à coopérer. Il tenait beaucoup à ce que nous devenions ses hôtes à Mattin pendant plusieurs jours ; et, après avoir épuisé les arguments sur la mauvaise santé de certains membres du groupe, les pluies, etc., nous avons été obligés d'insister sur le fait que des retards dans le chemin préjugeraient l'esprit de nos dirigeants contre la route des ambassades. Il fallait rester une journée à Loaylone , car, selon la coutume, les mules et les porteurs devaient être payés ici, et remplacés par d'autres appartenant aux Cowlee . Kakhyènes . On dit que la route centrale ordinaire vers Momien va de cet endroit à Muangwan , dont la vallée peut être vue depuis le fort chinois de Loaylone , d'où la route mène à Nantin , en évitant la vallée de Hotha. Il y eut, bien sûr, quelques ennuis avec les muletiers, qui présentèrent invariablement des demandes extorquées, mais qui se heurtèrent à un refus ferme. Au moment même de notre départ, deux des Namboke Les Pawmines ont imposé un embargo sur un chargement de bagages en guise de pion pour le paiement du riz qu'ils avaient déjà reçu.

La route directe vers Hoetone n'est que de six milles par une route relativement plate le long des rizières, mais la nécessité d'accepter l'invitation de Mattin a allongé notre marche à quinze milles, impliquant l'ascension d'une des chaînes les plus élevées. Dans un vallon en contrebas de Loaylone , nous rencontrâmes une caravane de mules de Bhamô chargées de coton et de sel. De ce point, des montées abruptes par une succession d'éperons et des descentes dans des vallées peu profondes nous conduisirent au sommet de la crête principale, à une altitude de cinq mille pieds. Près de notre gauche, et cinq ou six cents pieds plus haut, s'élevait la haute colline en forme de dôme que nous avions aperçue depuis Ashan. Au sud-est et au sud s'élevaient quelques sommets encore plus élevés, mais aucun ne dépassant apparemment une altitude de six mille pieds. Le sommet de cette crête était couvert de gazon fin et de quelques arbres, et parsemé d'énormes rochers de granit, à l'abri desquels étaient bâties les maisons d'un petit village nommé Loayline .

De là, nous commençâmes à descendre l'essentiel des collines de Kakhyen , et arrivâmes bientôt au village de Mattin, situé sur la crête d'un éperon. Un salut de trois canons et un fracas musical de gongs et de cymbales annoncèrent notre arrivée, et nous fûmes conduits à gravir un large escalier de pierre menant à une porte chinoise dans un important mur de briques et de pierre. A l'intérieur se trouvait la maison du chef, de conception Kakhyen , mais, par sa construction et ses riches ornements sculptés, méritant le nom de palais Kakhyen . Après avoir été dûment présentés à la famille du chef et admirés par une foule enthousiaste de ses sujets, qui, soit dit en passant, étaient de loin supérieurs tant par leur apparence que par leur tenue vestimentaire à leurs compatriotes des collines du nord, nous fûmes conduits dans un petit pavillon extérieur. , et nous nous sommes rafraîchis en toute intimité.

De Mattin, une descente de deux milles nous amena à Hoetone , située sur une dépression aplatie du même éperon, parsemée d'énormes rochers de gneiss et de granit. Devant la maison du tsawbwa, trois blocs plats de pierre, hauts d'environ trois pieds, étaient fixés dans le sol en ligne et étaient décrits comme l'autel sur lequel les buffles étaient offerts aux nats . Nous avions observé des pierres similaires dans un bosquet à l'extérieur du village, dont les nombreux crânes éparpillés montraient qu'elles avaient été le théâtre de nombreuses offrandes. À cet endroit, il y avait aussi un mur circulaire, haut de trois pieds, avec une des pierres dressées à l'intérieur, et le sol couvert de crânes en décomposition de buffles sacrifiés. Le lendemain matin , nous avons reçu la visite d'abord du vieux tsawbwa de Hoetone , accompagné de ses épouses, de ses enfants et de ses petits-enfants, tous dans leurs plus beaux atours et chargés des cadeaux habituels de volailles, de légumes, de riz cuit et de sheroo . Les prochains à apparaître furent les tsawbwas de Kadaw et Sakhiy , vêtus d'anciennes vestes de satin noir, avec leurs femmes vêtues *à la* Kakhyen , mais décoré d'une profusion d'ornements en argent Shan. Le sous-chef qui nous avait suivis à Momien et y était mort de la variole était un fils de Kadaw , et bien qu'il soit venu à Momien de son propre chef, Sladen a jugé juste de promettre au vieux père que, lorsque à Bhamô , il consulterait les autres chefs quant à l'indemnisation de la mort de son fils. Avec cette assurance, le père partit tout content ; mais un frère cadet du défunt jugea bon de l'intimider et d'exiger un paiement immédiat, et enrôla quelques muletiers à ses côtés. Les querelles et fanfaronnades habituelles des Kakhyen s'ensuivirent, mais le fait de recevoir de fermes récriminations, selon la coutume, n'aboutit à rien ; mais notre départ avait été ainsi retardé jusqu'à midi, où nous recommençâmes volontiers notre descente vers les plaines.

Par temps sec, il est d'usage de se rendre de Hoetone à Bhamo par Momouk , à travers la plaine, sur la rive gauche du Tapeng ; mais les basses terres étant maintenant sous l'eau, il fallut se diriger vers le Tapeng en contrebas de sa sortie des collines, et le descendre en bateaux jusqu'à Bhamô . A une courte distance en aval de Hoetone , nous arrivâmes à une bifurcation sur la route et une discussion s'ensuivit avec les Mantai. tsawbwa , qui servait de guide à l'avant-garde de la cavalcade, quant au bon chemin à suivre. Une route, le long de l'éperon que nous avions descendu, semblait évidemment être la route directe, tandis que l'autre tournait à gauche dans un profond creux, vers un autre éperon au sud. Celui-ci, insistait le tsawbwa , était aussi bon et aussi court que l'autre, et nous étions obligés de le suivre. Du haut de l'éperon, un noble panorama de la vaste plaine de l' Irawady s'offre à nous.

Le grand fleuve, maintenant gonflé dans toute sa largeur, serpentait comme une large bande d'argent à travers la plaine, et nos partisans sursautèrent et crièrent littéralement de joie à cette perspective, réalisant la fin rapide de leurs six mois d' errance . Ceux de notre parti dont la dignité interdisait de telles manifestations ne se réjouissaient pas moins en esprit ; car même ce grand paysage de collines devient lassant lorsqu'il faut escalader les sentiers de montagne escarpés et dévaler la contre-pente sous des torrents de pluie. Nous ne pouvions pas nous plaindre du léger détour que nous avait imposé le chef Mantai , car toute la population de son village attendait notre arrivée avec impatience et nous saluait de cinq coups de fusil. Dans sa maison, qui était entourée d'une palissade de bambou, des nattes étaient étalées pour nous, et sa femme et ses filles, deux jeunes filles presque belles, rivalisaient de démonstrations de bienvenue et d'offrandes de sheroo très excellent . Les laissant très ravis de quelques pièces d'argent brillantes et de compliments, nous remontâmes à cheval et commençâmes une descente glissante à travers la jungle de bambous, dans laquelle il y avait de bonnes chances d'être empalés sur les tiges tombées, tandis que les poneys glissaient complètement sur leurs hanches. incapable de changer de cap. Ayant atteint au moins quatre mille pieds au-dessous de Hoetone , nous avons dû traverser au fond un torrent de montagne rugissant par un pont nouvellement construit. Un gros rocher se trouvait au milieu du cours d'eau, et deux grands bambous étaient placés de chaque côté jusqu'aux rives, avec des traverses plus petites pour maintenir le tout en sécurité ; ce pont primitif et branlant, large d'environ dix-huit pouces, descendait en pente jusqu'à la pierre, puis s'élevait en pente raide jusqu'à l'autre rive. C'était un chemin périlleux pour l'homme et la bête, car perdre l'équilibre signifiait être emporté par le courant irrésistible dans le Tapeng . Le terrain plat de chaque côté du ruisseau était fermé par de hautes collines qui faisaient écho au rugissement de ce dernier fleuve ; mais les herbes hautes qui couvraient le plat alluvial nous le cachaient, jusqu'à ce que, après avoir traversé un éperon bas, nous arrivâmes sur les rives de la crue jaune et écumante, se précipitant vers les plaines dans un torrent magnifique.

Environ deux milles plus loin, nous quittions le Tapeng , tournâmes vers le sud-ouest et, traversant un éperon bas, arrivâmes sur la rive droite d'un ruisseau de taille moyenne, au courant profond, avec un courant très fort, appelé Namthabet . qui se jette dans le Tapeng , à sa sortie des collines. Ce ruisseau devait être traversé par un radeau que deux Kakhyens avaient été envoyés de Hoetone pour construire, mais ils n'avaient accompli que la moitié de leur tâche lorsque nous arrivâmes. Nous fûmes donc obligés de bivouaquer, et tout le monde se mit à l'œuvre pour construire les petites huttes de bambou couvertes d'herbe, que les Birmans appellent *tai* . La nuit était belle, mais les phlébotomes se sont avérés de véritables ennemis du sommeil, défiant les rideaux anti-moustiques ; et la matinée apporta un terrible orage, suivi de torrents de pluie, comme si les habitants des collines voulaient nous faire un bénéfice d'adieu.

Dès que le radeau fut achevé, le jemadar et un certain nombre de Birmans s'embarquèrent, munis de longs bambous pour le traverser ; mais le courant l'entraîna vers le bas, et il ne fut sauvé que par les hommes sautant dans l'eau et le poussant sur la berge, où tous se retinrent aux branches en surplomb. On recourut ensuite à la méthode Kakhyen consistant à tendre une corde à travers le ruisseau, et sous la direction expérimentée du capitaine Bowers, une corde solide constituée de la couche externe du bambou fut rapidement improvisée. Cette tentative échoua également, car la corde se brisa en deux alors que le radeau était au milieu du courant, mais les hommes tinrent fermement prise et se hissèrent sur la rive opposée. Enfin nous parvînmes, au moyen de deux cordes, à faire passer tout le monde, trempé jusqu'aux os par la pluie et l'eau du fleuve . Sur la rive gauche, nous fûmes accueillis par le choung-sa de Tsitgna avec une escorte, envoyée pour nous accompagner à Nampoung , sur le Tapeng . Devant nous s'étendait une ligne de collines basses, s'étendant presque du nord au sud, séparant la vallée du Namthabet de la plaine birmane, dans laquelle elles se fondent graduellement par de longues ondulations. Leur face orientale est couverte presque exclusivement de bambous, mais le versant ouest est abondamment boisé de nombreuses espèces d'arbres forestiers, jusqu'à ce qu'on atteigne la plaine, où les eng arbres et les hautes herbes à éléphant prennent leur place. En arrivant au Tapeng , après une marche de cinq milles, nous trouvâmes deux grands bateaux prêts, l'un d'eux joliment tapissé, et transportant une fanfare de musiciens battant des gongs et des tamtams . Tout notre groupe, y compris les chefs Kakhyen qui nous avaient accompagnés, étant embarqués, nous fûmes remorqués par deux bateaux de guerre, chacun équipé de trente hommes, à travers le large et rapide Tapeng , jusqu'au village de Tsitgna , où nous fûmes conduits par le secrétaire particulier du Woon dans un petit pavillon, confortablement aménagé pour notre réception. Les fonctionnaires birmans étaient très attentifs ; des provisions gratuites de nourriture furent apportées en abondance, et même les chefs Kakhyen et leurs partisans reçurent tout ce dont ils avaient besoin.

Le 5 septembre, nous réglâmes la location des mules et des porteurs sans le moindre désaccord, tous les bagages ayant été livrés à bon port, sans perte d'un seul article entre Hotha et Tsitgna . Même le chargement du mulet retenu à Loaylone , qui avait été divisé en paquets pour deux porteurs, est arrivé sain et sauf, et, à l' honneur des Kakhyens , sans qu'une seule bouteille d'eau-de-vie entamée ait été altérée.

Le lendemain matin, nous nous sommes embarqués sur des bateaux constitués de deux canots, portant une plate-forme et un auvent ou toit de feuilles au-dessus de nos têtes, et avons glissé sur le large et profond Tapeng , qui cette saison a mille cinq cents pieds de large et assez profond pour une rivière ordinaire. bateau à vapeur, jusqu'aux collines. En descendant, nous avons jeté un dernier coup d'œil sur les collines de Kakhyen . De chaque côté du fleuve s'élevaient les deux hauts sommets, le Shitee-doung au nord et le Kadoung au sud, semblant se dresser comme des sentinelles pour garder les routes vers la Chine et, dans un sens très littéral, pour le les anciens forts chinois et les douanes frontalières occupaient des positions fortes sur l'une ou l'autre montagne, et la frontière du Royaume Fleuri est presque définie par ces hauteurs. Près de l'embouchure de la rivière , nous fûmes accueillis par le tsare-daw-gyee avec deux bateaux de guerre, qui nous remorquèrent jusqu'à Bhamô , où nous débarquâmes à 14 h 30 de l'après-midi du 5 septembre, après l'avoir quitté le 26 février.

L'arpenteur birman envoyé de Hotha pour examiner la route de Sawady était arrivé à Bhamô le 26 août, après avoir accompli son voyage en dix jours . Il avait voyagé déguisé en Shan, accompagné d'un guide recommandé par le chef Hotha et de notre propre interprète Kakhyen . N'ayant d'instrument qu'un anéroïde pour mesurer les hauteurs, il avait accompli sa tâche d'observations de manière très satisfaisante. De Hotha, il avait traversé la crête intermédiaire, sept cents pieds au-dessus de la vallée de Muangtha , dans la vallée beaucoup plus grande de Muangwan , située à peu près au même niveau que celle de Nantin . Cet État chinois Shan était gouverné par la grand-mère du jeune tsawbwa , agissant comme régente pendant sa minorité. Elle et ses chefs s'accordèrent pour promettre un sauf-conduit à tous les commerçants anglais qui adopteraient cette route. Un flux constant de mulets et de bœufs de bât passait de Sawady à Muangwan , d'où ils se dirigeaient soit vers Nantin , soit vers Muangkun . La route était dégagée de tout obstacle, lisse et uniforme d'un bout à l'autre. Deux districts de Kakhyen ont été traversés, nommés Bhagon et Phonkan , dans ce dernier desquels se trouve la plus haute altitude. Tous deux convinrent de maintenir l'ancien tarif chinois d'une roupie pour les mulets et de huit annas pour les bœufs, et le chef Phonkan exprima le souhait que les commerçants anglais adoptent cette route et garantissa leur sécurité.

Nos anciens quartiers de la ville de Bhamô avaient été entièrement réparés et étaient prêts à nous recevoir, tandis que les tsawbwas , qui nous avaient accompagnés, au nombre de trente et un, qui régnaient tous sur les districts adjacents à la route centrale, étaient logés. par les Birmans dans les zayats à l'extérieur de la palissade. Le but de leur présence était de prendre part à un sacrifice solennel selon leur coutume, et de prendre un engagement ratifié par le serment le plus contraignant, selon lequel ils offriraient un sauf-conduit et une protection à tous les commerçants et voyageurs qui pourraient désormais traverser leurs collines . entre Bhamô et les États Shan. La cérémonie eut lieu le 13, après diverses objections ouvertes et obstacles cachés soulevés par les Birmans, qui, sans doute, furent d'abord plutôt intrigués par la transaction, mais, après des explications claires du major Sladen, ne soulevèrent plus aucune difficulté . On élevait une espèce d'échafaud, composé de poteaux solides enfoncés dans le sol, avec des traverses, auxquels était attachée la victime, un buffle. Un autel était élevé de vingt pieds de haut, avec une plate-forme carrée de bambous, sur laquelle l'offrande était déposée. Avant le sacrifice, et encore avant que l'offrande ne soit faite, les nats ou divinités étaient dûment invoqués dans une prière solennellement chantée. Le buffle était solidement attaché par ses cornes à l'échafaud, puis jeté sur le côté, de sorte que tout le poids du corps reposait sur le cou partiellement tordu. Un Kakhyen se précipita en avant, tenant dans une main une tasse de feuilles de plantain pleine d'eau, et brandissant son dah dans l'autre. En même temps, l'eau fut jetée sur la victime, et le coup mortel fut porté au cou avec une force et un effet aussi mortels que le coup de couteau du matador. La carcasse était aussitôt découpée, le sang étant reçu dans un grand vase, tandis que les entrailles étaient déposées en offrande aux nats sur l'autel élevé. Avec le sang, une quantité de samshu était mélangée et agitée avec les pointes des dahs et des lances, et chaque chef buvait à son tour dans le bol et prononçait son vœu de fidélité à la cause commune. Tel était le rite auquel les trois chefs s'étaient associés à Ponsee lorsqu'ils s'étaient ligués pour notre destruction, et maintenant trente et un chefs s'engageaient solennellement à maintenir la paix et à protéger les futurs voyageurs à travers leurs frontières. Ce fut l'acte final qui mit fin à notre expédition, et il nous est permis de regarder en arrière avec satisfaction le fait de tout le groupe qui partit de Bhamô, à l'exception d' un cipaye et d'un collectionneur indigène, qui succombèrent. à la maladie, tous revinrent sains et saufs. Les indigènes des collines de Kakhyen et des vallées de Shan avaient appris à considérer leurs visiteurs d'abord soupçonnés ou redoutés comme des amis et des bienfaiteurs ; et si l'avancée avait été lente et, de l'avis de certains, coûteuse, le retour avait été facilement accompli, non sans une richesse d'« opinions en or » gagnées auprès des divers chefs avec lesquels les Anglais avaient été amenés pour la première fois successivement. rapports.

Il n'entre guère dans le cadre de ce volume de passer en revue l'aspect politique du travail accompli, mais il est impossible de s'abstenir de quelques commentaires. Le terme d'échec a été librement appliqué au résultat de cette expédition et la conduite du chef a été, tout récemment encore, la plus sévèrement critiquée . Considérant que ses instructions, telles que reçues du commissaire en chef de la Birmanie britannique, étaient d'enquêter de manière approfondie sur les causes de la cessation du commerce, de découvrir la position politique exacte des Kakhyens, des Shans et des Panthays, et d' influencer ces communautés dans En faveur de la restauration du commerce, on peut difficilement prétendre que les objectifs prescrits n'ont pas été pleinement atteints. Alors que les autorités supérieures avaient jugé souhaitable d'avancer jusqu'à Yung- chang ou, si possible, jusqu'à Tali-fu, il avait été strictement enjoint au chef de ne pas risquer la sécurité des membres de la mission. Depuis Bhamô, il dut tâtonner, luttant contre les intrigues des Kakhyens et les incompréhensions des Shans , fomentées par les fausses déclarations des jaloux marchands chinois de Bhamô . Le pays à traverser était inconnu et dans un état de confusion anormal. Là où finissait la Birmanie et où commençait la Chine, c'était un problème, car les anciennes frontières avaient été temporairement effacées, l'autorité des mandarins avait reculé à l'intérieur du Yunnan et celle des dirigeants usurpateurs mahométans n'était que partiellement ressentie à l'ouest du Yunnan. Momien . Ce n'est que lorsque cette ville fut atteinte que les informations souhaitées pouvaient être obtenues, ou que la véritable relation des États de la vallée intermédiaire avec la Birmanie ou la Chine pouvait être discernée. Pas un pas en avant n'avait été fait sans avoir obtenu au préalable le consentement et, comme cela s'est avéré, l'accueil des différents dirigeants, subordonnés ou suprêmes ; et l'on prit surtout soin de renier toute partisanerie politique et de proclamer à tous que notre objet était d'explorer dans l'intérêt du commerce.

Lorsque, après un court séjour à Momien , il devint évident que de nouveaux progrès étaient à la fois dangereux et, dans l'état actuel des choses, susceptibles de nous embrouiller avec les autorités chinoises constituées, un retour fut décidé et retardé seulement par des circonstances incontrôlables. Avoir obéi aux ordres et, dans des positions diverses et éprouvantes, avoir manifesté une patiente endurance pour atteindre le but le plus éloigné possible, et en revenir avec les informations souhaitées, et préparer ainsi la voie aux futurs voyageurs, ne peut être considéré comme de brillants exploits . ; mais ce sont là les tâches ardues d'un éclaireur attentif et d'un pionnier accompli. Le lecteur peut se forger sa propre opinion quant à savoir si ces opérations n'ont pas été dignement exécutées par le major Sladen .

Ceux qui ont partagé ses voyages, mais non ses responsabilités, et qui ont été témoins de son attitude prudente et résolue dans des conditions nouvelles et perplexes, ne peuvent que exprimer leur opinion selon laquelle il mérite un plus grand éloge que celui qui a été jusqu'ici accordé à sa conduite du premier voyage anglais . expédition au Yunnan.

CHAPITRE XII.
ÉVÉNEMENTS INTERMÉDIAIRES.

Nomination d'un résident britannique à Bhamô — Augmentation du commerce indigène — Action du roi de Birmanie — Querelle des Birmans avec le chef Seray — Relations britanniques avec les Panthays — Lutte au Yunnan — Li- sieh -tai — Succès impérialistes — Artilleurs européens — Siège de Momien — Chute de Yung-chang — Visite du prince Hassan en Angleterre — Chute de Tali-fu — Mort du sultan Soliman — Massacre de Panthays — Capture de Momien — Évasion de Tah -sa - kon — Capture de Woosaw — Suppression de la rébellion — Proclamation impériale — Li- sieh - tai, commissaire des États Shan. — Réouverture des routes commerciales. — Deuxième mission britannique. — Action de Sir T. Wade. — Nomination de M. Margary. — Membres de la mission. — Acquiescement de la Chine et de la Birmanie.

La première mesure active prise par le commissaire en chef de la Birmanie britannique, à la suite de l'expédition de 1868, fut de recommander la nomination d'un résident britannique à Bhamô . Les différents chefs Shan et Kakhyen , ainsi que le gouverneur de Momien , s'étaient accordés sur l'opinion qu'une telle nomination serait bénéfique pour le commerce futur.

Par l'article 6 du traité de 1867, il avait été prévu que les paquebots britanniques seraient autorisés à naviguer dans les eaux birmanes, que les marchands britanniques seraient autorisés à résider à Bhamô et, enfin, que des agents britanniques pourraient être nommés dans tous les postes de douane. , comme Bhamô et Menhla . Le gouvernement de l'Inde, cependant, tout en approuvant la nomination d'un résident britannique à Bhamô , refusa de passer des ordres définitifs ou définitifs jusqu'à ce que les sentiments du roi aient été vérifiés et qu'il ait donné son assentiment distinct. Sa Majesté avait déjà, lorsque l'affaire avait été soulevée, déclaré qu'elle veillerait à ce que son officier, le Woon , coopère avec le résident ; mais, selon les instructions données, selon lesquelles le plan devait lui être présenté comme « exigeant une compréhension claire et une pleine approbation de la part de Sa Majesté », il fit l'objet d'une audience spéciale. Le roi déclara expressément que la nomination d'un résident à Bhamô avait son plein consentement et son approbation ; mais il espérait que « des officiers obstinés ou intraitables, guidés uniquement par leur propre opinion, sans égard aux conseils ni à la raison », ne seraient pas envoyés. Il désirait en outre que le nouveau fonctionnaire puisse se présenter à lui-même, lorsqu'il le présenterait au Woon de Bhamô , afin d'arranger leurs relations mutuelles. L'esprit dans lequel le roi a accueilli et acquiescé à cette proposition peut être considéré comme une illustration de la manière dont le roi de Birmanie s'est montré disposé à traiter avec la formidable puissance qui détient le littoral de son royaume. Pleinement conscient, comme il devait l'être, des éventuels embarras qui pourraient résulter de ses relations avec l'Angleterre, d'une part, et avec son suzerain, l'empereur de Chine, d'autre part, on ne peut pas dire qu'il n'ait pas réussi à mener à bien ses activités. ses obligations conventionnelles envers notre gouvernement ; et lorsque l'on prend en compte les fausses déclarations dont il a fait l'objet, il apparaîtra que le roi de Birmanie a le droit de se plaindre du traitement qu'il a reçu de la part du public britannique.

En mars 1869, le capitaine Strover fut reconnu comme le premier résident britannique à Bhamô et, le moment venu, le drapeau britannique fut hissé sur cet ancien entrepôt de commerce indochinois. Il est presque inutile de remarquer qu'en ce qui concerne le commerce britannique direct, aucun résultat considérable n'en suivit. En 1872, on rapporta qu'aucun envoi appartenant à des sociétés britanniques n'était arrivé à Bhamô au cours des trois années précédentes. Le commerce indigène s'est considérablement accru et les marchands chinois de Rangoon et de Mandalay avaient expédié de grandes quantités de coton, de sel et d'autres marchandises, ainsi qu'une quantité modérée de marchandises à la pièce. Au printemps 1870, les arrivées à Tsitkaw étaient en moyenne de huit cents mulets par mois. Au cours des deux années suivantes, des caravanes de mille bêtes de somme arrivaient des territoires chinois. Le commerce fluvial s'est tellement accru que les agents de la Irawady Flotilla Company ont constaté que le service mensuel de bateaux à vapeur vers Bhamô était insuffisant et, outre les bateaux à vapeur supplémentaires placés par eux sur la ligne, la Compagnie générale de navigation à vapeur de l'Inde a expédié des bateaux à vapeur et des bateaux lourdement chargés. appartements. Pour citer un correspondant du *Times* , « en quatre ans, la navigation à vapeur s'est développée en un service bimensuel presque régulier qui, au cours de l'année se terminant en octobre 1874, a transporté des marchandises d'une valeur d'environ 200 000 £ à destination et en provenance de Bhamô » .

Le roi de Birmanie montra son souci de rétablir le commerce de la route du Bhamô en érigeant et en garnison une ligne de postes de garde à travers les collines du Kakhyen , depuis la plaine jusqu'au Nampoung , au-delà duquel le fleuve, comme étant la frontière de la Chine, Li - sieh -tai ne permettrait pas leur érection.

En 1872, pas moins de cent cinquante mille viss de coton royal étaient stockés à Manwyne sous la responsabilité des agents du roi qui y résidaient, et il est expressément noté qu'en ce qui concerne les Birmans, les marchandises britanniques auraient pu être acheminées vers avec une parfaite sécurité. Les Chinois de Mandalay furent cependant dissuadés (1871) d'acheter du coton pour le marché du Yunnan par l'information selon laquelle les officiers impérialistes avaient imposé un embargo sur les caravanes, pour les empêcher d'approvisionner les Panthays en provisions . Les caravanes étaient souvent attaquées par des dacoits, notamment près de Nantin , et le chef Kakhyen de Seray était accusé par les Birmans d'avoir intercepté des cadeaux royaux en route vers la Chine. Le tsare-daw-gyee de Bhamô , en représailles, s'empara de trente mules appartenant au chef Seray, d'où surgit une querelle qui ne fut pas oubliée à l'époque de la seconde expédition. À cette époque, le chef Seray avertissait les messagers envoyés par le résident au gouverneur de Momien de ne pas emprunter cette route, car elle était dangereuse pour les Birmans.

C'est une conséquence nécessaire, mais regrettable , de l'accueil réservé à la première expédition par le gouverneur de Momien que celui-ci entretienne des relations amicales avec les résidents successifs. Il paraissait souhaitable, en vue de maintenir la sécurité de la route commerciale, de maintenir des termes amicaux, quoique strictement neutres, avec les détenteurs de la position dominante de Momien . Il est sans aucun doute facile de regarder en arrière et d'être sage après l'événement ; mais, à tort ou à raison, les relations sexuelles une fois commencées ne pouvaient pas être abandonnées ; en tout cas, il a été jugé prudent de le maintenir. Cela a certainement créé dans l'esprit des Chinois de Bhamô une nette impression que les intérêts de leurs éventuels rivaux commerciaux et de leurs véritables ennemis politiques étaient identifiés. Les chefs Kakhyen de la route du sud se plaignaient même de ce que, depuis qu'eux et les Shans étaient devenus amis avec les Anglais, les Chinois Bhamô n'étaient plus amicalement disposés à leur égard. Les cadeaux envoyés par les résidents de temps en temps étaient sans aucun doute magnifiés par l'imagination populaire, et aucune des deux parties ne trouvait facile de croire que le seul objectif était l'assurance d'un transit sûr et commode. Ainsi, on peut au moins le déduire de l'étude du cours des événements ultérieurs, ainsi que des manifestations de sentiments de la part des Panthays et des Chinois.

Les récits et rapports contradictoires qui nous ont été rapportés et qui nous permettent dans une certaine mesure de retracer la progression des événements du Yunnan, qui ont conduit au renversement complet du pouvoir mahométan, tous se sont combinés pour montrer que, dès notre visite au Yunnan, Momien , le gouvernement chinois semble s'être rendu compte de la nécessité de récupérer la province presque perdue. Quelle qu'ait été la force réelle des mahométans en 1868, il est certain qu'ils avaient progressivement perdu du terrain en 1869. Les différents rapports fournis étaient trop contradictoires, et, en vérité, le gouverneur de Momien et les Chinois étaient trop indifférents . à l'exagération pour fournir des données fiables. En 1870, comme cela a été bien établi, Li- sieh -tai était le chef reconnu des troupes impérialistes chinoises dans le district de Momien et avait investi Momien , mais avait subi une défaite et avait été obligé de se retirer dans la chaîne de Shitee-doung . collines. Il recruta bientôt ses forces et leva des contributions auprès des Shans , ainsi que des marchands chinois de Bhamô et de Mandalay. Ces derniers n'étaient pas animés par le patriotisme, mais par les sentiments nationaux d'affection pour leurs proches et de respect pour leurs tombes ancestrales du Yunnan.

Vers la fin de cette année-là, Momien avait été de nouveau investie par les Chinois, mais une force Panthay venue du nord avait réussi à jeter des renforts dans la ville, malgré cela, des retranchements furent ensuite érigés par les troupes chinoises qui, sous Li et Liquang - fang et un autre officier pressèrent fortement l'endroit, mais en vain. Les impérialistes semblent avoir afflué des troupes dans la province, et une proclamation signée par Li fut affichée à Bhamô , annonçant que dix mille soldats avaient encerclé Yung-chang . Au début de 1871, les districts du nord, qui avaient été le berceau de la rébellion, étaient fermement tenus par les mahométans, et la ville de Tali-fu fut rapportée par deux indigènes de l'Inde venus à Bhamô comme étant libre . deux mois auparavant, de la présence des troupes impérialistes. Les troupes mahométanes étaient alors en grande force et avaient été envoyées au secours des villes menacées de Yung- chang et de Shin-tin. Les troupes impérialistes attaquaient alors Yeynan -sin, au nord-est de Tali-fu, et comme elles disposaient de canons dirigés par trois artilleurs européens, les mahométans, bien que combattant avec leur bravoure habituelle, subirent de lourdes pertes et purent à peine tenir tête. contre eux. Il y avait donc trois lignes d'attaque, une armée attaquant Yung- chang et les villes voisines au sud de la ligne entre Momien et Tali ; la force principale avançant sur la ville sainte elle-même, et Li- sieh - tai avec ses troupes pressant le siège de Momien , où le gouverneur résista obstinément, bien qu'il aurait été grièvement blessé, et maintenait une communication constante avec la résidence de Bhamô . .
À la fin de 1871, Yung- chang avait été prise par les Chinois et Tali-fu passait pour être étroitement investi. Autour de Momien, des combats constants se sont poursuivis avec des succès variés, un dirigeant chinois ayant été tué et ses troupes vaincues ; mais les mahométans menaient courageusement une bataille désespérée contre un nombre écrasant, et les plus pusillanimes d'entre eux conseillaient la capitulation ou méditaient la trahison. Le sultan Soliman résolut d'envoyer son fils et héritier, Hassan, solliciter l'aide ou l'ingérence du gouvernement britannique, afin d'éviter la menace de renversement de son pouvoir, ou d'assurer des conditions de paix tolérables. Le jeune prince, comme on peut l'appeler, se rendit déguisé, avec quelques serviteurs, à Rangoon, et de là se rendit à Londres, où il arriva au printemps de 1872. Il va sans dire que sa course fut vaine ; mais il fut traité comme un invité privé du gouvernement, et resta quelque temps dans ce pays. A son retour, il était accompagné de M. Cooper, nommé en Angleterre pour le conduire jusqu'à

la frontière de notre territoire. Le prince lui-même avait proposé que de là ce voyageur bien connu se rende avec lui à Tali-fu et accomplisse ainsi le but de son ancien voyage aventureux. *En route*, ils visitèrent Constantinople, où le sultan reçut le prince en invité de marque, et arrivèrent finalement à Rangoon. Ici, ils reçurent la nouvelle de la prise de Tali-fu, de la mort de Soliman et de la destruction totale du pouvoir mahométan. Cela mit nécessairement un terme à leur prochain voyage, et le malheureux Hassan partit en pèlerinage à La Mecque.

Durant son absence en Europe, les généraux chinois avaient déployé toute leur puissance pour s'emparer du quartier général des rebelles. Pendant quelques mois, la force naturelle de la position de Tali-fu, où tous les mahométans du pays environnant s'étaient retirés devant l'avancée des armées chinoises, défia ses assaillants. Des provisions abondantes étaient stockées dans les greniers ; et la garnison, estimée à trente ou quarante mille mahométans, était déterminée à résister jusqu'au bout. Le principal ministre du sultan fut chargé du commandement de Shagwan , comme les Birmans appellent le fort de Hia-kwang ou Hsia- kwan , et il fut soudoyé pour admettre les forces chinoises et leur remettre les greniers. L'artillerie des Chinois, dirigée, comme nous l'avons déjà dit, par des artilleurs européens, rendait impossible au sultan de les affronter en campagne ; mais il résista à l'intérieur des murs de la ville jusqu'à ce que les provisions viennent à manquer, et la famine imminente le força à entamer des négociations. On lui a fait croire que s'il se rendait, son peuple serait épargné et il a accepté volontiers de sacrifier sa propre vie pour sauver celle de ses partisans. Connaissant le sort qui l'attendait lui et sa famille, il administra du poison à ses trois femmes et à ses cinq enfants et, après avoir lui-même pris une dose mortelle, se rendit dans son fauteuil aux quartiers du général chinois, mais mourut en route. Sa tête fut coupée et, conservée dans du miel, fut expédiée à Pékin, et on dit que ses trois plus jeunes fils furent envoyés comme prisonniers. Le général chinois exigea alors que les mahométans rendent toutes leurs armes et munitions, ce qui fut fait. Les officiers durent alors se rendre au quartier général chinois pour présenter leurs respects au général. Quarante et un ont obéi à la convocation et, en entrant en sa présence, ont été immédiatement arrêtés et décapités. Des ordres furent alors émis pour un massacre général de la garnison désarmée et sans chef, et un massacre aveugle de milliers d'hommes, de femmes et d'enfants acheva la conquête de Tali-fu. De là, l'armée marcha vers Chun-ning-fu et Yin-chaw, lesquelles villes furent successivement capturées, sans qu'aucun quartier ne soit accordé aux Mahométans.

Une autre version de la chute de Tali-fu raconte que les Mahométans invitèrent les Chinois à une conférence à l'une des portes, après avoir préalablement miné le terrain. Les Chinois arrivèrent en force, mais, frappés d'un soudain soupçon de doute, ils se retirèrent juste avant l'explosion de la mine, qui détruisit la porte et une partie du mur. Les Chinois revinrent alors et prirent d'assaut la ville, mais la citadelle était trop forte pour eux et tinrent jusqu'à ce qu'ils se rendent comme décrit ci-dessus. Les mahométans prétendaient dans leur version avoir réussi leur stratagème et avoir détruit un grand nombre d'ennemis, dont beaucoup, affolés, se précipitèrent dans le lac et y périrent. Le fort ou position de Hsia- kwan fut déclaré par les Chinois comme ayant été pris d'assaut par une attaque de nuit, dirigée par le général tartare en personne, qui ouvrait la voie sur des hauteurs rocheuses supposées inaccessibles. Quoi qu'il en soit, il est certain que Tali-fu tomba en août 1872 et, au nouvel an 1873, le gouverneur général du Yunnan envoya des lettres au roi de Birmanie annonçant le fait et demandant au roi d'aider à la réouverture. du commerce, alors que la rébellion touchait à sa fin ; mais, pour reprendre les mots de Sir Thomas Wade, « la rébellion est morte durement », car Momien et Woosaw tenaient toujours.

Le gouverneur de l'ancien lieu avait reçu la visite d'un haut fonctionnaire du Panthay , qui était secrètement un traître à la cause, et avait conseillé de se rendre ; sur quoi le gouverneur l'invita dans son Yamen et le décapita aussitôt. En février, trois officiers arrivèrent de Momien à Bhamô avec des lettres adressées au commissaire en chef de Birmanie et furent envoyés à Rangoon. La ville fut finalement prise en mai, la forte porte sud-ouest décrite à la page 192 ayant été exploitée avec succès ; mais les vainqueurs ne trouvèrent personne dans la ville. Le gouverneur avait réussi à soudoyer l'officier commandant les troupes au nord de la ville, qui avait été un de ses propres partisans, et avait laissé ses quelques coreligionnaires s'échapper de nuit, à la grande déception des Chinois. , qui ne pouvait pas considérer le pays comme apaisé alors qu'un leader aussi courageux et compétent était en liberté. En juin, une proclamation fut affichée dans toutes les vallées du Shan, annonçant le mariage de l'empereur et la chute de Momien , et invitant tous les habitants à rentrer chez eux et à cultiver leurs terres.

On entendait parler de l'ex-gouverneur de temps en temps comme se cachant dans les montagnes avec quelques fidèles partisans, et des ordres furent émis par le roi de Birmanie selon lequel il devrait être capturé s'il était trouvé sur le territoire birman et se rendre aux Chinois. Cet ordre fut émis conformément à une demande adressée au roi par un envoyé du vice-roi du Yunnan ; mais il réussit à échapper à la fois aux Chinois et aux Birmans, et réussit à entrer dans Hoothaw ou Woosaw , le dernier bastion de son parti.

Cet endroit, à trois jours de marche au nord-ouest de Momien , est décrit comme une ville de mille maisons, entourée d'un mur de pierre de vingt pieds de haut, et défendue d'un côté par un ruisseau profond, et en somme plus forte et plus florissante que Momien . . Sa position doit être élevée, car en hiver, les marécages sont suffisamment gelés pour supporter les hommes sur la glace. La communication s'effectue entre cet endroit et Lay- myo , à cent milles au nord de Bhamô , sur le Namthabet , affluent de l' Irawady , par quelle route les officiers de Momien atteignirent Bhamô .

Woosaw fut capturé à la fin de mai 1874, mais l'ex- tah - sa-kon et les principaux officiers réussirent à s'enfuir à Chang-see, une ville au sud-ouest de Woosaw , et à huit jours de distance de Talo , sur l' Irawady . tandis que ses fils étaient à Tseedai , aidant les tsawbwa dans un combat avec le chef Wacheoon .

Les Panthays , à leur tour, étaient devenus des dacoits, comme ils appelaient autrefois les troupes de Li- sieh -tai, et, de leurs cachettes sur les collines près de Nantin , attaquèrent les caravanes se dirigeant vers Momien ; tandis que les dernières nouvelles de l'ex- tah - sa-kon , qu'on croyait un temps mort, étaient qu'il avait rejoint le rebelle Shan Tsan- hai , qui commettait des actes de brigandage dans l'État Shan birman de Namkan , sur la rive gauche du Shuaylee .

Ainsi, au milieu de 1874, l'autorité chinoise était complètement rétablie. Dès août 1873, une proclamation impériale avait été publiée dans la *Gazette de Pékin* , dans laquelle l'empereur se félicitait de la fin de la guerre, qui avait duré dix-huit ans, et dans laquelle la moitié des villes préfectorales et de district avaient été prises. par les rebelles. Tous les arriérés d'impôts dus jusqu'en 1872 furent remis et le *le-kin* , ou impôt de guerre spécial, fut déclaré superflu. Lisieh - tai fut nommé commissaire des États Koshanpyi ou Shan ; et Sie-talin , le nouveau gouverneur chinois de Momien , et les fonctionnaires des autres villes fortes, se mirent à restaurer le commerce et à réinstaller le pays, déserté et désolé depuis des années. On peut facilement imaginer que la haine des Panthays , non dénuée de peur, animait tous les Chinois frontaliers, et les rumeurs constantes selon lesquelles les rebelles se rassemblaient pour une nouvelle attaque, combinées aux vols réels commis pour maintenir tous les fonctionnaires chinois en poste. le *qui vive* .

On a déjà dit comment le commerce entre la Birmanie et la Chine s'accrut à partir de 1872, dès que le chef de la révolte mahométan fut écrasé à Tali-fu. Il est un fait significatif qu'en 1873 le gouverneur chinois de Muanglong , situé au sud-ouest de Momien , envoya des ordres à son feudataire, le tsawbwa de Sehfan , d'ouvrir à tout risque le commerce avec Bhamô ; et le chef, en annonçant le départ prévu d'une grande caravane, demanda au résident de Bhamô d'envoyer un adjoint pour le rencontrer à Hotha.

Les routes étaient régulièrement ouvertes et de grandes quantités de coton, etc., exportées, tant par Bhamô que par Theinnee , bien que des troubles existaient encore et que des dacoits épars et des Kakhyens sans foi ni loi attaquaient fréquemment les caravanes. Dans ces circonstances, le commissaire en chef de la Birmanie britannique, l'hon. Ashley Eden, considérait que le moment était venu de renouveler, dans des conditions plus favorables , l'ouverture de la route commerciale terrestre au commerce britannique. En cela, il fut fortement soutenu par la communauté commerciale de Rangoon. La question de l'établissement d'un consul britannique à Tali-fu fut également discutée. Le premier objectif à atteindre était d'assurer un transit sûr de la Birmanie vers la Chine. Le passage d'une expédition britannique pacifique, qui au cours de son voyage examinerait minutieusement les capacités du pays au-delà de Momien , et découvrirait peut-être une route plus facile et meilleure de Bhamô au Yunnan, était encore considérée comme la méthode directe de préparation de la voie.

En 1874, Lord Salisbury, secrétaire d'État pour l'Inde, décida d'envoyer une deuxième expédition pour pénétrer en Chine depuis la Birmanie et passer, si possible, jusqu'à Shanghai. Afin d'éviter d'éventuels malentendus et de faire comprendre aux mandarins chinois occidentaux que les visiteurs étrangers étaient de la même nation que les Anglais qui vivaient et commerçaient dans les ports du traité, le ministre de Sa Majesté à Pékin fut chargé d'envoyer un fonctionnaire consulaire , dûment munis de passeports impériaux, pour rencontrer la mission aux frontières de la Chine. Après avoir obtenu l'entière permission du gouvernement de Pékin, Sir T. Wade choisit M. Margary, un membre jeune mais très prometteur du service consulaire, parfaitement versé dans la langue et l'étiquette chinoises, pour se rendre de Shanghai à Momien . Un plan avait d'abord été proposé d' envoyer un groupe par la route Theinnee depuis Mandalay, mais avait été rejeté par le roi de Birmanie, en raison d'une rébellion existant alors dans un État Shan birman sur la route. Il n'y avait donc pas d'autre alternative que de procéder par l'une ou l'autre des routes partant de Bhamô . Le consentement du roi fut assuré à cette mesure, quoique d'abord Sa Majesté s'opposât à une escorte armée, car elle était tout à fait disposée à envoyer une force suffisante pour convoyer la mission jusqu'à la frontière chinoise ; mais lorsqu'il comprit que l'escorte armée ne serait composée que de quinze Sikhs, il retira son objection et promit son plein soutien et son assistance. Une quantité considérable de cadeaux de valeur furent préparés pour être distribués aux chefs et aux fonctionnaires *en route* . Ceux-ci comprenaient une réserve de nids d'oiseaux comestibles, des bijoux , des jumelles, des boîtes à musique et des revolvers montés en argent. Deux chevaux précieux, l'un un magnifique Australien ou Waler, et l'autre un Arabe, étaient destinés comme cadeaux au vice-roi du Yunnan, et une paire de grands chiens kangourous australiens fut ajoutée au convoi.

Le commandement de l'expédition fut confié au colonel Horace Browne, de la Commission birmane ; le poste de géographe était occupé par M. Ney Elias, dont le voyage réussi et intrépide à travers la Mongolie et l'étude du fleuve Jaune lui avaient valu la médaille d'or de la Royal Geographical Society de Londres ; et les autres fonctions scientifiques de médecin et de naturaliste me furent confiées.

En novembre 1874, M. Elias, qui était alors résident adjoint à Mandalay, fut chargé de se rendre à Bhamô , là-bas pour concerter avec le résident les mesures nécessaires pour assurer le transport afin d'éviter les retards. Il rendit donc visite aux Kakhyens qui suivaient la route choisie et passa un contrat avec leurs chefs pour le transport et le convoi de la mission.

L'expédition fut désignée pour quitter la Birmanie en janvier 1875, afin d'accomplir le passage du pays montagneux avant l'installation de la saison des pluies. Comme il était possible que M. Margary, parti de Shanghai le 4 septembre, ne puisse pas atteindre Momien à temps, M. Allan, du service consulaire chinois, fut envoyé par mer à Rangoon pour accompagner la mission et faciliter notre voyage. relations sexuelles avec les autorités chinoises. Les préparatifs destinés à assurer le succès de la mission furent ainsi rendus aussi complets que la prévoyance pouvait les rendre. Les gouvernements respectifs de Birmanie et de Chine avaient été pleinement informés de la nature et des objectifs de l'expédition et avaient tous deux donné à nos représentants diplomatiques leur plein consentement et leur promesse de sauf-conduit. On s'attendait à ce que la bonne volonté personnelle des chefs frontaliers et des mandarins soit conciliée, dans la même mesure que leur coopération officielle avait été assurée par les passeports fournis par Pékin ; et bien qu'il y ait un élément d'incertitude provenant de la jalousie possible des frontaliers chinois et des habitudes de pillage des factions anarchiques parmi les Kakhyens , les précautions prises pourraient être considérées comme suffisantes pour assurer le succès.

CHAPITRE XIII.
DEUXIÈME EXPÉDITION.

Début de la mission — Arrivée à Mandalay — Le pooay birman — Jeune fille en posture — Réception par les menggyees — Audience du roi — Départ de la mission — Progression du fleuve — Réception à Bhamô — Résidence britannique — M. Margary — Récit de son voyage — Le Woon de Bhamô — Divertit Margary — Marionnettes chinoises — Choix de l'itinéraire — Itinéraire Sawady — Calèche — Woon de Shuaygoo — Suppositions chinoises — Lettres aux fonctionnaires chinois — Jour de culte birman.

En novembre 1874, le colonel Browne et moi sommes arrivés à Calcutta, après avoir quitté l'Angleterre après avoir reçu des instructions télégraphiques le mois précédent. Un peu de temps fut consacré à l'achat et à la préparation des divers articles destinés à servir de cadeaux ; tandis que l'équipement nécessaire en instruments scientifiques a été achevé sous la supervision personnelle du colonel Gastrell , du bureau de l'arpenteur général, et rien n'a été épargné par cet officier bien connu pour prendre le plus grand soin à toutes fins scientifiques. Quinze hommes d'élite furent choisis dans un régiment de Sikhs de Calcutta pour former la garde, et tous étant ainsi prêts, nous nous dirigeâmes vers Rangoon, et de là, sur le paquebot *Ashley Eden* , nous commençâmes notre voyage sur l' Irawady le 12 décembre.

A Prome, nous avons récupéré un Chinois nommé Li- kan -shin, qui s'est avéré être le neveu de Li- sieh -tai. Il avait été chassé de sa demeure de Hawshuenshan par les Panthays et avait vécu à Prome , où il portait le nom birman de Moung Yoh. Il souhaitait maintenant retourner au Yunnan pour rendre visite à sa mère ; comme il parlait couramment le birman, en plus d'écrire et de parler chinois, il fut mis au service de la mission comme interprète. Au début , il hésita, craignant d'être puni pour avoir amené des étrangers au Yunnan, mais la vue du passeport impérial lui ôta tous ses scrupules.

Nous arrivâmes à Mandalay dans la soirée du 23 décembre 1874 et fûmes reçus à notre débarquement par des fonctionnaires envoyés du palais avec des éléphants royaux pour nous conduire jusqu'à la Résidence. L'accueil réservé aux membres de cette mission était très différent de l'apparente négligence qui avait semblé ignorer notre existence lors de l'expédition de 1868. Toutes les marques d'honneur habituellement accordées aux visiteurs distingués furent dûment payées. Des plats d'argent chargés de friandises furent envoyés du palais, et nous fûmes déclarés invités du roi, non seulement dans la capitale, mais jusqu'à ce que nous ayons passé ses frontières et que nous ayons été remis sains et saufs aux Chinois. Pour notre plus grand plaisir également, le *corps dramatique royal* a semblé jouer un *pooay* , ou une pièce de théâtre, l' amusement préféré des Birmans, même des plus jeunes, qui resteront assis pendant des heures, et nuit après nuit, à écouter les aventures du héros et héroïnes royaux, et profiter des blagues librement intercalées. La représentation se déroule sous un pavillon ouvert de bambous érigé pour l'occasion. Il n'y a pas de scène, mais un espace circulaire recouvert de nattes est réservé aux artistes, et le public s'accroupit autour du bord de la partie natte. Le seul indice du paysage est un arbre dressé au centre pour servir la forêt, dans lequel se déroule la scène de tous les drames birmans. Près de cet arbre sont placés un énorme fagot et un grand récipient rempli d'huile, et la flamme flamboyante, alimentée de temps en temps par de l'huile versée dessus, éclaire la représentation d'une lumière sinistre, qui donne un aspect fantastique aux personnages. Une partie du cercle est réservée à l'orchestre, le chef prenant place à l'intérieur d'un cylindre creux entouré de tambours et de cymbales, tandis que les petits musiciens se regroupent autour du centre bruyant . Il n'existe pas de théâtre permanent, même dans la capitale, et les artistes ne sont pas payés par le public. Il est d'usage que ceux qui désirent, à une occasion particulière, « donner un pooay » engagent l'une des différentes troupes de joueurs, pour lesquelles un pavillon est improvisé en face de la maison, pendant que le public forme des rangées régulières autour et profite du spectacle gratuit. spectacle. Un tel enclos a été aménagé dans l'enceinte de la Résidence. La première indication du prochain mariage fut l'arrivée matinale de l'orchestre quelques heures avant le début de la représentation, faisant connaître sa présence par une répétition bruyante de la musique de la pièce, qui rassembla bientôt une foule impatiente. Comme dans les films en général, les acteurs et les actrices arrivaient alors peu à peu, chacun accompagné d'un ami ou d'un domestique pour aider aux toilettes, qui étaient faites en public ; les hommes et les femmes prenant place des côtés opposés de l'orchestre. Les acteurs s'habillaient de robes raides de guirlandes, sur lesquelles ils plaçaient un tablier d'un travail curieux et d'une forme encombrante, et couronnaient leur tête d'une espèce de diadème en forme de pagode. Chaque actrice apportait avec elle une petite boîte contenant des produits de beauté, des fleurs pour orner ses cheveux et un petit miroir. S'asseyant sur une natte, elle substitua à sa veste ordinaire un manteau de gaze à paillettes sur son *tamein ou jupe de soie* richement tissée , qui était si serrée autour de ses membres qu'elle lui donnait une démarche traînante. La décoration de ses cheveux avec des fleurs odorantes, le poudrage de son visage et la peinture de ses sourcils constituaient pourtant le *chef-d'œuvre* de sa toilette, exigeant des appels constants au miroir pour en assurer le succès. Elle jeta ensuite autour de son cou de nombreux rangs de perles d'imitation, qui descendaient presque jusqu'au genou, et inséra dans chaque lobe de ses oreilles un cylindre solide soit en or, soit en jade, soit en ambre, appelé *nodoung* . Elle a ensuite fumé un cigare en attendant son appel sans se soucier de rien.

Cette occupation, en effet, n'était jamais prédéterminée pendant la représentation, sauf lorsque les lèvres de l'acteur étaient occupées à déclamation ou à chant. La prima donna royale, dont la réputation professionnelle est très élevée et qui chantait doucement, à la fin d'un accès passionné, rallumerait froidement son cigare devant le fagot flamboyant près de l'arbre et le fumerait jusqu'à son prochain discours ou sa prochaine chanson. Outre les acteurs dramatiques, les jongleurs et les jongleurs royaux apparaissaient chaque après-midi et exécutaient des prouesses surprenantes, devant une foule enthousiaste. L'agilité des culbuteurs était remarquable. Un homme préférerait, pour ainsi dire, voler plutôt que sauter au-dessus d'une rangée de neuf garçons disposés comme pour sauter. Il sauta aussi à travers un carré formé de couteaux tranchants tenus par deux hommes, et disposés avec les bords perpendiculaires à sa progression, et laissant à peine de l'espace pour le passage de son corps. Une exposition remarquable était celle d'une jeune fille de seize ans, qui possédait une élasticité corporelle des plus singulières. Elle s'est allongée sur le sol et, sans effort ni détresse apparente, a plié son corps en arrière jusqu'à ce que ses orteils reposent sur sa tête, comme le montre l'illustration tirée d'une photographie. Elle possédait également le pouvoir de bouger les muscles d'un côté de son visage et de son corps, tandis que ceux de l'autre côté restaient dans un parfait état de repos. Les prouesses des jongleurs étaient encore plus déroutantes que celles des artistes indiens et semblaient très appréciées de la foule.

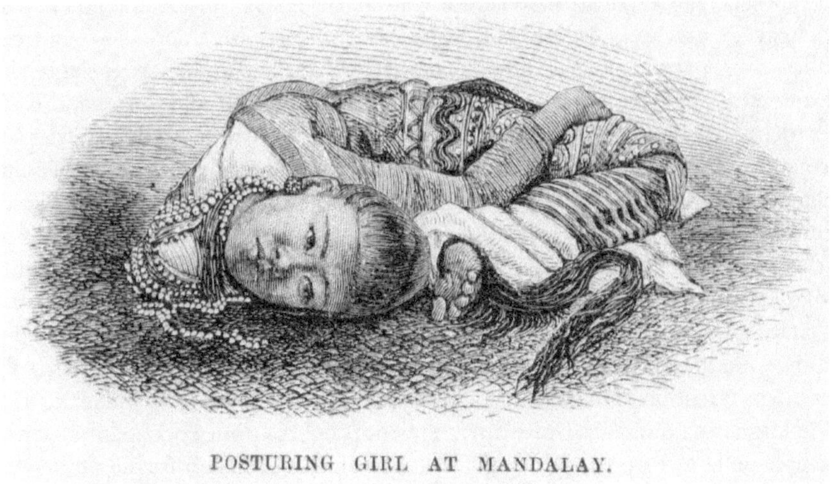

FILLE EN POSTURE À MANDALAY.

Le lendemain de notre arrivée, le ministre des Affaires étrangères, ou *kengwoon Meng-gyee*, nous rendit visite et nous invita à un petit déjeuner qui fut servi avec beaucoup de profusion et qui était presque anglais dans son style. À une table séparée, on préparait du thé de deux sortes ; l'une est une infusion ordinaire de feuilles de thé, l'autre est faite de gâteaux noirs et durs, frappés de lettres chinoises et ressemblant exactement à des tablettes d'encre de Chine. Ceux-ci sont préparés par les Shans à partir du thé en feuilles chinois et produisent une liqueur aussi pâle que le xérès, mais d'excellente saveur . La visite et le petit-déjeuner du ministre des Affaires étrangères furent suivis successivement par des politesses similaires de la part des autres menggyees ; et un jour fut fixé pour notre présentation au roi, honneur qui n'avait été accordé à la mission de 1868 ni à l'aller ni au retour. Accompagnés du résident britannique, le capitaine Strover , nous nous dirigeâmes sur des éléphants royaux, envoyés pour notre usage, jusqu'à l'enceinte du palais, où nous trouvâmes les menggyees assis sur des tapis dans un petit *blot* , ou salle ouverte, à l'extérieur de la porte du palais. Après avoir ôté nos chaussures, nous nous asseyions sur les tapis, les pieds soigneusement cachés, selon l'étiquette de la cour, et causions avec les ministres, tandis que les serviteurs servaient du thé, des fruits et des gâteaux. Enfin on nous apprit que le roi était prêt à nous recevoir ; ainsi, après avoir repris nos bottes, nous traversâmes une petite poterne de la palissade intérieure du palais pour entrer dans le grand espace ouvert, de l'autre côté duquel s'élevait la haute structure en forme de temple avec ses neuf toits, surmontée du toit doré qui marque le sommet . centre de la capitale et de l'État de Birmanie. Nous ôtâmes de nouveau nos bottes et nous montâmes le petit escalier menant à une salle spacieuse et ouverte, avec des rangées de piliers dorés et remplie d'une nombreuse garde, tous prosternés à genoux devant la présence auguste des menggyees qui nous escortaient . On traversa successivement deux autres salles, puis, par un passage latéral, on arriva à la salle d'audience. Il s'agissait d'un grand appartement peint en blanc, avec une balustrade dorée coupant les deux tiers de sa superficie. Dans le mur opposé à la balustrade se trouvaient deux portes pliantes dorées, et à droite et à gauche une rangée de piliers. Au milieu des rangs des gardes du corps, tous vêtus d'un blanc immaculé et accroupis à terre, nous entrâmes sous la balustrade, et imîmes à notre manière la position inconfortable prescrite par l'étiquette, en tournant soigneusement nos pieds en arrière. Derrière nous se trouvaient les ministres d'État, dûment accroupis. Devant les portes pliantes, et à quelques mètres de nous, s'étendait un magnifique tapis de velours à motifs rouges et or, sur lequel se tenait un canapé doré richement orné de bijoux . Un oreiller carré, une lorgnette et deux coffrets dorés étaient préparés pour l'occupant absent, et près de la tête du canapé se trouvait une boîte à bétel en forme de henza doré, ou oie sacrée, *incrustée* de bijoux.

Bientôt les portes pliantes s'ouvrirent en grand, révélant une longue vue de portails dorés par lesquels nous vîmes avancer Sa Majesté de Birmanie, accompagnée d'un petit garçon de cinq ou six ans. Les ministres birmans, les courtisans et les gardes du corps inclinèrent instantanément leur visage vers le sol et restèrent couchés, les mains levées dans une attitude de supplication.

Les Européens s'inclinèrent à leur manière, et le roi, un homme d'une soixantaine d'années environ, au visage raffiné et intellectuel, à l'œil vif, aux manières agréables mais dignes, s'allongea sur le canapé et nous salua gracieusement. Il entra alors dans une conversation élogieuse, nous regardant à travers sa lorgnette, bien qu'à moins de vingt mètres de distance. Il s'exprima de la manière la plus amicale et proposa à l'un de ses bateaux à vapeur de transporter le groupe à Bhamô , ce qui fut poliment refusé au motif que toutes les dispositions avaient déjà été prises. Toutes ses questions furent dûment répétées par l'un des fonctionnaires accroupis à nos côtés, qui traduisit en phraséologie courtoise les réponses quelque peu laconiques du colonel Browne. Après que l'entretien eut duré une quinzaine de minutes, le roi mit brusquement fin à la conversation, les portes pliantes s'ouvrirent à la volée et il disparut. Les Birmans relevaient la tête, les Anglais dégourdissaient les jambes, des fruits et des gâteaux étaient servis sur des plateaux d'argent et de l'eau froide dans des tasses d'or, tandis que les menggyees eux -mêmes nous aidaient et nous pressaient de manger.

De là, nous avons été conduits à voir ce qu'on appelle l'éléphant blanc dans sa petite demeure richement ornée, ce qu'il ne mérite pas, avec ses parapluies dorés et ses serviteurs, par sa rareté, car il n'est pas plus blanc, sauf autour de la tête. que beaucoup d'éléphants que j'ai vus en Inde.

Pour le reste du palais et de la ville environnante, la brève description déjà donnée fera toujours foi. Les faubourgs manifestaient une augmentation marquée du nombre des bâtiments et de la population, et les habitants semblaient plus occupés et plus prospères que jamais, comme en témoigne un nouveau bazar, construit il y a deux ans, long de douze cents pieds et large de cinq cents. La beauté des environs, vue depuis les tours d'angle des remparts de la ville, semblait aussi frappante qu'au premier abord, et était rehaussée par les eaux semblables à un lac des larges douves qui entourent maintenant les murs de la ville. Outre cette défense supplémentaire , le roi est engagé dans la construction d'un fort sur la rive gauche du fleuve entre Ava et Amarapoora . En approchant de la capitale, nous avions remarqué les ouvrages, éloignés en cette saison de plus d'un mille du canal, quoique dans la saison des pluies la rivière doive atteindre presque les murs. Immédiatement en face, sur la rive droite, s'élèvent les cheminées d'une fonderie de fer érigée pour travailler le fer provenant des terres voisines . Collines Tsagain . Comme d'autres œuvres birmanes, les deux sont encore inachevées et ne seront probablement jamais achevées.

Le paquebot *Mandalay* arriva le 2 janvier, apportant les nombreuses et encombrantes boîtes de cadeaux, les chevaux australiens et arabes et les chiens kangourous, tous sous la garde de la garde sikh et de M. Fforde, commissaire de police, qui devait amener le garde les frontières de la Chine. Une liste des armes à feu se trouvant à bord avait été transmise aux fonctionnaires royaux et les douaniers birmans avaient examiné celles amenées au poste frontière de Menhla pour vérifier qu'elles correspondaient à cette liste. Le lendemain, nous embarquâmes accompagnés du capitaine Strover et de son médecin, le docteur Cullimore, qui, avec un tsare-daw-gyee envoyé par le roi pour veiller à nos besoins, devaient nous accompagner jusqu'à Bhamô .

L'accueil cordial reçu dans la capitale et la volonté manifestée par tous les fonctionnaires de « réconforter et assister » la mission semblaient prouver dès le début que le roi de Birmanie était sincère dans sa promesse de nous assurer un passage sûr à travers ses domaines .. Les rumeurs sinistres sur sa véritable antipathie pour la mission ne manquaient pas, on peut le dire, et certaines parvinrent jusqu'à nos oreilles dans la capitale même, et d'autres plus tard. Cependant, nous nous sommes sentis plus enclins à considérer les actes que les simples paroles, et il n'y a eu aucune raison par la suite de douter du respect des promesses du roi de Birmanie. Un paquebot royal, chargé de marchandises et de passagers, a quitté la capitale pour Bhamô avant que nous ayons pesé notre paquebot et son appartement. Cette dernière était une grande barge, ressemblant un peu à une chaloupe de la Tamise, la coque chargée de trois cents tonnes de sel, et le pont principal, sur lequel le pont supérieur, ou plutôt l'étage, était élevé sur des montants de fer, rempli de passagers de direction. Notre groupe occupait les cabines de l'avant de l'appartement, dont le gaillard d'avant nous servait de salon en plein air. La navigation de l' Irawady pendant la saison sèche est quelque peu incertaine et le voyage s'avère inhabituellement long. Nous avions à peine parcouru quelques milles qu'on découvrit que les provisions pour la garde avaient été déchargées à Mandalay, et qu'il fallut que le bateau à vapeur largue l'appartement et revienne chercher la nourriture manquante. Le lendemain matin, peu après le départ, quelques bateaux indigènes, chargés de bois de chauffage, descendant la rivière, furent emportés par un tourbillon sous les roues à aubes. Le paquebot avait été arrêté, mais les équipages, en désavantage numérique, n'étaient pas en mesure de dégager leurs bateaux ; ils réussirent cependant à sauver leur vie, mais les bateaux et les marchandises furent totalement perdus. L'incident suivant fut l'échouage de notre appartement trop chargé sur un banc de sable, où nous fûmes obligés de rester quatre jours, jusqu'à ce que le paquebot revienne à Mandalay pour un deuxième appartement, dans lequel une partie de la cargaison fut transbordée . Ainsi, à la fin de la première semaine, nous n'avions parcouru que vingt-cinq milles sur les deux cent cinquante jusqu'à Bhamô .

À partir de ce moment, aucun autre retard n'a été constaté, hormis ceux dus aux brouillards matinaux habituels ; et notre voyage vers le haut fut, à tous autres égards, agréable. Nous avons été reçus avec toutes les démonstrations de respect par les fonctionnaires de toutes les villes *traversées* . En approchant des lieux les plus importants, nous avons été accueillis par des bateaux de guerre envoyés pour nous escorter sur un mile ou plus jusqu'au débarquement, où la milice locale était disposée en garde d' honneur . Des salles de réception avaient été érigées et les jeunes femmes étaient rassemblées en chantant et en dansant, ou plutôt en prenant des postures, car les interprètes ne bougent pas d'un endroit, mais balancent le corps et les bras dans des mouvements mesurés et non disgracieux. Parfois, ne pouvant nous arrêter, nous voyions la danse se dérouler sur la rive du fleuve. A Myadoung , l'« armée » constituée en notre honneur se composait de trois cents hommes, rangés le long de la rive, qui exécutaient une manœuvre serpentine , en marchant pour nous recevoir au débarcadère, apparemment pour rendre leur déploiement plus imposant ; ils ne portaient pas d'uniforme et, outre des dahs et des lances, ils portaient de très vieux mousquets en silex très usés. A cet endroit, un beau hangar avait été érigé, où pas moins de soixante-quatre artistes de la foire étaient rassemblés, et le soir nous patronnions , sur demande, la représentation d'un pooay régulier . Tous ces divertissements avaient été commandés par ordre royal, auquel les autorités locales obéissaient de leur mieux. Ainsi le Shuaygoo Woon monta à bord et nous invita très sincèrement à nous arrêter une heure et à honorer son message par notre présence, demande à laquelle, si nous avions connu ses véritables sentiments envers les visiteurs anglais, nous aurions à peine été satisfaites. Au-dessus du deuxième défilé, nous rencontrâmes le paquebot qui nous avait précédés et qui descendait pour son voyage de retour, avec un grand appartement chargé de marchandises et de passagers.

Nous n'avons terminé notre voyage que le 15 janvier, après avoir mis douze jours de voyage, dont les douze derniers milles, à cause de la difficulté du canal, nous ont demandé dix heures. Alors que le bateau à vapeur approchait de la haute rive du fleuve, à l'extrémité sud de Bhamô , douze grands bateaux de guerre, chacun piloté par trente hommes, et dont l'un contenait le capitaine Cooke, le résident britannique, le Woon et les autres fonctionnaires birmans, pagayèrent. à notre rencontre, avec de nombreux battements de gongs, et, passant dans l'ordre, se retournèrent et suivirent en une longue procession. La haute rive était peuplée de citadins, Shan-Birmans et Chinois, avec un mélange de Shans et Kakhyens chinois . Dès que le paquebot et les appartements furent amarrés, le Résident et le Woon , avec ses tsitkays , montèrent à bord et nous accueillirent à Bhamô . Les Birmans avaient préparé une maison dans la ville pour notre logement, mais le résident nous pressa de prendre nos quartiers dans la résidence, où nous nous rendîmes conformément. Il s'agit d'un beau bâtiment en teck, qui a été construit au coût de 1 100 £, bien qu'un bâtiment similaire à Rangoon aurait coûté au moins 2 000 £. Il occupe une position dominante sur le site d'un ancien fort chinois près de la rive du fleuve, à environ un mile au nord de la ville. Ce vieux fort, lors de ma première visite, était complètement caché dans la jungle ; les douves sont encore merveilleusement parfaites et renferment une vaste superficie, dont l'enceinte de résidence, d'environ deux acres de superficie, ne forme qu'une petite partie. Celui-ci est entouré d'une clôture ou d'une charpente en bois, recouverte de nattes. A l'extérieur de la porte a été érigée une zayat qui, à cette époque, était occupée par une cinquantaine de Kakhyens du clan Mattin, dont le chef avait été convoqué à Bhamô en référence aux éventuelles revendications de la route centrale ou des ambassades. Vivant dans l'enceinte se trouvaient un certain nombre de familles Shan de la vallée de Sanda, qui attendaient l'arrivée du *Mandalay* pour les transporter sur la rivière, en pèlerinage vers les sanctuaires de Rangoon. Il était impossible de ne pas regretter que la Résidence ait été construite si loin de la ville, et dans une situation si exposée à toute attaque soudaine de Kakhyen ou de tout autre maraudeur. La jungle s'étend jusqu'au bord des douves, offrant une couverture complète aux assaillants, tandis que les interstices de la clôture offrent de nombreuses opportunités pour l'intrusion d'armes à feu ou de lances. On pourrait penser que le choix d'un site dans la ville et à proximité de la maison des Woon aurait semblé plaider pour une plus grande confiance dans les autorités birmanes, avec lesquelles le résident devrait entretenir des relations constantes et amicales, afin de s'occuper efficacement de la situation. les intérêts qui lui étaient confiés, sans établir un *imperium in imperio* sur les Kakhyens des collines. Les événements récents ont montré l'insécurité de la position actuelle qui, en cas d'attaque grave, ne pourrait être défendue par les cipayes de la garde de la résidence, qui, au moment de notre visite, ne pouvaient rassembler que huit hommes efficaces.

A la Résidence, nous avons été accueillis par Mme Cooke, qui partage avec son mari les risques et le bannissement de la vie dans ce lieu lointain, donnant une preuve frappante du courage et du dévouement envers leurs seigneurs qui caractérisent nos compatriotes . Ici aussi, nous avons fait la connaissance de notre futur compagnon de voyage, M. Ney Elias, et avons reçu l'information que M. Margary était arrivé sain et sauf à Manwyne et qu'on pouvait s'attendre à ce qu'il fasse quotidiennement son apparition à Bhamô .

Le lendemain de notre arrivée, nous décidâmes que le colonel Browne, M. Fforde et moi-même résiderions dans la ville de Bhamô , pour faciliter les communications avec les Birmans et, en ce qui me concerne, avec mon état-major. collectionneurs. Le Woon mit aussitôt à ma disposition une petite structure en bambou, construite sur l'emplacement de la maison que nous occupions en 1868. En face se trouvait la maison, nouvellement construite, prête pour la mission actuelle, dans laquelle le colonel Browne et M. Fforde prit ses quartiers. Le Woon était évidemment très satisfait de cette démarche de la part des officiers de la mission, comme preuve d'une appréciation amicale de ses bons offices. Un pavillon temporaire fut rapidement érigé dans la rue entre les deux maisons, et à notre retour de la Résidence le soir, un pooay battait son plein devant un public admiratif. Dès que nous eûmes pris place devant la véranda, des plateaux de friandises furent placés devant nous, et nous restâmes assis et regardâmes le spectacle jusqu'à près de minuit, tandis que les rires joviaux des Birmans face aux très larges plaisanteries des artistes étaient intenses. pas propice au sommeil.

VUE À BHAMÔ.

Le 17, nous avons été agréablement surpris par l'arrivée de M. Margary, qui ne paraissait pas plus mal après son long voyage terrestre depuis Hankow, qu'il avait quitté le 4 septembre dernier. Sans un retard de six jours à Loshan, en attendant de nouvelles instructions, il aurait accompli ce formidable voyage en quatre mois seulement. Partant de Hankow, et passant le lac Tung-ting , sur le Yang- tsé , il avait remonté la rivière Yuen par Hoonan , et voyagé par terre à travers Kweichow et Yunnan.

La seule véritable difficulté qu'il a rencontrée s'est produite dans une ville appelée Chen-yuen, dans la région de Kweichow, où le voyage en bateau s'est terminé le 27 octobre. Ici, la population s'efforça d'empêcher le retrait de ses bagages du bateau, et ce ne fut qu'au moyen d'un appel au mandarin, qui se montra d'abord incivil mais céda rapidement au pouvoir des passeports et à l'intervention d'un garde armé. envoyé par ce fonctionnaire, qu'il a pu procéder. Il lui fallut coucher au Yamen et quitter la ville de bon matin. Lorsque la foule apprit son départ, elle se vengea des bateliers et détruisit leur bateau. Au cours de son voyage terrestre, les gens étaient partout civils, quoique extrêmement curieux, et les mandarins étaient polis. Il a décrit le paysage de Kweichow comme étant splendide, mais les routes accidentées et irrégulières, se déroulaient presque toujours à un niveau élevé le long de collines couvertes de pins surplombant des vallées situées au loin. La province semblait avoir été tristement dévastée : les villes réduites à de simples villages, et les villages à des ensembles de huttes de paille ; Partout, les ruines de belles et solides maisons en pierre abondaient, témoignant de l'ancienne prospérité de la région avant que les Miaou-tse ne descendent des collines et massacrent toute la population. Bien que vingt ans se soient écoulés depuis cette incursion, les villes restent comme des villes de morts : leurs vastes murs entourant des hectares de ruines, avec quelques habitants sauvages des collines qui y habitent.

Son accueil par le gouverneur de la province de Kwei-yang-fu fut très cordial ; et ce dernier promit d'indemniser les bateliers pour les pertes occasionnées par la destruction de leur bateau par la foule de Chen-yuen. De cette ville, vingt jours de voyage régulier sur une chaise, vingt milles par jour, à travers de belles montagnes et à travers des vallées presque désertes, l'amenèrent au Yunnan-fu le 27 novembre. Il rencontra partout la civilité ; mais le gouverneur général par intérim du Yunnan, qui était alors *suppléant* du vice-roi absent, se révéla un allié très amical et même inattendu. Non content de combler l'Anglais d' honneurs et de courtoisies, il envoya deux mandarins pour l'escorter jusqu'au bout du voyage, et envoya un *avant-courrier* porteur d'un mandat à toutes les autorités locales, ce qui assurait un respect marqué au voyageur , et envoya également un courrier rapide avec ordre aux mandarins de la frontière de se charger de l'expédition, au cas où il n'aurait pas dû nous rencontrer avant notre entrée en Chine. Du Yunnan à Tali, une route terriblement accidentée ou une piste d'ornières profondes et de pierres dentelées menait à travers de hautes montagnes et dans de profondes vallées. Les montées étaient si raides qu'il fallait une équipe de huit ou dix coolies harnachés de cordes pour tirer la chaise sur la pente dangereuse, longeant souvent le bord d'un précipice ; et dans le sentier étroit et dangereux, on rencontrait souvent des files de mulets et de poneys chargés de sel, au grand risque du voyageur .

L'état du pays est mieux décrit dans ses propres mots : « Il est mélancolique de voir ces belles vallées abandonnées à l'herbe épaisse, et les villages en ruine et les champs clairement distinctifs gisant dans une attestation silencieuse d'une ancienne prospérité. Chaque jour, je viens dans ce qui était une ville animée, mais qui ne contient plus que quelques nouvelles maisons à l'intérieur de murs qui entourent un vaste espace de ruines. Mais les gens reviennent progressivement, et la fumée bleue peut être vue çà et là sur fond de collines couvertes de pins. Il faudra quelques années pour repeupler ce pays, aussi riche soit-il.»

Les quatre derniers jours de voyage avant d'atteindre la plaine de Tali passèrent par une région montagneuse dépourvue de villes. Les autorités de Tali furent d'abord réticentes à ce qu'il entre dans la ville, arguant de leur crainte de la population turbulente et dangereuse, contre laquelle il avait déjà été mis en garde par le vice-roi ; mais par un adroit appel aux lois de l'étiquette qui le contraignaient à présenter ses respects aux hautes autorités, il surmonta la difficulté. La population très redoutée de la ville le traitait *non* seulement avec courtoisie mais avec un profond respect, l'appelant *Tajen* , ou Excellence. Les divers fonctionnaires le reçurent bien, et le général tartare, un homme extrêmement grand, qui avait été le premier dans la prise de la ville, le plaça seul à la place d'honneur, posa d'innombrables questions sur l'Angleterre et la Birmanie, et promit de l'inviter . la mission de rester quelques jours à Tali-fu.

Yung- chang fut atteint le 27 décembre, après avoir traversé des « paysages glorieux », par une route menant à travers des régions de haute montagne, mais sans rien d'aussi mauvais que « les horribles cols » rencontrés précédemment. Un vol audacieux venait d'être commis sur la route, et les soldats durent s'arrêter pour parcourir les collines, de peur des dacoïts qui se cachaient. Les gens retournaient progressivement dans les villages et brûlaient l'herbe de la jungle qui envahissait les champs abandonnés depuis longtemps . Les mandarins de Yungchang étaient enclins à faire obstruction ; mais ceux de Teng- yue -chow, ou Momien , qu'on pouvait atteindre en quatre jours depuis l'ancienne ville, étaient « délicieusement courtois ». Ici, il reçut les dépêches l'informant des plans de la mission, et conformément à celles-ci, il partit pour Manwyne , y arrivant après un voyage de cinq étapes à travers le pays Shan, qu'il décrivit comme une belle vallée, et les gens comme sociable et aimable. A Manwyne, il trouva la garde birmane composée de quarante hommes, envoyés de Tsitkaw pour l'escorter à travers les collines de Kakhyen . C'est là également qu'il rencontra le redoutable Li- sieh -tai, « aujourd'hui général chinois », qui négociait un tarif d'impôts sur le commerce avec les chefs Kakhyen et les dirigeants Shan. Li reçut son premier visiteur anglais avec le plus grand honneur , lui *faisant des kotous* devant tous les chefs et notables assemblés. Les officiers birmans demandèrent un délai pour recruter leurs hommes, après la marche à travers les collines, et Margary, qui avait hâte de continuer, s'efforça en vain de décider Li à lui donner une garde sous la protection de laquelle il pourrait avancer, laissant ses partisans et bagages à suivre avec les Birmans. Il nota son opinion selon laquelle des intrigues se déroulaient dans ce district, défavorables à l'avancée de la mission, mais il comptait néanmoins fortement sur les ordres exprès du gouverneur tout-puissant du Yunnan en sa faveur .

Son séjour à Manwyne fut marqué par les relations les plus amicales avec le tsawbwa et sa famille, dont il était l'hôte. Il a traversé la ville et a tiré sur les rives de la rivière librement et sans être inquiété ; et, comme il l'écrit : « Je vais et viens sans rencontrer la moindre impolitesse chez ce charmant peuple, et ils s'adressent à moi avec le plus grand respect. »

Sous l'escorte de la garde birmane , il traversa les collines de Kakhyen , bivouaquant une nuit dans une clairière, comme nous l'avions fait lors du voyage précédent, à Lakhon . Il traversa huit ou neuf villages des Kakhyens , l'aspect sauvage de ces gens des collines le frappant avec force après l' aspect civilisé des Shans des vallées, et ils lui offrirent un spécimen de leur audacieuse impudence. Son serviteur Lin fut menacé par l'un d'eux avec une grosse pierre qu'il leva pour le frapper, et un autre tira son dah et fit une tentative audacieuse pour voler son sac à l'un des hommes. Après avoir passé une nuit à Tsitkaw , lui et son groupe descendirent le Tapeng en bateau et atteignirent la résidence tôt dans la matinée. On peut facilement imaginer avec quels sentiments nous avons félicité le premier Anglais qui avait réussi à parcourir « la route commerciale du futur », comme il l'appelait, et avec quelle agréable anticipation nous avons entendu les récits de son voyage ardu mais réussi, et l'accueil accordé tout au long du parcours, couronné par la politesse manifestée par la redoutable Li- sieh -tai. L'étonnement et l'admiration des Birmans furent encore plus grands. Dans leur propre esprit, ils n'avaient jamais réalisé l'existence de fonctionnaires anglais en Chine, et maintenant apparaissait un véritable Anglais parlant couramment le chinois et versé dans l'usage des baguettes et tous les autres points de l'étiquette. Ce petching *Meng* , ou mandarin de Pékin, était d'ailleurs accompagné, outre le reste de sa suite, d'un lettré des plus imposants, dont les immenses lunettes rondes lui donnaient un aspect d'une merveilleuse sagesse et commandaient le plus grand respect de ses compatriotes de Bhamô .

Ce digne homme, dont le vrai nom était Yu- tu - chien , et dont la fonction était celle d'écrivain ou de secrétaire chinois, était un chrétien de la province de Hoopeh , un des nombreux convertis sincères faits par les missionnaires lazaristes. Son intelligence et son désir de savoir, ainsi que son caractère aimable et fidèle, en faisaient à juste titre le favori de tous. Depuis le Woon jusqu'en bas, tous les habitants qui parlaient chinois étaient impatients d'interroger et de rendre hommage aux nouveaux venus de Pékin, et croyaient sincèrement que l'écrivain était un petit mandarin envoyé pour accompagner le grand homme, et il faut avouer que Yu- tu a évidemment gagné en estime de lui-même à mesure qu'il réalisait l'estime dans laquelle il était tenu par le peuple de langue chinoise, y compris le tsawbwa de Mattin et ses partisans.

Le Woon , ou gouverneur de la ville ou du district de Bhamô , était très zélé dans l'exécution des ordres royaux et était personnellement très amical. C'était un Birman de petite taille et âgé, aux yeux proéminents et au bon visage, dont la principale occupation semblait être de marmonner sans cesse des prières, tout en faisant glisser entre ses doigts les grains du chapelet d'ambre noir qu'il portait invariablement. Sa principale épouse et ses enfants avaient été laissés à Mandalay en otages pour sa bonne conduite , selon la politique birmane habituelle ; mais son établissement était présidé par une seconde épouse ou une épouse inférieure, une grosse dame âgée, dont j'avais le privilège de faire la connaissance. C'était à l'occasion d'un divertissement donné par lui en l'honneur de Margary, le surlendemain de son arrivée. Nous nous sommes assis avec lui sur des tapis dans sa véranda, tandis qu'une quarantaine des femmes les plus jolies et les mieux habillées de Bhamô , alignées en file, se tenaient et chantaient dans la cour couverte en contrebas. Les différents officiels formaient un décor et la foule entourait les artistes. L'infusion de sang Shan est évidente dans la beauté et le physique supérieurs de ces filles du pays. Tous étaient bien habillés et parés d'argent et certains de bracelets en or et d'autres bijoux ; les femmes plus âgées et beaucoup plus laides se tenaient derrière la dernière rangée d'interprètes et menaient le chant. Nous avons squatté à la manière birmane et fumé, tandis que le thé et les biscuits Huntley et Palmer étaient servis avec des noix et des kakis séchés dans du sucre, suivis du bétel et de la poêle habituels. Heureusement, l'étiquette ne nous obligeait pas à rester trop longtemps dans la posture inconfortable, que les Birmans adoptent par habitude, et nous pouvions aller et venir à notre guise pendant les deux heures que durait la représentation. Le soir, nous visitâmes le temple chinois, dans lequel se déroulait une cérémonie ou une réception en faveur d'un citadin chinois récemment devenu fou. Une partie du cérémonial consistait en une représentation théâtrale ou un spectacle de marionnettes, vu à travers une transparence, les acteurs étant représentés par de petits personnages découpés dans du cuir, à tête de talc ; ils étaient déplacés par des bambous, l'un fixé au dos et l'autre à l'un des bras. Les personnages étaient placés tout près derrière la fenêtre transparente, et un Chinois responsable de chacun criait les mots du rôle, tout en manipulant le personnage avec une grande habileté. Nous avons été autorisés à entrer dans les coulisses et, par un étroit escalier en bois, nous sommes montés dans un hall menant à une grande salle pleine de Chinois fumant et buvant du thé. Des centaines de marionnettes en cuir étaient suspendues autour de la pièce à des cordes, comme s'il s'agissait de vêtements suspendus pour sécher. C'était à la fois la scène, la salle verte et l'orchestre. Les musiciens étaient assis le long des murs sur des bancs ; les instruments étaient un flageolet et un petit violon, formés d'un segment de bambou, avec une peau de serpent sur l'ouverture, et deux cordes tendues jusqu'au bout du manche en bambou. Un homme a frappé deux pierres sur un bureau en guise de tambour ; un autre jouait des cymbales, et d'autres des petits gongs. Derrière les fenêtres transparentes, à une extrémité, se tenait une rangée de Chinois faisant bouger les marionnettes et criant le dialogue. Tous étaient des amateurs engagés dans une œuvre de charité, sans que la manière dont le patient devait en bénéficier ne soit apparue.

Au cours de cet échange de civilités, les préparatifs en vue d'une avancée aussi rapide que possible n'étaient pas prématurés. En ce qui concerne l'itinéraire à parcourir par l'expédition, les Woon s'attendaient pleinement à ce que soit choisi la route de l'ambassade ou la route centrale, et les tsawbwa Mattin , par le territoire desquels elle passe, étaient venus à Bhamô pour organiser notre transit. Les Birmans préféraient cette route, car ils avaient plus d'influence sur ces Kakhyens , et déclarèrent qu'ils pouvaient garantir notre passage en toute sécurité par cette route plus sûrement que par toute autre. La ligne à suivre correspondrait à celle empruntée lors de notre voyage de retour en 1868. Une ambassade birmane, transportant un hommage à la Chine, avait récemment emprunté cette route, mais aurait été retenue dans les collines pendant plus d'un mois. les montagnards ayant barricadé la route, afin d'extorquer efficacement du courrier noir. Margary avait entendu parler de cette ambassade, ou de certains de ses membres, alors qu'il passait près de Momien . Le fait que les ambassades birmanes porteuses de tribut étaient habituées à emprunter cette route ne la recommandait pas comme étant souhaitable pour le passage de notre expédition, et le résident politique, accompagné de M. Elias, agissant sous ses ordres, avait, avant notre arrivée, fait arrangements pour que nous puissions procéder par la route Sawady . De là, la route mène à Mansay, distant de dix milles, village Shan sous protection birmane et kakhyen , qui est le rendez-vous régulier de tous les Kakhyens descendant à Sawady ou Kaungtoung pour troquer leurs marchandises contre du sel et *du ngapé* . De Mansay, quatre marches à travers le pays des Lenna Kakhyens se dirigent vers Kwotloon , dans l'État Shan de Muangmow , sur la rive droite de la Shuaylee . De là, l'itinéraire proposé passe par Sehfan , un État Shan chinois, dépendant du gouverneur de la ville fortifiée de Muanglong , remonte la vallée de la Shuaylee et traverse la ligne de partage des eaux jusqu'à Momien . Les informations dont nous disposions avaient été obtenues par Moung Mo, l' interprète de Kakhyen , qui avait été envoyé par le résident, en 1873, à Muangwan , puis à Sehfan . Il décrivit le pays entre celui-ci et Muangmow comme une plaine cultivée, parsemée de villages, et le Shuaylee comme une rivière profonde d'une centaine de mètres de large. Sehfan est une petite ville de trois cents maisons, entourée de nombreux grands villages. Son chef avait été élevé par le gouverneur chinois de Muanglong et était un ami fidèle des Chinois ; il avait récemment épousé la fille aînée de mon vieil ami, le chef Hotha, avec qui nous avions passé de si agréables journées en 1868.

En 1873, de grands troubles furent provoqués par les agressions d'un rebelle Shan de Namkhan , un État Shan birman sur la rive gauche de la Shuaylee ; et les Maran Kakhyens , qui étaient en rivalité avec le prochain clan des Atsees , attaquaient fréquemment les caravanes et pillaient les villages Sehfan . Au-delà de Sehfan se trouvent les États Shan chinois très peuplés de Muangkwan , avec deux grandes villes de mille maisons, et de Muangkah sur le Salween. Les villes chinoises de Muanglong et Muanglem ont toutes deux été décrites comme contenant entre quatre mille et cinq mille maisons, ce qui est probablement une exagération.

Des accords avaient été conclus avec les Paloungto Chef Kakhyen , qui s'était engagé à fournir deux cents bœufs pour le transport, les mules n'étant pas disponibles, et à escorter la mission en toute sécurité jusqu'au district de Muangmow . La nécessité d'employer des bœufs de bât prolongeait à trente ou quarante jours le temps qu'il faudrait probablement pour le voyage jusqu'à Momien ; comme cependant l'objectif principal était d'explorer cette route partiellement connue, qui était universellement admise comme présentant le moins de difficultés physiques, le temps ainsi dépensé et la lenteur du voyage semblaient susceptibles de donner aux membres scientifiques de la mission plus de temps. pour enquête et observations. Ce point de vue du cas, le chef n'était pas entièrement d'accord et, bien que décidant de se rendre à Muangmow , il envisagea de partir de là via Muangwan et Nantin .

Il s'est avéré avoir oublié dans les arrangements préliminaires que Sawady n'est pas dans le district de Bhamô , mais sous la juridiction du Woon de Shuaygoo , à qui aucun ordre n'avait été envoyé de Mandalay. Le Woon de Bhamô fut plutôt déconcerté par notre décision d'adopter la route Sawady , mais envoya demander à son collègue de Shuaygoo de venir le conseiller sur le sujet. Mais le fonctionnaire, qui, comme il apparut plus tard, est totalement hostile aux Anglais, refusa catégoriquement de le faire ; mais le Bhamô Woon décida d'envoyer ses propres troupes sous le commandement d'un tsitkay , un officier vétéran, pour nous escorter jusqu'à Mansay ; mais il considérait évidemment les Kakhyens au-delà de ce point comme réfractaires, bien que nominalement situés sur le territoire birman. Les Kakhyènes Les Pawmines ont déclaré qu'ils étaient prêts à répondre de notre sécurité depuis Mansay si les Birmans nous convoyaient jusqu'ici, puis ont examiné nos deux cents colis, devant la taille desquels ils ont secoué la tête. Les caisses avaient toutes été soigneusement calculées pour contenir chacune soixante-quinze livres, la moitié d'une charge pour un mulet, qui transporte cinquante viss , équivalant à cent cinquante livres, et avaient été construites pour être emballées sur les traverses utilisées dans le transport des mulets. . Les bœufs, cependant, ne peuvent pas transporter autant de choses, et les marchandises sont chargées sur eux dans des paniers de bambou qui, bordés de spathes de bambou, sont presque étanches. Il fallut donc ranger les bagages encombrants, ce qui demanda plusieurs jours.

Profitant de l'expérience de la première expédition, le colonel Browne résolut de ne pas s'encombrer d'une caisse. Toute la monnaie frappée était échangée contre *du sycee* , ou argent en bloc, à raison de cent roupies contre soixante-dix tickals de la plus belle qualité, ou soixante-treize tickals et demi de l'argent le plus allié qui passe chez les Kakhyens , et ces lingots ont été distribués dans les loges privées de la fête.

Nos enquêtes sur les différentes routes ont révélé que les Chinois croyaient pleinement que nous avions l'intention de construire un chemin de fer, un homme faisant remarquer que la route Sawady était de loin la plus longue, mais « bien sûr, la meilleure pour le chemin de fer ».

Il est difficile de suivre les rouages de l'esprit chinois, mais il était clair que les objectifs de notre expédition étaient aussi loin d'être parfaitement compris par eux que jamais, et qu'ils observaient les mouvements de la mission avec le sentiment secret que les objets envisagées allaient quelque peu au-delà de la poursuite pacifique des intérêts du commerce et de la recherche scientifique.

Pendant le retard dû à la modification des colis, notre ami le Woon faisait *des pooays* , ou des danses, pour notre amusement, et pendant trois heures d'affilée, des relais de femmes des différents quartiers de la ville dansaient et chantaient.

Des lettres Shan furent envoyées au tsawbwa de Muangmow , et Margary envoya des lettres chinoises au gouverneur de Momien et à Li- sieh -tai, qui avait envoyé des messagers Kakhyen à Tsitkaw pour les porter. Il apparut par la suite que la lettre n'était pas parvenue à Li, car il avait quitté Nantin avant l'arrivée du messager et s'était rendu à Muangmow pour attendre notre arrivée.

Le 21 fut un jour de forte pluie, qui gêna sérieusement les préparatifs d'emballage ; et comme c'était la pleine lune, tout divertissement était interdit par l'observance du jour de culte birman, qui était inauguré par le son du gong de Woon à sept heures, et à huit heures nous le trouvâmes présider une congrégation qui se rassemblait. dans sa maison, les prières étant dirigées par plusieurs prêtres. Notre *tai* était tout à fait exempt du groupe hétéroclite de visiteurs birmans, shan et kakhyen qui s'y pressaient quotidiennement. Cette stricte observance de ce qu'on peut appeler le sabbat était due à un récent regain de piété, stimulé par des ordonnances royales en la matière.

CHAPITRE XIV.
SAWADY.

Le *Hun pooay* — La mission se poursuit à Sawady — Visite de Woon — Rumeurs d' opposition — Le Woon en tant que musicien — Village de Sawady — Ordres royaux — Difficultés liées aux bagages — Arrivée de M. Clement Allan — Chef Paloungto — Chapardage de Kakhyen — Abandonner la route — Adopter la route Ponline — Raisons pour le changement— Tsaleng Woon —Départ de la mission vers Tsitkaw —Elias et Cooke se rendent à Muangmow —Dauphins—Remontée du Tapeng — Tahmeylon — Arrivée à Tsitkaw .

Le lendemain, la plus grande partie des bagages fut arrimée dans des bateaux prêts à partir pour Sawady , fixé au 23. Le Woon est apparu de bonne heure, déterminé à inviter Margary et son écrivain, ainsi que nous tous, à passer ce dernier jour avec lui. Dans la matinée, l'habituel *ying pooay* , ou danse, se poursuivait, mais le soir, un *hun pooay*, ou pooay joué par des marionnettes, était donné. C'était une affaire beaucoup plus artistique que celle des marionnettes chinoises, les marionnettes étant de bonne facture, régulièrement habillées, des figures d'environ trois pieds de haut. La scène sur laquelle ils sont présentés est éloignée, l'avant-scène formant comme un cadre proportionné à la taille des personnages ; et les déménageurs des marionnettes se tiennent derrière un paravent au fond et manipulent les petits héros et héroïnes au moyen de ficelles. Aux yeux des spectateurs, ils ont une apparence très réelle, étant très intelligemment manipulés, et les discours sont prononcés par des acteurs invisibles avec un tel art qu'ils semblent réellement provenir des marionnettes, au point de suggérer la ventriloquie. Ce spectacle était évidemment la forme de divertissement la plus populaire. Le Woon était assis à observer attentivement les marionnettes à travers ses jumelles, tout comme son maître royal nous avait observés lors de l'audience, et les habitants, accroupis en rangées, restaient jusqu'à minuit à observer les mannequins avec impatience. Le Woon sortit un réveil qui était devenu incapable de fonctionner et s'amusait à faire tinter le réveil ; mais il ignorait complètement la valeur des heures, et même après plusieurs leçons illustrées par une montre, il ne parvint absolument pas à régler les aiguilles.

Le lendemain, la plupart des membres de notre groupe se rendirent à Sawady , où les gardes et tous les bagages les avaient précédés. M. Elias et moi restâmes cependant sur place jusqu'à ce que nous recevions le *mot d'ordre* de Browne, car l'opération d'emballage des bœufs risquait de prendre plusieurs jours. Le Woon , que je n'avais pas vu ce jour-là, vint dans l'après-midi s'excuser de son apparente négligence, car il s'était occupé de recevoir des souscriptions publiques pour la redorure de la pagode Shuaykeenah . Il fut ravi de mon offre d'une petite contribution, et éloquent sur l' *entente cordiale* engendrée par une telle conduite, et fit venir sa femme pour qu'elle apporte un grand vase d'argent contenant la collection, auquel ma donation fut dûment ajoutée. Nous avons eu une longue conversation sur l' archéologie du district, les anciennes villes de Tsampenago et Kuttha , et le fondateur de la pagode Shuaykeenah , qu'il affirmait avoir été un roi de Ceylan, nommé Theee- yee -da-ma- thanka . une légende communément courante concernant les pagodes les plus anciennes de Birmanie. Le soir, il envoya rendre visite au tsare-daw-gyee et aux deux tsitkays , de qui j'appris qu'il existait dans certains khyoungs des histoires anciennes du district , dont ils promettaient d'en obtenir une, si possible. Lorsqu'on leur montra une photographie de la pagode Soolay à Rangoon, ils exprimèrent leur regret que lors des aménagements municipaux de la ville l'emplacement de l'édifice sacré soit devenu un carrefour de carrefours, ce qui leur semblait une profanation. Ils furent cependant soulagés d'apprendre que cela avait dû être fait par les autorités britanniques dans l'ignorance des préjugés religieux ainsi affectés.

Deux ou trois jours se passèrent sans aucun incident grave, sauf que le 25, un Chinois vint à la Résidence rapporter qu'il avait entendu des Chinois du Yunnan parler dans le bazar et qu'il avait compris qu'une force armée avait été envoyée de Momien et de Tali . -fu à Muangmow , sous le commandement de Li- sieh -tai, pour s'opposer à notre entrée en Chine. Son récit était cependant très confus et il n'avait pas réussi à entendre de déclarations très distinctes, car les hommes se méfiaient manifestement de lui. Il est probable qu'il ne s'agissait là que d'une version déformée du fait que Li- sieh -tai avait traversé la vallée de Tapeng jusqu'à Muangwan avec quelques hommes *en route* vers Muangmow . Le même jour, des lettres arrivèrent de Sawady pour nous dire que le départ de la mission était fixé au lendemain, sur quoi nous nous rendîmes aussitôt au Woon pour prendre des bateaux, qui les mirent très volontiers à notre disposition. Il nous rendit ensuite visite, apportant sa harpe birmane à douze cordes, sur laquelle il ne se montra pas un mauvais interprète. Il était accompagné d'un garçon qui jouait d'une sorte d'harmonicon, ou de lunettes musicales faites de bouts de bois dur, qui vibraient d'un ton doux et plein. Un autre artiste a affronté une paire de cymbales et a fait claquer des bambous fendus comme des castagnettes. Les airs étaient doux et plaintifs. Après la musique, nous eûmes une longue conversation sur l'Angleterre, la Prusse, la France et la Perse, dont il se montra bien au courant des relations générales. Les chemins de fer et le mode de transit vers l'Angleterre ont également été discutés ; mon interprète, cependant, bien que birman instruit et fils d'un fonctionnaire indigène, s'est montré très incompétent et m'a mis dans la bouche des déclarations absurdes. Le Woon avait apporté en cadeau un fruit qui, selon lui, était très rare en provenance du Yunnan. C'était la grosseur d'une pomme, d'une couleur jaune vif, avec une peau délicate renfermant une pulpe gélatineuse dont il exprimait la fraîcheur par un passage pantomime de la main de la gorge à la région épigastrique. Il l'appelait *tsay -thee* ; mais les enquêtes d'Elias et de Margary l'ont identifié comme un kaki. De ce fruit, des quantités sous forme séchée sont importées en Birmanie, où ils constituent une friandise préférée ; mais le fruit frais est inconnu.

Le 27, nous étions prêts à prendre le bateau pour Sawady , et je fis mes adieux à mon ami le Woon , qui me chargea de lui écrire. Elias et moi sommes partis de Bhamô vers 11h30 et sommes arrivés à Sawady en un peu plus de deux heures.

Sawady est un misérable village d'une quarantaine de maisons, bien qu'il en contenait autrefois cinq fois plus ; mais les incursions continuelles des Kakhyens l'ont réduit à ses maigres dimensions actuelles. Il est sous la protection du Phonkan tsawbwa , qui protège également, moyennant un paiement annuel de sel, le village de Yuathet , situé à environ trois quarts de mille au nord sur la haute rive d'un petit ruisseau appelé Thengleng , qui se jette dans l' Irawady entre de hautes berges alluviales. . Le village de Sawady est défendu par une double palissade de bambou, et une palissade semblable longe l'étroit chemin séparant les deux rangées de maisons. Pour une protection supplémentaire, des bateaux, correspondant au nombre de maisons, sont amarrés au bord du fleuve, et la nuit les habitants s'y retirent pour dormir, se protégeant ainsi contre les attaques nocturnes assez fréquentes des Kakhyens . Sawady et Yuathet sont tous deux de petits magasins de commerce, où les Kakhyens viennent se procurer du poisson et du sel, et où ils apportent des bambous pour les faire flotter sur la rivière ; ce sont aussi des ports pour le commerce vers l'intérieur. Autour s'étend une vaste plaine, délimitée par des collines lointaines, abondamment couverte de forêts et de jungles, tantôt de sous-bois, tantôt d'herbes épaisses de quinze pieds de haut, avec de fréquents marécages qui, pendant la saison des pluies, sont recouverts d'eau. Avant notre arrivée, Margary et Fforde avaient fait des expéditions dans la forêt à la recherche de gibier. Les paons y abondaient, perchés à des hauteurs inaccessibles, sur les arbres les plus hauts, et ils retrouvaient les traces de tigres et autres gros gibiers, mais les solitudes étaient toujours comme la mort, et ils revenaient sans avoir mis en route aucun animal. Nous trouvâmes le convoi de bœufs, sous la garde d'une centaine de Kakhyens , campé à l'extérieur du village. Le Paloungto tsawbwa , un homme d'apparence respectable, propre et bien habillé, avec un énorme rouleau de feuilles d'or en guise de boucle d'oreille distendant le lobe de son oreille, ainsi que ses pattes, était prêt à recevoir les bagages . La garde birmane campait dans *des tais improvisés à la hâte* , tandis que les Anglais étaient hébergés dans un zayat branlant , masqué de rideaux.

Le deuxième jour (24 janvier), des ordres arrivèrent de Mandalay pour que la garde birmane escorte la mission jusqu'à la frontière nominale de la Birmanie et de la Chine ou jusqu'à Kwotloon, au lieu de Mansay, comme convenu et approuvé auparavant par les Kakhyens , dont l'avis du changement n'a pas été donné. Ils continuèrent à prendre en charge les colis, en donnant des reçus pour chacun, et en fabriquant des sacoches propres au transport des bœufs, dans lesquelles devaient être emballées les caisses.

Le 25, des objections commencèrent à être élevées sur la taille des paquets, qui avaient été préalablement modifiés à Bhamô , et ensuite le tsawbwa parut dire qu'il avait apporté trois cent trente-six bœufs, alors que nous n'en avions besoin que de deux cents. Il expliqua cela en déclarant qu'Elias avait douté de leur capacité à fournir deux cents bœufs. Le chef en avait donc apporté trois cent trente-six, pour prouver le contraire, et espérait être payé pour le lot, bien qu'il reconnaisse que le résident avait contracté pour cent cinquante bœufs et vingt poneys. Cette proposition étant écartée, la demande suivante fut le paiement du loyer à l'avance, ce que le colonel Browne rejeta également, mais promit de lui payer la moitié du montant, à condition que tout soit prêt pour un départ dans deux jours.

La journée suivante fut donc consacrée au transfert de tous les bagages restants, à l'exception des caisses contenant les armoires des officiers et l'argent liquide, qui furent placées sous la garde immédiate des Sikhs.

Le 27, les préparatifs de départ étaient encore en retard, état de choses qui ne fut pas amélioré par de fortes pluies, contre lesquelles les Anglais et leurs partisans n'étaient que peu protégés, et les bagages pas du tout. Le chef et ses Pawmines semblaient recevoir l'avance de salaire promise, mais il refusa de fixer une heure de départ, car il avait besoin de sel pour charger les bœufs supplémentaires. Confronté à un refus de retarder cet objectif, il partit de mauvaise humeur, laissant ses pattes continuer la discussion. Ils décidèrent finalement de commencer la journée un jour après, à condition de recevoir un visa d'argent à l'avance et cent quarante roupies comme frais de surestaries, soit dix roupies pour chacun des quatorze villages d'où étaient venus les bœufs. C'était une bonne charge, car les hommes et leurs bêtes attendaient notre arrivée depuis quelques jours. Elias et moi sommes arrivés alors que le paiement était effectué en morceaux d'argent Sycee, dont l'un a été déclaré mauvais par une Pawmine et, après avoir été mordu, s'est avéré creux et rempli de sable. Apaisé par la réception du *compraw* , le chef Paloungto déclara que nous étions frères et qu'il serait prêt à partir « après-demain ».

La soirée apporta une agréable surprise à notre groupe par l'arrivée de M. Clement Allan, venu de Mandalay depuis dix jours, dans un bateau royal. En passant sur la rivière, il entendit un des Sikhs parler à un Chinois sur la rive et, les hélant, découvrit où nous nous trouvions. Il fut ainsi sauvé du voyage jusqu'à Bhamô , et tout notre groupe était maintenant rassemblé, et malgré la forte pluie, nous passâmes une agréable soirée en prévision d'un départ rapide.

Au petit-déjeuner, nous fûmes troublés par des coups de feu et apprîmes que les Kakhyens s'étaient efforcés d'enlever nos cartons à vêtements pour les ajouter au bagage général. Les Sikhs de garde, ayant reçu l'ordre de ne pas les perdre de vue, refusèrent de permettre leur éloignement, sur quoi les Kakhyens indignés tirèrent en l'air avec leurs mousquets. Les tsitkay birmans exprimèrent leur inquiétude quant au caractère des Kakhyens et semblaient craindre une collision avec eux, car ils comptaient environ quatre cents hommes armés de mousquets. Il existait évidemment des mésententes entre les Kakhyens et les Birmans, et il arriva malheureusement que tous les entretiens avec le chef se déroulèrent en présence des responsables birmans. Il est apparu dans la journée que le chef Paloungto n'avait conclu aucune convention avec les autres tsawbwas de la route. Le Résident avait été assuré qu'un passage à travers leurs territoires était assuré moyennant paiement des droits ordinaires. Le chef avait déclaré que la plupart d'entre eux soutiendraient ses dispositions, mais qu'il faudrait à Mansay se mettre d'accord avec le Phonkan . tsawbwa , qui ne voulait pas venir à Sawady . La curiosité invétérée et les habitudes de vol des montagnards étaient illustrées par leurs trous percés dans plusieurs boîtes de conserve afin de vérifier leur contenu, les trous étant ensuite soigneusement bouchés avec du coton ; notre sucre, notre sel et nos sacs de riz ont été détruits, et diverses bouteilles d'eau-de-vie ont mystérieusement disparu ; et on a découvert par la suite que les vis avaient été retirées des boîtes. Cependant, si l'on considère qu'un certain nombre de montagnards sauvages avaient été retenus dans cet endroit pendant quinze jours, avec de maigres provisions, il faut faire la part des petits larcins, sans faire valoir une intention délibérée de pillage. Notre chef, cependant, commençait à s'inquiéter sérieusement quant aux chances de transiter en toute sécurité à travers les collines par cette route. À la difficulté née de l'antipathie connue des Birmans à l'égard des Lenna Kakhyens , s'ajoutait maintenant la déclaration de certains Shans de Muangmow , selon laquelle les montagnards ne seraient pas autorisés à traverser leurs frontières, ce qui tendait à rendre le colonel Browne méfiant à l'égard des réelles intentions du chef Paloungto . Le point culminant fut atteint lorsque le vieil interprète Moung Mo annonça le soir que notre départ prévu était reporté *sine die* et que le chef, mécontent de se voir refuser la charge de nos cartons à vêtements, refusait de nous accompagner, confiant notre escorte à ses pattes . Sur ce, le colonel Browne résolut de retourner à Bhamô et de prendre des dispositions pour procéder par l'ancienne route de Ponline , au lieu de celle par Sawady et la Shuaylee . Mais je pense qu'il est douteux que le chef Paloungto ait eu des intentions malhonnêtes. Il n'aurait pas pu deviner la présence de l'argent dans les caisses, et il était naturel qu'il exigeait que tous les bagages soient refaits la veille du départ, et qu'il ressente l'imputation évidente sur son honnêteté, impliquée dans le refus de rendez ces boîtes.

Nous avons roulé jusqu'à Bhamô à travers l'herbe de la jungle de quinze pieds de haut, interrompue de temps en temps par des creux parsemés d'arbres. Les ruisseaux qui se croisaient étaient difficiles à traverser, car le chemin, ou ornière, à travers les hauts bancs de sable était raide et à peine assez large pour un passage, à tel point qu'un des poneys, avec son cavalier, roula dans l'eau, ce qui n'avait qu'environ trois pieds de profondeur. Arrivé à Bhamô , et décidé d'emprunter la route Ponline , si cela était praticable pour les chevaux conduits, le Résident partit pour Tsitkaw , pour convoquer les chefs Kakhyen , et fournir des mulets. Le Woon , craignant que le chef Paloungto ne rende pas les bagages, envoya un renfort d'hommes armés à bord de quatre bateaux de guerre, montés de gingals. Nous retournâmes à Sawady par eau, amenant plusieurs grands bateaux pour les bagages, qui furent laissés à Yuathet , par mesure de précaution pour ne pas alarmer les Kakhyens . Le 30, les tsawbwa et ses Pawmines arrivèrent de leur camp, et Browne récapitula les retards et les promesses non tenues de la semaine écoulée ainsi que l'absence d'arrangements avec les autres tsawbwas de la route. Le chef répondit que son refus de partir était dû à sa colère de se voir refuser la garde des caisses ; qu'il était prêt à commencer « après-demain » ; mais si nous refusions de suivre sa route, il devait s'attendre à recevoir le salaire convenu pour les bœufs abattus. La réponse à cette question fut que tout ce que le résident et Pawmines , qui avaient conclu le contrat initial, avaient convenu comme étant justement dû, devait être payé. Browne, cependant, offrit une douceur d' argent dès que les bagages furent restitués. Cela fut convenu ; et les hommes se mirent aussitôt au travail pour ramener les caisses, qui furent transférées sur les grands bateaux, et le 31 janvier toute la mission, escortée par les bateaux de guerre birmans, rentra à Bhamô, après avoir définitivement abandonné la route par Sawady . et a choisi de voyager par la route du nord ou de Ponline .

Des lettres avaient été reçues du résident, écrites de Tsitkaw , indiquant qu'on pouvait se procurer de nombreuses mules et que les fonctionnaires birmans avaient convoqué les chefs Kakhyen . A notre arrivée à Bhamô , nous trouvâmes une force de trois cents hommes dans des bateaux de guerre armés de gingals, rassemblés sous le commandement du Woon , qui s'apprêtait à venir en personne à Sawady pour nous délivrer, s'il le fallait, des mains des Lenna Kakhyens . C'était une preuve supplémentaire, s'il en était besoin, du souci des Birmans de notre bien-être et de l'incertitude de leurs relations avec les tribus des collines du sud. C'est avec beaucoup de réticence que j'ai, pour ma part, tourné le dos à la route Sawady , dont l'exploration complète et l'établissement éventuel d'une future route commerciale avaient été proposés comme un objectif spécial de notre mission. On considérait généralement que c'était, bien que le plus long, celui qui présentait le moins de difficultés physiques ; et nous avons eu une démonstration oculaire de son emploi réel dans les groupes de commerçants, comptant de nombreux mulets et bœufs, qui allaient et venaient continuellement pendant notre séjour à son terminus.

La route du Nord avait été explorée à fond six ans auparavant et des informations complètes avaient été recueillies sur ses conditions physiques et sociales, tandis que le changement dans les relations politiques affectait également toutes les routes. Comme on l'a appris plus tard, les Chinois nous attendaient à Muangmow , où, semble-t-il, Li- sieh -tai était allé à la rencontre de la mission, et, autant qu'on peut en juger par sa conduite, sans intentions hostiles ; et en plus de tout cela, M. Elias, coopérant avec le résident britannique à Bhamô , avait rendu visite aux Lenna Kakhyens un mois auparavant et avait pris des dispositions avec eux, selon lesquels ils avaient fait descendre leurs bêtes de somme pour le transport de la mission. . Parmi les diverses raisons avancées pour l'abandon de la route figuraient l'attitude suspecte du chef Paloungto et le risque possible, sinon probable, d'un retard dans les collines. Cette situation aurait été aggravée par le risque que les provisions des Sikhs, qui n'étaient approvisionnées en farine que pendant trente-cinq jours, fussent épuisées. Un autre danger résidait dans l'absence d'arrangements avec le chef Phonkan , qui pourrait se montrer aussi obstructif que celui de Ponsee l'avait fait, et soit arrêter, soit escroquer la mission. En ce qui concerne le comportement du chef Lenna de Paloungto , on aurait pu s'attendre à ce que toute mauvaise volonté cachée soit aggravée par la déception éprouvée de perdre les justes bénéfices d'un convoi, qu'il avait fait descendre en voiture et attendait tant. long. À l'époque, on peut penser que la présence de l'importante force birmane l'a retenu ; mais la réception ultérieure donnée par lui et son frère de Wurrabone à M. Elias et au capitaine Cooke le montra tout à fait bien affecté et presque soucieux de prouver l'absence de tout ressentiment. C'était une politique généralement sage et appropriée de concilier soigneusement la bonne volonté des fonctionnaires birmans et de les emporter avec nous dans toutes nos démarches. Cette ligne de conduite a été adoptée avec soin et cohérence par notre chef, mais, par conséquent, le chef Kakhyen n'a eu aucune possibilité d'exprimer ses sentiments à l'égard de la garde birmane. Son seul rapport sexuel avec notre parti consistait en un entretien tenu en présence du tsitkay , au cours duquel il était censé prendre la position d'un inférieur, accroupi par terre devant des hommes auxquels il ne reconnaissait aucune subordination ; et il est regrettable qu'il n'ait pas trouvé l'occasion d'une communication confidentielle qui aurait probablement conduit à une meilleure entente. Il faut également rappeler que les chefs Kakhyen ne comprennent pas la valeur du temps, ne partagent pas nos notions de procrastination et n'hésitent pas à «

essayer » pour gagner un peu plus d'argent. Concernant les complications possibles avec le Phonkan tsawbwa , qui, six ans auparavant, avait annoncé son souhait de voir le commerce britannique passer par son pays, bien qu'il ne pouvait pas ou ne voulait pas entrer à Sawady , il aurait pu être incité à nous rencontrer et à conférer avec nous à Mansay, tandis que, si des fournitures de farine n'étaient pas disponibles à Bhamô , pourtant, selon l'expérience acquise en 1868, elles étaient disponibles dans les vallées Shan et à Momien .

Le 1er février, nous étions tous rassemblés dans nos anciens quartiers de Bhamô . Le Woon était plutôt déconcerté par l'adoption de la route Ponline et inquiet des dangers d'attaque auxquels la mission pourrait être exposée avant d'atteindre Manwyne , sans pour autant relâcher ses efforts pour réaliser nos souhaits. Un autre Woon , celui de Tsaleng , arriva sur le bateau à vapeur royal et sembla remplir le poste de conseiller de son collègue, qui était perplexe devant les nouvelles qui arrivaient de Cooke, selon lesquelles tous les tsawbwas étaient à Manwyne pour discuter du tarif, et ne pouvaient pas le faire. retour pour quelques jours. Le même bateau à vapeur fit venir de Mandalay deux chefs Kakhyen de la route centrale, à savoir. Muangkha et Poonhya . En échange de services rendus à la récente ambassade birmane, ces deux chefs avaient été reçus avec de grands honneurs et remis des parapluies et des selles dorées. Ils parcouraient Bhamô sur des poneys décorés de l'équipage doré, tandis que chaque cavalier portait un bandeau doré portant ses titres, précédé d'un homme portant le parapluie doré et escorté par d'autres battant des gongs et proclamant son rang.

Le 3, les lourds bagages et la garde furent embarqués dans des bateaux pour se rendre à Tsitkaw , accompagnés de Fforde et de moi-même, laissant le colonel Browne et Margary suivre par terre, tandis qu'Elias s'était arrangé pour tenter le passage par la route Sawady et rejoindre le rendez-vous à Momien . La flottille partit de la rive du fleuve à Bhamô et remonta l' Irawady jusqu'à l'embouchure du Tapeng , notre progression contre le courant rapide étant lente et entravée par de nombreux chicots saillants et des bancs de sable occasionnels, là où l'eau était si peu profonde que l'équipage étaient obligés de sauter par-dessus bord et de pousser ou de traîner les bateaux lourdement chargés. Immédiatement à l'extérieur de l'embouchure du Tapeng s'étendait une barre de bancs de sable, au-delà desquels le grand fleuve s'approfondissait soudainement jusqu'à environ quatre-vingts pieds d'eau. Dans cette étendue profonde, de nombreux dauphins à tête ronde s'affairaient. C'était la saison des accouplements, les mâles poursuivaient les femelles. Certains nageaient la tête à moitié hors de l'eau et *tiraient de leur bouche* de grandes quantités d'eau à une certaine distance. On en remarqua un ou deux, apparemment debout dans l'eau, la tête élevée au-dessus de la surface, de sorte que presque toutes les nageoires pectorales étaient clairement visibles ; d'autres, par paires, se roulaient sur le côté. L'un d'entre eux a reçu un coup de feu, mais a simplement répondu par un crépitement et un plongeon. Les bateliers, voyant notre intérêt pour eux, déclarèrent qu'ils viendraient si on les appelait, et se mirent à émettre un son particulier de *hrr , hrr* , et à tambouriner sur le côté du bateau avec un bâton. Ils nous ont informés que les dauphins ne remontent pas la rivière plus haut qu'un promontoire rocheux dans le premier défilé, appelé Labein-hin , ou Dolphin Point, parce que les nats y ont établi un poste de douane pour percevoir un impôt, ce que les dauphins ne sont pas. prêt à payer. Le dauphin de l' Irawady (*Orcella fluminalis* , Andr.) est la seule forme à tête ronde que l'on connaisse encore en eau douce, les individus ayant rarement été observés bien au-dessous de Prome , à trois cents milles de la mer, ou à peu près. La couleur du corps est d'une ardoise sombre et la partie inférieure d'un blanc sale ; ils atteignent une taille considérable, les individus de dix pieds de longueur n'étant pas rares. Outre la tête ronde, ils se distinguent du dauphin du Gange au long museau (*Platanista gangetica* , Lebeck), qui vit également exclusivement en eau douce, par son œil beaucoup plus grand et pleinement proportionné. Ce dernier, en tant que locataire des eaux boueuses du Gange, qui doivent être presque imperméables à la vue, a un œil très minutieux. Dans le Yangtsé et dans le grand lac du Cambodge, on trouve aussi des dauphins, et ils se révéleront probablement étroitement alliés à ceux de l' Irawady ; mais nous ne connaissons pas encore leurs caractères. Dans les estuaires du golfe du Bengale, il existe un petit dauphin à tête ronde étroitement apparenté à ce cétacé d'Irawady , mais il ne remonte jamais vers l'eau douce des rivières. Outre l'intérêt scientifique de ces grands mammifères fluviatiles, ils constituent un élément frappant du paysage fluvial de l' Irawady lorsqu'ils roulent et dégringolent en longues files dans les profondeurs et semblent prendre plaisir à suivre le rythme ou à distancer les bateaux à vapeur. Ils ne semblent pas migrer sur toute la distance du cours de la rivière, mais se limiter à certains districts. Les pêcheurs de la rivière les considèrent avec un respect superstitieux, et chaque village est censé être sous la protection d'un dauphin particulier, qui garde la pêche. Une offre de cent roupies n'a pas réussi à inciter les gens à attraper un spécimen ; et ce n'est que grâce à l'heureuse acquisition d'une carcasse morte jetée sur la rive et mise en sécurité par le capitaine Bowers, que j'ai pu faire une comparaison approfondie de la structure de ce remarquable habitant de la rivière. Il faut ajouter que la mouette rieuse est un compagnon si régulier du dauphin, qu'elle est appelée par les pêcheurs le *labein-nuet* , ou oiseau-dauphin.

La progression de la flottille de six bateaux chargés contre le courant rapide du Tapeng était forcément lente. La rive droite présentait une vaste étendue de pays plat parsemé de grands cotonniers et d'oléagineux. Les branches sans feuilles les plus hautes des anciens fournissent des aires pour le pygargue à queue annelée (*Haliaetus leucoryphus* , Pallas), dont deux oiseaux étaient perchés sur un arbre près de la rive dominant la rivière. Un oiseau a été ajouté à notre collection. La rive gauche était habillée jusqu'à la ligne de flottaison d'une forêt impénétrable d'arbres magnifiques, surgissant d'une jungle de ratans et de musées luxuriants . De nombreux paons déployaient leur splendide plumage sur les hautes branches, de manière très provocante, hors champ. Les calaos, les colombes brunes au cou violet abondaient, et dans la jungle, les cerfs aboyeurs, les cerfs-porcs et les sambur . Les bancs de sable exposés étaient couverts d'oiseaux-serpents ; les sternes, les aigrettes rieuses, les pluviers, les canards brahmanes et les oies sauvages étaient également fréquents. Nous avons amarré pour la nuit au village de Queyloon , à temps pour une courte excursion dans des rizières abandonnées, à la recherche de canards sauvages ; en revenant, nous observâmes de nombreux petits hiboux dont le vol doux et excentrique ressemblait à celui du suceur de chèvre.

Peu après le lever du soleil, nous étions de nouveau *en route* , après avoir attendu quelque temps la provision promise de lait de bufflonne, luxe presque inaccessible en Birmanie ; mais le bébé buffle avait anticipé notre demande et déçu nos espoirs. Au village de Tahmeylon , où nous avions fait une halte lors de la première ascension du Tapeng en 1868, les changements du lit de la rivière ont été illustrés. A cette époque, l'eau coulait profondément sous un haut talus, mais maintenant un large banc de sable s'étendait devant le village. Nous avions débarqué de l'autre côté d'une langue de terre qui provoquait un coude dans la rivière, dans l'intention de heurter le chemin public, que nous avions manqué, et nous devions nous frayer un chemin par des pistes de bisons qui pénétraient dans les hautes herbes épaisses comme des tunnels. Nous devions avancer presque pliés en deux, parfois attrapés et presque étouffés par des plantes grimpantes, trempés par l'herbe humide au-dessus de nos têtes et enfoncés jusqu'aux genoux dans l'argile bourbeuse. A force de garder le soleil devant nous, nous parvenons à atteindre Tahmeylon vers midi. Au-delà, le cours du fleuve serpente d'une manière remarquable, doublant successivement de longues langues de terre, et enserrant une grande île envahie par une jungle impénétrable, jusqu'à atteindre le village de Maloolah , sur la rive gauche. Les villageois nous ont conseillé d'amarrer nos bateaux pour la nuit à une certaine distance de la berge par crainte des tigres, qui sont nombreux, et d'attaquer les bateaux près de la berge, et même des villages, la nuit. Dans le village voisin de Tsitgna , dix habitants ont été tués par des tigres au cours des douze mois précédents. Nous traversâmes le ruisseau le matin dans une pirogue, avec l'intention de chasser des paons dans la forêt qui couvrait les collines de la rive droite, mais la lisière de la forêt se révéla si marécageuse qu'elle en empêchait tout accès. Les oiseaux de la jungle et les écureuils étaient nombreux, et nos serviteurs rapportèrent des cerfs-cerfs. Nous avons rejoint les bateaux à la sortie du ruisseau Manloung , après avoir déjeuné aux pagodes du Vieux Tsampenago . Un labyrinthe de ruisseaux et de marécages s'étend sur la rive droite jusqu'à l'endroit où coule un bras du Tapeng qui rejoint le ruisseau Manloung . Sur la rive gauche, la forêt est dense et haute, et au-delà s'élève le contour irrégulier des collines de Kakhyen , devenant progressivement plus distinct à mesure qu'on approche de Tsitkaw . Dans ce village, nous trouvâmes un khyoung à l'extérieur de la palissade préparée pour notre logement, et les bagages étaient entreposés dans un grand hangar utilisé pour le stockage du coton royal. Une garde birmane, sous le commandement du tsare-daw-gyee , formait un cordon autour de notre résidence, et avait érigé pendant la nuit un certain nombre de huttes, tandis que leurs feux formaient un cercle dans lequel aucun voleur ni tigre n'était susceptible de pénétrer.

Le lendemain, à cinq heures de l'après-midi, Browne, Margary et Allan arrivèrent de Bhamô , qu'ils avaient quitté à 10h30. La nécessité d'éviter le réseau de ruisseaux et de marécages les avait obligés à traverser trois fois la rivière en barque, tandis que les deux chevaux conduits et les poneys la traversaient à la nage.

CHAPITRE XV.
L'AVANCE.

Résidence à Tsitkaw — Vue de notre maison — Le Namthabet — Jonction des rivières — Arrivée du Woon — Conférence des tsawbwas — Otages — Femmes Kakhyen — Entraînement au fusil — Une alarme nocturne — Un curieux talisman — Nous quittons Tsitkaw — Camp à Tsihet — Corps de garde birmans— Lankon , Ponline —Camp sur le Moonam— Rumeurs hostiles —Camp sur le Nampoung —Départ de Margary pour Manwyne —Évasion des otages—Lettre de Margary—Nous entrons en Chine—Camp sur Shitee Meru—Vigilance birmane—Visite à Seray — Conférence avec Seray tsawbwa — Réception suspecte — Retour au camp — Barricades birmanes.

Le village de Tsitkaw , qui semblait peu changé quant à sa sale pauvreté depuis mes souvenirs de 1868, se compose d'environ quatre-vingts huttes, construites sur pilotis, enfermées dans une palissade de bambous, qu'on réparait. La moitié ouest du village est occupée par des Chinois, et pour la première fois on voit des femmes chinoises, car il n'y en a pas à Bhamô . A cette époque, les Célestes étaient occupés à ériger un temple en bois à l'extérieur de la palissade. Leurs principaux hommes vinrent chez notre khyoung pour saluer Li- kan -shin, autrement dit Moung Yoh, qu'ils connaissaient et qu'on croyait mort. Dans le khyoung bouddhiste , deux missionnaires français, le Père Lecomte et un autre, que nous avions rencontrés à Bhamô , avaient élu domicile. Ils prétendaient être engagés dans l'ouverture des communications entre leur mission en Birmanie et celle du Yunnan, et avaient manifesté leur intérêt à accompagner notre groupe. Il apparaissait maintenant qu'ils proposaient de se rendre seuls à Manwyne ; mais le Woon de Bhamô intervint et refusa de leur permettre d'entrer dans les collines de Kakhyen au nord du Tapeng . Nous étions plutôt perplexes de comprendre leur objet exact ou d'expliquer leur changement soudain de plans.

TSITKAW, SUR LE TAPENG, REGARDANT VERS LES COLLINES KAKHYEN.

Nous avons dû rester à Tsitkaw quelques jours, jusqu'à ce que les chefs Kakhyen se rassemblent et que les mules pour le transport à Manwyne arrivent. L'air et l'eau sont meilleurs qu'à Bhamô , et notre séjour, avec ses excursions, fut un moment agréable. Notre résidence se composait de deux maisons en bambou, pour ainsi dire, placées côte à côte, le drainage des deux toits du centre étant pris dans un rondin de bois évidé. Une échelle en bois menait au premier appartement, au-delà duquel la chambre à coucher était fermée par un *kalagah* , ou rideau. À l'arrière, une large plaine alluviale s'étendait jusqu'aux jungles denses grouillant de tigres, et au-delà de laquelle s'étendaient le lac Manloung et ses marécages attenants. De face, une vue charmante s'offrait. Au-dessous d'une berge herbeuse coulait le ruisseau rapide et lisse, large de cent cinquante mètres, bordé de l'autre côté par des bancs de sable jaune, bordés d'un haut écran de riche verdure marquant la limite du Tapeng en crue . Au-delà s'élevait le mur de la forêt luxuriante, adossé aux hautes montagnes bien boisées de Kakhyen . A six milles de distance, ce mur paraissait ininterrompu, car la gorge par laquelle débouche cette rivière est masquée par une ligne basse de collines, autour desquelles le Tapeng est dévié dans une direction nord-ouest, jusqu'à ce qu'il revienne au-dessus de Tsitkaw , pour couler vers la rivière . Irawady . Les tentations étaient multiples pour un sportif ou un naturaliste ; sur le long plat alluvial, le matin, on voyait des troupeaux de perroquets, de grues Sarus et de canards brahminy se nourrir en grand nombre, et de grandes bécassines et des ibis brillants abondaient dans les rizières. Sur les bancs de sable qui bordent la rivière, des troupeaux d'oies sauvages avaient l'habitude de s'installer et nous offraient de véritables chasses à l'oie sauvage. Dans les grands arbres, comme le disait Margary, les magnifiques paons étaient aussi nombreux que les pies, et il était très désireux de récupérer une partie de leurs dépouilles à plumes, pour les envoyer au général Chiang à Momien, qui voulait le plumage de son chapeau. Nous participâmes à des excursions des plus agréables et, pour reprendre ses paroles, menâmes une vie gitane régulière. L'une était au lac Manloung , où notre havildar abattit un cerf, pour le plus grand plaisir des Sikhs, qui exprimèrent une admiration sans réserve pour le pays et un fort désir que nous l'annexions.

Une journée fut consacrée à une longue marche jusqu'à la rivière Namthabet , au-delà de la chaîne isolée de collines basses. Du village de Tsitgna , nous avons traversé en pirogue jusqu'au village opposé de Kambanee , où nous avons observé des femmes Kakhyen , qui semblaient presque trop effrayées pour lever les yeux du sol. La route, d'abord large et bonne, traversait une étendue plate, couverte d'une forêt d' arbres *verts* et d'herbes hautes, du même caractère que celle qui s'étend entre Bhamô et les collines. À mesure que le terrain s'élevait en longues ondulations, le caractère de la forêt changeait, une variété de bois d'œuvre succédait aux *arbres* et des bosquets denses de bambous remplissaient les creux. Les pentes aboutissaient bientôt à une crête assez élevée, couverte d'une forêt dense, sauf là où des parcelles avaient été défrichées pour la culture du maïs. Le sommet offrait une vue étendue sur la plaine de Tapeng et sur le lac Manloung , qui couvrait une vaste zone. Nous sommes descendus par un sentier escarpé, serpentant à travers des bosquets de bambous et des clairières. En parcourant cette étendue richement boisée, qui semblait contenir tous les éléments essentiels d'un paradis sylvestre, nous avons été impressionnés par la rareté de la vie des oiseaux ; seuls quelques perroquets crièrent leur surprise face aux intrus. Sur un arbre élevé, trois faucons pygmées ont été aperçus, dont l'un a été victime des exigences de la science.

Nous arrivâmes bientôt sur le Namthabet , un ruisseau clair et rapide, serpentant dans un canal rocheux le long d'une vallée étroite, au-delà de laquelle s'élevait la masse des collines Kakhyen , recouvertes d'une forêt dense. Une femme Kakhyen était sur le point de traverser du côté opposé, mais s'enfuit à notre apparition, et aucune persuasion de la part de notre guide ne put l'inciter à revenir. Nous descendîmes la vallée en passant devant un feu sur lequel du riz cuisait dans un bambou vert, mais le propriétaire s'était caché dans la brousse. Nous atteignîmes le Tapeng à un endroit où une sorte de toboggan avait été creusé dans les berges, le long duquel les bambous, une fois abattus, sont lancés dans la rivière pour flotter dans l'Irawady, où ils sont transformés en radeaux et envoyés vers le bas. flux vers la capitale. On a vu un groupe de Kakhyens occupés à couper des bambous, et nous sommes passés devant leurs huttes temporaires dans une clairière ; et ceux de notre groupe qui ne les connaissaient pas semblaient surpris de leur attitude paisible et amicale . Une course sur la rive gauche rocheuse du Tapeng nous amena à la jonction des deux rivières, et la journée de marche de quinze milles fut plus que récompensée par la magnifique beauté de la gorge par laquelle le Tapeng débouchait de la chaîne principale. Les masses imposantes et les murs de rochers, recouverts jusqu'à leurs sommets de forêts, au pied desquelles la rivière coulait profondément et lentement, le feuillage exquis et la riche couleur des fleurs brillantes, formaient un spectacle enchanteur, très différent de celui que l'on pouvait voir. c'était la même rivière qui se présentait la dernière fois que je l'ai vue, sous des nuages bas et en pleine crue, dont la hauteur était maintenant indiquée par une légère ligne brune sur les rochers, à trente pieds au-dessus de son niveau actuel. Le Namthabet coulait d'une gorge plus petite enjambée par un pont de bambou branlant, sur lequel l'un de nous essaya de marcher, mais fut rapidement réduit à tomber à quatre pattes et à ramper sur la structure vibrante. Nous sommes retournés par un chemin forestier à travers une végétation enchevêtrée, à travers les hauts et les bas de la crête, jusqu'à ce que la bonne route soit trouvée, par laquelle Kambanee a été atteint vers le coucher du soleil.

Un groupe armé, précédé d'un gong sonore, fut aperçu se dirigeant vers Tsitkaw , et à Tsitgna nous apprîmes que notre vieil ami le Woon était arrivé en personne de Bhamô pour accélérer les arrangements pour notre progression vers Manwyne . Une conférence avait eu lieu quelques jours auparavant avec les tsawbwas des collines du nord ; parmi lesquels se distinguaient notre vieil ami ou ennemi, Sala, le chef Ponline , et le Pawmine de Ponsee que nous avions surnommé « Tête de Mort » ; avec eux il y en avait d'autres dont les noms nous étaient inconnus. Il avait été convenu que le loyer à payer par mulet à Manwyne serait de sept roupies huit annas, outre une taxe, à titre d'impôt ou de péage, de cinq roupies pour chaque animal. Les dernières dispositions avaient été ajournées de cinq jours, date à laquelle devait avoir lieu un sacrifice de bisons, auquel tous les chefs intéressés pourraient assister. Ils avaient été convoqués à Manwyne , non par des mandarins, mais par des marchands, qui voulaient leur faire des remontrances contre les vols de caravanes qui se produisaient constamment sur la route de Ponsee . Un exemple de ceci a été rapporté pendant notre séjour par des Chinois, qui sont venus et ont affirmé qu'ils avaient été visés par des tirs de Kakhyens , près de Ponsee , et qu'ils avaient été contraints de payer un chantage de deux cents roupies. Le lendemain de l' arrivée du Woon , le chef Seray aurait amené un groupe de mulets. Le colonel Browne, à l'invitation du Woon , assista à une deuxième conférence, à laquelle tous les chefs étaient présents, et signa un accord rédigé en birman. Il était stipulé qu'ils nous transporteraient sains et saufs à Manwyne , où les cadeaux convenus leur seraient distribués, et que les fils des tsawbwas Ponline , Ponsee et Seray seraient détenus comme otages pour l'exécution du contrat.

Le fils du chef Seray était un jeune homme dont l'attitude et la physionomie donnaient une impression des plus défavorables ; en fait, il semblait être un jeune voyou dissipé et résolument hostile aux étrangers. Le fils de Sala était un garçon de quatorze ans, bien supérieur à son père en apparence et en manières ; il était un visiteur fréquent de notre khyoung , et aussi un patient, car il souffrait, comme beaucoup de ses compatriotes, d'yeux enflammés, pour la guérison desquels il semblait dûment reconnaissant. Il était plutôt un favori du vieux Woon , qui l'emmena à Bhamô , et il faut espérer que la meilleure éducation et formation lui permettra d'être un meilleur chef que son père avare et perfide.

L'arrivée des tsawbwas entraîna un afflux important de leurs sujets, qui affluèrent en grand nombre, hommes et femmes, apportant des cadeaux de volailles et de légumes, ainsi que des flacons de sheroo en bambou . Les membres de notre parti qui les voyaient pour la première fois dans leur indépendance natale étaient très intéressés par les « petites femmes renfrognées » et les hommes à moitié sauvages. Une lettre inédite, presque la dernière écrite par Margary, les décrit de manière graphique : « Nous les avons laissés monter jusqu'à notre étage en ratan, élevé sur des piquets, et mis à part la nouveauté, et même le plaisir, d'essayer d'acheter leurs diverses curiosités, c'est en aucun cas une infliction savoureuse . Les chocs d'une machine électrique produisent un flux constant de gaieté, et nous éclatons de rire devant les grimaces et les contorsions de nos sauvages invités. Les femmes s'enhardissent désormais et viennent en nombre considérable nous apporter leurs simples offrandes d'amitié. Ce sont les créatures les plus étranges qu'on puisse imaginer et elles sont sales au-delà de toute description. Pourtant, il y a chez eux une certaine timidité, ce qui les rend intéressants, malgré leurs lèvres tachées de rouge et leurs jambes non lavées. Ils portent les plus merveilleuses ceintures, composées d'anneaux lâches de rotin fendus de l'épaisseur d'un fil, et d'une ceinture recouverte de cauris. Les oreilles sont percées de grands trous dans lesquels on insère des tubes d'argent de six pouces de long, ornés de touffes de drap rouge. Nous avons essayé aujourd'hui de les inciter à vendre ces étranges ornements pour des colliers de perles éblouissants, mais en vain. Une créature m'a même permis de lui retirer un tube de l'oreille, mais mes tentatives de marchandage n'ont provoqué que des rires de bonne humeur de la part des hommes et des rires de la part des femmes.

La foule des curieux devint enfin si gênante que nous fûmes obligés de fermer le paravent devant notre hall d'entrée, pour nous protéger des intrus qui voulaient nous surveiller à notre petit-déjeuner. L'excitabilité de leur nature a été illustrée lorsque les Sikhs ont défilé lors d'un entraînement au fusil et au revolver sur une cible. Les témoins oculaires des Kakhyen criaient et brandissaient leurs mousquets, et certains sautaient au front en soufflant leurs allumettes et en indiquant qu'ils souhaitaient essayer leur adresse. Les officiers birmans durent les retenir, et ensuite les Pawmines s'avancèrent et demandèrent formellement au tsare-daw-gyee de leur permettre de tirer sur les cibles, à la même distance, trois cents mètres. Cela fut refusé et l'excitation s'apaisa peu à peu. Les Birmans ont expliqué que tout cela venait du fait qu'un Kakhyen ne peut même pas entendre le coup de feu sans tirer instantanément sa propre pièce, ne serait-ce que dans les airs.

Le 14 février le Ponsee Pawmine arriva pour nous demander quand nous allions partir et fut informé que nous étions prêts à partir immédiatement. Là-dessus, une conférence des chefs eut lieu sous une sorte de tente ou dais en coton, qui avait été érigée par les Birmans, apparemment par méfiance dans la capacité de notre étage à supporter une foule. Il fut alors décidé que nous marcherions le 16, les Birmans souhaitant qu'une caravane chinoise nous précède. Le tsare-daw-gyee fit remarquer que si les Kakhyens avaient l'intention d'attaquer l'une ou l'autre des parties, il leur donnerait la possibilité de faire les deux, afin d'éviter des erreurs. Il rapporta que des ordres avaient été reçus à Manwyne , du gouverneur de Momien , que la mission anglaise devait être traitée « selon la coutume », expression sur laquelle personne ne pouvait fournir d'explication. Dans la nuit, nous fûmes alarmés par ce qui semblait être une apparente bousculade de mulets et des cris prodigieux de la garde birmane. Il s'est avéré qu'un buffle que les Kakhyens étaient en train d'abattre s'était détaché, la gorge tranchée, et après une course-poursuite avait été lancé juste en face de notre khyoung , où le matin ils le dépeçaient, après avoir fixé la tête sur un poteau de le zayat , probablement en notre honneur en tant que fondateurs de la fête. A midi, le tsare-daw-gyee apparut, accompagné d'un *tsitkay-nekandaw* , ou adjoint, de Bhamô , envoyé par le Woon pour rendre compte des progrès. L'activité officielle fut stimulée par le fait que l'officier qui avait été envoyé avec nous à Mandalay et y était revenu avait été condamné au bannissement enchaîné à Mogoung , parce qu'il n'avait pas attendu notre départ. Comme le pauvre vieillard était revenu avec notre consentement et qu'il était en mauvaise santé, notre chef écrivit à Mandalay pour intercéder pour son pardon, qui fut ensuite accordé par le roi. Le tsitkay-nekandaw offre une curieuse illustration d'une coutume évoquée par le colonel Yule. [40] La partie supérieure de ses joues était défigurée par de larges gonflements, causés par l'insertion sous la peau de morceaux d'or, destinés à servir de charmes pour procurer l'invulnérabilité. Yule évoque le cas d'un forçat birman exécuté aux îles Andaman, sous la peau duquel des pièces d'or et d'argent ont été trouvées. Les pierres mentionnées dans le texte de Marco Polo, ainsi que les substances mentionnées dans la note de son savant éditeur, ne semblent pas avoir été des bijoux. La coutume prévaut parmi les muletiers du Yunnan de cacher les pierres précieuses sous la peau de la poitrine et du cou, en faisant une fente à travers laquelle le bijou est forcé. Il ne s'agit cependant pas de préserver la vie des propriétaires, mais leur richesse portable. Pendant que j'étais à Mandalay, j'ai examiné quelques hommes fraîchement arrivés de Yung- chang , et j'ai trouvé des individus avec jusqu'à quinze pièces de monnaie et bijoux ainsi cachés, par précaution contre les voleurs qui pourraient littéralement les dépouiller jusqu'à la peau, sans découvrir le trésor caché. Mais notre responsable birman considérait son or défigurant comme un certain charme contre le danger.

Lors de notre entretien avec les Birmans, certains Pawmines sont venus recevoir une avance d'un tiers du loyer des mulets qui leur était payé ; puis Sala semblait définitivement d'accord sur le montant du péage. L'un des autres chefs a été invité à être présent, mais il a préféré s'en remettre à la décision de Sala. Ce dernier accepta de recevoir cinq roupies par mule, et prit grand soin d'éloigner tout montagnard curieux pendant qu'il débattait, et reçut ensuite la totalité de la somme. Comme tous les bagages étaient prêts, à l'exception des articles de literie, etc., dont on utilisait quotidiennement, le lendemain fut fixé pour le départ effectif. Browne, en guise de préparation finale, distribua des turbans rouges à la garde birmane, ce qui donnait une apparence uniforme à la horde par ailleurs hétéroclite.

Nous nous levâmes le 16 février à 6 HEURES DU MATIN et confiâmes tous nos bagages personnels aux Kakhyens , qui tardèrent à achever leurs préparatifs de départ. Le Ponsée Pawmine est apparu pour la première fois, et le fardeau de sa plainte, exprimée dans les affirmatives les plus fortes et avec la pantomime la plus expressive, était qu'il n'avait reçu aucune partie du chantage, la totalité du paiement ayant été appropriée par Sala. Le tsare-daw-gyee déclara que ce dernier avait été obligé de restituer son butin, mais que par précaution il devait être retenu en otage à Tsitkaw . Une difficulté était alors occasionnée par la dimension de la boîte de nids d'oiseaux comestibles, qu'aucun muletier ne voulait prendre ; Le règlement de cette question fut laissé par le colonel Browne aux chefs Kakhyen . Une vive dispute relative au mode de comptage du nombre de mulets éclata entre le Pawmine « Tête de Mort » de Ponsee et le Choung-oke birman . Cela a couru si haut que la Pawmine a menacé de tirer sur le Choung-oke , et le vieux Birman a juré qu'il abattrait le Kakhyen , mais la lutte s'est transformée en abus, et le Birman a prévalu par la force de ses poumons. Une discussion s'engage alors entre les Ponsee Pawmine et un autre, dont le contingent de mules le premier désirait compter, en totalité ou en grande mesure, parmi les siens.

Les muletiers, retardés par la bagarre, déchargeèrent leurs bêtes et les conduisirent paître ; leur rassemblement fut un travail de temps, mais ils partirent enfin en file, précédés par Margary et Allan avec une division de la garde birmane. Le reste de la mission, cependant, a été retardé par la difficulté de trouver des porteurs pour la boîte de nids d'oiseaux rejetée, la pharmacie de bord et l'appareil photographique, qui avaient tous été laissés au froid et ont dû être transportés par avion. Birman. A quatre heures, nous avons finalement quitté Tsitkaw , surveillés par Sala, qui nous a salué depuis le porche de la maison où il devait résider en otage pour notre sécurité. Nous avons observé au bord de la route plusieurs femmes assises avec *des carafes* d'eau, chacune contenant une fleur, de laquelle elles versaient des libations en murmurant des prières pour notre sécurité. Alors que nous traversions les villages successifs de Hantin , Hentha et Myohoung , la route était bordée de femmes occupées de la même manière. Une heure et demie de lente progression nous conduisit au hameau de Tsihet , au pied des collines, à l'extérieur duquel des hommes nous attendaient avec des gorgées bienvenues d'eau pure et fraîche. Il y a deux petits villages, chacun dans sa propre palissade, séparés par un espace de trente mètres. Nous avons pris nos quartiers dans un zayat branlant au sein du village le plus au nord. Le camp extérieur présentait une scène des plus animées. Les Birmans préparaient leurs dîners, tandis que d'autres érigeaient des huttes temporaires en bambous fraîchement coupés ou les couvraient de feuilles de bambou et d'herbes hautes. Des groupes de muletiers Kakhyen , arrivés les premiers, étaient assis dans leurs huttes, fumant et bavardant ; d'autres rassemblaient et rangeaient les mulets en lignes entre les bagages, chaque animal ayant une patte attachée à un piquet de bois enfoncé dans le sol. Les Birmans avaient campé dans un cordon enfermant les Sikhs et les Kakhyens , et bien sûr tous les bagages ; et des avant-postes avaient été établis au nord et au sud du village.

La localité de Tsihet , du fait de la proximité des collines, paraissait insalubre et les enfants paraissaient très maladifs. Il n'y aurait pas lieu de s'étonner si l'approvisionnement ordinaire en eau devait être jugé par celui qui nous était fourni le soir et qui semblait provenir d'un terrier de buffles. Tous les villageois se sont rassemblés pour regarder les kalas lors de leur dîner *en plein air* et ont accepté avec empressement nos bouteilles vides, considérées comme des prix précieux.

, nous atteignions le premier *kengdat birman, ou poste de garde, appelé* Pahtama . Kengdat . Elle est située dans un creux, et consiste, comme le reste, en une petite maison bâtie en teck et en bambou, élevée sur pilotis et entourée d'une double palissade de bambou, avec deux poteaux portant des fanions blancs dressés devant. La garnison était composée d'une demi-douzaine de soldats birmans. Toujours en montant, nous atteignîmes le quartier de Singnew et à un endroit où la route divergeait, plusieurs hommes et femmes Kakhyen s'étaient rassemblés pour nous voir passer. Le deuxième poste de garde birman, ou Lamen Kengdat , et peu après le village de Pehtoo , ou Payto , furent dépassés et nous entrâmes sur le territoire de Ponline . Du premier village et du troisième poste de garde, Tap- gna - gyee , nous sommes montés au principal village et résidence de Sala, appelé Lankon , où nous avons passé notre première nuit en terre Kakhyen en 1868. [41]

Nous nous arrêtâmes à midi devant la maison du chef , près de laquelle poussait un beau pêcher en pleine floraison. Quelques vieux Kakhyens étaient rassemblés, et parmi eux la tsawbwa-gadaw , qui produisait du sheroo et exigeait un paiement, recevant quatre annas, dont elle semblait très mécontente. La route, ou plutôt la piste, aucunement améliorée au cours des sept dernières années, était marquée de chaque côté par des touffes de coton brut que les branches inférieures pendantes avaient prélevées en guise de tribut aux fréquentes caravanes. De ce village, notre route se dirigeait vers le nord de celle que nous parcourions autrefois, et une descente d'une heure nous conduisit à un petit ruisseau appelé Moonam, de l'autre côté duquel nous trouvâmes le camp formé sur une pente qui avait évidemment été récemment creusée. dégagé pour l'emplacement du quatrième poste de garde, nommé Tsadota Kengdat , entouré de hautes collines de tous côtés. Nous nous installâmes au poste de garde, qui occupe le point culminant de la pente, et les Birmans formèrent leur ligne habituelle autour des Kakhyens . Le tsare-daw-gyee fit son apparition plus tard, après avoir suivi un itinéraire différent, qui le conduisit à l'extrémité nord-est, où il campa son groupe. Tout autour de nous, pendant la soirée, nous entendions les gongs se répondre et les grands cris du « Tout va bien ! » des avant-postes birmans.

Après un bain rafraîchissant, nous montâmes la colline sous la conduite d'un Kakhyen à la recherche de faisans, dont nous ne rapportâmes qu'une portion d'un énorme champignon. Avant de se coucher, Browne annonça qu'un Kakhyen était venu le voir pour l'informer que quatre cents Kakhyens mal intentionnés s'étaient rassemblés au-delà de Ponsee pour contester notre avance. Des visiteurs plus amicaux étaient promis sous la forme du tsawbwa-gadaw de Woonkah et de ses partisans, qui devaient arriver dans la matinée du village de son mari, situé sur la montagne au nord de Ponline .

Alors qu'ils attendaient, le matin du 18 février, l'arrivée de nos visiteurs attendus, le tsare-daw-gyee et ses officiers subordonnés apparurent et répétèrent d'un ton très sérieux l'information selon laquelle quatre cents Kakhyens et dacoïts chinois des collines mal intentionnés s'étaient emparés. obligations entre eux de nous attaquer, probablement dans un but de pillage. Le degré de crédibilité à accorder au rapport a été estimé de diverses manières, tant par les Kakhyens que par les Birmans. Moung Mo et Moung Yoh n'y croyaient pas ; mais l'ancien malheureux vieillard tomba soudainement malade, à tel point qu'il craignit de ne pouvoir avancer. Le Ponsée Pawmine a découvert l'histoire et a affirmé que c'était une invention d'un Kakhyen sans valeur qui nous a rencontré hier. Notre havildar sikh se porta promptement volontaire pour avancer avec ses quinze hommes et dégager la route d'un certain nombre de ces montagnards, que ses observations à Sawady et ailleurs lui faisaient retenir à très bon marché. Le tsare-daw-gyee déclara que lui et ses hommes étaient prêts à se battre, mais qu'il était souhaitable d'avancer pacifiquement si possible. Il fut finalement décidé que nous nous dirigerions vers le dernier poste de garde birman au bord du Nampoung , et la caravane partit vers neuf heures.

Après une courte et raide montée, au milieu du rugissement du lointain Tapeng , la route descendait vers le Nampoung . En passant par deux courtes crêtes, d'où l'on obtient une vue magnifique sur le vallon qui s'étend du sud-sud-ouest au nord-nord-est, puis en parcourant un sentier escarpé en une succession de zigzags étroits jusqu'aux rives du ruisseau, nous arrivâmes à le cinquième poste de garde birman à 10H30

La vallée du Nampoung est un vallon profond et étroit, bordé de chaque côté par de hautes montagnes, et nulle part elle n'est plus large que deux cents mètres. La rivière est un ruisseau clair et rapide, coulant dans un canal rocheux entre des plaines parsemées de rochers bordées de hautes herbes de chaque côté. Les berges s'élèvent brusquement, couvertes de hauts arbres forestiers, enchevêtrés de magnifiques lianes et festonnés d'orchidées. À quelques kilomètres au nord, une vallée plutôt dénuée d'arbres communique avec le vallon, s'étendant apparemment dans une direction derrière Manwyne . Le poste de garde occupe un espace ouvert et plat, couvert de terrasses de riziculture. Au sud, le vallon se termine par une gorge profonde dans laquelle la rivière se précipite jusqu'au Tapeng . Nous trouvâmes le camp formé, et les gens, comme d'habitude, occupés à préparer leurs cabanes, comme, malgré l'avis du Ponsee . Pawmine , que nous devions nous rendre à Shitee , il avait été décidé que nous resterions ici.

Un autre Birman était arrivé de Manwyne , confirmant l'annonce d'un danger à venir, mais Margary l'a discrédité et a exprimé sa volonté, si nécessaire, de se rendre à Manwyne pour enquêter sur la vérité de la rumeur d' opposition. Le tsare-daw-gyee approuva cette mesure, et il fut décidé d'envoyer Margary en avant, car il était connu des habitants de Manwyne depuis son récent séjour dans cette ville, et de tous les officiers chinois du district comme étant sous la protection. du vice-roi du Yunnan.

Au cours de l'après-midi, des gongs et des cymbales ont été entendus battre en haut de la colline du côté chinois ou gauche de la vallée, et des Kakhyens ont été vus nous scrutant du haut des arbres. Il s'agissait des partisans du tsawbwa Shitee Meru , qui ne traversa cependant pas le territoire birman et, après un certain temps, des coups de feu lointains annoncèrent son retour dans son village. Le soir, le camp présentait un spectacle pittoresque, les turbans rouges des Birmans se combinant à la riche verdure des feuilles de palmiers qui couvraient les nombreuses huttes. Le Ponsée Pawmine s'était dressé un wigwam de feuilles de palmiers plumeuses, et la lueur du feu vif, autour duquel un groupe d'hommes en bleu bavardaient et fumaient, éclairait un tableau qu'on aurait envie de dessiner.

Le soir, nous avons eu un dîner d'adieu auquel l'écrivain chinois de Margary a été invité. Notre discussion sur les perspectives de la mission, bien qu'obscurcie par aucune anticipation du sort effrayant vers lequel notre vaillant camarade était sur le point de se mettre en route, dura jusqu'à une heure tardive, tandis que les gongs des Birmans vigilants sonnaient comme d'habitude de divers points tout autour. notre position.

Margary partit pour Seray *en route* pour Manwyne tôt le matin du 19 février. Il était accompagné de son écrivain Yu- tu - chien , dont j'ai déjà parlé, un chrétien chinois intelligent, qui, pendant son séjour chez nous, s'était fait à la fois aimer et respecter. Les autres assistants étaient son messager officiel, ou *ting-chai* , Lu-talin , du consulat de Shanghai ; son garçon, Chang- yong - chien , connu sous le nom de Bombazine ; Li-ta- yu , un serviteur de Sz-chuen ; et son cuisinier, Chow- yu -ting, originaire de Hankow, qui avaient tous accompagné leur maître dans le voyage à travers la Chine. Outre ses partisans, Moung Yoh, ou Li- kan -shin, et un Pawmine de Seray, d'apparence nullement avenante, et remarquable par une voix singulièrement forte, l'accompagnèrent à Seray.

La matinée fut consacrée par moi-même à une tentative, sous la direction d'un Kakhyen , d'explorer la vallée, ce qui était rendu difficile par la jungle dense et la réticence des indigènes à s'éloigner de plus de deux ou trois milles du camp.

Les rapports faisant état de menaces d'opposition étaient plus nombreux que jamais ; mais certains Chinois arrivés pendant la journée professaient leur ignorance de tout malaise parmi les tribus montagnardes. Un Kakhyen a été amené par les Birmans au corps de garde, qui était venu exprès de Manwyne la veille pour nous dire, au péril de sa vie, qu'un groupe d'hommes avait été rassemblé pour nous attaquer, par un certain Yang. -ta- jen , en ligue avec les Seray tsawbwa . Le messager semblait idiot, mais son récit était clair, ce qui concordait certainement avec les rapports précédents. La nouvelle arriva que tous les otages détenus à Tsitkaw s'étaient évadés à l'exception de Sala. L'un d'eux était le fils du Ponsee Pawmine , et son père, qui avait été chargé d'accompagner Margary, fut retenu pour être envoyé à Tsitkaw à la place de son fils. La tsawbwa-gadaw de Woonkah arriva avec son cadeau de volailles, d'œufs et de sheroo , et reçut du drap et d'autres cadeaux, avec lesquels elle disparut rapidement, non sans se plaindre de n'avoir pas été payée en argent pour ses volailles !

Rien de plus ne s'est produit jusqu'au lendemain matin, lorsque des messagers ont apporté une lettre de Margary, datée de Seray, annonçant que jusqu'à présent la route n'était pas perturbée, que toutes les personnes rencontrées étaient civiles, et qu'il devrait se rendre à Manwyne . Il a noté que lorsqu'il se trouvait dans la maison du chef Seray, le Pawmine Seray avait manifesté son mépris envers les Birmans en crachant par terre.

Fort de cette communication, bien que le tsare-daw-gyee ait insisté pour qu'aucun mouvement ne soit fait jusqu'à ce que la nouvelle de la réception de Margary à Manwyne nous parvienne, le colonel Browne résolut de procéder immédiatement et, si possible, d'atteindre cette ville en un seul instant. mars. Le camp fut donc frappé, et, traversant le Nampoung , nous entrâmes en Chine.

La route que nous devions suivre montait tout droit un éperon abrupt de la chaîne principale séparant le Tapeng du Nampoung , dont le point culminant, Shitee Meru, s'élève immédiatement au nord de Ponsee , position de la longue détention de la première expédition. de 1868. Je partis en avance sur les autres, accompagné de mes hommes et de l' éclaireur Kakhyen qui avait apporté l'information de Manwyne . L'ascension commençait directement de la vallée de Nampoung , et trois heures de montée sur le sentier de la colline nous conduisirent à midi au premier village Shitee . Le tsawbwaship a été divisé entre trois frères, chacun ayant son propre village, mais le plus jeune, selon les règles de Kakhyen , est le chef de Shitee Meru. Au premier village, nous avons été chaleureusement reçus et rafraîchis avec du sheroo , et les enfants ont été ravis de perles et de petites pièces de monnaie. Ici, nous avons trouvé un indigène de l'Inde, un esclave venu d'au-delà de l'Assam et qui avait oublié la majeure partie de sa langue, mais qui s'était fait connaître en appelant *pani* . Sur le flanc de la colline, j'ai rencontré le tsawbwa Shitee Meru qui descendait avec deux hommes, dont l'un m'a escorté quelque part ; et ensuite apparut le Wacheoon tsawbwa avec un groupe de quarante partisans armés, certains montés sur des poneys. Il était très amical et nous a envoyé une escorte, dont l'une avait apporté un lézard pour l'Anglais. La route serpentait sur les contreforts descendant de l'épine dorsale du Shitee-doung jusqu'au Nampoung , qui coule du nord-est le long d'une vallée située au-dessous du versant nord-ouest de la chaîne principale qui définit la rive droite du fleuve. Tapeng . La plus grande hauteur atteinte sur Shitee Meru Doung était d'environ cinq mille sept cents pieds au-dessus de la mer, d'où nous descendîmes légèrement jusqu'à l'emplacement choisi pour notre campement, dont l'altitude se révéla être de cinq mille cinq cents pieds, où nous nous arrêtâmes à 15h30, après une marche d'environ huit milles.

Entre deux crêtes arrondies descendant vers le Nampoung , l'une sur nos arrières couverte de forêt et l'autre d'herbe, distantes d'environ cinq cents mètres au nord-est, s'étendaient deux clairières plates, où les caravanes avaient l'habitude de bivouaquer, la première et une clairière plus petite étant proche de l'éperon ouest. Sur le deuxième espace, plus grand, séparé du premier par un ruisseau de montagne, et situé à une altitude un peu plus élevée, immédiatement le long de l'éperon herbeux, le camp était établi.

Autour et au-dessus des campements, la forêt avait été défrichée et l'espace ouvert était couvert d'herbes hautes entrecoupées de rochers. Juste au-dessous des campements, le terrain s'inclinait brusquement dans un creux herbeux entre les crêtes, qui servait de pâturage aux mulets. La crête principale de la montagne, qui s'élevait à une hauteur de six cents pieds au-dessus de nous, était recouverte jusqu'à son sommet d'une forêt dense, qui formait une couverture continue, s'étendant le long de la crête saillante à l'arrière, et enfermant ainsi et commandant notre position sur le sud et est. En contrebas du creux, le flanc de la colline, revêtu d'une jungle impénétrable, s'enfonçait brusquement jusqu'au Nampoung . Le pays sur lequel la route serpentait en pente, en direction de Seray, était constitué d'anciennes clairières couvertes d'herbes de jungle et de parcelles de forêt non coupée. La sortie immédiate de la route traversait une dépression dans la crête, descendait le creux intermédiaire et, de là, remontait, traversait l'éperon suivant.

Nous bivouacâmes en plein air parmi les mulets et les bagages, et entourés de feux dont la fumée était d'abord des plus intolérables, mais aucun autre ennui ou dérangement ne fut ressenti, et nos Kakhyens s'amusèrent à écouter les mélodies d'une boîte à musique . , qui était devenu un favori parmi eux. Les Birmans étaient toujours aussi vigilants et leurs sentinelles semblaient en alerte toute la nuit. Les tsawbwas de Wacheoon et de Ponwah visitèrent le camp et n'avaient entendu parler d'aucun mouvement suspect de troupes, ce que confirmèrent les autres Shans qui apportaient des volailles à la vente . Notre interprète, Moung Yoh, revint au camp en compagnie des hommes Seray, ces derniers étant remarquablement bien habillés et équipés, et évidemment de vieilles connaissances des Birmans. Il rapporta que le chef de Seray était mécontent du paiement de l'impôt mulet ou des cotisations à Sala, qui pourtant avait été fait avec la connaissance et l'approbation du fils de Seray. Moung Yoh suggéra alors d'envoyer des cadeaux à Seray, qu'il avait découvert comme un grand ami de son oncle Li- sieh -tai, et chez lequel il retourna le soir même pour attendre notre arrivée.

Nous étions prêts à partir à sept heures du matin le 21, mais le tsare-daw-gyee a laissé entendre qu'il ne pensait pas prudent de bouger jusqu'à l'arrivée des tsawbwas de Shitee Meru, Woonkah et d'autres. Cependant, sa véritable intention était de rester dans ce camp jusqu'à ce que des nouvelles précises lui parviennent de M. Margary ; mais comme il avait été convenu avec ce dernier que nous devions avancer si nous n'entendions pas de lui nous avertir du contraire, le colonel Browne résolut d'avancer jusqu'à Seray avec les Sikhs, laissant suivre la garde et la caravane birmanes. Je partis avec mes hommes en avance, mais peu de temps après je fus rattrapé par Browne, Allan et Fforde, suivis par les Sikhs et leurs serviteurs, avec les deux chevaux de tête, le camp ayant ainsi été laissé aux Kakhyens, sous la charge des Birmans. Leur cavalcade a rapidement dépassé mon groupe, alors que nous tirions et ramassions des plantes. La route s'étend sur de nombreux contreforts et à travers de profonds creux boisés, puis traverse la ligne de partage des eaux séparant la vallée de Nampoung de la gorge du Tapeng ; du côté sud ou Manwyne de la crête se trouve le district de Seray. Ici un Shan Birman, portant le turban rouge de notre escorte, accompagné d'un Kakhyen , nous rattrapa et me fit comprendre par signes que le tsare-daw-gyee souhaitait que nous revenions. Comme aucun de nous ne parlait birman, je lui ai fait signe de procéder rapidement et de communiquer ses nouvelles au colonel Browne, ce qu'il a fait, et j'ai ordonné à mes hommes d'avancer pour rattraper le reste du groupe, pendant que j'attendais mon palefrenier. et poney. Le messager à son retour signifia que le colonel Browne poursuivait sa progression vers Seray. La route descendait dans un creux d'où une montée raide conduit à Seray. Ici, une difficulté surgit au sujet de la route, car plusieurs chemins divergeaient, et rien n'indiquait lequel avait été emprunté par le groupe du colonel Browne. Malheureusement, je m'en trompai et arrivai bientôt dans un village étrange, dont les habitants n'avaient sans doute jamais vu d' Européen. Selon la coutume des Kakhyen , je descendis de cheval avant d'entrer, et, apercevant des femmes debout à la porte de la première maison, m'indiquai par des signes que je désirais connaître la route. Ils m'ont fait signe d'un air boudeur de continuer à monter. Imaginant que la fin du village était atteinte, je me préparai à remonter à cheval, mais cela fut mécontent de plusieurs hommes qui se précipitèrent hors d'une maison et, en criant, tirèrent leurs dahs d'une manière menaçante. J'ai essayé d'en inciter certains, par l'offre de *compraw* , à me montrer le chemin, mais aucun n'a voulu le faire. En poursuivant mon chemin, suivi par les montagnards, j'ai soudainement trouvé mon gros chien à mes côtés. Comme sa présence prouvait que certains de mes hommes étaient derrière, j'ai tourné la tête de mon poney et tous les Kakhyens se sont enfuis. Après avoir parcouru quelques pas sur mes pas, j'ai découvert mes collectionneurs et mes serviteurs cachés par peur dans un creux profond. Bientôt, je rencontrai un garçon Kakhyen qui nous conduisit au village de Seray.

Seray, comme la majorité des villages Kakhyen , est finement situé au sommet d'une crête, parmi de hauts arbres, entourant en son centre une clairière herbeuse . Les sentiers qui mènent au village sont larges et ses environs sont indiqués par des groupes de hauts poteaux en bois massif, avec de simples dispositifs noirs, et par des bosquets aux nats, et par de petites enceintes circulaires consacrées au culte de l'esprit du ciel. En arrivant, je trouvai tous les Sikhs rangés devant la maison du tsawbwa , ainsi que les chefs de Woonkah et de Wacheoon et le commis chinois d'Allan. Il faisait si sombre en entrant que je ne pus d'abord reconnaître le colonel Browne, Allan et Fforde qu'à leurs voix. Le chef, qui me connaissait encore, était assis par terre, et on pouvait remarquer que lui et tous ses hommes étaient armés. L'agitation dont il faisait preuve, le fait qu'il se retirait dehors pour des conférences privées avec sa patte , et le fait que toutes les femmes avaient quitté la maison, excitaient les soupçons ; mais lorsque ce dernier revint, et que le chef et son Pawmine se dépouillèrent de leurs dahs, j'en conclus que toute intention hostile qui aurait pu être initialement entretenue contre nous avait pour le moment été abandonnée. Ensuite, du sheroo et des œufs durs ont été apportés et placés devant nous ; mais d'autres pourparlers avec le chef n'aboutirent à aucun résultat, et nous nous ajournâmes dans un bosquet de chênes et de noisetiers à la périphérie du village. Moung Yoh, ou Li- kan - shin, le neveu déclaré de Li- sieh -tai, qui nous avait servi d'interprète et s'adressant à Seray en tant qu'oncle en signe d'amitié, vint bientôt demander au colonel Browne de retourner chez le chef. maison. Là, il fut décidé que les Seray et Woonkah Les tsawbwas devraient se rendre immédiatement à Manwyne , s'assurer de l'état actuel des choses et apporter une lettre à Margary. Un autre Birman était arrivé du camp pour nous demander de revenir, nous montâmes sur nos poneys et rebroussâmes nos pas. Sur la route, nous avons rencontré des Kakhyens , dont l'un a saisi la bride du cheval de Browne et lui a fait signe de repartir, car la route était encombrée, mais comme notre ami était sous l'influence du sheroo , nous lui avons parlé agréablement et avons continué. Cet homme était un Pawmine de Shitee , qui revint au camp le soir et, accusé d'avoir été ivre, avoua qu'il avait commencé avec une flasque de bambou pleine de sheroo , qu'il avait finie. Ces incidents montraient qu'il y avait une crainte inquiète du danger, mais que dans le voisinage immédiat les Kakhyens étaient amicaux.

Pendant notre absence, les Birmans avaient élevé des barricades ou des parapets de pierres et de terre, en des points au-dessus du camp, et commandant la route de Seray. Le tsare-daw-gyee annonça à Browne que nous serions certainement attaqués par les Chinois soit ce soir-là, soit en marche le lendemain. Certains hommes furent aperçus scrutant du haut des arbres au sommet de la colline, comme s'ils reconnaissaient notre position. Les Birmans, qui ramassaient du bois de chauffage, accoururent aussi vite qu'ils purent, et tout le camp poussa un cri effrayant pour effrayer les prétendus ennemis, qui disparurent, et l'excitation s'apaisa peu à peu.

[40] « Marco Polo » de Yule, vol. ii. (1875), p. 244.

[41] Voir page 73. Le nom du village était compris par nous, à cette occasion, comme étant le même que celui du district, à savoir. Ponline .

CHAPITRE XVI.
REPULSATION DE MISSION.

Apparition de l'ennemi – Meurtre de Margary – Tsawbwas amis – Mission attaquée – Woonkah tsawbwa racheté — La jungle tire — Rejet de l'attaque — Incidents du jour — Notre retraite — Shitee — Renforts birmans — Arrêt au corps de garde — Retraite sur Tsitkaw via Woonkah — Visite d'Elias et Cooke à Muangmow — Li- sieh - tai — Retour du capitaine Cooke — Elias à Muangmow — Le père Lecomte et le chef Mattin — Une fausse lettre — La Saya de Kaungtoung — Rapports sur Margary — La commission d'enquête — Retour d'Elias — Visite du deuxième défilé — Retour de la mission à Rangoon.

Nous étions tous réveillés dès le petit jour du 22 février et préparâmes nos bagages pour l'avance vers Manwyne ; mais vers sept heures, de grands groupes d'hommes armés furent observés sur les hauteurs au-dessus de nous, se précipitant vers le bas en direction de Shitee , comme pour nous couper la retraite. Il n'y avait aucun doute sur leur intention hostile, et les Birmans détachèrent immédiatement des groupes pour occuper les positions qu'ils avaient fortifiées, l'un étant au-dessus du camp, et un autre projeté en avant jusqu'à un point de la route menant à Seray, qui commandait le creux suivant et le crête opposée. Le Woonkah tsawbwa entra dans le camp et communiqua au colonel Browne un rapport qui reçut une confirmation presque instantanée. Le tsare-daw-gyee apparut avec un visage très sérieux et produisit deux lettres reçues des agents birmans à Manwyne . Ils racontèrent brièvement l'horrible meurtre de M. Margary la veille à Manwyne ; son écrivain et d'autres collaborateurs auraient également été tués. Aucun détail n'a été donné; mais le tsare-daw-gyee fut prévenu que nous allions être attaqués, et qu'il aurait intérêt à se détacher de quelques milles des Anglais, faute de quoi il encourrait le même danger, bien que les Chinois supportaient aucune mauvaise volonté envers lui et son parti. L'officier birman, cependant, s'est immédiatement adressé à la défense du camp, et nous sommes montés avec lui jusqu'à l'éperon juste au-dessus pour faire une reconnaissance , tandis que les Sikhs prenaient position derrière un long rocher bas situé à l'extrémité ouest du camp. , qui servait de parapet naturel, d'où ils commandaient la route par laquelle nous étions venus. Le sympathique Kakhyen les tsawbwas de Woonkah et de Wacheoon s'étaient précipités pour amener des renforts, et les mules furent conduites dans le creux herbeux en contrebas du camp. Ces préparatifs n'étaient pas terminés lorsque l'ennemi ouvrit le feu de tous les côtés sauf un. Les assaillants avaient descendu la crête, cachée par la forêt qui, comme nous l'avons déjà décrit, entourait notre position sur deux côtés. Cela avait masqué leur avance et leur servait de couverture parfaite, le bruit et la fumée de leurs armes à feu indiquant seuls où ils se trouvaient ; il était clair, cependant, qu'ils étaient en force au sud et à l'est, et ils ont évidemment choisi notre groupe comme objet d'attaque, évitant les Birmans, qui, cependant, ont activement riposté. Bientôt, certains des assaillants, menés par un Chinois brandissant un long trident, se précipitèrent hors de la jungle vers un espace ouvert plus petit. Les Sikhs ouvrirent immédiatement le feu sur eux, ce qui les repoussa derrière toutes les couvertures disponibles et stoppa toute avancée ultérieure pendant un certain temps. Dès qu'ils furent cachés, nos hommes cessèrent de tirer. Cela parut enhardir l'ennemi, et un deuxième détachement se précipita et se distribua dans les buissons. Une volée vive et bien ciblée les chassa en masse, jusqu'à l'étroite entrée de la route. On vit au moins un homme tomber mort, et d'autres, blessés, furent traînés par leurs compagnons. Pendant quelques heures, les tirs des hommes cachés dans la forêt se poursuivirent des trois côtés. Comme ces Kakhyens et ces Chinois levaient seulement leurs lance-feu sur le côté de la tête, regardaient une seconde en avant, puis tiraient, les balles sont passées au-dessus de nos têtes. Les tirs réguliers des Sikhs parurent finalement trop pour l'ennemi, et vers 14 HEURES , ils furent vus se retirer le long de la crête au-dessus, et les tirs vers le sud cessèrent. Alors qu'ils se retiraient, nous leur tirâmes dessus à environ mille mètres de distance, ce qui les étonna évidemment, tandis qu'ils se précipitaient devant eux, se baissant aux points exposés où le feu se répandait. Lorsque tout parut calme et que la route parut dégagée, les mules furent remontées du creux, et les muletiers se hâtèrent de préparer les chargements. Pendant ce temps, un groupe de nos Kakhyens se précipita vers l'espace ouvert, où l' on avait vu tomber un des ennemis , et revint avec sa tête, qui était attachée par la queue de cochon à un arbre. Il a été rapporté par la suite qu'il était un officier chinois, mais sa tenue vestimentaire et son apparence n'indiquaient guère un tel grade. Avant que les préparatifs du départ ne fussent terminés, l'ennemi revint en force beaucoup plus grande et réoccupa les couvertures, et on estima qu'ils étaient au moins cinq cents hommes. Les tirs reprirent depuis les hauteurs et la forêt alentour, et notre position parut complètement encerclée, sauf du côté de la descente vers la vallée de Nampoung . La question de l'abandon des bagages et d'effectuer une retraite par cette seule ligne laissée ouverte, fut évoquée, mais le tsare-daw-gyee insista pour qu'on tarde, et ses hommes ainsi que nous maintinrent un feu constant sur l'ennemi.

Le Woonkah Tsawbwa , avec un certain nombre de ses hommes, était revenu au camp juste avant la première repoussée de l'ennemi, et il informa le colonel Browne que le chef Seray lui avait offert cinq cents roupies s'il se joignait à l'attaque contre nous. Le colonel Browne comprit immédiatement la portée de cette remarque, qui lui offrit aussitôt dix mille roupies s'il parvenait à emporter tous les bagages. Il était difficile pour l' esprit du Kakhyen de concevoir une si grande somme d'argent, et le tsare-daw-gyee dut lui faire comprendre en déclarant qu'il recevrait « trois paniers pleins d'argent ».

Au moment où cet arrangement était conclu, nous entendîmes des cris d'hommes, venant apparemment derrière l'éperon sud, occupé par l'ennemi. Les Birmans pensèrent d'abord que cela indiquait l'approche d'un renfort qui devait arriver toutes les heures en provenance de Bhamô . Bientôt, cependant, la forêt devant eux s'enflamma, après avoir été tirée par les Shitee. tsawbwa et ses Kakhyens avec ceux de Woonkah . Cette manœuvre s'avéra très réussie, et l'ennemi fut rapidement contraint de se retirer, et comme d'autres couvertures furent successivement tirées au-dessous des hauteurs par les Birmans, ils furent bientôt en pleine retraite le long des hauteurs, exposés au feu de nos fusils, qui racontèrent les à plusieurs endroits ouverts. Cependant les tirs continuèrent pendant quelque temps au-dessous des hauteurs, et du côté de la crête dominant la route de Seray , un feu intermittent fut également entretenu. La garde birmane était ici postée derrière un terrassement et tenait l'ennemi à distance de ce côté ; et après que l'éperon sud et les hauteurs de l'est aient été dégagés, nous avons descendu les Sikhs pour soutenir les Birmans et avons tiré dans le creux le plus éloigné, le seul qui restait caché de l'ennemi.

Tous les tirs avaient presque cessé vers cinq heures. La jungle des autres côtés étant désormais dégagée et la route de Shitee ouverte, l'ordre fut donné de recharger les mules. Ils furent promptement remontés hors du creux, où ils étaient restés en sécurité, et tous furent bientôt chargés. Quelques mules et conducteurs avaient disparu, mais des Kakhyens volontaires , soit de Shitee , soit de Woonkah , s'emparèrent rapidement des charges restantes, et les bâts vacants furent entassés et brûlés avant notre départ. A la fin de la journée, bien que les balles fussent tombées dans toutes les directions, les pertes de notre côté ne s'élevaient qu'à trois hommes légèrement blessés et une mule touchée au cou. Les tirs étaient principalement dirigés contre les officiers de la mission, et chaque fois que nous nous dirigions vers les bagages, les balles tombaient librement autour de nous, tandis que les Chinois criaient au tsare-daw-gyee qu'ils ne voulaient pas tuer ses hommes, mais que « diables étrangers. Nos Birmans ont fait preuve d'un grand esprit et le tsare-daw-gyee , du début à la fin, méritait les plus grands éloges. Un de ses hommes, en essayant de chasser des Chinois, se fit enlever son turban rouge par les pointes d'un trident, mais réussit à échapper à un coup d'arme plus mortel. La perte de l'ennemi a été rapportée de diverses manières, et il est impossible de donner un bilan précis. Certains périrent dans la jungle en feu, et autant que l'on put se fier aux rapports fournis par la suite, environ huit ou dix des assaillants furent tués et trente blessés. Je remarquai que les jeunes gens d'à peine vingt ans, et même les garçons, étaient nombreux dans leurs rangs. La voix forte et bien connue du Pawmine de Seray a été entendue, et le fils du tsawbwa ainsi que le tsawbwa de Ponsee auraient été présents. Le fils de Seray fut reconnu par la détonation de son fusil à double canon , offert à son père lors de la première expédition, dont les deux canons tiraient en même temps, rendant la double détonation facilement reconnaissable.

Les lettres reçues de Manwyne disaient que le parti qui allait nous attaquer était l'avant-garde d'une force de trois mille hommes, que le gouverneur de Momien avait envoyés pour s'opposer à notre progression. Le lecteur se souviendra que notre camp de Ponsee fut menacé d'attaque, en avril 1868, par les Kakhyens anarchiques de cette même région, et que, bien que de l'autre côté de la montagne, notre position à cette occasion était proche de cet endroit. De nombreux vols avaient déjà été signalés dans ce district, et le groupe d'attaquants était sans aucun doute composé en grande partie des Ponsee et des Seray Kakhyens . Ceux-ci appartiennent à la tribu Lakone , tandis que les clans des chefs Woonkah , Wacheoon et Shitee , qui ont rendu une si fidèle assistance, sont des rejetons de la tribu Cowlie . Aux Kakhyens étaient associés un certain nombre de voyous ou peut-être de soldats chinois ; mais les assaillants ne pouvaient guère être comptés que des voleurs locaux, qui pensaient que les Birmans ne résisteraient pas et que nos propres gardes étaient trop peu nombreux, tandis que la perspective d'un si riche butin suffisait pour les faire courir les risques d'un combat. La défense acharnée , l'effet produit par la longue portée des fusils et la diversion audacieuse en notre faveur dirigée par les chefs Shitee et Woonkah , qui ont tiré dans la jungle, se sont combinés pour décevoir leurs attentes. Il ne faut pas en déduire que les rapports ultérieurs sur l'avancée des troupes chinoises et sur l'hostilité des fonctionnaires de Momien soient discrédités. Les Chinois de la frontière étaient fortement prévenus contre notre entrée dans le Yunnan, et les Kakhyens et les voleurs locaux seraient incités par l'avancée signalée ou réelle des troupes à anticiper tout acte d'hostilité manifeste et à essayer de s'emparer du riche butin.

Lorsque le train de bagages fut parti sain et sauf, escorté par quelques gardes birmans, nous partîmes pour le retour à Shitee , suivis par les Sikhs, la queue étant fermée par le tsare-daw-gyee . M. Fforde, avec quelques-uns de ses hommes, resta peu de temps, tandis que les Birmans postés sur la route de Seray tinrent leur position jusqu'à ce que tout soit parti, puis nous suivirent lentement pour couvrir la retraite. Nous partîmes à 5 heures 30 et atteignîmes en une demi-heure Shitee , après avoir rencontré sur la route quelques renforts birmans venus de Bhamô . Les bagages furent tous rassemblés en tas devant la maison du tsawbwa , et le tsitkay-nekandaw , qui commandait le détachement nouvellement arrivé, était posté avec quarante de ses hommes derrière un terrassement qu'ils avaient érigé, couvrant l'approche du village. Le tsawbwa et le tsare-daw-gyee souhaitaient que nous passions la nuit à cet endroit. Le chef craignait que les Chinois ne descendent et brûlent son village pour se venger de son aide. Les Birmans prétendaient que si les membres de la mission poursuivaient la retraite, il semblerait que nous abandonnions les bagages, qui ne pourraient pas être amenés plus loin ce soir-là. La position du village, située sur le flanc de l'éperon de la montagne et étroitement entourée d'une jungle dense, semblait trop exposée à une attaque de nuit, et le colonel Browne décida de pousser jusqu'au poste de garde du Nampoung . Nous partîmes donc à 6h30, accompagnés du tsare-daw-gyee et de quelques Birmans. Il devint bientôt très sombre, et la descente sur le sentier rocheux, bordé d'un côté par une forte pente, était fastidieuse et dangereuse. Nous ne pouvions voir ni les pierres ni les bords du chemin, et lorsque nous traversions d'épais bosquets d'arbres, même un poney blanc juste devant moi était invisible.

Pendant près de quatre longues heures, nous avons trébuché vers le bas, la dernière partie du voyage étant quelque peu facilitée par le clair de lune, qui était cependant obscurci par la forêt impénétrable et les hauteurs environnantes. En traversant le Nampoung , le poste de garde fut atteint en toute sécurité et nous fûmes confortablement logés. Comme quatre des mules avaient emporté de la literie, de la nourriture et des ustensiles de cuisine, nous n'étions pas si mal lotis que les Sikhs, qui avaient marché chargés de munitions en plus de paquets d'argent Sycee, qui leur avaient été distribués pour leur sécurité pendant la crise. de l'attaque et ne disposaient que de riz sec.

Le lendemain matin, il fut décidé que le Woonkah tsawbwa , qui nous avait accompagnés, devait retourner à Shitee et ramener le reste des bagages, pendant que nous attendrions son arrivée. Deux heures plus tard, le tsare-daw-gyee rapportait que les Chinois se rassemblaient en force aux extrémités nord et sud de la vallée de Nampoung pour reprendre l'attaque. Il nous conseilla donc de nous diriger immédiatement vers Tsitkaw par la route de Woonkah . En peu de temps , nous gravissions péniblement la montée raide menant au district et au village de Woonkah , qui se trouve au sommet de la haute crête formant la ligne de partage des eaux ouest du Nampoung , et doit être à une altitude égale à celle de Shitee . Le tsare-daw-gyee fermait la marche du groupe et, pendant la marche, envoya un messager pour nous exhorter à continuer, car on rapportait que les Chinois se rassemblaient rapidement. Les habitants du premier village de Woonkah nous ont accueillis avec une satisfaction évidente, et les tsawbwa-gadaw ont apporté une réserve de sheroo , ce qui était des plus rafraîchissants. Ici, nous avons été rejoints par le tsare-daw-gyee , et il lui a été proposé de laisser derrière nous les chevaux conduits, mais il a objecté à cette proposition comme étant inutile.

De Woonkah commença la descente des collines, la route traversant une forêt d'arbres très élevés, dépourvus de sous-bois. Alors que nous approchions de la jonction d'une route venant du nord avec la piste de

Woonkah , notre avant-garde birmane nous fit signe de la suivre rapidement et reconnut avec le plus grand soin les flancs d'un éperon qui descendait vers nous, mais rien d'autre qu'une jungle dense n'était visible. Ils manifestèrent la même prudence inquiète à l'endroit où la route de Ponline rejoignait notre route avant que le troisième poste de garde ne soit atteint. Les Sikhs commençaient à être très affligés, et nous dussions les soulager en leur abandonnant nos poneys pour leur usage à tour de rôle. Tsihet a été atteint à 14h30 et, après un court repos, nous nous sommes dirigés vers Tsitkaw , où nous sommes arrivés au coucher du soleil, et avons été félicités pour notre évasion par le deuxième tsitkay-nekandaw , qui nous a accueillis dehors à la tête d'un garde aligné de chaque côté. de la route. Nous nous installâmes dans nos anciens quartiers, mais sans ravitaillement, aucun bagage n'étant arrivé ; et pour la literie, nous avions des couvertures en paille et en feutre Shan. Heureusement, quelques boîtes de conserves de viande étaient disponibles, mais nous avons dû nous procurer auprès des villageois des récipients en argile pour cuisiner et un bol bleu pour servir à la place des assiettes.

Nous restâmes deux jours à Tsitkaw en attendant les bagages dont les parties les plus légères arrivèrent à la charge des Birmans. Un autre détachement de quatre-vingt-cinq hommes arriva de Bhamô , le lendemain de notre arrivée, et marcha droit vers les collines. L'infatigable tsare-daw-gyee reçut également l'ordre du Woon de retourner immédiatement à Woonkah et d'y rester personnellement pour superviser l' expédition de tous les bagages. Il est impossible de trop vanter le souci de notre sécurité en marche et la conduite générale de cet officier birman. Divers rapports furent rapportés sur les pertes subies par l'ennemi ; et les Birmans et les Kakhyens semblaient avoir été fortement impressionnés par le « tir lointain » de nos fusils. Le Kakhyen qui avait apporté les premières informations sur l'attaque projetée apparut et fut ravi de voir ses services récompensés par une belle récompense. Il était si ravi que, à la manière de Kakhyen , il revint avec une « queue » de partisans et, se faisant passer pour un tsawbwa , essaya d'obtenir quelque chose pour ses compagnons, mais sans succès. Nous fûmes également rejoints par notre ancien interprète, Moung Mo, disparu à Shitee ; mais concernant Moung Yoh, ou Li- kan -shin, et l'employé chinois d'Allan, dont on avait vu ou entendu parler pour la dernière fois à Seray, rien de certain ne pouvait être établi. Des rapports ultérieurs ont déclaré qu'ils avaient tous deux été assassinés, mais aucune information fiable n'a été reçue sur leur mort ou leur évasion.

Le deuxième jour de notre séjour à Tsitkaw , des lettres furent reçues du résident de Bhamô en réponse à la dépêche annonçant notre rejet. Il avait heureusement été sur le point d'envoyer des Lenna Kakhyens avec des lettres à Elias à Muangmow , et leur avait promis une récompense s'ils reconduisaient notre compagnon sain et sauf. Le Woon envoya demander notre retour à Bhamô , car il avait entendu parler d'un projet d'attaque sur Tsitkaw par le Khanloung. Kakhyens , une race de voleurs sans foi ni loi habitant les collines au-dessus de la rivière Molay. Des gardes supplémentaires furent donc postées par le choung-oke , et tous les soldats reçurent l'ordre d'être en alerte ; mais la nuit se passa tranquillement. Nous sommes tous rentrés, certains par la route et les autres par bateau, à Bhamô , le 26 février, et avons été accueillis à la Résidence par le Capitaine Cooke.

Il n'avait aucune nouvelle d'Elias, qui, le 17 instant, était encore à Muangmow , et dont la position, seule au pouvoir de Li- sieh -tai, semblait précaire et alarmante. Pour l'expliquer, je dois encore mentionner que le capitaine Cooke et M. Ney Elias étaient partis, sous le convoi du chef Lenna de Paloungto , par la route Sawady , dans l'intention, si possible, de nous rejoindre à Momien . Ils allèrent de Bhamô à Mansay et, quittant ce dernier endroit tôt le matin, arrivèrent au village Kakhyen de Kara vers neuf heures. Le chef du village de Kara, nommé Peetah, se trouve à quelques kilomètres de là. A deux milles de cet endroit, ils entrèrent dans le pays des Lenna Kakhyens , et une marche de sept milles les conduisit à Wurrabone , petit village situé près du sommet d'une montagne. C'est le siège du frère aîné du chef Paloungto , chez lequel ils passèrent la nuit, étant reçus avec la plus grande attention que pouvait témoigner l'hospitalité des Kakhyen . D'après leurs observations, la tribu Lenna semble être une race très supérieure de Kakhyens , leurs maisons et leurs manières démontrant un degré de civilisation plus élevé que celui de la tribu Kara ou Lakone . Parti à midi de Wurrabone , le groupe est arrivé au coucher du soleil à Paloungto , un village de vingt maisons. Une marche de six milles sur une route accidentée mena à Namkai , le plus grand village de Lenna, contenant quarante maisons, d'où une route mène à Muangwan et Hotha. Ici, la route, traversant une partie du pays Lakone , descendait pendant neuf milles jusqu'à Pamkam , petit village situé au pied des collines de la rive droite de la rivière Namwan ou Muangwan . De ce point où l'on franchit la frontière chinoise et où l'on pénètre dans la vallée plate de la Shuaylee , Kwotloon , dans le territoire de Muangmow , n'est éloigné que d'un mille. Arrivés au coucher du soleil, les voyageurs s'arrêtèrent pour la nuit, les habitants Shan se montrant maussades et enclins à l'incivilité. Leur comportement contrastait nettement avec celui de la redoutable Lenna Kakhyens , à travers les collines de laquelle le groupe avait traversé sans aucune difficulté, alors que leurs dépenses ne s'élevaient pas à cinq roupies, les tsawbwas hospitaliers insistant pour fournir tout ce qui était nécessaire. La seule possibilité de retard se présentait à Paloungto , où le tsawbwa voulait offrir un grand sacrifice de buffles et un festin en l'honneur de ses invités, et se concilier les nats en leur faveur . Il reporta la cérémonie à la demande de Cooke jusqu'au voyage de retour de ce dernier. Après avoir quitté Kwotloon , le ruisseau Namwan fut traversé, et une journée de marche sur la rive gauche de vingt-quatre milles en direction sud-est, et en remontant la rive droite du

Shuaylee à travers un pays ouvert et plat, amena le groupe au Ville Shan de Muangmow . Ce lieu, résidence des tsawbwa , comme les villes de la vallée de Sanda, est entouré d'un mur de briques de seize pieds de haut, sans bastions ni embrasures, mais adossé à un terrassement. Quatre portes, correspondant aux points cardinaux, mènent à la ville, qui occupe un carré d'environ six cents mètres et est habitée par des Chinois Shan. Les voyageurs se rendirent aussitôt chez Li- sieh -tai, qui résidait dans un yamen en ruine, et commandait une force d'une cinquantaine de soldats chinois apparemment, bien qu'ils soient au nombre de trois cents. Ce redoutable fonctionnaire chinois les reçut avec une grande courtoisie, s'adressant à Elias comme « son frère aîné », et leur assigna un logement dans un khyoung proche de la porte ouest de la ville.

Lisieh -tai est décrit comme un homme petit mais puissant, aux larges épaules, avec une grosse tête et un visage laid, ayant une bouche inhabituellement large, avec des lèvres épaisses et saillantes. Dans la conversation, il regarde droit dans les yeux son interlocuteur, ce qui contraste fortement avec le regard habituellement abattu ou changeant des autres Chinois. Il montra ses connaissances littéraires en parcourant attentivement les passeports impériaux, qu'il déclara tout à fait satisfaisants et largement suffisants pour assurer la sécurité du porteur s'il se trouvait dans le pays des mandarins au-delà de Sehfan . La difficulté serait dans le voyage de Muangmow à Sehfan , car il y avait une querelle entre les tsawbwas de ces États.

Le capitaine Cooke résolut de retourner à Bhamô , car sa présence pourrait rendre plus difficile ou fastidieux pour M. Elias de se rendre à Momien . Lorsqu'il proposa de partir avec ses partisans, il trouva la porte ouest fermée et on lui dit qu'elle ne pourrait pas être ouverte sans la permission d'un fonctionnaire. On lui avait déjà demandé de signer une lettre d'indemnisation pour la sécurité de M. Elias, qui avait bien entendu été refusée, et la fermeture de la porte était conçue comme une sorte de pression. Il déjoua les fonctionnaires en ordonnant à ses Kakhyens d'attendre que la porte soit ouverte, pendant qu'il partait par une autre porte. Ils le rejoignirent hors de la ville, et tous arrivèrent sans plus de difficultés à Paloungto . Ici, le sacrifice nat a dûment eu lieu, et un bœuf, un cochon et des volailles ont été abattus, une cuisse de la première victime étant présentée à Cooke, ce qui est une marque d'honneur réservée aux chefs. Une grande palabre eut lieu dans la maison du tsawbwa , à l'occasion d'une dispute entre le chef et un de ses villages dont les habitants lui avaient volé un bœuf. Pour expier cette insulte, une amende de dix bœufs fut infligée, à payer en cinq échéances annuelles. Au moins cinquante Kakhyens étaient présents, et les sheroo et samshu étaient généreusement approvisionnés, mais l'assemblée était calme et ordonnée. A minuit, l'invité anglais exprima le désir de dormir et partit aussitôt, tandis que le chef présentait pour son logement deux tapis qu'il avait récemment reçus en cadeau de la résidence. Le chef expliqua les difficultés qui s'étaient élevées entre lui et le chef de la mission à Sawady , par le fait qu'il avait seulement accepté de convoyer la mission britannique et qu'il n'admettrait pas de garde birmane dans son pays. Il est certain qu'aucune mention du passage d'un garde birman n'avait été faite lors des négociations précédentes par M. Elias, qui ignorait alors ce projet et s'y opposa par la suite. Le tsawbwa se plaignait amèrement de l'humiliation qu'il avait éprouvée en étant obligé de s'accroupir à terre devant les fonctionnaires birmans, et de n'avoir eu aucune possibilité d'entretien privé avec les officiers anglais. C'est tout à son honneur de n'avoir rien demandé au-delà de ce qui lui avait été promis ; et sa conduite et celle de son frère, le chef de Wurrabone , et de leurs sujets, montrèrent de manière concluante que, en ce qui concerne les Kakhyens , cette route vers Muangmow ne présentait aucune difficulté réelle.

Au lendemain de notre arrivée à Bhamô , notre inquiétude concernant la situation d'Elias fut soulagée par l'arrivée de deux Lenna Kakhyens , apportant de lui des lettres datées de Kwotloon le 24. Les messagers avaient ainsi accompli leur voyage en deux jours, et furent immédiatement renvoyés avec des lettres. Comme il était probable que M. Elias aurait reçu la lettre de rappel, on attendait sa prompte arrivée ; et tout notre suspens à son sujet prit fin le 2 mars, lorsqu'il apparut, escorté par le Wurrabone . Pawmine .

Après le départ du capitaine Cooke de Muangmow , Li- sieh -tai, dont la conduite et le caractère avaient fait une impression plutôt favorable sur M. Elias, espérait qu'il pourrait organiser son sauf-conduit pour Sehfan . Le tsawbwa , cependant, était plus explicite et lui assurait que c'était impossible dans l'état du pays d'alors. Des observations ultérieures et des refus d'accès au tsawbwa , sous divers prétextes, ont convaincu Elias qu'il n'y avait aucune intention de le laisser continuer. Il fit donc ses adieux à Li, qui accepta un fusil comme cadeau d'adieu, et retourna à Kwotloon , où deux Shans apportèrent la nouvelle de l'attaque de notre camp. Le vieux tsawbwa de Wurrabone , avec ses Pawmines , se rendit à Kwotloon pour l'escorter en toute sécurité jusqu'à Mansay ; et quittant Kwotloon le 28, ils accomplirent le voyage de soixante-quatre milles par une route directe, évitant Paloungto , en deux jours. En passant devant Peetah, les Lenna ont manifesté une certaine appréhension que les Kara Kakhyens , qui s'étaient auparavant plaints de la petitesse de leurs gains, pourraient se révéler gênants ; mais le parti passa sans opposition.

Il est impossible d'éviter de penser que, si le meurtre de Margary et l'attaque de notre camp avaient été dirigés par Li- sieh -tai, il aurait facilement pu, par des moyens directs ou indirects, se débarrasser de son visiteur ; et sa courtoisie et sa considération pour sa sécurité en ne lui permettant pas d'avancer doivent sûrement être considérées comme un argument puissant en sa faveur . Parmi les Lenna Kakhyens, l'opinion était librement exprimée que l'opposition était due à des tactiques secrètes de la part des Birmans. Que cette idée prévalait parmi les tribus montagnardes du sud du Tapeng fut encore confirmée par le Père Lecomte, qui revenait d'une visite à Mattin au moment de notre arrivée à Bhamô . Lorsque lui et son compagnon atteignirent le premier village de Kakhyen , il y eut des tirs d'armes à feu incessants, et les villageois ne parurent pas disposés à les recevoir, jusqu'à ce qu'ils leur assurent qu'ils n'étaient pas des Anglais. Leurs vêtements sacerdotaux contribuaient à faire croire aux Kakhyens qu'ils appartenaient à une race différente, et ils étaient alors divertis, mais informés qu'au début le peuple avait dit : « Si ce sont des kalas , tuons-les, car le roi de Birmanie ne le fait pas. je ne souhaite pas qu'ils entrent dans nos collines. Le tsawbwa de Mattin, dont l'intelligence et la culture générale les impressionnaient fortement, leur dit qu'il n'y avait aucune chance que la mission atteigne le Yunnan. Il remarqua en outre que les Kakhyens étaient heureux de voir les Anglais à Bhamô ; mais « que deviendront le commerce et l'occupation de notre peuple s'il construit un chemin de fer de Bhamô à Momien ? Ce sentiment, tant parmi les marchands chinois que chez les Kakhyens , en particulier ceux sous influence birmane et chinoise, que notre gain dans la voie de l'ouverture du commerce prouverait leur perte, doit être largement pris en compte dans l'évaluation des difficultés du progrès.

L'opinion selon laquelle le roi de Birmanie était hostile à la mission devait son origine à une fausse lettre royale ordonnant aux Kakhyens de s'opposer à nous. Une copie de cette lettre a été obtenue par le Résident et il ne fait aucun doute qu'elle a été largement diffusée. Le faux fut rapporté à un personnage non moins que le chef phoongyee , ou *saya* , de Kaungtoung . Le Woon de Shuaygoo , dont le district comprend à la fois Kaungtoung et Sawady , on s'en souvient, refusa toute coopération avec son collègue de Bhamô . J'ai personnellement éprouvé son hostilité envers les étrangers lors d'une traversée en bateau dans le deuxième défilé au retour de Bhamô , où non seulement il refusa un guide, mais envoya des instructions aux chefs de ses villages pour interdire mon débarquement. Il a depuis été démis de ses fonctions, et l'auteur réel du faux a été jugé par le tribunal ecclésiastique de Mandalay, dégradé du sacerdoce et condamné à porter cent charges d'eau dans le khyoung du tribunal . La phrase était la suivante : « Dans le cas des rahans , si dans une affaire non ordonnée par notre très excellent Seigneur Bouddha, on représente qu'il s'agit d'un ordre sacré, il est coupable de *dakka-apat* . Dans le cas des laïcs, si une personne représente comme un ordre royal ce qui n'est pas un ordre royal, la punition habituelle est d'élargir la bouche (en lui coupant les joues) ou de lui couper la main. Dans le cas présent, Shin Thula Tsara , le Saya de Kaungtoung , sans ordre d'une cour ecclésiastique, en faisant de ce qui n'était pas un ordre royal un ordre royal, fut celui qui ordonna d'empêcher la mission britannique de se rendre en Chine. Il a donc été déchu de sa charge d'évêque ; mais comme un rahan et un soldat de la religion bouddhiste n'est pas punissable selon la loi civile, la décision, conformément à la règle donnée dans le Wini, prise par les membres assemblés du tribunal ecclésiastique, est : Qu'il soit puni par portant cent chargements d'eau », etc. Ce cas isolé d'hostilité de la part des responsables birmans n'enlève rien à la bonne opinion que le zèle et l'énergie déployés à notre service par les autorités Bhamô ont valu auprès de tous ceux qui en ont été témoins et qui en ont profité.

Dès notre arrivée à bon port, le Woon envoya des lettres au gouverneur de Momien pour s'enquérir des causes de l'opposition opposée au déroulement de la mission et du meurtre d'un de ses officiers. Le rapport selon lequel les troupes chinoises marchaient toujours en grand nombre de Momien à Manwyne a également fait l'objet d'une enquête. Il ne dissimulait pas sa crainte que les Chinois n'attaquent Bhamô ; et la préparation des briques pour la construction d'un mur autour de la ville, déjà commencée, fut activement poursuivie.

Pendant notre séjour, nous avons saisi avec empressement toutes les occasions de vérifier, si possible, les détails exacts du meurtre de M. Margary et de ses partisans ; mais au-delà de ce triste fait, bien que divers rapports fussent courants, il était impossible de recueillir des preuves ni sur les auteurs ni sur les circonstances de ce crime atroce. Il semblait cependant admis qu'il y avait des fonctionnaires et des troupes chinoises à Manwyne . Les muletiers et autres personnes qui accompagnaient Margary avaient fui pour sauver leur vie dans la jungle. L'un d'eux a rapporté qu'il avait été interrogé comme ami des étrangers et qu'il s'était enfui en affirmant qu'il était un résident du district et qu'il n'avait aucun lien avec nous. Le récit le plus digne de foi a été fourni par deux des six Birmans qui se trouvaient à Manwyne et que les autorités chinoises ont menacé de tuer. Le plus intelligent a déclaré avoir vu Margary se promener dans la ville, parfois avec des Chinois et d'autres fois seule. Le 21 au matin, le jour même de son assassinat, des hommes l'invitèrent à aller voir une source chaude et, alors qu'il se trouvait hors de la ville, ils le renversèrent de son poney et le transpercèrent. Son écrivain et messager ainsi que deux serviteurs ont été tués dans le khyoung . Il ne s'agissait que de ouï-dire, et personne n'avait vu les têtes des victimes, qui auraient été apposées sur les murs de la ville ou, selon une autre version, envoyées à Momien . Nos informateurs n'avaient vu aucune troupe, même si on les avait entendu marcher la nuit alors qu'il était caché dans la jungle.

Des récits ultérieurs indiquaient que les officiers chinois avaient été renvoyés en disgrâce à Momien , parce qu'ils avaient permis à notre groupe de s'échapper, et que les Shans étaient en querelle avec les Chinois, alors que les phoongyee se plaignaient que le khyoung avait été profané par une effusion de sang. .

Il faut espérer que la commission d'enquête qui traverse actuellement la Chine depuis l'Est sera en mesure d'élucider les faits et de déterminer à qui revient la culpabilité du meurtre barbare d'un officier britannique . Il ne convient en aucun cas de préjuger de l'affaire. Que les maraudeurs locaux ou les fonctionnaires momiens , motivés soit par des préjugés contre les étrangers, soit par jalousie commerciale, ou, peut-être, par crainte infondée d'un encouragement que les mahométans tireraient de la présence des Anglais, violèrent les droits garantis par le traité et le commandes expresses d'un passeport impérial, reste à voir. Il est possible que l'autorité du vice-roi du Yunnan ait été prostituée pour s'opposer à l'entrée des étrangers détestés ; et les rapports récents semblent indiquer une détermination dans les yamens du Yunnan au moins à filtrer les délinquants.

Pour ma part, je désire exprimer la profonde sympathie que nous éprouvons pour ceux qui pleurent la perte d'un être si bien-aimé. Notre bref entretien dura assez longtemps pour lui gagner l'estime et la cordiale amitié de nous tous ; et tandis que nous déplorions la perte prématurée pour son pays des services d'un homme dont la carrière et les talents passés promettaient de l'élever à une haute distinction, nous déplorions sa mort prématurée comme celle d'un vieil et cher ami. Pour sa famille et ceux qui attendaient avec impatience de partager son avenir, la perte est irréparable ; et le châtiment des coupables n'apportera que peu de consolation. Mais on peut dire qu'il l'a légué comme un devoir public – rendu d'autant plus impératif qu'il s'agissait du hommage le plus approprié à sa valeur – d'établir dans ces terres frontalières le droit des Anglais de voyager sans encombre.

La mort de ce jeune officier et le rejet de la mission britannique des frontières de Chine ont laissé une impression marquée dans l'esprit des différentes populations. La question de l'ouverture des routes commerciales pourrait être laissée à l'avenir. Le commerce terrestre ne peut être forcé, ni même stimulé, par des efforts extraordinaires. L'existence d'une voie commerciale entre la Birmanie et la Chine a été démontrée ; et lorsque la prospérité retrouvée du Yunnan créera une demande, les paquebots des fleuves birmans et l'entrepôt de Bhamô , où le pavillon britannique assure la protection des intérêts britanniques, seront prêts à fournir l'approvisionnement. Pour le moment, au-delà de la tâche consistant à venger son meurtre sur les coupables, quel que soit leur rang, le nom d' Augustus Raymond Margary sera très dignement honoré par un groupe de ses compatriotes affirmant formellement le droit de traverser, en l' honneur et la sécurité, la route entre la Birmanie et la Chine, qu'il fut le premier Anglais à explorer et qui doit être maintenue comme son monument le plus durable.

Avec l'arrivée de M. Ney Elias, notre principale cause d'inquiétude disparut, et lorsque le 3 mars les bateaux arrivèrent de Tsitkaw chargés de bagages et de provisions que les fonctionnaires successifs avaient été envoyés pour expédier, il n'y eut plus aucune nécessité de retard à Bhamô . Tout, à de très insignifiantes exceptions près, fut livré en toute sécurité selon l'inventaire qui avait été fait à Woonkah , et le tsawbwa de cet endroit reçut la récompense promise de 1 000 £, ce qui fit sans aucun doute de lui le chef le plus riche parmi les Kakhyens du nord .

Comme le bateau à vapeur de Mandalay n'était pas arrivé, j'ai loué un bateau indigène, afin de faire une inspection tranquille du deuxième défilé, et je suis descendu à Sawady . Le Woon de Bhamô m'avait informé qu'il y avait un danger à appréhender de la part des Kakhyens sur les collines du défilé, et avait conseillé de s'adresser au Shuaygoo. Woon , qui était à Sawady , pour guide. Après un certain retard, le Woon me reçut, mais de la manière la plus disgracieuse, et déclina la demande, car le Bhamô Woon n'avait envoyé aucune lettre officielle à ce sujet. Non content de ce refus, il envoya un bateau avec des soldats pour transmettre aux villages l'ordre de ne pas me laisser passer la nuit, ce dont nous éprouvâmes le résultat à un endroit appelé Thembaw-eng, où le chef descendit et nous contraignit quitter nos amarres. Nous n'avons pas été assaillis par des Kakhyens , mais avons eu une alarme nocturne d'un tigre, que les bateliers ont déclaré n'être pas un vrai tigre, mais le nat de la localité, qui était furieux qu'ils aient coupé quelques branches qui gênaient mon appareil photo, en photographiant la grande falaise. Un incident plus désagréable fut une violente tempête, presque une tornade, qui nous surprit dans la rivière. L'ouragan était annoncé par une lumière très brillante vue à l'ouest, d'où le vent peu après éclata sur la rivière avec une fureur formidable, fouettant sa surface en grandes vagues, tandis que des éclairs incessants illuminaient la scène, ce qui était un d'une grandeur terrible. Un incident agréable du voyage fut l'arrivée d'un bateau contenant notre vieil ami et patient, le vieux tsare-daw-gyee , qui nous avait escortés de Mandalay, et qui était arrivé à Bhamô enchaîné alors qu'il se rendait à Mogoung quelques jours plus tard. avant. Il m'a exprimé un grand plaisir de me voir sain et sauf et je l'ai félicité d'avoir recouvré sa liberté. Cela était dû aux ordres royaux apportés par un bateau express de Mandalay deux jours auparavant. Comme il avait l'intention de s'arrêter à Shuaygoo-myo , il promit de neutraliser la méchanceté des Woon , par des instructions personnelles au chef, ce qui s'avéra très utile.

Le vapeur *Colonel Fytche* , avec les membres de la mission, nous rattrapa à la station forestière de Yuathet le 7 mars, et, après les retards habituels causés par les échouages sur les bancs de sable, nous atteignîmes Mandalay le 10, et trouvâmes le vapeur *Yunnan* sur le point de rejoindre Mandalay. départ pour Rangoon. Nous étions presque amusés d'entendre les rumeurs diverses et contradictoires qui couraient dans la plus bavarde des capitales sur nos dangers et nos évasions. Un récit de l'attaque, rédigé par des Kakhyens et des Chinois mécontents, avait été publié dans un journal chinois imprimé, qui prétendait donner les informations les plus récentes et les plus exactes concernant la mission, curieuse illustration de l'intérêt que le sujet portait à la mission. Commerçants chinois de Mandalay. Le *Yunnan nous a conduits à Rangoon, où l'accueil du commissaire en chef et les chaleureuses félicitations, pour* notre sécurité, de nos autres amis n'ont pas été diminués par le fait que nous avons été contraints de revenir *réinfectés* , abandonnant la tâche, il faut l'espérer, bientôt et avec succès pour être accompli par une autre mission.

ANNEXES.

ANNEXE I.

Une note de Mgr Bigandet sur les cloches birmanes. [42]

Les cloches sont courantes en Birmanie, et les habitants de ce pays connaissent bien l'art de les fondre. La plupart des cloches que l'on voit dans les pagodes sont de petites dimensions et diffèrent par leur forme de celles utilisées en Europe. La partie inférieure est moins élargie et il y a un grand trou au centre de la partie supérieure. Aucune langue n'est suspendue à l'intérieur, mais le son est produit en frappant avec une corne de cerf ou d'élan la surface extérieure de la partie inférieure. Aucun clocher n'est érigé pour les cloches ; elles sont fixées sur une pièce de bois posée horizontalement et soutenue par deux poteaux, à une hauteur telle que la partie inférieure de la cloche s'élève à environ cinq pieds du sol.

Les plus grands spécimens de l'art birman sont les deux cloches que l'on peut voir, l'une à la grande pagode de Rangoon, appelée Shuay Dagon, et l'autre à Mengoon .

Le premier a été coulé en 1842, comme en témoigne l'inscription qui y figure. Le poids du métal est de 94 682 livres ; sa hauteur, 9½ coudées ; son diamètre, 5 coudées ; son épaisseur, 15 pouces. Mais pendant le processus de fusion, les bien intentionnés jetaient du cuivre, de l'argent et de l'or en grande quantité. On suppose que le poids a ainsi été augmenté d'un quart.

La cloche de Mengoon a été fondue au début de ce siècle. Par sa forme et sa forme, elle ressemble à nos cloches d'Europe. Il est probable qu'un étranger résidant à Ava ait eu l'idée de donner une forme aussi inhabituelle à cette cloche monumentale. Sa hauteur est de 18 pieds, plus 7 pieds pour les appareils suspendus. Il mesure 17 pieds de diamètre et de 10 à 12 pouces d'épaisseur. Son poids est censé dépasser 200 000 livres. [43] À l'intérieur, de grandes stries jaunâtres et grisâtres indiquent que des quantités considérables d'or et d'argent ont été jetées au cours du processus de fusion. On ne peut actuellement se faire une idée de la puissance du son, car son poids énorme a fait céder partiellement les piliers qui le supportaient. Pour éviter un désastre final, l'orifice de la cloche a été fait reposer sur de grands poteaux en teck enfoncés dans le sol et s'élevant à environ 3 pieds au-dessus.

[42] Extrait de « La Légende du Bouddha birman », par Mgr Bigandet , Rangoon.

[43] On observera que ces chiffres dépassent ceux donnés par le colonel Yule, que j'ai cités dans le texte.

ANNEXE II.

La reine en chef de l'empereur Tanwan a adopté un enfant et l'a appelé Anlaushan . Avec le temps, l'enfant est devenu un homme d'une beauté extraordinaire et d'une intelligence merveilleuse.

La reine était amoureuse ; et le fils adoptif devint son amant.

Anlaushan s'est rapidement distingué. Ses capacités étaient du plus haut niveau et l'ont immédiatement élevé à la renommée et à l'influence. La passion royale n'a pas été révélée ; mais les soupçons avaient été suffisamment éveillés pour que la reine soit prudente de se débarrasser de son amant et de vaincre tout signe de relations sexuelles illicites.

Anlaushan fut donc accusé d'être au courant d'un complot visant à détrôner l'empereur. L'influence de la reine prévalut pour obtenir une condamnation, et son favori fut banni de la capitale royale.

Mais l'injustice de son accusation et le sentiment d'injustice ont poussé Anlaushan à agir et l'ont incité à devenir en réalité un chef de rébellion. Il ne perdit pas de temps pour rassembler une force importante avec laquelle il put tenir tête au gouvernement et rencontrer avec succès les troupes de l'empereur. Avec le temps, il s'était approché à une lieue de la capitale, et la ville et le palais étaient également menacés.

L'empereur Tanwan, dans cette urgence, adopta la suggestion de son vizir Kanseree , envoya une mission à Seeyoogwet et implora une aide étrangère. Une force de trois mille hommes fut envoyée, sous le commandement et la direction de trois érudits enseignants, qui arrivèrent à temps dans la capitale de Tanwan . Grâce à leur aide, Anlaushan fut vaincu et finalement capturé.

La rébellion était terminée et le contingent étranger quittait la Chine pour retourner dans son propre pays. Mais ici, une difficulté surgit. Leurs dirigeants leur ont refusé l'admission, sous prétexte qu'il était contraire à la constitution du pays de renvoyer des hommes entrés en contact avec des infidèles mangeurs de porc. En fait, ils avaient élevé des porcs et des infidèles et ne pouvaient plus être considérés comme des sujets non pollués, ni comme des membres dignes d'une société qui détestait religieusement le porc.

Ils retournèrent donc en Chine et devinrent des résidents permanents dans un pays étranger. Ils constituent la souche originelle à partir de laquelle le mahomédanisme a surgi en Chine, dans diverses communautés et sous plusieurs dénominations, etc.

ANNEXE III.

1.   *Ngka* nat ; Birman, *moi* nat ; Ing. Dieu de la Terre. — Il est
adoré à l'occasion de creuser de l'or ou d'autres mines, de fonder
un village et de semer du paddy. Les offrandes faites sont des
buffles, des porcs, des volailles, du poisson séché et de l'alcool (
sheroo). Le culte doit être célébré par toute la population d'un
village, et pendant les quatre jours qui suivent, aucun travail ni
voyage ne doit être entrepris.

2.   *Mooshen* ou *Mofitwa* nat ou nats . Il s'agit du mari et de la
femme, appelés respectivement *Sharoowa* et *Modai-pronga* . Birman,
Thakya -meng ; Ing. le Roi des Dieux. — Adoré à l'occasion du
défrichement des champs, de la récolte du riz et de la fondation
d'un village. Les offrandes faites sont un jeune buffle ou taureau
mâle, un porc, des coqs, des œufs, du riz, du poisson séché et de
l'alcool, avec en cadeau un putzo de soie et des ornements de
femme. Le culte est célébré par les tsawbwa et tout le village, et ne
peut être offert par un particulier.

3.   *Numsyang* ou *Noonshan* _ nat ou nats ; Birman, *Yuwa-saun* ;
Ing. les gardiens du village . — Ce sont des hommes et des
femmes, la partie orientale d'un village étant sous la garde des
premiers, et la partie occidentale des secondes. Ils sont vénérés
deux fois par an ; aussi à l'occasion de toute épidémie ou de guerre,
et à la fondation d'un nouveau village. Les offrandes sont comme
déjà mentionnées, mais les victimes doivent être des hommes, et le
culte est célébré par le tsawbwa avec tout son peuple.

4.   *Chan* nat ; Birman, *moi* nat ; Ing. le Soleil.—Aussi deux,
mari et femme. Vénéré par le chef et les gens au moment du
défrichement des champs et des récoltes. Les offrandes sont des
volailles rouges, du riz bouilli, des œufs, du poisson séché, du pain
et de l'alcool, avec en cadeau un gong, un putzo rouge et des
ornements masculins.

5.   *Sada* nat ; Birman, *La* nat ; Ing. la Lune. — Adorée comme
ci-dessus. Offrandes, riz bouilli, chair et poisson séchés, œufs et
quatre flacons d'alcool en bambou, avec des cadeaux de vêtements
et d'ornements féminins et un tuyau de pipe en argent.

6.   *Ning-foi* , ou *Pomp- woi* ; Birman, *Le* nat ; Ing. l' Air. —
Adoré en cas de maladie, en temps de guerre, lors d'un voyage
commercial, du défrichement des champs ou de la fondation d'un

village. Offrandes, buffles, vaches, porcs, volailles, etc., avec
cadeaux de putzo , de gong et d'argent.

7.   *Ning- gon - wa* nat ; Birman, *Byama* nat ; l'hindou Brahma.
— Considéré comme le « chef tsawbwa après la mort ». Offrandes,
pain; cadeaux, fleurs, putzo de soie et huit bambous de liqueur.

8.   *Boom* nat ; Birman, *Toung* nat ; Ing. le Dieu des montagnes.
— Adoré dans la maladie, lors du défrichement des champs ou de
la fondation d'un village. Offrandes, buffle, vache, porc, etc.

9.   *Maman Soleil* ; Birman, *Soba* nat ; Ing. le Dieu du riz . —
Vénéré pour la croissance de la récolte de riz, et parfois en cas de
maladie. Offres les mêmes qu'à la Lune.

10.   *Chegah* nat ; Birman, *Lay- khyan - saun* ; le gardien des
champs et des jardins. — Invoqué pour les protéger. Offrandes de
buffles et de vaches dont la peau est brûlée et la chair bouillie.
Propitié également avec des offrandes de tabac. On dit qu'il
provoque des maladies de la peau et des yeux.

11.   *Salle de guerre* nat ; Birmane, *Ana* nat ; Ing. le Dieu de la
maladie. — Adoré pendant la maladie, principalement la variole et
le choléra. Offrandes, buffles, etc.

12.   *Khakhoo Khanam* ; _ Birman, *Yei* nat ; le Dieu de l'eau. —
Adoré à l'occasion de la noyade de quelqu'un ; parfois malade.
Offrandes, deux buffles, deux porcs, deux volailles , etc.

13.   *Tséthoung* nat ; Birman, *Tou* nat ; Ing. le Dieu de la Forêt.
— Adoré à l'occasion de la fondation d'un village, du défrichement
des champs, de la guerre et de la maladie. Offrandes, un porc, une
chèvre, etc.

14.   *Ngkhoo* nat ; Birman, *Aing* nat ; le Dieu de la Maison, ou
Dieu des Ancêtres . — Adoré dans tous les cas de maladie.
Quiconque souhaite migrer vers un autre État accroche un
bambou rempli de liqueur à un poteau et l'invoque. Du riz nouveau
lui est également offert à la récolte. Offrandes, buffle, vache, etc.

15.   *Ndong* nat ; Birman, *Aing-peen* nat ; le Dieu de l'extérieur de
la maison. — On croit qu'il réside dans la maison, mais il est adoré
à l'extérieur si l'un des membres de la famille est tué à la guerre, ou
par noyade, s'il tombe d'un arbre, ou est mordu par un tigre ou un
serpent. Offrandes, buffles, etc.

16.   *Mo* nat ; Birman, pareil ; le Dieu du Ciel. — Quatre frères,
à savoir. Moung -lam, Khreenwan , Seen-lap, Mou- sheeing et une

sœur, Boung-fwoy , la déesse du tonnerre. Un dieu très élevé des
Kakhyens , vénéré par ceux qui désirent le profit dans le
commerce, la victoire dans la guerre ou les enfants ; aussi à
l'occasion de la fondation d'un village et de la maladie. Sacrifice,
buffles, vaches, porcs et volailles , tous qui doivent être blancs,
poisson séché, œufs et liqueur.

17.   *Lessa* nat ; Birman, *Tesey* ou *Tuhsai* ; le fantôme d'une
personne assassinée par le dah, censé causer la maladie. —
Offrandes, buffles, etc., et riz bouilli, curry, liqueur, exposés dans
des paniers.

18.   *Needang* nat ; Birman, *Meima Tesey* ; le spectre composé de
la mère et de l'enfant à naître.

19.   *Hausaing_* nat ; Birman, *Taroup* nat ; le dieu chinois.

20.   *Khokhamla* ; Birman , *Singburing* ; le dernier roi.

21.   *Phée Lomoon* ; Birman, *Soung* ; la sorcière, censée pouvoir
détruire la vie.

ANNEXE IV.

Note du professeur Douglas sur les divinités du temple Shan à
Tsaycow , dans la vallée de Hotha.

Les objets de culte contenus dans l'enceinte de ce temple sont dignes de
mention, d'autant plus qu'ils illustrent la curieuse manière dont les divinités
représentant les diverses confessions des Chinois, bouddhistes, taouistes et
confucianistes, se mêlent souvent . Comme le montre la liste ci-dessous, les
bouddhas, les bouddhisatwas , les dévas, les arhans et les patriarches
bouddhistes se tiennent côte à côte avec les « vrais hommes », les « maîtres
du ciel » et les princes de la foi taouiste ; tandis que le Confucianisme trouve
un représentant solitaire dans le Deva des Jeunes Savants (c'est-à-dire
Confucianiste) (No. 15). Ce regroupement des divinités des « Trois Religions
» pourrait paraître étrange à ceux qui ne connaissent pas les phases que ces
religions ont prises en Chine. Dès le début, cependant, le taouisme n'était
qu'une autre forme du bouddhisme, et l'affaiblissement progressif, qui s'est
produit pendant des siècles, des doctrines distinctes des deux sectes, ainsi que
l'introduction de superstitions purement chinoises dans les deux, ont tendu
à effacer la ligne de démarcation incertaine qui séparait originellement les uns
des autres. En fait, le pouvoir d'absorption, qu'il s'agisse de races ou de
croyances, qui appartient si particulièrement aux Chinois, a servi à fusionner
les dogmes de Bouddha et de Laotsze avec les enseignements de Confucius
à un point tel que, dans la mesure où Il s'agit de masses, elles peuvent être

traitées comme les fondements d'une foi commune, et les objets que chacun a réservés au culte se trouvent souvent à des positions d'honneur égales - comme dans le cas présent - dans les panthéons nationaux.

Voici la liste des quatre-vingts divinités qui trônent dans le temple :

1.   Yunlaï _ tseïh teen = le Deva des Nuages Rassemblés.

2.   Jĭh kung tsun teen = le Deva honoré du Palais du Soleil.

3.   Pour vouloir tsun adolescent = Vaishravana .

4.   Keenna - lo Wang tsun teen = l' honorable Deva, le roi des Kinnaras.

5.   Ta hé tsun adolescent = Mahâ Kala.

6.   Chantez kung tsun teen = le Deva honoré du Star Palace.

7.   Tae Suy tsun teen = la Cybèle chinoise.

8.   Luy shin tsun teen = l' honorable Deva du Tonnerre.

9.   Hoo-kea-lo Wang tsun teen = l' honorable Deva, le roi Hoo-kea-lo.

10.   Po- kiĕh -lot- tsew (?) tsun teen = l' honorable Deva Po-kiĕh -lot- tsew (?) (Bhaskaravarna ?).

11.   Identique au n°8.

12.   Lŭh chai pă Wang tsun teen = l' honorable Deva, le huitième roi des six jeûnes (?).

13.   Hing ping kwei Wang tsun teen = l' honorable Deva, le roi démon transmetteur de maladies.

14.   Hwakwang - meaou-keïh - tseang tsun adolescent = Manjusri.

15.   Joo tung te teen = le Deva impérial des jeunes savants (c'est-à-dire confucianistes).

16.   San chi tsun teen = le Deva honoré qui diffuse la gloire .

17.   Mitseïh - kin-kang tsun teen = le Deva honoré détenteur de Vajra .

18.   Mo-le- che tsun adolescent = Maritchi .

19.   Să chin jin = le Vrai Homme Să (Taouiste).

20.   Kŏ chin jin = le Vrai Homme Kŏ (Pendez ?) (Taouiste).

21.   Yuh te = le souverain de Jade (taouiste).

22.   Chang Teen sze = le Maître du Ciel Chang (Taou -ling ?) (Taouiste).

23.   Heu chin keun = le Prince Heu (Taouiste).

24.   Ho-le- te -nan tsun = Hariti.

25.   Yen-lo te adolescent = Yama.

26.   Kwei tsze moo teen = le Démon Terrestre Deva.

27.   Poo- te -shoo adolescent = Buddhisatwa Tambour .

28.   Keen-lo te teen = le Deva Terrestre Ferme et Fort.

29.   Mo-he-lo tsun adolescent = Maheshvara .

30.   Kwang mŭh tsun adolescent = Virupaksha .

31.   Tsang changer tsun adolescent = Virudhaka .

32.   Chĭh kwŏ tsun adolescent = Dhritarashtra.

33.   Identique au n°8.

34.   Kwan shing te teen = le dieu de la guerre.

35.   Te sheh tsun adolescent = Bouddha.

36.   Ta fan tsun adolescent = Brahma.

37.   Tsze tung te teen = le Deva des arbres Tsze et Tung.

38.   Ta peen teen = le Grand Deva de la Dispute.

39.   Kung thé tsun teen = le Deva honoré des Bonnes Œuvres.

40.   Hoo fa tsun adolescent = Dharmarakshita .

41.   Heuen adolescent shang te = Le Dieu Sombre du Ciel.

42.   Pin-trop-lo tsun-chay = l'Arhan [44] Pin-trop-lo.

43.   Choo-chap - pwan -to-kea tsun-chay = l'Arhan Choo-chap- pwan -to-kea.

44.   Fana - po- sze tsun-chay = l'Arhan Fana - posze .

45.   Na-kea-mow- na -lo tsun-chay = l'Arhan Na-kea-mow- na -lo.

46.   Pwan -to-kea tsun-chay = l'Arhan Pwan -to-kea.

47.   Fa- chay - fŭh -to-lo tsun-chay = l'Arhan Fa- chay - fŭh - to-lo.

48.   Po to-lo tsun-chay = l'Arhan Po-to-lo.

49.   Soo-pin-to tsun-chay = l'Arhan Soo-pin-to.

50.   Peen- nŏ -kea-fa- tso tsun-chay = l'Arhan Peen- nŏ -kea-fa- tso .

51.   Kan heen = celui qui veille sur les justes (la divinité).

52.   Keache = Kâsyapa . _

53.   Chay- nŏ Fŭh = le Bouddha protecteur et répondant.

54.   Shŭh -kea Fŭh = Sakya Bouddha.

55.   Pe-loo Fŭh = Vairoshana .

56.   A-nan = Ananda.

57.   Wăn choo = Mangusri .

58.   Pin-remorquage-loo-to- chay tsun-chay = l'Arhan Pin-tow-loo-to- chay .

59.   Kea-kea-pot - tĭh -to tsun-chay = l'Arhan Kea-kea-pot- tĭh -to.

60.   Nŏ - keu -lo tsun-chay = l'Arhan Nŏ - keu -lo.

61.   Kea-le-kea tsun-chay = l'Arhan Kalika.

62.   Shoo-foo-kea tsun-chay = l'Arhan Shoo-foo-kea.

63.   Lo- hoo -lo tsun-chay = l'Arhan Lo- hoo -lo.

64.   Yin- këĕ -to tsun-chay = l'Arhan Yin- këĕ -to.

65.   A-she-to tsun-chay = l'Arhan Asita.

66.   If royal tsun-chay = l'if royal Arhan.

67.   Tă -ma tsoo sze = le Dharma du Patriarche.

68.   Kea- lan Poo- să = le Saṁgh â r â ma Bouddha.

69.   Identique au n°41.

70.   Kwan-yin Poo- să = Avalokites'vara .

71.   Wan-chang te keun = le Dieu de la littérature.

72.   Hoofă Wei-to = Veda, le Défenseur de la Loi.

73.   Tsëĕ yin Fŭh = Amita.

74.   Identique au n°3.

75.   Identique au n°30.

76.   Identique au n°32.

77.   Identique au n°31.

78.   N'a aucun nom attaché.

79.   Shwuy ho kin kang = l'Eau et le Feu-Varja - (lancer la Déité) [un titre impossible].

[44] *Arhan* , m'informe le professeur Douglas, a la même signification que le terme *rahan* , que j'ai utilisé dans le texte. —JA

ANNEXE V.

VOCABULAIRE.

Anglais.	Kakhyen .	Shan.	Hotha Shan.	Scie à vent .	Poloung .
Un	Langaï	Loon	Ta	Ti	Poser.
Deux	Lac Kong	Chanson	Seuk	Nuit	Euh.
Trois	Masoam	Sam	Soom	Sa	Ouais .
Quatre	Maléc	Si	Moi	Li	Pone.
Cinq	Mangah	Ha	Ngwa	Ngaw	Pohn .
Six	Kroo	Crochet	Ho	Mâcher	Taw.
Sept	Sanet	Saet	Huit	Elle	Ta.
Huit	Matsat	Piet	Il	Foins	Caca.
Neuf	Tsikoo	Koé	Kaow	Koo	Adolescent.
Dix	Shi	Mouton	Takkhay	Tsi	Kew.
Onze	Shilangaï	Mouton	Khayta	Tsili	Kewlay .
Vingt	Koun	Truie	Truie	Rencontre	Ehkew .
Vingt-et-un	Koonlangai	Sowat	Sowta	Rencontrezzeeti	Ehkewlay .
Cent	Latsa	Emballage	Tabac	Tengha	Oobooyaw .
Mille	Hainglangai	Hainglaing	Tahaing	Titoo	Ohah .
je	Ngaï	Koé	Ngaw	Nga	Aïe.
Nous	Antaïng	Mowshoe	Ngawtookay	Ngaeuh	Nuibey .

Toi	Nongtaing	Comment	Kewtakah	.. ..	Euh.
Il	Torawah	Mungo	Mong	.. ...	Peh .
De moi	Ngaihome	Kowlaï	.. ..	.. ...	.. ..
De nous	Antinglo	Howhalai	.. ..	.. ...	.. ..
De toi	Nangtainglo	Mowsoo	.. ..	.. ...	.. ..
De lui	Keyraiĕh	Hongmyoon	.. ..	.. ...	.. ..
D'eux	Kangtengraiĕh	Myonhowlai	.. ..	.. ...	.. ..
Au-dessus de	Lata	Kaneh	Attaque	Khanashée	Kiggo .
Ci-dessous	Lawoo	Kantow	Loongbaw	Meekhya	Kirroi .
Loin	Nowtsanaï	Kaiyow	Vaylaï	Ouah	Loong.
Près	Aneesharengai	Cowalaí	Neenay	Tialah	Puloang .
Seul	Nanaïsha	Yonlai	Notah	Nwaday	Mowloutsay .
À l'intérieur	.. ..	.. ..	Ah comment	Nagwah	Kaffan .
Derrière	.. ..	.. ..	Noongbah	Kanashée	Commentlaybono .
Avant	.. ..	.. ..	Numéro	Jugushée	Howlaow .
Nord	.. ...	Kaneu	Ouah	Meegoakhew	Keyroi .
Sud	.. ...	Kantow	Rencontre	Wadashée	Keygo .
Est	.. ...	Wanoak	Neekcoam	Godashée	Makkayroi .
Ouest	.. ...	Chêne envie	Soobudaykhaybaw	Loosometsighaw	Tsika .
Meilleur	Kajaï	Leesubinah	Makhaï	Magee	Putzee .
Mauvais	Inkajah	Yunglee	Highmakhay	.. ..	.. ..
Pire	Toomsa inkajah	Moataykhew	Haut makhayaw	Oumamagee	Putzee .
Haut	Tsawah	Ansoong	Mahanglai	Moodah	Ko.
Plus haut	.. ..	Aykhera bientôt	Soobudaymahanglaí	Akkeymo	Kokakaï .
Le plus élevé	.. ..	Lata	Soobudayma-hanglaibaw	.. ..	Hoakmureemurra
Faible	Némaï	Tumalaï	Mahlawhoonlai	Koula	Quoikaroi .

FAUX	Nangmasonaï	Monlonlaï	Manhay	Mungaw	Ohmow .
Bien	Tsomaï	Sanay	Tomelaï	Au revoir	Tséah .
Vrai	Raiai	Lonlai	Peybaw	Goooleeaw	Hawhoi .
Mince	Kasheraï	Yongmai	Hyamlaï	Battah	Mangah .
Graisse	Kubaï	Peaeh	Powlaï	Tsuddah	Kalana.
Épais	Aujourd'hui	Lalaï	Kanlaï	Guadah	Nakakoi .
Huileux	Toésa	Hackaylai	Kokklaï	Khuddah	Kaiaw .
Joli	Tsomaï	Hanglilai	Tomelaï	Bhéda	Tsi .
Laid	... ..	... ..	... ..	Mabyee	Putzee .
Beau	Tsomaï	Hanglilai	Tomebaw	Bhéda	Tsikaw .
Faire le ménage	Tsomaï	Senshitnai	Peubaw	Ouf	Lweehaw .
Sale	Chaussures Shakai	Hangwheylai	Tseetbaw	Neemughoondah	Highaï .
Poussiéreux	... ..	... ..	Sooda	Shenggew	Peevunay .
Bon marché	... ..	Mouwaï	Polaï	... ..	Nooda
Cher	Matzanneh	Paneh	Kolaï	Kaddah	Ronger.
Riche	Soneh	Moi-eh	Chodo	Tsobo	... ..
Pauvre	Matzaneh	Panyon	Panlaï	Saddah	Anpan.
Vieux	Toonglasa	Tonalaï	Scie à Mungo	Tsomaw	Takkaw .
Jeune	Kacheeai	Sur toi	Thoay	La nouvelle	Taheelay .
Grand	Sawaï	Soongai	Mangbah	Moakkaw	Sur toi , comment.
Petit	Indehkacheeai	Onzalaï	Une scie	Wablaneu	Konou .
Petit	Kacheecheeai	Onzesee	Lunelunescie	Runurraw	Konlay -lay.
Grand	Kubaï	Yanalaï	Khuybaw	Boisaw	Langhaw .
Serré	Teetai	Kapaï	Shinglai	Tsoda	Pakkaw .
Large	Koocabaï	Quangaï	Quanglabaw	Haydaw	Métier à tisser .
Fermer	Meesa	Kowaï	Naygawsabaw	Thyedaw	Chamhaw .
Douloureux	Matzeeai	Sipaï	Atoohenlai	Goodoonnuddah	Toeowsayowlow .
Agréable	.. ...	... ..	Genoulawkaybaw	Teeanaw	Khyenhaw .

Rouge	Khrenaï	Aneng	Omna	Yeenee	Ouais.
Jaune	Somaï	Anaing	Aloom	Ouais	Eela .
Vert	Chitaï	Anhew	Akkwé	Yeneetshee	Eevong.
Bleu	Chitaï	Anpyah	Amyauh	Lasay	Lénay.
Orange	.. ..	.. ..	Aloongasaw	Atteindre	Quonlaylay .
Noir	Changaï	Anam	Annaw	Ouais	Eewong .
Blanc	Prongaï	Angpuck	Appew	Ouais	Eelooee .
Main	Lata	Miauler	Taw	Lapah	Taï.
Pied	Lagong kheytaï	Ting	Salut	Khaypah	Ronaw.
Nez	En effet	Hunglan	Nayhong	Nahbay	Koorookmoo .
Œil	Moi	Waydah	Knoydzee	Myetzoo	Près.
Bouche	Iucoop	Savon	Myoot	malais	Moay .
Dent	Washington	Elle W	Khoway	Tsitshee	Shang.
Oreille	N / A	Mayloho	Neeshaw	Nabab	Choak.
Cheveux	Karah	Hoonhow	Ooh	Oochay	Heuckhyn .
Tête	Pong	Ho	Owgong	Oodew	Khyn.
Langue	Bardeaux	Lin	Quoi	Latchaï	Latah.
Ventre	Khan	Tong	Oondow	Hickhay	Votez .
Rocher	Chemah	Poumon	Wholoong	Kamah	Ouais .
Fer	Phé	Léh	Shan	Hew	Tsigh .
Or	Tsa	Hum	Dire	Clavier	Yoang.
Argent	Comprong	Goum	Certainement pas	Caca	Réunion .
Cuivre	Makree	Tong	Toangwah	Gishshee	.. ..
Plomb	Masoo	Chun	Keway	Tsew	Pachat .
Étain	Phyprong	Layuck	Shanphew	Houcou	Leckleway .
Laiton	Makree	Tonglung	Toungpur	Yeguw	.. ..
Terre	Kah	Lunglean	Moi	Non	Kataï.
Père	Kowah	Patte	Une patte	Baba	Koon.
Mère	Gnou	Maman	Aggah	Maman	Maman.

Frère	Apoo	Tsailoong	Parmi	Aiyee	Piaou .
Sœur	Mongsow	Nongsow	jambon	Mala	Peenangow .
Homme	Patte de Chingpa	Khon	Bouffe	Latchoë	Taee .
Femme	Noom	Pahying	Inggnaw	Lamurah	Yeban .
Épouse	Mashanoom	Meh	Aymaw	Lameuh	Piaou .
Enfant	Mang	Laon	Tsoe	Lunay	Yebanay .
Fils	Kacha	Regarder	Tsalooalisa	Tsobahla	Eemeilay .
Fille	Mawhonkashah	Looksow	Engnawsa	Lameungla	Eebanay .
Esclave	Kashahpyeelai	Loogyonow	Khyun	Chobah	Myeh .
Cultivateur	Toangnaiai	Toangla	.. ..	.. ..	.. ..
Berger	Peinamremai	Sowpalingpeh	.. ..	.. ..	.. ..
Chasseur	Mounwhomai	Sowmonso	Muso	.. ..	.. ..
Dieu	Shingrawah	Sowpara	Ouah	Qui	Chupra .
Diable	Natabaï	Pois Highloong	Tam	Gnay	Canom.
Soleil	San	Blême	Poée	Nemée	Lata.
Lune	Ladah	Lhun	Pulaw	Habachie	Takew .
Étoile	Je suis d'accord	Laow	Khew	Coosah	Loi.
Feu	Blême	Phai	Poée	Attaque	Près.
Eau	Intzin	Nom	Thé	Yeghaw	Em.
Maison	Inde	Huhn	Een	Ghnée	Krep.
Cheval	Comérang	Mah	Mang	Amho	Myong.
Vache	Toomsoo	Arc	Nochoanatsaing	Anyemah	Muckamah .
Chien	Quhay	Mah	Quhoee	Anna	Sow .
Chat	Ningyoueh	Myew	Kollaw	Ourra	Ouais .
Coq	Ouang	Kiephoo	Capaw	Urupah	Yehcrow .
Canard	Oopyaet	Piet	Payer	Ah	Piet.
Cul	.. ..	.. ..	Mahlée	Khyamyeh	Myonglee .
Oiseau	Nhoopyen	Regardez	Ghnaw	Nga	Ngow .

Mule	Latsayla	Malawi	Malawi	Teemee	Tolelaw .
Bambou	Kawah	Myeh	Chewgen	Wahmah	Khyang .
Pierre	Loon	Hein	poireau	Takhée	Maou .
Éléphant	Maguay	Tang	Khyang	Hamah	Chang.
Buffle	Nga	Pourquoi	Noloway	Annaga	Kha.
Puce	Wahkaree	Tapis	Ghlu	Catteuh	Khang.
Pou (corps)	Sakhep	Mine	.. ..	Chinutah	Ouh.
Pou (tête)	Chee	Comment	.. ..	.. ..	.. ...
Cerf	Pô	Pangdaï	Aile	Myloo	Ahjaw .
Chèvre	Painam	Payer-ouais	Pennsylvanie	Utchée	Mēh .
Soufre	Khan	Khan	Khanteuk	Khang	Khan.
Sel	Tsoom	Khou	Khaw	Tsabow	Sĕh .
Sucre	Tsantang	Khouwan	Saow	Shanta	Mahmoilooay .
Lait	Tso	Terreau	Non, maintenant	Atchie	Emboo .
Mouton	.. ..	Doigt de pied	.. ..	Atchoumew	Atchaw .
Turban	Poonkaw	Khynhoe	Wootop	Wootew	Kameh .
Veste	Polong	Seu	Tsay	Bucheu	Kayeup .
Pantalon	Téboo	Pennsylvanie	Ghlaw	Meekée	.. ..
Veste femme	Polong	Sou	Eenawtsay	Samen Buchée	Kayeup ouais .
Turban de femme	.. ..	Klynhoe	Eenaw ootoop	Samen Wooew	Kameh ouais .
Jupon	Soomboo	Tibia	Eenaw toungaw	Meekyee	Kalang ouais.
Chaussures	.. ..	Pourquoi dix-sept	Khyapteen	Khynee	Khypteen .
Boucle d'oreille	Lakan	Pehwho	Genouillère	Frapper	Paywhoo .
Riz	Merde	Comment	Tsen	Dthapoo	Lakōw .
Opium	Yeepyen	Phé	Yappingyen	Yapay	Jappant.
Serpent	Laboratoire	Meuglement	Mowee	OMS	Han .
Grenouille	Shoo	Koap	Patte	Ouah	.. ..

Herbe	Nom	Yah	Voir	Shi	Tapis.
Arbre	Scie à Poons	Tonémaï	Tsidsaing	Shidzee	Salut.
Feuille	Coup de poon	Mowmaï	Skihow	Tsibeeyah	Phooan .
Bois	Poon	Mytsing	Secouer	Tsidzée	Salut.
Poisson	Nga	Pennsylvanie	Musshaw	Ngwa	Kā .
Froid	Kachée	Kat	Kamlaï	Gyaddah	Kaw.
Chaud	Katetai	Oonaï	Poolaï	Tsaddah	Myahcaeeai .
Glace	Tsin	Ghonlam	.. ..	.. ..	.. ..
Neige	Khen	Mensonge	.. ..	.. ..	.. ..
Pluie	Marangto	Phoontoak	Tondre-baw	Maha	Qnon .
Vent	Umboong	Métier à tisser	Ghli	Mayhie	Koo.
Tonnerre	Mahmoomooai	Phasowaï	Tondre	Mooggoo	Polong .
Foudre	Meeprap	Phamypaï	Shapmyng	Bhyyeh	.. ..
Ciel	Meuglement	Bha	Annuel	Genouruetchee	La.
Jour	Sheenee	Khanwan	Genou	Myeemalaw	Tsungaï .
Nuit	Shenah	Khanhum	Tmoot	Ouais	Keisin .
Lumière	Shenee	Phalaing	Mowbowbaw	Genououmah	Qneh .
Obscurité	Dans le péché	Péremption	Mowchootbaw	Non	Tsaymawchoak .
Nuage	Soomoay	Moay	Hangeen	Mookoo	Mok.
Rivière	Mereeha	Lamkew	Kaw	Yeegyah	Emhongfie .
Colline	Boom	Loiloo	Boom	Genou	Panang .
Insecte	.. ..	Pietà	.. ..	Biddee	.. ..
Cœur	Mashine	Hosow	.. ..	Voir	Hogiow .
Aller	Samo	.. ..	Kawda	.. ..	.. ..
Manger	Shamo	.. ..	Genou	.. ..	.. ..
S'asseoir	Domo	Laugda	À genoux	.. ..	.. ..
Viens	Wamo	Mada	.. ..	La	.. ..
Battre	Tookmo	Taïnda	Tayda	.. ..	.. ..
Rester	Rotmo	Lookda	Yapda	Hatesa	.. ..

Mensonge	Karengmo	Einlengda	Ayda	Yeeta	Euh.
Mourir	Seesa	.. ..	.. ..	.. ..	.. ..
Appel	Shegah	Maman	Lawa	Kooyay	Tayau .
Lancer	Shedeng	Tim	Koondah	Loi	Vuneh.
Baisse	Hatsa	Toak	Tahyoudab	Tsayloho ouais	Oonsayau .
Lieu	Sherah	Teayou	Anhédah	Takyah	.. ..
Ascenseur	Ta	Yong	Koobawdah	Qnaw	Tayan.
Tirer	Échelon	Trayon	Shaybawdah	Gho	Tutanlaybeneen .
Fumée	Toilette	Lout	Gnawsheubawdah	Yehbeckshe	Owkynowkuloak .
Amour	Nheyraï	Hachlaï	Nawnoilawdah	Nguanah	Owingau .
Détester	Neimcome	Hhanhau	Cachencachaw	Genoumahandau	Owchungkakai .
Quel est ton nom?	Nung me ganging sagaieh	Nong day paye cainay	.. ..	.. ..	.. ..
Quel âge a ce cheval ?	Daiee venir Kadeh tinglaeh crétin	.. ..	Myang chérie mangue laybounay	.. ..	.. ..
Je ne sais pas	Ngai inchengai	Vache mhahow shay	Ngaw masa	.. ..	.. ..
Jusqu'où Sanda est retiré?	Sanda Mying Kadeh Sanaï	Muang Sanda Kai Halow	Chanda quhonhay wenenay	.. ..	.. ..
C'est un voyage d'une journée	Intwey Langaï toosa	Lam wan qua tenglai	Tanyen samhet tah	.. ..	.. .

www.ingramcontent.com/pod-product-compliance
Lightning Source LLC
LaVergne TN
LVHW040029190726
843490LV00014B/1416